# 경리회계 에서 노무·세금 급여 4대 보혈 까지

손원준 지음

K.G.B
지식만들기

## 책을 내면서

언제부터인가 경리와 노무는 그 경계선이 무너져 버렸다.

그래서 노무까지 해야 하는 경리실무자에게는 귀찮고 머리 아픈 분야다.

특히 급여를 잘못 계산하면 동료에게 미안하고 사장님 눈치를 봐야 하니 가장 짜증 나는 일이기도 하다.

반면 기장대리를 해주는 세무사 사무실의 경우 허구한 날 급여계산을 해달라고 하고, 퇴직금 계산해 달라고 하니 세무사 사무실인지? 노무사 사무실인지? 구별이 안 된다.

그만큼 노무라는 분야가 우리 앞에 다가와 있지만 아직은 생소하고 어려운 분야인 것은 부인할 수 없는 현실이다.

이에 본서는 전문가가 아니더라도 회사업무에서 필수적으로 발생하면서 실무자라면 이 정도는 알아야 업무에 지장 없을 수준의 지식을 담아서 만들어진 책이다.

우리는 자기가 하는 분야에서 최고가 되고자 노력해 볼 열정은 있어야 한다고 생각한다. 그것이 비록 실패로 끝날지라도...

회계업무, 인사업무, 급여업무, 세금 업무 일상에서 매일매일 똑같은 일을 하는 수많은 사람이 있지만, 자기 일에 보람을 느끼고 하나라도 더 알기 위해서 찾아보고, 물어보고 공부하는 직장인이 있는가 하면, 자기 일을 하찮게 생각해 처음 안 지식 가지고 몇 년을 써 먹는 사람도 있다. 우리는 최소한 후자는 되지 말아야 하지 않을까? 회계사가 되고 세무사가 되고 노무사가 되지는 않을지라도, 내가 하는 일만큼은 실수 없이 완벽하게 해낼 수 있는 프로정신 그것만이 지금의 어려운 경제 상황에서 오랫동안 내가 직장에서 살아남는 비결이 될 것이다.

이에 본서에서는 조금이나마 노력의 결실을 보는데, 도움을 드리고자 다음과 같이 구성해 보았다.
첫째, 신입사원을 채용할 때 근로계약서와 연봉계약서 작성법(제1장)
둘째, 인사에서 퇴사까지 노무관리(제2장)
셋째, 취득에서 상실까지 4대 보험(제3장)
넷째, 회계실무, 계정과목 해설, 전표 발행 등 장부 작성과 결산 방법, 재무제표 작성 방법 등 회계실무(제4장과 제5장)
다섯째, 세금계산서 등 합법적인 증빙 발행과 수취 등 관리 요령(제6장)
여섯째, 일용근로자, 상용근로자, 외국인 근로자, 해외 파견근로자 등 근로자의 근무 형태에 따른 급여 계산과 세금 납부 요령(제7장)
일곱째, 물건을 사고팔 때 신경 써야 하는 부가가치세의 계산 방법과 신고요령(제8장)
여덟 번째, 소득에 따라 내는 소득세와 법인세의 사례별 실무 처리요령(제9장)
그리고 각 파트 마다 각종 실무사례를 첨부해 실무적 이해를 돕고자 했다.
특히 계산이 필요한 4대 보험, 급여, 퇴직금, 각종 수당 등은 사례와 함께 공식화했고, 무료 자동 계산 사이트 소개를 통해 더욱 빠른 업무처리와 검증이 가능하도록 했다.

끝으로 본서가 다소 부족한 점이 있더라도 넓은 아량으로 이해를 부탁드리며, 항상 사랑하는 나의 아내와 예영, 예서에게 사랑한다는 말과 함께 고마움을 전하는 바이다.

저자 손원준 올림

# 책을 순서

본서는 2024년 개정세법 및 4대 보험 개정내용을 최대한 반영한 도서입니다.

## 제2장 입사에서 퇴사까지 노무관리

CONTENTS

## 제4장 회계를 알고 경영하라!

## 제5장 어떤 계정과목일까?

## 제6장 국세청도 인정하는 합법적인 증빙관리

CONTENTS

## 제7장 세무사도 필요 없는 급여세금 신고

〈https://cafe.naver.com/aclove〉

## 네이버 대표 인기 카페
### 경리회계 직장인들의 쉼터(약칭 : 경리쉼터) 검색 후 가입

대학이나 사설 교육기관에서 학생들에게 실무를 접할 수 있는 기회를 제공하고자 하는 교수님 및 강사님 카페를 방문해보시고 학생들에게 많은 추천 바랍니다.

회사와 관련된 모든 실무자료가 있습니다.

# 제1장

## 근로계약과 연봉계약

# 5인 이상 사업장에 적용되는 근로기준법

5인 이상 사업장과 5인 미만 사업장에 따라 근로기준법이 적용되는 것이 있고 적용 안 되는 것이 있는데, 근로기준법이 어떻게 다르게 적용되는지 살펴보면 다음과 같다.

## 상시근로자 수 계산 방법과 사례

상시 사용하는 근로자 수는 근로기준법시행령 제7조의2에 따라 법 적용 사유 발생일 전 1개월 동안 사용한 근로자의 연인원을 같은 기간 중의 가동일수로 나누어 계산한다.

여기서 '사유발생일'은 근로기준법 적용 사유가 발생한 날을, '연인원'은 기간 내에 사용한 근로자 수의 합을, '가동일수'는 그 사업장 내에서 사람이나 기계가 실제로 일을 한날이 며칠인가를 의미한다.

예를 들어 어떤 기업에서 한 달 동안 다음과 같이 근로자를 사용했다고 가정해 보자

| 일 | 월 | 화 | 수 | 목 | 금 | 토 |
|---|---|---|---|---|---|---|
|  |  | 1 | 2 | 3 | 4 | 5 |
|  |  | 휴무 | 4명 | 4명 | 4명 | 휴무 |
| 6 | 7 | 8 | 9 | 10 | 11 | 12 |
| 휴무 | 5명 | 5명 | 5명 | 5명 | 5명 | 휴무 |
| 13 | 14 | 15 | 16 | 17 | 18 | 19 |
| 휴무 | 6명 | 6명 | 6명 | 6명 | 6명 | 휴무 |
| 20 | 21 | 22 | 23 | 24 | 25 | 26 |
| 휴무 | 7명 | 7명 | 1명 | 7명 | 5명 | 휴무 |
| 27 | 28 | 29 | 30 | 31 |  |  |
| 휴무 | 5명 | 5명 | 7명 | 1명 | 사유<br>발생일 |  |

이 회사는 사유발생일 직전 1개월 중 사업장을 가동한 날이 총 22일이고, 매일 사용한 근로자 수를 합하면 112명이 된다. 따라서 이 사업장의 상시근로자 수는 112 ÷ 22 = 5.09명이고, 5명 이상이기 때문에 근로기준법을 준수해야 하는 사업장이 된다. 단, 상시근로자수가 5명 이상으로 산정되더라도 1개월간 5명 미만을 사용한 가동일수가 전체 가동일수의 1/2 이상이거나 5명 이상 가동일수가 1/2 미만이면 근로기준법 적용대상 사업장에서 제외된다.

앞에서 가동일수가 22일이고 연인원도 112명이어서 상시근로자 수가 5.09명이며, 5명 이상을 사용한 날이 17일로 전체 가동 일수의 1/2 이상이므로 근로기준법 적용 대상 사업장이 된다.

## ≫ 기간제근로자, 단시간근로자, 외국인근로자

기간제근로자와 단시간근로자도 당연히 상시근로자 수에 포함된다. 이때 단시간근로자는 근무시간과 관계없이 인원수만 가지고 따진다. 예를 들어 상용근로자들은 통상 하루 8시간씩 일하는데, 단시간근로자가 하루에 4시간만 일해서 0.5명이 아니라 1명으로 인정된다.

이밖에 임시직, 일용직, 아르바이트 등도 모두 상시근로자 수에 포함되고, 외국인 근로자도 포함된다. 유의할 것은, 외국인 근로자가 불법체류자라 할지라도 상시근로자 수에는 포함된다는 점이다. 또한 신용불량자도 상시근로자 수에는 포함된다.

## ≫ 파견근로자

파견근로자는 해당 사업 또는 사업장과 직접 고용계약을 맺은 것이 아니므로 상시근로자 수 산정 시 포함되지 않는다.

## ≫ 대표이사 및 동거하는 친족 근로자

근로기준법 제11조 제1항에서는 '동거하는 친족만을 사용하는 사업 또는 사업장'은 근로기준법의 적용 대상이 아니라고 규정하고 있다. 그러나 이것은 오직 '동거친족만' 사용할 때, 즉 모든 근로자가 동거친족일 때 적용되는 규정이다.

따라서 사업장에 동거친족도 일하고 있고 동거친족이 아닌 근로자도 일하고 있다면, 상시근로자 수를 산정할 때는 동거친족도 포함된다. 그리고 대표이사는 상시근로자 수 계산에 포함되지 않는다.

**5인 이상 사업장만 적용되는 근로기준법**

| 구 분 | 5인 미만 | 5인 이상 |
|---|---|---|
| 〈근로기준법 제23조, 27조〉 해고의 제한, 해고의 서면 통지<br>근로자에게 정당한 이유 없이 해고, 휴직, 정직, 감봉 그 밖의 징벌을 하지 못하며, 근로자를 해고하려면 해고 사유와 해고 시기를 서면 통지해야 한다. | X<br>(구두 통지 가능) | O |
| 〈근로기준법 제28조〉 부당해고 등의 구제신청<br>부당해고 등을 하면 근로자는 노동위원회에 부당해고 등이 있었던 날로부터 3개월 이내에 구제신청을 할 수 있다. | X | O |
| 〈근로기준법 제46조〉 휴업수당<br>사업주의 귀책 사유로 휴업을 하는 경우 사용자는 휴업기간동안 근로자에게 평균임금의 70% 이상의 수당을 지급해야 한다. | X | O |
| 〈근로기준법 제56조〉 연장, 야간 및 휴일근로<br>연장근로와 야간근로 또는 휴일근로에 대하여 통상임금의 50%를 가산하여 지급해야 한다. | X | O |
| 〈근로기준법 제60조〉 연차유급휴가<br>1년간 80% 이상 출근한 근로자에게 15일의 유급휴가를 주어야 한다. | X | O |
| 〈근로기준법 제73조〉 생리휴가<br>사용자는 여성 근로자가 청구 시 월 1일의 무급생리휴가를 주어야 한다. | X | O |

**5인 미만 사업장이라도 적용되는 근로기준법**

| 구 분 | 5인 이상 |
|---|---|
| 〈근로기준법 제17조〉 근로조건의 명시 | 근로계약을 체결할 시 서면으로 근로계약서를 2부 작성하여, 1부는 근로자에게 발급해야 한다. |
| 〈근로기준법 제36조〉 해고의 예고 | 근로자를 해고하려면 30일 전에 예고해야 하고, 30일 전에 예고하지 않았을 때는 30일분의 통상임금을 지급해야 한다. |
| 〈근로기준법 제48조〉 임금명세서 교부 | 2021년부터 고용주가 임금 지급 시 임금의 구성항목, 계산 방법, 공제 항목 등이 기재된 임금명세서를 함께 교부할 의무가 있다. 서면 또는 전자문서를 통해 교부 가능하다. |
| 〈근로기준법 제54조〉 휴게 | 근로시간이 4시간인 경우 30분, 8시간인 경우 1시간 이상의 휴게시간을 주어야 한다. |
| 〈근로기준법 제55조〉 주휴일 | 사용자는 1주일 동안 소정의 근로일 수를 개근한 노동자에게 1주일에 평균 1회 이상의 유급휴일을 주어야 한다고 명시하고 있다. 이를 주휴일이라 하며, 대부분 일요일을 주휴일로 한다. |
| 〈근로기준법 제74조〉 퇴직금 | 1년 이상 근무하는 경우 30일분 이상의 평균임금을 퇴직금으로 지급해야 한다. |
| 출산휴가 · 육아휴직 | 사업주는 출산 전 · 후 여성에게는 90일의 휴가를 제공해야 하고, 근로자가 육아휴직을 신청하는 경우는 이를 허용해야 한다. |
| 고용 · 산재보험 가입 | 근로기준법에 따르는 근로자라면 의무적으로 고용 · 산재보험을 가입해야 하나 월 60시간 미만 근무 시 고용보험 가입은 제외된다. |
| 최저임금 준수 | 근로자에게 최저임금 이상의 임금을 지급해야 한다. |

# 입사 시 받아야 할 서류

- ⊃ 이력서 : 직원 경력과 근무상태를 파악하여 업무 분담에 필요하다.
- ⊃ 근로계약서 : 근로조건과 급여를 결정해서 노동법규에 의한 근로 계약서를 작성한다.
- ⊃ 서약서 : 회사의 취업규칙과 규정을 준수한다는 내용, 회사의 정보 및 기밀에 대한 사항을 보안 유지한다는 내용을 담은 서약서가 필요하다. 대부분 취업규칙의 내용에 포함되어 있다.
- ⊃ 인사기록 카드 : 직원의 근태 사항, 상벌 및 진급 사항을 기록·보존한다. 사진 2매 (인사기록 카드 부착 / 최근 3개월 이내 촬영한 사진)
- ⊃ 주민등록등본 : 직원의 가족관계 등을 확인하고, 4대 보험에 가입할 때 필요하다. 건강보험 피부양자를 등재할 때 동거하지 않는 가족을 포함하려면 가족관계증명서를 추가로 받아야 한다. 형제자매를 등재하고자 하는 경우 혼인관계증명서를 첨부하여 미혼임을 증명해야 한다.

ⓐ 거래 은행 계좌번호(통장 사본) : 급여를 지불할 때 필요하다. 은행 계좌로 입금하면 급여대장에 직원이 날인하지 않아도 입금증으로 대신할 수 있다.
ⓐ 원천징수영수증 1부(경력자 해당 - 연말정산 반영서류)
ⓐ 최종학력 졸업/성적증명서 각 1부
ⓐ 자격증 사본
ⓐ 경력증명서
ⓐ 채용 신체 검사서/건강진단서

# 03

# 근로계약서에 꼭 들어가야 할 내용

 **근로계약서는 왜 써야 하나?**

근로계약서는 임금, 근로시간 등 핵심 근로조건을 명확히 정하는 것으로, 근로자와 사업주 모두의 권리 보호를 위해 반드시 필요하다.

 **근로계약서를 쓰지 않으면?**

사용자가 근로계약을 서면으로 체결하고 이를 발급하지 않으면 500만 원 이하 벌금이 부과되며, 만약 기간제·단시간근로자인 경우는 500만 원 이하의 과태료 처분을 받을 수 있다.

근무내용, 근무일, 징계해고나 임금체불 등의 사유로 사업주와 직원 간에 다툼이 발생할 경우, 근로계약서가 없다면 근로자뿐 아니라 회사 또한 주장을 입증하지 못해 각종 불이익을 입을 수 있다. 이를 방지하는 차원에서도 근로계약서를 작성하여 발급하는 것이 필요하다.

정규직
입사일만 적고 종료일은
공란으로 둡니다.

## 표준근로계약서(기간의 정함이 없는 경우)

_____박사장_____ (이하 "사업주"라 함)과(와) _____김노동_____ (이하 "근로자"라 함)은 다음과 같이 근로계약을 체결한다.

1. 근로개시일 : 2021 년 8 월 11 일부터

2. 근 무 장 소 : 잘판다마트 안국점 ················

3. 업무의 내용 : 판매 및 계산, 매장관리

근무장소와 업무내용을
특정하는 경우
다른 근무장소나 업무를 수행하게 할 때
근로자의 동의가 필요합니다.

4. 소정근로시간 : 9 시 00 분부터 18 시 00 분까지 (휴게시간 :12시00분~13시00 분)

5. 근무일/휴일 : 매주 5 일(또는 매일단위)근무, 주휴일 매주 일 요일

6. 임 금
   - 월(일, 시간)급 : _____9,000_____ 원
   - 상여금 : 있음 ( ) _____ 원, 없음 ( ✓ )
   - 기타급여(제수당 등) : 있음 ( ✓ ), 없음 ( )
     · 식대 100,000 원, _____ 원
     · _____ 원, _____ 원
   - 임금지급일 : 매월(매주 또는 매일) 5 일(휴일의 경우는 전일 지급)
   - 지급방법 : 근로자에게 직접지급( ), 근로자 명의 예금통장에 입금( ✓ )

7. 연차유급휴가
   - 연차유급휴가는 근로기준법에서 정하는 바에 따라 부여함

8. 사회보험 적용여부(해당란에 체크) ·············· [23. 사업장 4대보험 신고대상 및
   ☑ 고용보험 ☑ 산재보험 ☑ 국민연금 ☑ 건강보험 적용제외] 참고

9. 근로계약서 교부
   - 사업주는 근로계약을 체결함과 동시에 본 계약서를 사본하여 근로자의 교부
     요구와 관계없이 근로자에게 교부함(근로기준법 제17조 이행)

10. 근로계약, 취업규칙 등의 성실한 이행의무
    - 사업주와 근로자는 각자가 근로계약, 취업규칙, 단체협약을 지키고 성실하게
      이행하여야 함

11. 기 타
    - 이 계약에 정함이 없는 사항은 근로기준법령에 의함

2021 년 8 월 1 일

(사업주) 사업체명 : 잘판다마트 안국점 (전화 : 02-6925-XXXX )
         주   소 : 서울시 종로구 경운동
         대 표 자 : 박사장 (서명)

양 당사자의 서명, 날인은
필수입니다.

(근로자) 주   소 : 서울시 영등포 ○○동 XX - XXX
         연 락 처 : 010-1234-5678
         성   명 : 김노동 (서명)

양식을 받을 수 있는 곳

〈https://cafe.naver.com/aclove/304262〉

# 📋 근로계약서는 어떻게 써야 하나?

근로계약서에는 임금, 근로시간, 휴일, 연차, 유급휴가 등의 내용을 명시해야 하며, 고용노동부에서 배포하는 표준근로계약서를 참고하면 더욱 쉽게 쓸 수 있다(앞 페이지 참고).

## 》 꼭 기록해야 하는 사항

근로계약서에는 임금, 근로시간, 주휴일, 연차휴가에 관한 사항이 반드시 포함되어야 하며, 구체적으로는 다음과 같다.

### 임금

임금은 단순히 총급여뿐만 아니라

① 임금이 어떻게 구성되는지(예를 들어 기본급, 수당, 식대 등 항목과 금액을 확정했는지)

② 언제부터 언제까지 일한 임금을 지급하는 것인지(매월 0일부터 매월 00일까지)

③ 어떤 주기로 어떤 날 입금을 하는지(다음 달 00일에 근로자 은행계좌로 지급) 모두 기재해야 한다.

### 근로시간

출근 시간과 퇴근 시간을 모두 기재해야 하며, 직원에게는 4시간마다 30분 이상의 휴게시간을 부여해야 하므로 휴게시간도 기재하는 것이 바람직하다. 하루 8시간을 일하는 직원이라면 언제부터 언제까지 1시간의 점심시간을 준다고 기재하면 된다.

## 주휴일

주휴일이란 일주일에 하루씩 부여하는 유급휴일로서 근로계약서에는 언제가 주휴일인지를 명시해야 한다. 일반적으로 월요일부터 금요일까지 근무를 하는 경우가 많으므로 "주휴일은 일요일로 한다."와 같이 기재하면 되며, 다른 형태로 근무일을 운영하는 경우는 사정에 맞게 주휴일을 정하면 된다.

## 연차휴가

연차휴가란 매년 직원에게 유급으로 부여해야 하는 15일의 휴가를 말하며, 입사 3년 차부터 2년마다 하루가 증가하여 총 25일까지 휴가가 늘어나게 된다. 연차휴가는 근로기준법 제60조에 자세히 규정되어 있으므로, 이 조항을 기준으로 계약서를 작성하면 된다. 다만, 연차휴가는 5명 이상의 근로자를 사용하고 있는 회사에 적용되는 기준이므로 직원이 5명 미만인 기업은 연차휴가를 부여하지 않을 수 있다.

## ≫ 작성해두면 좋은 사항

작성 의무가 있는 것은 아니지만 근로관계에 큰 영향을 미치는 사항들과 주의할 점은 다음과 같다.

## 근로기간

계약기간이 있는 직원을 고용할 때는 근로계약서에 정확한 근로기간을 명시하는 것이 필요하다. 최초 계약할 때 계약기간은 1년을 초과할 수 없으며, 총 2년까지 연장할 수 있다. 만약 계약직 직원의 연속된 근로기간이 2년을 초과한다면 '기간제 및 단시간근로자 보호 등에 관한 법률'에 따라 정규직 직원으로 전환해야 하므로 계약기간을 연장할 때는 이 점을 고려할 필요가 있다.

## 근무지와 직무내용

근무지와 직무내용은 근로계약서에 꼭 넣어야 하는 사항은 아니지만, 계약 체결 시 구두로라도 해당 내용을 정해두는 것이 좋다. 실무상 회사가 입사할 때 정한 업무와 직원이 실제 수행하는 업무가 확연히 다른 경우에 문제가 발생할 수 있으므로, 지나치게 좁은 범위로 근무지나 직무내용을 확정하는 것은 업무 유연성 차원에서 바람직하지 않다.

## 취업규칙에서 정한 사항

취업규칙이란 사업주가 '소속 직원 모두에게 적용되는 사내 규칙 또는 근로조건에 관하여 구체적으로 규정한 것'으로써, 취업규칙 외에도 '인사 규정' 또는 '사규'라 불린다. 이런 취업규칙은 회사 운영의 원칙이 되는 기준이므로, 근로조건에 있어 중요한 부분이 있다면 계약서에 해당 내용을 포함하여 당사자 간에 확인할 필요가 있다.

## 근무일

① 특정한 날에만 근무하는 직원이나 ② 주5일제를 시행하는 회사나 ③ 일요일이 아닌 주중의 일정한 날이 주휴일인 회사 등의 경우에는 근로계약서에 '근무일은 월요일부터 금요일까지' 또는 '근무일 : 매주 수요일, 토요일' 등 근무일을 명확히 기재하는 것이 법적 다툼 방지에 도움이 된다.

# 04
# 아르바이트와 일용직을 채용할 때 주의사항

 **근로기준법에서 말하는 일용직과 아르바이트**

일용직의 개념에 대해서 근로기준법에 따로 명시되어 있지 않지만, 개념 본질상 일용직은 하루 단위로 근로계약을 체결하여 당일 근로관계가 시작되어 당일 근로관계가 종료되는 근로 형태를 의미한다 (세법상 일용직 개념과는 다름). 물론 실무상으로는 하루 단위가 아니더라도 비교적 단기간 사용하는 근로자를 일용직이라고 부르는 경우도 많다.

아르바이트의 개념 역시 근로기준법에 따로 명시되어 있지 않고, 일반적으로 단기간에 걸쳐 파트타임으로 근무하는 근로자를 '아르바이트'라고 부른다.

 **근로계약서 작성 및 서면 명시 의무사항**

## » 근로계약서 서면 명시 사항

일용직이나 아르바이트도 반드시 근로계약서를 작성해야 하며, 근로계약서 작성 시 다음 사항들을 서면으로 명시하고, 근로계약서를 반드시 발급해 주어야 한다.

⊚ 근로시간·휴게에 관한 사항
⊚ 임금의 구성항목·계산 방법 및 지불 방법에 관한 사항
⊚ 휴일·휴가에 관한 사항
⊚ 취업의 장소와 종사해야 할 업무에 관한 사항
⊚ 근로계약 기간에 관한 사항(기간제근로자인 경우)
⊚ 근로일 및 근로일별 근로시간(단시간근로자인 경우)

## ≫ 위반 시 과태료 부과

서면 명시 사항을 명시하지 않거나 근로계약서를 작성하여 발급하지 않는 경우는 아래 기준에 따라 시정 기간 없이 즉시 과태료를 부과한다(14일 이내 시정 시 과태료 1/2 감액).

| 명시하지 않은 사항 | 위반 횟수 | | |
| --- | --- | --- | --- |
| | 1차 위반 | 2차 위반 | 3차 위반 |
| 임금, 근로계약기간, 근로일 및 근로일별 근로시간 | 서면명시사항 1개당 50만원 | 서면명시사항 1개당 100만원 | 서면명시사항 1개당 200만원 |
| 근로시간·휴게, 휴일·휴가, 취업장소와 종사업무 | 서면명시사항 1개당 30만원 | 서면명시사항 1개당 60만원 | 서면명시사항 1개당 120만원 |

(기간제 및 단시간근로자 보호 등에 관한 법률 제17조, 동법 시행령 별표3, 근로감독관 집무 규정)

## 임금지급과 관련해서 체크할 사항

## ≫ 최저임금법 적용

일용직, 아르바이트에게도 최저임금법이 적용된다.

 **Tip** 근로자의 최저임금 계산방법

월 기준시간

[(주당 소정근로시간 40시간 + 유급 주휴 8시간) ÷ 7 × 365] ÷ 12월 ≒ 209시간

다른 계산 방법 : 48시간 × 4.345주 ≒ 209시간

시간당 임금 = 2,879,366원 ÷ 209시간 ≒ 13,776원

시간당 임금 13,776원은 2025년도 최저임금 10,030원보다 많으므로 최저임금법 위반이
아니다.

주당 소정근로시간이 40시간인 근로자의 월 환산 최저임금 = 10,030원 × 209시간 =
2,096,270원

2023년까지는 최저임금 위반 여부를 확인할 때 기본급 이외에도 매월 지급되는 정기상여
금과 현금성 복리후생비 중 최저임금 월 환산액의 각 5%, 1%를 넘는 금액은 최저임금
계산에 포함했다. 하지만 2024년부터는 기본급과 같이 정기상여금과 현금성 복리후생비
전액 최저임금에 포함한다.

| 급여항목 | | 최저임금 계산에 포함되는 임금액 |
|---|---|---|
| 급여 | 200만 원 | 2,000,000원 |
| 정기상여금 | 80만 원 | 800,000원 |
| 현금성 복리후생비 | 20만 원 | 200,000원 |
| 합 계 | | 3,000,000원 |

| 연도 | 2019년 | 2020년 | 2021년 | 2022년 | 2023년 | 2024년~ |
|---|---|---|---|---|---|---|
| 정기상여금 | 25% | 20% | 15% | 10% | 5% | 0% |
| 현금성 복리후생비 | 7% | 5% | 3% | 2% | 1% | 0% |

## ≫ 법정수당과 퇴직금의 지급

상시근로자 5인 이상 사업장의 경우 연장·야간·휴일근로를 하는 경우는 그 시간에 대해서는 시급의 50%를 가산한 임금을 지급해야 한다(상시근로자 5인 미만 사업장 제외). 따라서 시급 10,030원인 근로자가 연장근로 1시간을 한다면 그 시간에 대해서는 10,030원의 150%인 15,045원을 지급해야 한다.

또한, 일용직이나 아르바이트라고 하더라도 1주 소정근로시간이 15시간 이상의 경우 1년 이상 계속 근로하고 퇴직하는 경우는 퇴직금을 지급해야 한다(1주 소정근로시간이 15시간 미만의 경우는 제외). 특히, 일용직의 경우 중간에 일부 공백 기간이 있더라도 계속 근로로 인정될 수 있음에 유의해야 한다.

## ≫ 정기 지급의 원칙 등

시급, 일급, 주급, 월급 등은 자유롭게 정할 수 있으나, 임금 지급 주기는 매월 1회 이상 일정한 날짜를 정하여 지급해야 하고, 퇴직일로부터 14일 이내에 모든 금품을 지급해야 한다.

## 근로시간 및 휴게

소정근로시간은 1일 8시간, 1주 40시간 이내로 정해야 하며, 연장근로를 하더라도 1주(7일)에 12시간 이내에서만 가능하다. 또한, 근로시간이 4시간인 경우 30분, 8시간인 경우 1시간의 휴게시간을 근로시간 중간에 주어야 한다.

## 휴일

### ≫ 1주 소정근로일 개근 시 유급주휴일 부여

일용직, 아르바이트도 1주간 소정근로일을 개근한 경우는 유급주휴일을 부여해야 한다(1주 소정근로시간이 15시간 미만의 경우는 제외).
유급주휴일이므로 근무하지 않더라도 임금(주휴수당)을 추가로 지급해야 한다. 일용직의 경우 보통 일당제로 임금을 정하므로 1일분 일당이 더 지급되어야 할 수 있고, 시급제 아르바이트의 경우에도 1일분 시급이 더 지급되어야 한다. 다만, 단시간근로자(파트타임)인 경우 주휴수당은 소정근로시간에 비례하여 지급할 수 있는바(근로기준법시행령 별표2), 아래의 예시를 참고하면 이해하기 쉬울 것이다.

> **? Tip** 단시간근로자의 소정근로시간과 주휴수당
>
> 예를 들어 단시간근로자로 월 6시간, 화 5시간, 수 4시간, 목 6시간, 금 5시간, 1주 5일 근무를 하는 경우

- 4주간 단시간근로자 소정근로시간 = (6시간 + 5시간 + 4시간 + 6시간 + 5시간) × 4주 = 104시간
- 4주간 통상근로자 총 소정근로일수 = 5일 × 4주 = 20일
- 단시간 근로자 1일 소정근로시간 수 = 104시간 ÷ 20일 = 5.2시간
따라서 단시간근로자의 주휴수당은 8시간분이 아닌 5.2시간분 지급

## ≫ 근로자의 날

근로자의 날(5월 1일)은 '근로자의 날 제정에 관한 법률'에 의해 근로기준법상의 유급휴일로 정해져 있으므로 일용직, 아르바이트라도 유급휴일로 부여해야 한다.

##  연차휴가

일용직과 아르바이트도 연차휴가가 발생할 수 있다(5인 미만 사업장, 1주 소정근로시간 15시간 미만자 제외). 근속기간이 1년 미만인 근로자가 1개월간 개근한 경우 1일의 연차유급휴가가 발생하고, 366일 동안 근로한 경우 80% 이상을 출근했다면 1개월 개근 시 발생한 휴가를 포함하여 총 26일(1년 미만 연차휴가 사용촉진시 15일)의 연차휴가가 발생한다. 이렇게 발생한 휴가를 사용하지 못하고 퇴사하는 경우는 미사용 연차수당을 지급해야 한다.

## 4대 보험 적용

## ≫ 4대 보험 적용원칙

4대 보험은 사회보험으로서 법정 요건에 해당하는 때는 강제적으로 적용되는 것이므로 당사자 간 적용을 배제하기로 합의하더라도 효력이 없다. 4대 보험 가입 대상임에도 불구하고 취득신고를 하지 않는 경우 과태료가 부과됨은 물론, 3년간의 보험료가 소급하여 징수될 수도 있다.

## ≫ 건강보험·국민연금

건강보험과 국민연금(만 18세 이상~만 60세 미만만 해당)은 고용된 날부터 1개월 동안 8일 이상 근로하거나 고용된 날부터 1개월 동안 근로시간이 월 60시간 이상인 경우 최초 고용된 날부터 사업장 가입자로 취득 신고를 해야 한다.

일용직, 아르바이트라고 하더라도 대부분 상용근로자와 동일하게 노동법이 적용되거나 오히려 더 엄격하게 적용될 수 있다. 따라서 일용직, 아르바이트 노무관리는 간단하고 신경 쓰지 않아도 되는 부분이 아니라 오히려 더 까다롭게 주의를 기울여야 하는 부분임을 명심해야 할 것이다.

## ≫ 산재·고용보험

산재보험은 적용 제외업종이 아닌 이상 일용, 아르바이트 등 근로형태와 무관하게 모두 적용된다.

고용보험은 일반적으로 1개월 소정근로시간이 60시간 미만(1주 15시간 미만)의 경우 적용이 제외되나, 일용근로자의 경우 소정근로시간과 무관하게 무조건 고용보험이 적용된다(법제처 15-0398, 2015.7.29.).

1개월 미만 사용하는 일용근로자의 경우에는 다음 달 15일까지 고용센터에 근로내용확인신고를 해야 하며, 근로내용확인신고를 한 경우 국세청에 제출하는 일용근로소득 지급명세서의 제출은 면제된다.

그러나 국세청 일용근로소득 지급명세서 제출로 고용센터 근로내용확인신고가 면제되지는 않는다.

 **아르바이트 주휴수당**

몇 가지 사항을 충족해야 주휴수당 지급 대상이 된다. 주휴수당은 일주일에 15시간 이상 근무해야 하며, 사업장에서 정한 소정의 근로일에 결근해서는 안 된다. 예를 들어 월, 화, 수에만 출근하는 A가 개인 사정으로 인해 화요일에 결근했다면 주 15시간 이상 근무했다 해도 주휴수당을 받을 수 없다. 다만, 지각이나 조퇴는 결근이 아니므로 주휴수당을 받을 수 있다.

**Tip** 청소년 아르바이트 고용 시 꼭 지켜야 할 사항

❶ 원칙적으로 만 15세 이상의 청소년만 근로할 수 있다.
  만 13~14세 청소년은 고용노동부에서 발급한 취직인허증이 있어야 근로할 수 있다.

❷ 연소자(만 18세 미만인 자)를 고용한 경우 연소자의 부모님 동의서와 가족관계증명서를 사업장에 비치해야 한다.

❸ 근로조건을 명시한 근로계약서를 작성해 근로자에게 발급해야 한다.

❹ 성인과 동일한 최저임금을 적용받는다.

❺ 위험한 일이나 유해한 업종의 일은 할 수 없다.

❻ 1일 7시간, 주 35시간 이하로 근무할 수 있다.

연장근로는 1일 1시간, 주 5시간 이내 가능(연소자의 동의 필요)

❼ 근로자가 5명 이상의 경우 휴일 및 초과근무 시 50%의 가산임금을 받을 수 있다.

❽ 1주일에 15시간 이상 일을 하고, 1주일 동안 개근한 경우, 하루의 유급휴일을 받을 수 있다.

❾ 일하다가 다쳤다면 산재보험법이나 근로기준법에 따라 치료와 보상을 받을 수 있다.

##  알바생 소득을 처리하는 여러 가지 실무적 방법

대부분 아르바이트생은 학생 신분이거나 타 직업 자이면서, 하루 단위로 급여를 계산해서 받는 형태가 많다.

| 구 분 | 처리방법 |
|---|---|
| 일 용<br>근로소득 | 일용근로자도 4대 보험 가입 의무가 있어 사업주가 부담해야 한다.<br>소득세 계산 방법 : (매일 일당 − 하루당 15만원) × 2.7%를 납부한다. 단, 근로시간이 월 60시간 미만(주당 15시간 미만)의 단기간 일용근로자인 경우만 4대 보험 가입 의무가 없다.<br>가장 원칙에 맞는 처리 방법이다. |
| 사업소득 | 업무실적별로 받는 사업소득자의 경우 3.3% 원천징수로 끝난다.<br>일용근로자의 4대 보험 부담과 일용소득에서의 차감 지급이 부담스러운 경우 쌍방 합의로 처리할 수 있다.<br>원칙은 아니므로 사업소득 처리하면, 근무기간동안의 실적급 × 3.3%를 원천징수 납부한 후 96.7%의 전액을 지급하며, 근무자가 연말정산 안 하고, 종합소득세 신고를 해야 한다. 원칙이 아니므로 근로자는 실업급여를 받지 못하고, 사업주는 공단에 적발 시 근로자 부담분 4대 보험료를 사업주가 대신 물 수 있다. |

| 구 분 | 처리방법 |
|---|---|
| 기타소득 | 실적별이 아니고 일시적, 우발적 소득(강의, 안내 등)은 기타소득처리 받는 금액의 60%가 필요경비이고, 나머지 40%가 소득이며, 20%가 원천징수 세율이므로, 총지급에서 8.8%(6.6%)를 차감 징수하고 91.2% 순액을 지급한다. 이 경우는 가끔 발생하는 경우로서 원칙은 아니다. |
| 외주용역비 | 근무자가 사업자등록 후 세금계산서를 발행하고 지급수수료로 받아간다. 이는 극히 드문 경우로서 상대방이 사업자여야 한다는 전제가 있다. |

 **일용근로소득 지급명세서 작성·제출**

일용근로자를 고용한 사업자(원천징수의무자)는 일용근로소득 지급명세서를 제출기한(다음 달 말일) 이내에 제출해야 한다.

제출 방법은 "일용근로소득 지급명세서 제출"과 국세청 누리집의 공지 사항을 참고하고 특히, 고용노동부에 근로내용확인신고서를 제출하는 사업자의 경우 아래 사항에 유의한다.

① 매월 고용노동부에 근로내용확인신고서로 신고하여 국세청에 제출하는 일용근로소득 지급명세서의 제출을 생략하는 경우는 근로내용확인신고서에 일용근로소득 지급명세서 필수 기재 사항인 원천징수의무자의 사업자등록번호, 일용근로자의 주민등록번호(외국인등록번호), 총지급액(과세소득) 및 일용근로소득신고(소득세 등)란 등을 반드시 기재해야 한다.

② 근무기간이 1개월 이상인 일용근로자[일용근로자 분류 기준이 소득세법(3개월 미만 고용)과 고용보험법(1개월 미만 고용)이 다른 점], 외국인 근로자[F-2(거주), F-5(영주), F-6(결혼이민)은 제외], 임의가입자(고용보험 가입을 희망하지 않은 자)는 고용노동부에 신고한 때도 반드시 국세청에 일용근로소득 자료를 별도로 제출해야 한다.

# 수습직원의 근로계약과 해고

신규직원을 채용하는 경우 채용일로부터 일정기간동안은 수습기간 또는 시용기간으로 정해서 직무를 습득하도록 하는 기간을 두는 경우가 있다. 시용기간은 아직 정식 근로계약을 체결하지 않은 상태에서 일정 기간 시험 또는 사용 후 정식의 근로계약을 체결할 것인지? 여부를 결정하는 근로계약서인 데 반해, 수습기간은 정식의 근로계약을 체결했지만, 일정 기간동안은 직무능력 습득을 위해 통상의 근로자와 달리 대우한다는 규정을 두는 경우를 말한다.

시용기간이나 수습기간을 두는 경우 주의해야 할 점은 취업규칙에 명시적으로 규정되어 있거나 근로계약서에서 기간을 명시해야만 시용기간 또는 수습기간으로서의 효력이 발생한다는 점이다. 따라서 취업규칙이나 근로계약서에 명시되지 않은 상태에서 나중에 시용기간 또는 수습기간이었다고 주장하는 것은 효력이 없다.

수습사용 중에 있는 자로서 수습사용 한 날부터 3개월 이내인 자에 대해서는 최저임금액의 90%까지 감액해서 지급할 수 있다. 다만, 1

년 미만의 근로계약 기간 근로자 및 1~2주의 직무훈련만으로 업무 수행이 가능한 단순 노무 종사자는 감액할 수 없다.

따라서 음식 배달원, 음식점 서빙, 건설 단순노무직, 청소원 및 대다수의 알바생 등은 수습기간 없이 100%의 임금을 지급받을 수 있다.

5인 미만 사업장의 경우 해고제한 규정이 적용되지 않기 때문에 수습기간 중 임금을 감액해서 지급할 수 있고, 수습기간을 명시하지 않은 경우는 통상근로자와 동일하게 지급해야 한다는 점에서 의미가 있지만, 5인 이상 사업장의 경우에는 수습직원이라도 통상의 근로자에 비해 완화되기는 하지만 근로기준법상의 해고제한 규정이 적용되기 때문에 해고 여부의 판단기준에 대한 객관적인 기준을 미리 정해 두어야 부당해고의 다툼에 대비할 수 있다. 즉, 시용기간이나 수습기간은 정식 채용을 전제로 해서 근로자를 채용하는 것이긴 하지만 근로계약 관계는 이미 성립된 것이기 때문에 시용기간이나 수습기간 경과 후에 정식 채용을 거부하는 것도 해고에 해당한다. 다만, 당해 근로자의 업무능력, 자질, 인품, 성실성 등 업무 적격성을 판단하려는 시용 제도의 취지, 목적에 비추어 보통의 해고보다는 그 정당성이 넓게 인정될 수 있지만, 이 경우에도 객관적이며, 합리적이고, 사회통념상 상당하다고 인정되는 수준의 해고 사유가 존재해야만 해고의 정당성이 인정될 수 있다.

수습 기간이 만료되고 근로자와 정규직 근로관계가 성립한 후에는 수습 기간은 계속 근로기간에 합산되기 때문에 연차유급휴가나 퇴직금 계산 시에는 수습 기간도 합산해야 한다.

통상적으로 취업규칙 또는 근로계약에서 취업 후 3개월간은 수습 기간으로 하며, 동 기간 중 사용자는 근무성적, 근무태도 등을 판단해서 문제가 있다고 인정되는 경우는 근로계약을 해지할 수 있다는 취지의 규정을 두는 경우가 많이 있다.

이때의 수습 기간은 엄밀하게는 시용기간을 정한 것으로 볼 수 있으며, 판례도 이러한 취업규칙의 규정에 대해 시용기간을 정한 것으로 해석하고 있다.

| 구 분 | 해고방법 |
|---|---|
| 5인 미만 사업장 | 해고의 절차적인 부분만 적용되고, 해고 사유의 정당성을 따지지 않는다.<br>절차는 해고의 구체적인 사유와 해고 일자를 명기한 서면을 근로자에게 내용증명, 교부 등으로 통지해야만 효력이 있다. 만약 서면 통지를 하지 않았다면 상시근로자 수 5인 미만 사업장이라 하더라도 무조건 당해 해고는 법적으로 부당하게 판단될 것이다(근로기준법 제27조). |
| 5인 이상 사업장 | 해고의 절차적인 부분뿐 아니라, 해고의 사유 또한 정당해야 한다.<br>우리나라의 노동법 체계상 해고가 매우 어렵게 돼 있어 1회의 비위 행위로 해고를 하기 위해서는 중대한 형사처벌 사유 정도, 예를 들어 성폭행, 횡령, 배임, 사내 폭행 등의 징계사유는 돼야 할 것이다. 이러한 이유로 대기업에서도 명예퇴직(권고사직)을 통해 합의해 근로계약을 해지시키는 경우가 많은 것이다.<br>결국 상시근로자 수 5인 이상의 회사의 경우 근로자와 계약을 해지하고 싶은 경우에는 해고라는 방식을 선택하기보다, 사직을 권고해 계약을 해지하는 것이 법적 분쟁을 최소화하는 방법일 것이다. 단, 권고사직으로 계약을 해지할 때는 반드시 사직서를 받아둬야 한다. |

| 구 분 | 내 용 |
|---|---|
| 수습기간 | • 수습기간은 근로기준법에서 특별히 정한 것이 없어 자유롭게 정할 수 있다. 즉 6개월을 수습기간으로 할 수도 있다. 다만, 최저임금 감액 관련해서 최저임금법 제5조에서 '수습을 사용한 날부터 3개월 이내'로 제한하고 있다.<br>• 결론은 수습기간은 자유롭게 정할 수 있지만, 최저임금의 감액은 3개월 이내에서만 가능하다. 따라서 수습기간을 6개월로 해도 최저임금의 감액은 3개월 이내에서만 가능하다. |
| 보수월액신고 | 다음의 2가지 방법 중 하나의 방법을 적용한다.<br>• 수습기간의 급여로 보수총액을 신고 후 정상 급여를 받을 때 변경신고를 하는 방법<br>• 1년간 급여는 이미 정해져 있으므로 총연봉 ÷ 12를 적용해서 신고하는 방법. 단, 1년 미만의 경우 해당 근무 기간의 보수총액을 근무 기간으로 나누어 신고한다. |
| 계속근속연수 | • 수습기간도 퇴직금 계산을 위한 계속근속연수에 포함이 된다. |
| 연차휴가 | • 상시근로자 5인 이상 사업장에서 4주 동안을 평균하여 1주간 소정근로시간이 15시간 이상의 근로자인 경우라면 연차유급휴가가 발생한다. 즉, 1년 미만 기간에 월 개근 시 1일의 연차휴가(최대 11일)와 1년간 80% 이상 출근율에 따라 15일에 대하여 연차유급휴가가 발생한다.<br>• 위의 규정은 수습근로자도 동일하게 적용된다. 따라서 수습기간에도 1개월 개근 시 1일의 연차휴가가 발생하고, 수습기간 포함 1년에 80% 이상 개근 시 15일의 연차휴가가 발생한다. 반면 미사용 시 미사용 연차수당을 받을 수 있다(연차휴가사용촉진시 예외). |

# 제**2**장

# 입사에서 퇴사까지
# 노무관리

# 01

# 법정근로시간과
# 소정근로시간, 유급 근로시간

근로기준법은 근로시간에 대해 1주간의 근로시간은 휴게시간을 제외하고 주 40시간을 초과할 수 없으며, 1일 근로시간은 휴게시간을 제외하고 1일 8시간을 초과할 수 없다. 다만, 근로자의 동의가 있는 경우에는 1주일 12시간을 한도로 연장근로를 할 수 있다.

특별한 사정이 없다면 근로시간은 단체협약, 취업규칙 등에 정해진 출근 시각과 퇴근 시각의 시작과 끝이 된다. 업무의 시작과 종료시각은 취업규칙의 필수적 기재 사항이다(근로기준법 제93조). 시작점은 근로자가 자기의 노동력을 사용자의 처분 하에 두는 시점이며, 종료점은 사용자의 지휘·명령에서 해방되는 시점이므로 근로자가 실제로 구속되는 시간을 기준으로 판단하게 된다.

일반적으로 회사는 9시 출근, 6시 퇴근, 점심시간 1시간이다. 이는 1일 근로시간 8시간 근무 중, 4시간당 30분을 휴게시간으로 주어야 하므로, 8시간에 대한 휴게시간 1시간을 합산한 총 9시간으로 구성된 것이다.

**법정근로시간과 소정근로시간, 유급근로시간**

## 》 법정근로시간

법정근로시간은 법으로 정해진 근로시간으로 휴게시간을 제외하고 1일 8시간, 1주 40시간이 원칙이다. 연소자(15세 이상 18세 이하)의 법정기준근로시간은 1일 7시간, 1주일에 35시간을 초과하지 못한다 (1주 40시간 = 주 35시간 + 연장근로 5시간 : 연장근로 한도는 1일 1시간, 1주 5시간 이내이다).

법정근로시간 규정은 5인 이상 사업장에만 적용되며, 5인 미만 사업장은 적용이 되지 않는다.

1주 40시간(법정근로시간) + 1주 12시간(연장근로시간) = 1주 최대 52시간. 연장근로시간 12시간에는 휴일근로시간도 포함된 개념이다.

## 》 소정근로시간

소정근로시간이란 법정근로시간의 범위 안에서 근로자와 사용자 간에 정한 시간을 말한다. 즉, 일반근로자는 1일 8시간, 1주 40시간 범위 이내에서 정해진 시간이며, 연소자의 경우에는 1일 7시간, 1주 35시간 범위 이내에서 정해진 시간을 말한다.

1주 소정근로시간은 월요일부터 기산하며, 1월 소정근로시간은 매월 초일부터 기산한다. 예를 들어 화요일 입사한 직원의 첫 주휴일은 1주 개근이 아니므로 무급으로 부여한다.

소정근로시간은 일반적으로 약정으로 정하게 되며, 이는 근로계약서나 연봉계약서 등에 명시해야 한다.

1일 근로시간이 불규칙한 경우 1주 또는 월 소정근로시간수를 계산, 이를 평균한 시간 수를 소정근로시간으로 하며(근기 68207-865, 1994.05.27), 소정근로시간은 법정근로시간을 초과하지 못한다.

## ≫ 유급 근로시간(통상임금 산정기준 시간)

유급 근로시간은 월급을 계산할 때 월급책정에 들어간 시간을 말한다. 따라서 월급은 유급 근로시간만큼 줘야 하고 결근 등으로 월급에서 급여를 차감할 때도 유급 근로시간 분만 차감한다. 따라서 토요일이 무급의 경우 애초 급여 계산 시 토요일 근무분을 월급에 포함해 지급하기로 계약을 안 했으므로, 급여 차감을 할 때도 처음부터 포함 안 된 토요일 급여를 차감하면 안 된다. 만일 차감을 한다면 토요일 급여를 주지도 않았으면서 뺏어가는 결과가 된다.

중도 입사자와 중도 퇴사자의 월급을 일할계산할 때 유급 근로시간으로 계산하면 최저임금 문제가 발생하지 않는 장점이 있다.

| 구 분 | 근로시간 계산 |
|---|---|
| 법정<br>근로시간 | 법에서 정한 근로시간으로 근로자가 근로를 제공하는 최장 시간이다.<br>• 1일 : 8시간<br>• 1주(7일) : 40시간(월~일)<br>• 1월(일반적) : 209시간 |
| 소정<br>근로시간 | 노사합의에 따라 노사 간에 근로계약, 취업규칙, 단체협약 등으로 근로하기로 정한 시간을 말한다.<br>소정근로시간은 법정근로시간을 초과하지 못한다.<br>• 9시 출근 오후 6시 퇴근으로 근로계약을 한 경우 소정근로시간은 8시간 |

| 구 분 | 근로시간 계산 |
|---|---|
| | • 9시 출근 오후 7시 퇴근으로 근로계약을 한 경우 소정근로시간은 8시간, 1시간은 연장근로시간<br>• 9시 출근 오후 4시 퇴근으로 근로계약을 한 경우(점심시간 1시간) 소정근로시간은 6시간<br>• 월~금 9시 출근 오후 6시 퇴근, 토요일 4시간 출근으로 근로계약을 한 경우 소정근로시간은 주 40시간(토요일 4시간은 연장근로시간) |
| 유급<br>근로시간 | • 월급을 계산할 때 월급책정에 들어간 시간을 말한다.<br>• 최저임금의 계산기준이 되는 근로시간을 말한다.<br>• 중도 입사자와 중도 퇴사자의 월급을 일할계산할 때 유급 근로시간으로 계산하면 최저임금 문제가 발생하지 않는 장점이 있다.<br>• 통상시급 계산 시 기준이 되는 근로시간이다.<br>일 8시간 5일 근무제의 경우 유급근로시간 = (주 40시간 + 주휴일 8시간) × 4.345주 = 209시간<br>1. 주 5일 근무에 토요일 4시간 유급휴일<br>• 1주 = [(8시간 × 5일) + (8시간 + 4시간)] = 52시간<br>• 1월 = [52시간 × (365일 ÷ 12월 ÷ 7일)] = 226시간<br>2. 주 5일 근무에 1일 무급휴일<br>• 1주 = [(8시간 × 5일) + 8시간] = 48시간<br>• 1월 = [48시간 × (365일 ÷ 12월 ÷ 7일)] = 209시간 |
| 연장<br>근로시간 | 연장근로의 기준이 되는 시간은 법정근로시간으로 법정근로시간을 초과한 근로에 대해서 연장근로수당을 지급한다. 즉 1일 8시간을 초과하거나 주 40시간을 초과한 경우는 연장근로시간이 된다. 반면 단시간근로자는 소정근로시간을 넘어서 근무한 시간이 연장근로시간이 된다. |

일반적으로 법을 정확히 지키는 경우 법정근로시간과 소정근로시간은 일치하며, 법정근로시간은 근로시간의 최저가 아닌 최장 시간을 규정한 것이다.

| 구 분 | 기준근로시간 | | 연장근로시간 | | 야간근로 시 간 | 휴일근로 시 간 |
|---|---|---|---|---|---|---|
| | 1주 | 1일 | 요건 | 제한 | | |
| 남성근로자 | 40시간 | 8시간 | 당사자 합 의 | 1주 12시간 | 본인 동의 | 본인 동의 |
| 여성근로자 | 40시간 | 8시간 | 당사자 합 의 | 1주 12시간 | 본인 동의 | 본인 동의 |
| 1 8 세 이 상   산후 1년 미만 여성근로자 | 40시간 | 8시간 | 당사자 합 의 | 1일 2시간 1주 6시간 1년 150시간 | 본인 동의 고용노동부 장관 동의 | 본인 동의 고용노동부 장관 동의 |
| 임신 중인 여성근로자 | 40시간 | 8시간 | 불가 | 불가 | 본인 동의 고용노동부 장관 동의 | 본인의 명시적 청구 고용노동부 장관 동의 |
| 유해위험 작업근로자 | 34시간 | 6시간 | 불가 | 불가 | 본인 동의 | 본인 동의 |
| 18세 미만 연소근로자 | 35시간 | 7시간 | 당사자 합 의 | 1일 1시간 1주 5시간 | 본인 동의 고용노동부 장관 동의 | 본인 동의 고용노동부 장관 동의 |

 **근로시간의 계산사례**

| 구 분 | 근로시간 판단방법 |
|---|---|
| 휴게시간과 대기시간은 구분 | 휴게시간은 사용자의 지휘·감독에서 벗어나 자유롭게 이용이 보장된 시간을 말한다. 자유로운 이용이 어렵다면 대기시간도 근로시간에 포함된다. 예를 들어 감시·단속적 근로자(아파트 경비원 등)의 야간근무 중 휴게시간이 보장되지 않는다면 근로시간에 해당한다. |

| 구 분 | 근로시간 판단방법 |
|---|---|
| 업무 중 흡연시간과 커피마시는 시간 | 대기시간이므로 근로시간에 포함된다. 근로시간 판정 기준이 '사용자의 지휘 · 감독에의 종속성'이기 때문에 정부는 업무 중 잠시의 휴식시간은 사용자 지시 아래 있는 것으로 본다. 커피를 마시다가도 상사가 호출하면 바로 가야 한다는 것을 생각하면 이해하기 쉽다. |
| 회식은 근로시간에 해당하나? | 근로시간이 아니다. 회식은 근로자의 기본적인 노무 제공(업무) 목적이 아니며, 사업장 구성원의 사기 진작, 조직 결속 및 친목 등을 강화하기 위한 행사라고 할 수 있다. 상사가 참석을 강제했더라도 그것만으로 회식을 근로계약상의 노무 제공으로 보기 어렵다는 게 정부의 판단이다. |
| 저녁에 거래처 접대 | 접대 성격에 따라 다르다. 소정근로시간 외에 접대한 상대방이 업무수행과 관련 있는 사람이고, 사용자가 접대를 지시해야 근로시간으로 인정될 여지가 있다. 법원은 상사의 묵시적 지시에 따라 휴일 골프에 참여한 경우라도 사용자의 구체적 지휘, 감독 아래 이뤄지지 않았다면 근로시간에 해당하지 않는다고 판결한 바 있다. |
| 사내 교육 시간 | 교육의 성격에 따라 다르다. 사용자가 의무적으로 실시해야 하는 각종 교육(예를 들어 연 1회 성폭력 예방 교육)에 참여하는 시간은 근로시간이지만, 근로자가 개인적 차원에서 또는 법정의무 이행을 위해 권고되는 수준의 교육을 받았다면 근로시간으로 보기 어렵다. 다만, 근로자직업능력개발법에 따른 직업능력개발훈련의 경우에는 사용자와 근로자 간 훈련계약을 체결했는지? 여부에 따라 근로시간으로 볼 수도 있다. |
| 업무 워크숍이나 세미나 | 목적에 따라 다르다. 사용자의 지휘 · 감독 아래 효과적 업무수행을 위해 진행된 경우라면 근로시간으로 인정할 수 있으며, 소정근로시간 범위를 넘어서는 토의 · 회의는 연장근로로 인정할 여지가 있다. 그러나 워크숍이나 세미나 프로그램 중 직원 간 친목 도모 시간이 포함돼 있다면 그 시간만큼은 근로시간으로 인정하기 어렵다. |

| 구 분 | 근로시간 판단방법 |
|---|---|
| 출장 시간 | 근로시간에 포함된다. 다만, 출장은 거리와 목적, 교통수단 등이 워낙 다양하므로 정부가 출장 시간을 일률적으로 정하기는 어렵다. 판례는 출장 시간 산정이 어려운 경우 8시간의 소정근로시간 또는 통상 출장에 필요한 시간을 근로한 것으로 간주한 바 있다. 출장에 필요한 이동시간과 업무시간을 가장 잘 파악할 수 있는 사람은 회사와 근로자이므로, 고용노동부는 사용자대표와 근로자대표가 서면 합의로 출장 근로시간을 정하도록 권고하고 있다. |

 **Tip** 시급의 계산방법

[연장근로시간 포함 통상임금 계산]

평일 오전 8시부터 오후 6시까지 근무를 하고, 월급으로 300만원을 받는 경우 시급은?

1. 평일 9시간 × 5일 근무를 하여 주 45시간 근로를 하였다면 평일 5시간 연장 5시간 × 1.5배 = 7.5시간이 된다.

2. 월 소정근로시간은 주휴수당을 포함 209시간이 되며, 초과근로시간은 1주 7.5시간 × 4.345주 = 1달 약 32.59시간이 나온다.

3. 총근로시간은 209시간 + 32.59시간 = 241.59시간

4. 통상시급 = 300만 원 ÷ 241.59시간 = 12,420원

[격주 근무할 때 통상시급 계산]

매주 평일 오전 8시부터 오후 6시까지 근무를 하고, 토요일 2, 4주를 제외하고 9시간씩 근무를 하였다. 월급으로 300만 원을 받는 경우 시급은?

1. 평일 9시간 × 5일 근무를 하여 주 45시간 근로를 하였다면 평일 5시간 연장 5시간 × 1.5시간 = 7.5시간

2. 월 소정근로시간은 주휴수당을 포함 209시간이 되며, 초과근로시간은 1주 7.5시간 × 4.345주 = 1달 약 32.59시간이 나온다.

3. 토요일 근무는 모두 연장근로에 해당하며, 9시간씩 2, 4주를 제외한 나머지 토요일에 근로하였다면 9시간 × 4.345주(월평균 주수) − 18시간(2.4주) = 약 21.06시간 따라서 21.06시간 × 1.5배 = 31.59시간의 연장근로가 매월 토요일 발생하게 된다.

4. 총 연장근로시간 = 32.59시간 + 31.59시간 = 약 64.18시간

5. 총근로시간 = 209시간 + 64.18시간 = 273.18시간

6. 통상시급 = 300만 원 ÷ 273.18시간 = 10,982원

**❓ Tip** 격주근무시 최저임금(주급), 통상시급, 주휴수당, 시간외 근로수당

1. 격주 근무시 임금

| 구 분 | 임금 |
|---|---|
| 일 8시간 근로자 | [(주 40시간 + 8시간(주휴)) × 4.345주 × 시급(최저시급)] + 연장근로 [(8시간 × 4.345주) ÷ 2 × 1.5배 × 시급(최저시급)] |
| 단시간 근로자 | [(월~금 총 근무시간(A) + A/5) × 4.345주 × 시급(최저시급)] + 연장근로 [(격주 토요일 근무시간 × 4.345주) ÷ 2 × 1.5배 × 시급(최저시급))] |

2. 격주 근무시 시급

| 구 분 | 임금 |
|---|---|
| 유급시간 | 평일 통상시간(A) = [월~금 총 근무시간(40시간 한도) a + a/5(8시간 한도)] × 4.345주<br>격주 토요일 통상시간(B) = (격주 토요일 근무시간 × 4.345주) ÷ 2 × 1.5배<br>총 유급시간 = A + B |
| 시급 | 월 임금 ÷ 유급 시간 |

## 3. 주휴수당

8시간(주휴시간은 최대 8시간) × 시급

## 4. 시간외근무수당

연장, 휴일, 야간근로수당은 통상시급의 50%를 가산해서 지급하면 된다.

연장근로는 주5일 또는 주6일 중 1일 8시간을 초과한 근로시간이나 주 40시간을 초과하는 근로시간은 연장근로시간에 해당한다. 야간근로는 연장근로 및 휴일근로와 중복 적용이 가능하다.

### 4-1. 평일에 연장근로, 야간근로가 중복되었을 시

근로시간(100%) + 연장근로(50%) + 야간근로(50%) = 200%

### 4-2. 휴일에 연장근로, 야간근로가 중복되었을 시

근로시간(100%) + 휴일근로(50%) + 휴일연장(50%) + 야간근로(50%) = 250%

---

**Tip** 포괄임금제에서 기본급과 고정 OT로 나누는 방법

포괄임금제는 야간, 연장, 휴일근로를 별도로 계산하지 않고 일정 시간과 금액을 고정 초과근로수당으로 지급하는 형태로 기본급 + 고정 OT로 구성이 되지만 실제로 이를 구분해서 인식하지 않는다. 즉 이것저것 따지지 않고 한 달 얼마로 포괄해서 임금을 책정한다. 그러다 보니 급여를 책정할 때나 추가 초과근무수당이 발생해 계산해야 하는 경우 실무자들이 기본급과 고정 OT 부분을 나누는 데 상당히 힘들어하고 있다. 또한 임금명세서 작성 시에는 기본급과 고정 OT를 구분해서 따로 표기해야 하고, 고정 OT 산출근거도 같이 작성해줘야 하다 보니 더욱 힘들어진 것이 현실이다.

### 기본급과 고정 OT로 나누는 방법

월급 400만 원(기본급, 고정 OT, 직책수당 : 20만 원, 식비 20만 원)이고 여기에는 월 고정 연장근로시간 12시간분의 임금이 포함되어 있다고 가정하면(일 8시간, 주 40시간 사업장)

• 소정근로시간 = 40시간(일 8시간, 주 40시간 한도)

- 유급 근로시간 = (40시간 + 8시간) × 4.345주 = 209시간

> 월 소정근로시간 = (주 소정근로시간 + 토요일 유급 근로시간 + 주 소정근로시간/5) × 4.345
>
> 소정근로시간은 1일 8시간을 넘지 못하며, 1주 40시간을 넘지 못한다. 따라서 1일 8시간을 넘거나 1주 40시간을 넘는 시간은 연장근로시간이 된다.
>
> [예시] 1일 8시간, 토요일 유급 4시간, 주 40시간 근로자의 소정근로시간
> = (40시간 + 4시간 + 40시간/5) × 4.345 = 226시간

- 고정 OT 유급 근로시간 = 12시간 × 1.5배 = 18시간(포괄임금제에서 1.5배가 아닌 1배로 해야 한다는 해석도 있지만, 실무상으로는 1.5배를 일반적으로 한다.)
- 총 유급 근로시간 = 227시간
- 통상시급 = (400만 원 − 통상임금 제외항목) ÷ 227시간 = 약 17,620원
- 고정 OT = 17,620원 × 12시간 × 1.5배 = 317,160원
- 기본급 = 400만원 − 고정 OT(317,160원) − 직책수당(20만원) − 식비(20만원)
    = 3,282,840원

참고로 고정 OT 먼저 배분을 한 후 기본급을 마지막에 배분한다. 고정 OT의 경우 근로기준법상 가산임금을 지급해야 하므로 이를 먼저 맞춘 후, 마지막에 산출된 기본급은 최저임금보다 많으면 문제가 되지 않는다.

임금명세서의 고정 OT란에는 산출 근거로 17,620원 × 12시간 × 1.5배 = 317,160원을 작성하면 되고, 추가로 6시간의 연장근로가 발생하는 경우 추가 연장근로 란에 17,620원 × 6시간 × 1.5배 = 158,580원을 기입하면 된다.

## 02

# 법정휴일과 약정휴일 법정공휴일

법정휴일은 법에서 정한 휴일을, 약정휴일은 근로자와 회사가 약속한 휴일이라고 보면 된다.

우리가 흔히 빨간 날이라고 하는 국경일. 명절 등은 공무원만 쉬도록 법으로 정해진 법정공휴일이다. 사기업을 원칙적으로 쉬지 못한다.

그러나 근로기준법의 개정으로 2022년부터는 5인 이상 사업장도 빨간 날 무조건 쉬는 유급 법정휴일이 되었다.

 **법정휴일**

근로기준법 등 노동관계법은 최소한의 휴일을 규정하고 있는바 이를 법정휴일이라고 한다.

근로기준법에 의한 주휴일과 근로자의 날 제정에 관한 법률에 의한 근로자의 날(5월 1일)이 해당하며, 관공서의 공휴일에 관한 규정에 규정된 날(명절, 국경일 등 빨간 날)은 공무원들만 쉬는 법정공휴일로 근로기준법의 개정으로 2022년부터는 5인 이상 사기업도 쉴 수 있는 법정휴일화 되었다.

사용자는 근로자에 대해서 1주일(1주간의 소정근로일수를 개근한 경우)에 평균 1회 이상의 주휴일을 유급휴일로 주도록 하고 있다(일용직, 임시직, 파트타이머 모두 포함됨)(근기법 제55조). 다만, 주휴일은 반드시 일요일일 필요는 없으며, 원칙적으로 특정일은 매주 같은 요일로 하고, 주휴일의 간격은 7일 이내가 바람직하지만, 예외는 있다.

##  약정휴일

법정휴일 이외에 사용자와 근로자의 합의로 휴일을 정할 수 있으며, 이를 약정휴일이라고 한다. 약정휴일을 유급으로 할 것인가, 무급으로 할 것인가의 문제는 사용자와 근로자의 합의로 정할 수 있다.

무급인 경우는 논란을 피하고자 취업규칙에 명시한다.

공휴일은 취업규칙 등에 그 기업의 휴일이라고 명시함으로써 비로소 휴일이 되는 약정휴일이다.

약정휴일에 근로하는 경우 휴일근로가 되므로 휴일근로에 따른 가산임금을 지급해야 한다. 또한, 약정휴일을 줄이는 것으로 변경하고자 하는 경우는 불이익한 변경이므로 근로자 과반수이상의 동의가 필요하다.

| 구 분 | 내 용 |
|---|---|
| 법정휴일과<br>약정휴일 | • 휴일에는 법률로 정해진 법정휴일과 사업주와 근로자가 자율적으로 쉬기로 약속한 약정휴일이 있다. 관공서의 공휴일인 법정공휴일도 있으나, 2022년부터 5인 이상 민간사업장도 법정공휴일에 쉴 수 있으므로 법정공휴일이 법정휴일로 변경됨<br><br><table><tr><th>법정(공)휴일</th><th>약정휴일</th></tr><tr><td>• 주휴일<br>• 근로자의 날(5월 1일)<br>• 공휴일(설날, 추석 등)</td><td>• 노동조합/회사 창립일</td></tr></table> |
| 대체공휴일 | • 공휴일이 주말과 겹치는 경우, 평일 하루를 공휴일로 지정하여 쉴 수 있는 대체공휴일제도 시행 |
| 휴일대체 | • 원래 쉬기로 한 날(휴일)을 다른 근로일과 바꾸는 것을 휴일대체라고 한다.<br><br><table><tr><th>구 분</th><th>요 건</th></tr><tr><td>근로자의 날</td><td>대체 불가능</td></tr><tr><td>주휴일</td><td>휴일 24시간 이전 근로자 동의나 취업규칙 규정</td></tr><tr><td>공휴일</td><td>근로자대표와 서면 합의</td></tr></table> |
| 주휴일 | • 1주일에 평균 1회 이상의 주휴일을 부여, 1주 동안 소정근로일을 개근한 근로자에게는 유급으로 주휴일을 부여<br>• 주휴일은 반드시 일요일이 아니라도 무방<br>• 4주 평균 1주간 소정근로시간이 15시간 미만인 근로자에게는 주휴일 규정이 적용되지 않는다.<br>• 1주 동안 소정근로시간이 15시간 이상 근로와 소정근로일을 개근해야 한다는 2가지 요건을 충족해야 한다.<br>• 주휴수당 = 1주일 소정근로시간 ÷ 5 × 시급 |

## 03

# 평균임금과 통상임금

 **퇴직금 계산에는 평균임금**

평균임금이란 이를 ❶ 산정해야 할 사유가 발생한 날 ❷ 이전 3개월 동안에 그 근로자에 대해서 ❸ 지급한 임금의 총액을 ❹ 그 기간의 총일수로 나눈 금액을 말한다(근로기준법 제2조 제1항 제6호).

근로자가 취업한 후 3개월 미만인 경우도 이에 준한다(근로기준법 제2조 제1항 제6호 단서).

---

평균임금 = 산정 사유 발생일 이전 3개월간 임금 총액 ÷ 산정 사유 발생일 이전 3개월간의 총일수
① 최종 3개월간의 임금
② 퇴직 전일로부터 1년간 지급된 상여금 × 3/12
③ 퇴직 전일로부터 전년도 연차휴가를 사용하지 못해 받은 연차휴가수당 × 3/12
④ (① + ② + ③) / 퇴직 전 3개월간의 일수(89일~92일) = 평균임금
퇴직금 = 평균임금 × 30일 × (재직 일수) / 365

---

## ≫ 평균임금이 적용되는 경우

근로기준법에서 평균임금이 적용되는 경우는 다음과 같다.

- ⊙ 퇴직급여(근로기준법 제34조)
- ⊙ 휴업수당(근로기준법 제46조)
- ⊙ 연차유급휴가수당(근로기준법 제60조)
- ⊙ 재해보상 및 산업재해보상보험급여(근로기준법 제79조, 제80조, 제82조, 제84조 및 산업재해보상보험법 제36조)
- ⊙ 감급 제재의 제한(근로기준법 제95조)
- ⊙ 구직급여(고용보험법 제45조)

## ≫ 평균임금에 포함되는 임금과 포함되지 않는 임금

임금에 포함되거나 포함되지 않는 예시 규정이므로 실제로 임금의 실태를 고려해서 그 포함 여부를 결정해야 한다(평균임금 산정에 포함되는 임금의 범위예시와 확인 요령 제3조 제1항).

평균임금 산정기초인 임금에 포함되는 것(평균임금 산정에 포함되는 임금의 범위예시와 확인요령 제3조 제2항).

| 구 분 | 내 용 |
|---|---|
| 통화로 지급되는 것 | • 기본급<br>• 연차유급휴가 수당<br>• 연장, 야간, 휴일근로수당<br>• 특수작업 수당, 위험작업 수당, 기술수당<br>• 임원, 직책 수당<br>• 일 · 숙직 수당 |

| 구 분 | 내 용 |
|---|---|
| | • 장려, 정근, 개근, 생산 독려 수당 |
| | • 단체협약 또는 취업규칙에서 근로조건의 하나로서, 전 근로자에게 일률적으로 지급하도록 명시되어 있거나 관례적으로 지급되는 다음의 것<br>상여금<br>통근비(정기승차권)<br>사택수당<br>급식대(주식대 보조금, 잔업 식사대, 조근식사대)<br>월동비, 연료수당<br>지역수당(냉, 한, 벽지수당)<br>교육 수당(정기적 일률적으로 전 근로자에게 지급되는 경우)<br>별거 수당<br>물가수당<br>조정수당 |
| | • 가족수당이 독신자를 포함해서 전 근로자에게 일률적으로 지급되는 경우 |
| | • 봉사료를 사용자가 일괄 집중 관리해서 배분하는 경우 그 배분 금액 |
| 현물로 지급되는 것 | 법령, 단체협약 또는 취업규칙의 규정에 따라서 지급되는 현물급여(예 : 급식 등) |

평균임금 산정기초인 임금에 포함되지 않는 것(평균임금 산정에 포함되는 임금의 범위예시와 확인 요령 제3조 제3항).

| 구 분 | 내 용 |
|---|---|
| 통화로 지급되는 것 | • 결혼축하금<br>• 조의금<br>• 재해위문금<br>• 휴업보상금<br>• 실비변상적인 것(예 : 기구손실금, 그 보수비, 음료수 대금, 작업 용품 대금, 작업상 피복 제공이나 대여 또는 보수비, 출장 여비 등) |
| 현물로 지급되는 것 | • 근로자로부터 대금을 징수하는 현물급여<br>• 작업상 필수적으로 지급되는 현물급여(예 : 작업복, 작업모, 작업화 등)<br>• 복지후생시설로서의 현물급여(예 : 주택 설비, 조명, 용수, 의료 등의 제공, 급식, 영양식품의 지급 등) |
| 그 밖에 임금총액에 포함되지 않는 것 | 퇴직금(단체협약, 취업규칙 등에 규정함을 불문) |
| 임시로 지급되는 임금 | 임시 또는 돌발적인 사유에 따라 지급되거나, 지급조건은 사전에 규정되었더라도 그 사유 발생일이 불확정적, 무기한 또는 희소하게 나타나는 것(예 : 결혼수당, 사상병 수당) |

## ≫ 평균임금의 산정에서 제외되는 기간과 임금

평균임금 산정 기간 중에 다음의 어느 하나에 해당하는 기간이 있는 경우에는 그 기간과 그 기간 중에 지급된 임금은 평균임금 산정기준이 되는 기간과 임금의 총액에서 각각 **뺀다**(근로기준법 시행령 제2조 제1항).

⊙ 수습 사용 중인 기간(근로기준법 제35조 제5호)

⊙ 사용자의 귀책 사유로 휴업한 기간(근로기준법 제46조)

⊙ 출산전후휴가기간(근로기준법 제74조)

⊙ 업무상 부상 또는 질병으로 요양하기 위해서 휴업한 기간(근로기준법 제78조)

⊙ 육아휴직 기간(남녀고용평등과 일·가정 양립 지원에 관한 법률 제19조)

⊙ 쟁의 행위기간(노동조합 및 노동관계조정법 제2조 제6호)

⊙ 병역법, 향토예비군 설치법 또는 민방위기본법에 따른 의무를 이행하기 위해서 휴직하거나 근로하지 못한 기간. 다만, 그 기간 중 임금을 지급받은 경우에는 평균임금 산정기준이 되는 기간과 임금의 총액에서 각각 빼지 않는다.

⊙ 업무 외 부상이나 질병, 그 밖의 사유로 사용자의 승인을 받아 휴업한 기간

## ≫ 평균임금의 계산

### 산정해야 할 사유가 발생한 날

산정해야 할 사유가 발생한 날은 예컨대 퇴직금의 경우는 퇴직한 날, 산재보상 시 업무상 사고는 사고가 발생한 날, 직업병은 직업병으로 확인된 날을 말한다.

### 퇴직 이전 3개월 동안

퇴직 이전 3개월 동안은 항상 90일이 아니라 실제 근로를 제공하였는지? 여부와 관계없이 퇴직 사유가 발생한 날부터(산정 사유 발생일은 제외) 소급한 달력상의 3개월을 의미한다. 따라서 해당 기간은 실제 달의 크기에 따라 3개월을 합산하면 89일~92일 사이가 된다.

## 지급한 임금의 총액

임금의 총액에는 근로기준법상 임금에 해당하는 모든 금품은 어떤 것이든 포함된다.

기본급은 물론이고 연장근로수당, 휴일근로수당, 야간근로수당도 모두 포함된다. 여기서 1년 단위로 지급되는 상여금이 문제가 되는데 고용노동부 예규에 따르면 12개월 중에 지급받은 상여금 전액을 그 기간동안 근로 개월 수로 분할 계산해서 평균임금 산정기초에 산입한다. 예를 들어, 퇴직일 전 12개월 동안 300%의 상여금이 지급됐다면 퇴직금 계산을 위한 평균임금 산정 시 300% 상여금 총액 × 3/12의 금액을 퇴직한 날 이전 3개월 동안의 임금 총액에 포함해서 계산한다.

**? Tip** 상여금이 있는 경우 평균임금의 계산 방법

상여금이 단체협약, 취업규칙 기타 근로계약에 미리 지급조건 등이 명시되어 있거나 관례로서 계속 지급해 온 사실이 인정되는 경우는 평균임금 산정 시 평균임금에 포함해야 한다. 그 계산방식은 상여금 지급이 평균임금을 산정해야 할 사유가 발생한 때로부터 이전 12개월 중에 지급 받은 상여금 전액을 그 기간동안의 근로 월수로 분할 계산해서 평균임금 산정 시 포함한다.

예를 들어 9월 30일에 퇴직한 근로자의 경우에는 퇴직일을 기점으로 1년간 지급 받은 상여금을 퇴직금 산정을 위한 평균임금에 포함해야 한다. 즉, 1년간 300만 원을 상여금으로 받았다면,

300만 원 ÷ 12개월 × 3개월 = 75만 원

75만 원이 평균임금 계산 시 평균임금에 포함되는 금액이다.

성과상여금(성과급)의 경우 고정적으로 일정 지급률에 의해 계속 지급되었다면 평균임금에 포함된다. 평균임금에 포함되지 않는 성과상여금은 기업경영실적에 따라 매년 지급률 및 지급유무가 변동되는 것을 의미한다. 또한, 정기적·일률적으로 지급하는 경우라면 평균임금에 포함하고 출근일 수에 따라 변동적으로 지급하거나 일부 근로자에게 지급하는 경우는 평균임금에 포함하지 않는다.

**Tip** 연차수당이 있는 경우 평균임금의 계산 방법

연차수당도 상여금과 같이 3개월분을 포함해야 한다.

연차수당은 전전연도에 발생한 연차수당 보상 분을, 퇴직금의 평균임금에 산입하고, 퇴사와 동시에 발생하는 연차수당은 퇴직금 산정에서 제외한다.

**1. 퇴직하기 전 이미 발생한 연차유급휴가 미사용 수당**

퇴직 전전연도 출근율에 의해서 퇴직 전년도에 발생한 연차유급휴가 중 미사용하고 근로한 일수에 대한 연차유급휴가 미사용 수당의 3/12을 퇴직금 산정을 위한 평균임금 산정 기준임금에 포함한다.

**2. 퇴직으로 인해 비로소 지급 사유가 발생한 연차유급휴가 미사용 수당**

퇴직 전 연도 출근율에 의해서 퇴직연도에 발생한 연차유급휴가를 미사용하고 퇴직함으로써 비로소 지급 사유가 발생한 연차유급휴가 미사용 수당은 평균임금의 정의상 산정사유 발생일 이전에 그 근로자에 대해서 지급된 임금이 아니므로, 퇴직금 산정을 위한 평균임금 산정 기준임금에 포함되지 않는다.

| 구 분 | 처리방법 |
|---|---|
| **월 단위 연차휴가** : 근로자가 입사하여 2년 차(1년 이상 2년 미만 근로)에 퇴직하는 경우는 최초 1년의 근로가 끝난 다음 날 발생하는 월차수당 금액의 3/12을 퇴직금 산정을 위한 평균임금 산정 기준임금에 산입한다. | 3/12을 퇴직금 계산을 위한 평균임금에 가산 |

| 구 분 | | 내 용 |
|---|---|---|
| 연 단위 연차 휴가 | 전년도 발생 연차휴가를 당해연도 사용 도중 퇴사로 인해 지급하는 연차수당 | 퇴직금 계산에 미포함 |
| | 전전년도 발생 연차휴가를 전연도에 미사용해 당해연도에 지급해야 하는 연차수당 중 당해연도 퇴직으로 인해 받아야 하거나 받은 연차수당 | 3/12을 퇴직금 계산을 위한 평균임금에 가산 |

다만, 사업장에서 적법하게 연차휴가사용촉진을 하였음에도 근로자가 연차휴가를 사용하지 않은 경우라면 사용자는 그 사용하지 않은 휴가에 대해서 보상할 의무가 없는바, 이 경우 보상할 연차휴가 미사용 수당이 없다면 평균임금 산정에 포함되지 않는다.

 **Tip** 평균임금의 종합계산사례

김갑동의 평균임금을 계산하는 데 필요한 자료는 다음과 같다.

1. 평균임금 계산 사유 발생일 8월 20일

2. 기본급(3개월 내 변동 없음) 월 800,000원

3. 직급 수당 월 100,000원

4. 8월의 시간외수당 50,000원

5. 상여금(연 기본급의 300%) 연 2,400,000원

6. 연차휴가 수당 통상임금의 10일분 연 300,000원

7. 월차휴가 수당 매월 통상임금의 1일분 월 30,000원

해 설

1. 평균임금 계산 사유가 발생한 전일부터 3개월이므로 달력상의 날짜로 계산한다.

• 8월 20일(1일부터 20일까지)

• 7월 31일(전월)

• 6월 30일(전월)

• 5월 11일(21일부터 31일까지)

✂ 5월 21일부터 8월 20일까지 평균임금을 계산할 기간임.

2. 다음에 평균임금에 포함할 수 있는 임금을 월별로 계산한다.

- 5월 기본급 80만 원 + 직급수당 10만 원 = 90만 원 × 11/31 = 319,355원
- 6월 기본급 80만 원 + 직급수당 10만 원 = 90만 원
- 7월 기본급 80만 원 + 직급수당 10만 원 = 90만 원
- 8월 기본급 80만 원 + 직급수당 10만 원 = 90만 원 × 20/31 = 580,645원

3. 상여금은 지급 시기에도 불구하고 규정된 지급액을 분할하여 포함해야 한다.

- 기본급 : 80만 원 × 300% × 3/12 = 60만 원

4. 연차휴가 수당은 지급 시기에도 불구하고 지급된 금액을 분할하여 포함해야 한다.

- 10일분 : 30만 원 × 3/12 = 75,000원

이상에서 계산된 총금액을 합산하여 3개월의 역일로 제한다.

5. 임금의 총액 (3개월간)

5월(319,355원) + 6월(90만 원) + 7월(90만 원) + 8월(580,645원) + 60만 원(상여금) + 75,000원(연차휴가 수당) + 9만 원(월차수당) + 5만 원(시간외수당) = 3,515,000원

6. 3개월간의 역일수 92일

임금의 총액에서 역일로 나눈 것이 김갑동의 1일의 평균임금이 된다. 즉 3,515,000원 ÷ 92일 = 38,207원

## 그 기간의 총일수로 나눈 금액

이상과 같이 산정 사유 발생일 이전 3개월 동안의 임금 총액이 계산되었다면 이를 그 기간의 총일수로 나누어야 한다. 그 기간의 총일수란 위에서 설명했던 산정 사유 발생일 이전 3개월을 의미하고, 이는 90일이 아니라 달력상 3개월을 의미한다. 따라서 몇 월에 평균임금 산정 사유가 발생하는지? 에 따라 총일수가 달라진다. 예컨대 퇴직금 산정 시 12월 말일(12월 : 31, 11월 : 30일, 10월 : 31일)까지 근무하고 퇴직한 근로자는 3개월 동안의 총일수가 92일이 되고, 4월 말일까지 근무하고 퇴직한 근로자는 89일(4월 : 30, 3월 : 31일, 2월 : 28일)이 된다.

## ≫ 평균임금의 최저한도

평균임금이 그 근로자의 통상임금보다 적으면 그 통상임금을 평균임금으로 한다(근로기준법 제2조 제2항).

 ## 수당계산에는 통상임금

통상임금은 근로자의 근로에 해당하는 만큼 정기적으로 지급하는 시간급, 일급, 주급, 월급을 말한다(근로기준법 시행령 제6조 제1항).
우리가 흔히 알고 있는 임금의 개념과 같다. 이러한 기본급 외에도 직무수당, 물가수당, 위험수당 등 임금에 상관없이 사업주가 고정적·일률적으로 지급하는 임금도 통상임금에 포함된다. 하지만 상여금이나 연차수당, 연장근로수당 등과 같이 근로 실적에 따라 지급 여부와 지급액이 달라지는 임금은 통상임금에 포함되지 않는다.
통상임금은 평균임금의 최저한도, 해고예고수당, 연장·야간·휴일근로수당, 연차유급휴가 수당, 출산휴가급여 등을 산정하는데 기초가 된다.

## ≫ 통상임금이 적용되는 경우

⊙ 평균임금 최저한도(근로기준법 제2조 제2항)
⊙ 해고예고수당(근로기준법 제26조)
⊙ 연장근로수당(근로기준법 제56조)
⊙ 야간근로수당(근로기준법 제56조)
⊙ 휴일근로수당(근로기준법 제56조)

⊙ 연차유급휴가수당(근로기준법 제60조)

⊙ 출산휴가급여(고용보험법 제76조)

⊙ 그 밖에 유급으로 표시된 보상 또는 수당

## ≫ 통상임금의 판단기준

야간, 휴일, 연장근무 등 초과근로수당 산정 등의 기준이 되는 통상임금이 되기 위해서는 초과근무를 하는 시점에서 보았을 때, 근로계약에서 정한 근로의 대가로 지급될 어떤 항목의 임금이 일정한 주기에 따라 정기적으로 지급이 되고(정기성), 모든 근로자나 근로와 관련된 일정한 조건 또는 기준에 해당하는 모든 근로자에게 일률적으로 지급이 되며(일률성), 그 지급 여부가 업적이나 성과 기타 추가적인 조건과 관계없이 사전에 이미 확정되어있는 것(고정성)이어야 하는데, 이러한 요건을 갖추면 그 명칭과 관계없이 통상임금에 해당한다.

첫째, 통상임금은 노사 계약에 명시된 근로에 대한 대가로 받는 것이다. 가령, 근로계약서상에 청소만 하기로 계약을 했으면, 청소했을 때만 통상임금으로 포함되는 임금을 받는 것이다.

둘째, 통상임금은 정기적으로 근로자에게 지급되는 임금이다.

셋째, 통상임금은 모든 근로자에게 지급되는(일률성) 것이다.

넷째, 통상임금에는 사전에 확정한 금액(고정성)이라는 조건이 있다.

## 소정근로의 대가

소정근로의 대가는 근로자가 소정근로시간에 통상적으로 제공하기로 정한 근로에 관해서 사용자와 근로자가 지급하기로 약정한 금품을 말한다.

소정근로의 대가로 볼 수 없는 임금은 아래와 같다.

⊙ 근로자가 소정근로시간을 초과해서 근로를 제공해서 지급받는 임금

⊙ 근로계약에서 제공하기로 정한 근로 외의 근로를 특별히 제공함으로써 사용자로부터 추가로 지급받는 금품

⊙ 소정근로시간의 근로와는 관련 없이 지급받는 금품

## 정기성

정기성은 미리 정해진 일정한 기간마다 정기적으로 지급되는지? 여부에 관한 것으로서, 1개월을 초과하는 기간마다 지급되더라도 일정한 간격을 두고 계속적으로 지급되는 것이면 통상임금이 될 수 있다. 예를 들어 정기상여금과 같이 일정한 주기로 지급되는 임금의 경우 단지 그 지급주기가 1개월을 넘는다는 사정만으로 그 임금이 통상임금에서 제외되지 않는다. 따라서 1개월을 넘어 2개월, 분기, 반기, 연 단위로 지급되더라도 정기적으로 지급되는 것이면 통상임금에 포함된다.

## 일률성

일률성은 모든 근로자에게 지급되는 것뿐만 아니라 일정한 조건 또는 기준에 달한 모든 근로자에게 지급되는 것도 포함하는 개념으로서 일률적으로 지급되어야 통상임금이 될 수 있다. 일률적으로 지급되는 것에는 모든 근로자에게 지급되는 것뿐만 아니라 일정한 조건 또는 기준에 달한 모든 근로자에게 지급되는 것도 포함된다.

일정한 조건 또는 기준은 작업내용이나 기술, 경력 등과 같이 소정근로의 가치평가와 관련된 조건이어야 한다. 여기서 일정한 조건이

란 시시때때로 변동되지 않는 고정적인 조건이어야 한다.

## 고정성

고정성은 초과근로를 제공할 당시에 그 지급여부가 업적, 성과 기타 추가적인 조건과 관계없이 사전에 이미 확정되어있는 것으로 통상임금에 포함된다.

고정적 임금은 명칭을 묻지 않고 소정근로시간을 근무한 근로자가 그다음 날에 퇴직한다고 하더라도 근로의 대가로 당연하고도 확정적으로 받게 되는 최소한의 임금을 말하며, 이는 통상임금에 포함된다.

## ≫ 통상임금에 포함되는 임금의 범위

통상임금에 포함되는 임금의 범위는 다음의 예시에 따라 판단한다 (통상임금 산정지침 제5조의2 본문 및 별표).

## 소정근로시간 또는 법정근로시간에 대해 지급하기로 정해진 기본급 임금

법정근로시간이란 성인 근로자의 경우 1일에 휴게시간을 제외한 8시간, 1주에 휴게시간을 제외한 40시간(근로기준법 제50조), 15세 이상 18세 미만인 자의 경우 1일에 7시간, 1주일에 35시간(근로기준법 제69조 본문), 유해·위험작업에 종사하는 근로자의 경우 1일 6시간, 1주 34시간(산업안전보건법 제46조)을 말한다(통상임금 산정지침 제2조 제2호).

소정근로시간이란 법정근로시간의 범위에서 근로자와 사용자 간에 정한 근로시간을 말한다(통상임금 산정지침 제2조 제3호).

일·주·월 기타 1임금 산정기간 내의 소정근로시간 또는 법정근로시간에 대해 일급·주급·월급 등의 형태로 정기적·일률적으로 지급하기로 정해진 고정급 임금

⊙ 담당업무나 직책의 경중 등에 따라 미리 정해진 지급조건에 의해 지급하는 수당 : 직무수당(금융수당, 출납수당), 직책수당(반장수당, 소장수당) 등

⊙ 물가변동이나 직급 간의 임금격차 등을 조정하기 위해서 지급하는 수당 : 물가수당, 조정수당 등

⊙ 기술이나 자격·면허증 소지자, 특수작업종사자 등에게 지급하는 수당 : 기술수당, 자격수당, 면허수당, 특수작업수당, 위험수당

⊙ 특수지역에 근무하는 근로자에게 정기적·일률적으로 지급하는 수당 : 벽지수당, 한냉지 근무수당 등

⊙ 버스, 택시, 화물자동차, 선박, 항공기 등에 승무하여 운행·조종·항해·항공 등의 업무에 종사하는 자에게 근무일수와 관계없이 일정한 금액을 일률적으로 지급하는 수당 : 승무수당, 운항수당, 항해수당 등

⊙ 생산기술과 능률을 향상시킬 목적으로 근무성적과 관계없이 매월 일정한 금액을 일률적으로 지급하는 수당 : 생산장려수당, 능률수당 등

⊙ 그 밖에 이에 준하는 임금 또는 수당 : 통상임금에 포함되는지는 그 명칭만으로 판단해서는 안 되며, 통상임금의 의의, 근로계약·취업규칙·단체협약 등의 내용, 직종·근무형태, 지급 관행 등을 종합적으로 고려해야 한다(통상임금 산정지침 제5조의2 단서).

| 임금명목 | 임금의 특징 | 통상임금의 해당여부 |
|---|---|---|
| 기술수당 | 기술이나 자격보유자에게 지급되는 수당(자격수당, 면허수당 등) | 통상임금 ○ |
| 근속수당 | 근속기간에 따라 지급여부나 지급액이 달라지는 임금 | 통상임금 ○ |
| 가족수당 | 부양가족 수에 따라 달라지는 가족수당 | 통상임금 ×<br>(근로와 무관한 조건) |
| | 부양가족 수와 관계없이 모든 근로자에게 지급되는 임금 | 통상임금 ○<br>(명목만 가족수당, 일률성 인정) |
| 성과급 | 근무실적을 평가해서 지급여부나 지급액이 결정되는 임금 | 통상임금 ×<br>(조건에 좌우됨, 고정성 인정×) |
| | 최소한도가 보장되는 성과급 | 그 최소의 한도만큼만 통상임금 ○<br>(그만큼은 일률적, 고정적 지급) |
| 상여금 | 정기적인 지급이 확정되어있는 상여금(정기상여금) | 통상임금 ○ |
| | 기업실적에 따라 일시적, 부정기적, 사용자 재량에 따른 상여금(경영성과분배금, 격려금, 인센티브) | 통상임금 ×<br>(사전 미확정, 고정성 인정×) |
| 특정 시점 재직 시에만 지급되는 금품 | 특정 시점에 재직 중인 근로자에게만 지급 받는 금품(명절 귀향비나 휴가비의 경우 그러한 경우가 많음) | 통상임금 ×<br>(근로의 대가×, 고정성×) |
| | 특정 시점이 되기 전 퇴직 시에는 근무 일수에 비례해서 지급되는 금품 | 통상임금 ○<br>(근무 일수에 비례해서 지급되는 한도에서는 고정성 ○) |

사업장에서 지급하는 400% 상여금이 정기상여금이라면, 이는 2013.12.18.의 대법원 전원합의체의 판결에 의한 통상임금에 포함된다고 볼 수 있을 것이다. 상여금 400%를 통상임금에 산입한다면, 연간 상여금 총액을 12월로 나누어, 이를 통상임금 산정을 위한 월 소정근로시간으로 다시 나누어 계산함이 적절하다.

따라서 연간 고정상여금 4,180,000원을 12분할 한 348,333원(1월당 상여금 상당액)을 월 소정근로시간(1주 40시간 근무하는 경우, 209시간)으로 나눈 1,667원만큼 통상임금 (시간급)의 증액 요인이 발생한다고 봄이 타당하다.

당초의 통상임금(시급) 5,000원 + 상여금 반영 분 통상임금(시급) 1,667원 = 6,667원

통상임금으로 지급해야 하는 제 수당 중 인건비 증가 부담에 있어서 가장 큰 비중을 차지하는 것은 연장 · 야간 · 휴일근로수당과 연차휴가 미사용 수당이므로 이에 대한 관리가 필요하다. 첫째, 연장 · 야간 · 휴일근로수당 관리를 위해서

- 포괄 임금제도를 법정 한도 내에서 최대한 가능 한도(연장근로 주당 12시간, 월 한도 52시간)까지 이용하거나
- 사무 관리직의 경우 연장 · 야간 · 휴일근로 시, 취업규칙에 사전 승인제도를 규정화함으로써 연장 · 야간 · 휴일근로 시, 사전 신청 및 승인된 근무에 대해서만 연장 · 야간 · 휴일근로로 인정하는 시스템적 보완이 필요하며
- 연장 · 야간 · 휴일근로와 관련해서 무엇보다 중요한 것은 관례적이고 윗사람의 눈치를 보고 퇴근하지 못하는 조직문화를 없애는 것이 중요하다고 사료 된다.

둘째, 연차유급휴가 미사용수당 관리를 위해서

근로기준법 제61조(연차유급휴가사용촉진) 제도 및 근로기준법 제62조(유급휴가의 대체) 제도의 활용과 연차휴가를 상시 상사의 눈치를 보지 않고 자유롭게 사용하는 특히, 연차휴가를 연속적으로 3~5일 사용해서 소진하는 등 자유스러운 휴가 사용문화를 구축하는 것이 중요하다고 사료 된다.

**Tip** 정기상여금, 명절(설, 추석)상여금, 여름휴가비, 자격수당, 가족수당

| 구 분 | 통상임금 여부 |
|---|---|
| 정기상여금 | 월, 분기, 반기, 연말, 명절 등 정기적으로 지급되는 상여금은 통상임금에 포함된다. |
| 자격수당 | 일정한 자격을 갖춘 자에게만 지급되는 자격수당도 일률적으로 지급되는 것으로 통상임금에 해당할 수 있다. |
| 가족수당 | 부양가족 수와 관계없이 모든 근로자에게 지급되는 임금은 통상임금에 해당하지만, 부양가족 수에 따라 달라지는 가족수당은 통상임금에 해당하지 않는다. |
| 명절(설, 추석)상여금, 여름휴가비 | 특정 시점에 재직 중인 근로자에게만 받는 금품(명절 귀향비나 휴가비의 경우 그러한 경우가 많음)은 통상임금에 포함되지 않고, 특정 시점이 되기 전 퇴직 시에는 근무일수에 비례해서 지급되는 금품은 통상임금에 포함된다. |
| 식대나 자가운전보조금 | 식대가 근로자 전원에게 매월 일정액인 월 20만 원이 지급되는 경우, 차량유지비 20만 원을 비과세항목으로 구분하고, 전 직원에게 일률적으로 지급되고 있다면 통상임금에 해당한다. 다만 차량유지비를 실제 업무수행에 소용되는 비용으로 계산하여 지급하는 경우는 통상임금에 해당하지 않는다. |

## ≫ 통상임금의 적용

통상임금은 평균임금의 최저한도 보장(근로기준법 제2조 제2항 : 산정된 평균임금이 그 근로자의 통상임금보다 적으면 그 통상임금액을 평균임금으로 한다.), 해고예고수당(근로기준법 제26조), 연장·야간·휴일근로수당(근로기준법 제56조), 연차유급휴가수당(근로기준법 제60조 제5항) 및 출산휴가급여(고용보험법 제76조) 등을 산정하는데 기초가 된다.

| 구 분 | 통상임금 여부 |
|---|---|
| 해고예고수당 | 통상임금의 30일분 |
| 연장 · 야간 · 휴일근로수당 | 통상임금의 50% 가산 |
| 연차유급휴가 미사용 수당 | 통상임금(또는 평균임금)의 100% |

## ≫ 통상임금의 계산

### 시간급 통상임금의 계산

통상임금을 시간급 금액으로 산정할 경우는 다음의 방법에 따라 산정된 금액으로 한다(근로기준법 시행령 제6조 제2항).

❶ 시간급 금액으로 정한 임금은 그 금액

❷ 일급금액으로 정한 임금은 그 금액을 1일의 소정근로시간 수로 나눈 금액

> 시간급 통상임금 = 일급금액 ÷ 1일 소정근로시간수(8시간)

❸ 주급 금액으로 정한 임금은 그 금액을 주의 통상임금 산정 기준시간 수로 나눈 금액

주의 통상임금 산정 기준시간 수는 주의 소정근로시간과 소정근로시간 외에 유급으로 처리되는 시간을 합산한 시간을 말한다.

> 시간급 통상임금 = 주급 금액 ÷ (1주일 소정근로시간수 + 1일 주휴시간 수)
> = 주급 금액 ÷ (1주일 소정근로시간수 × 120%)

공식 = [1주일 소정근로시간 + 토요일 유급시간 + 1주일 소정근로시간/5]

1. 주 5일 근무에 1일 무급휴일(일반적)

1주 = [(8시간 × 5일) + 0시간 + (40시간/5 = 8시간)] = 48시간

2. 주 5일 근무에 1일 4시간 유급휴일

1주 = [(8시간 × 5일) + 4시간 + (40시간/5 = 8시간)] = 52시간

❹ 월급 금액으로 정한 임금은 그 금액을 월의 통상임금 산정 기준 시간 수(주의 통상임금 산정 기준시간 수에 1년 동안의 평균주의 수를 곱한 시간을 12로 나눈 시간)로 나눈 금액

시간급 통상임금 = 월급 금액 ÷ 209시간

1. 주 5일 근무에 1일 무급휴일(일반적)

1월 = (40시간 + 주휴 8시간) × 52.14주 / 12월 = 209시간 또는

1월 = [48시간 × (365일 ÷ 12월 ÷ 7일)] = 209시간

2. 주 5일 근무에 1일 4시간 유급휴일

1월 = [52시간 × (365일 ÷ 12월 ÷ 7일)] = 226시간

| 구 분 | | 토요일 유급시간수 | 기준근로시간수 |
|---|---|---|---|
| 휴 무 | 유급 | 4 | 226 |
| | | 8 | 243 |
| | 무급 | – | 209 |
| 휴 일 | 유급 | 4 | 226 |
| | | 8 | 243 |
| | 무급 | – | 209 |

❺ 일·주·월 외의 일정한 기간으로 정한 임금은 ❷부터 ❹까지에 준해서 산정된 금액

❻ 도급 금액으로 정한 임금은 그 임금 산정 기간에서 도급제에 따라 계산된 임금의 총액을 해당 임금 산정 기간(임금 마감일이 있는 경우에는 임금 마감 기간)의 총근로시간 수로 나눈 금액

❼ 근로자가 받는 임금이 ❶부터 ❻까지에서 정한 둘 이상의 임금으로 되어 있는 경우는 ❶부터 ❻까지에 따라 각각 산정된 금액을 합산한 금액

## 일급 통상임금의 계산

통상임금을 일급금액으로 산정할 때는 위의 산정방법에 따라 산정된 시간급 통상임금에 1일의 소정근로시간 수를 곱해서 계산한다(근로기준법 시행령 제6조 제3항).

> **Tip** 평균임금과 통상임금 계산사례
>
> 2024년도 매월 월급 200만 원(기본급 170만원, 직책 수당 20만원, 연장근로수당 10만원), 상여금 연 기본급의 400%, 산정 사유 발생일 2025년 1월 1일
>
> ❶ 통상임금 : [(기본급 + 직책 수당 + 정기상여금) ÷ 월 통상임금 산정기준시간수] × 8시간
>
> = (170만 원 + 20만 원 + 566,667원) ÷ 209시간 × 8시간 = 94,417.87원
>
> 🔁 정기적 상여금 170만 원 × 400% × 1/12 = 566,667원
>
> ❷ 평균임금 : 3월간 임금 총액 ÷ 3월간 총일수
>
> = [(2022년 10월분 임금 + 11월분 임금 + 12월분 임금) + (직전 1년간 상여금× 3/12)] ÷ 92일
>
> = [(200만원 + 200만원 + 200만원) + (200만원 × 400% × 3/12)] ÷ 92일
>
> = (600만원 + 200만원) ÷ 92일 = 86,956.52원

# 연장·야간·휴일근로수당 계산방법

연장근로 시에는 수당을 추가로 받을 수 있다는 것이 법으로 정해져 있다.

그러나 현실적인 부분에서는 이 부분이 무시되고 있는 경우가 허다하다. 연장근로 계약서 등이 없어 고정적인 월급 및 일급 또는 시급만을 받고 일하는 상황이다. 이는 직장을 잃을 것에 대한 두려움 때문이기도 하고, 수당계산에 대해 무지한 데서 오는 것이기도 하다. 따라서 입사 전 근로계약서를 반드시 작성하여 세부 사항을 논의하는 것이 바람직하고, 스스로 근무 일정과 수당 관련 사항을 숙지하는 것이 좋다.

우리나라 근로기준법 제50조 근로시간을 보면 1주간의 근로시간은 휴게시간을 제외하고 40시간을 초과할 수 없다고 명시되어 있다. 또 1일 근로시간은 휴게시간을 제외하고 8시간을 초과할 수 없다고도 되어 있다. 만일 근로시간을 초과하여 연장근로와 야간근로, 휴일근로를 할 경우는 통상임금의 50% 이상을 가산하여 지급해야 한다고 근로기준법 제56조에 나와 있다. 즉, 실근로시간이 1주 40시간을 초과하거나, 1일 8시간을 초과하면 연장근로에 해당한다. 무급휴무일인 토요일에 근무하였더라도 1주 40시간, 1일 8시간을 초과하지 않았다면(대법원 판례 : 주 40시간을 초과하지 않았다면) 연장근로에 해당하지 않고 가산임금도 발생하지 않는다.

한편 무급휴무일은 근로자의 소정근로일이 아니므로 휴무일에 근로자를 근로시키기 위해서는 근로자와의 합의가 필요하다.

근무시간의 연장인 시간외근로는 근로기준법상 연장근로, 야간근로, 휴일근로로 나누어 판단할 사항이다.

참고로 5인 이상 사업장, 1주 소정근로시간 15시간 이상인 자에게 법적으로 그 지급이 강제되는 수당으로 시간외근무수당(연장근로수당, 야간근로수당, 휴일근로수당), 연차수당, 생리수당, 출산휴가수당, 육아휴직수당, 휴업수당, 주휴수당 등이 있다.

| 구 분 | 근로시간 판단 방법 |
|---|---|
| 기 본 용 어 | • 일 소정근로시간 : 근로계약에 따라 정해진 1일 근로시간<br>• 통상시급 : 통상임금을 209시간으로 나눈 값 |
| 연장근무수당 | 일 8시간, 주 40시간 이상 근무할 경우 지급한다.<br>• 5인 이상 사업장 : 통상시급 × 1.5배 × 연장근로 한 시간<br>• 5인 미만 사업장 : 통상시급 × 1배 × 연장근로 한 시간 |
| 휴일근무수당 | 근로제공 의무가 아닌 휴일에 근무할 경우 지급한다.<br>• 5인 이상 사업장 : 통상시급 × 1.5배 × 휴일근로 한 시간<br>• 5인 미만 사업장 : 통상시급 × 1배 × 휴일근로 한 시간 |
| 야간근무수당 | 밤 10시부터 오전 6시 사이에 발생한 근로에 대해 지급한다. |

| 구 분 | 근로시간 판단 방법 |
|---|---|
| | • 5인 이상 사업장 : 통상시급 × 0.5배 × 야간근로 한 시간<br>• 5인 미만 사업장 : 가산임금이 없다.<br>야간근무인 동시에 연장근무인 경우는 "통상시급 × 2배(1배 + 0.5배(연장) + 0.5배(야간)) × 연장근로 한 시간" 값을 지급한다. |

## 상시근로자 5인 미만 사업장은 제외된다.

모든 사업장에서 연장근로수당·야간근로수당 및 휴일근로수당을 받을 수 있는 것은 아니니 주의해야 한다.

상시근로자가 5인 미만(4인까지)인 사업장에서는 밤에 일하거나 휴일에 나와 일해도 가산임금을 받지 못한다.

그러므로 이것에 관심 있는 사람은 본인이 일한 또는 일했던 사업장의 상시근로자 수가 몇 명이나 되는지를 알아보아야 한다.

## 연장근로수당의 지급요건, 금액, 계산사례

연장근로란 1일 8시간 이상 근무하거나 1주 40시간 이상 근무하는 경우를 말한다.

연장근로를 하는 경우는

첫째, 당사자 간의 합의에 의해야 하고,

둘째, 1주일에 12시간을 한도로 해야 하며,

셋째, 통상임금의 50% 이상을 가산하여 수당으로 지급해야 한다.

즉, 연장근로의 경우 통상임금의 1.5배를 지급해야 한다.

| 수당 | 법정수당 | 시간외근로수당 | 연장근로수당 | 1일 8시간 이상 근무하거나 1주 40시간 이상 근무하는 경우 → 통상임금의 50%를 가산임금으로 추가 지급한다. |
|---|---|---|---|---|
| | | | 야간근로수당 | 하오 10시(22시)부터 오전 06시까지의 근로를 제공한 경우 → 통상임금의 50%를 가산임금으로 추가 지급한다. |
| | | | 휴일근로수당 | 휴일날 근로를 제공한 경우 → 통상임금의 50%를 가산임금으로 추가 지급한다(8시간 초과는 100%). |
| | | 연차수당 | | 연차휴가를 사용하지 않은 경우<br>→ (통상임금 ÷ 209시간) × 8시간 × 연차일수로 계산<br>[주] 1년 미만 근속자로 1월 개근의 경우 1일의 연차휴가를 주어야 한다. |
| | 비법정수당 | | | 법적으로 강제적으로 지급할 의무는 없으나 회사규정이나 관행상으로 지급되는 수당을 말한다. |

[근속연수별 연차휴가 산정 예(주 40시간)]

| 1년 | 2년 | 3년 | 4년 | 5년 | 10년 | 15년 | 20년 | 21년 | 25년 |
|---|---|---|---|---|---|---|---|---|---|
| 15일 | 15일 | 16일 | 16일 | 17일 | 19일 | 22일 | 24일 | 25일 | 25일 |

[시간외수당 적용을 위한 근로시간의 범위]

| | 09 | 10 | 11 | 12 | 13 | 14 | 15 | 16 | 17 | 18 | 19 | 20 | 21 | 22~06 |
|---|---|---|---|---|---|---|---|---|---|---|---|---|---|---|
| 평일 | 8시간 근무(점심시간 1시간 제외) | | | | | | | | | 연장시간근로(1.5배) | | | | |
| | | | | | | | | | | | | | | 야간시간근로(0.5배) |
| 휴일 | 휴일근무(점심시간 1시간 제외)(1.5배) | | | | | | | | 휴일 연장시간근로(8시간 초과, 2배) | | | | | |
| | | | | | | | | | | | | | | 야간시간근로(0.5배) |

[주] 연장근로 및 야간근로 시에도 저녁 식사 시간 1시간은 제외 가능

[주] 연장근로 12시간 = 연장근로 + 휴일근로다.

그리고 수당과 관련해서는 휴일근로도 연장근로와 동일하게 50%의 가산임금을 지급한다. 다만, 8시간 초과분에 대해서는 휴일 연장근로로 100%의 가산임금을 지급한다.

일·숙직 근무는 일·숙직 근무내용이 평상시 근로의 내용과 같다면, 연장근로로 인정되어 연장근로수당을 지급해야 하나 사무직에 종사하는 사람이 숙직 근무를 하는 경우로서 평상시 근로의 내용과 상이한 경우에는 숙직 시간에 대한 연장근로수당을 지급하지 않아도 된다. 또한, 근로자가 지각해서 지각한 시간만큼 연장근무를 시킨 경우 지각한 시간에 대해서는 급여에서 공제할 수 있으나, 실제 1일 근무시간이 8시간을 초과하는 경우, 8시간 초과 근무시간에 대해서는 연장근로수당을 지급해야 한다.

---

회사는 채용 시 근로자에게 근로시간 09시부터 20시까지(토요일은 무급휴무일이고, 일요일은 휴일), 연장근로시간을 제외한 월급은 200만 원이다. 이 경우 A회사가 지급해야 할 연장근로수당의 합계액은?

---

해설

1. 1일 실제 근로시간 : 10시간(중식 및 휴게시간 포함 1시간 공제)
2. 1주 실제 근로시간 : 10시간 × 5일 = 50시간
3. 1주 연장근로시간 : 10시간
4. 월 연장근로수당 : 200만 원/209 × 43.45시간(10시간 × 약 4.345주) × 1.5 = 623,690원

## 야간근로수당의 지급요건, 금액, 계산사례

야간근로란 하오 10시(22시)부터 오전 06시까지의 근로를 말한다. 임신 중인 여성이거나 18세 미만자의 경우 특히 야간근로가 금지되어 있으나 업무의 특성에 따라 여성 근로자 본인의 동의와 고용노동부 장관의 인가를 받으면 야간근로가 가능하다.

야간에 근로했을 경우는 통상임금의 50%를 가산해서 지급해야 한다.

---

임금 200만 원을 받는 근로자가 근로시간 08시부터 17시까지 근무하기로 계약을 한 후, 18시부터 24시까지 근무한 경우 1일 지급해야 하는 수당은?

---

**해 설**

1. 1일 연장근로시간 : 6시간(18시부터 24시까지)

2. 1일 야간근로시간 : 2시간(22시부터 24시까지)

3. 연장근로 임금 : 200만 원/209시간 × 6시간 × 1배 = 57,416원

4. 1일 연장근로 가산수당 : 200만 원/209시간 × 6시간 × 0.5배 = 28,708원

5. 1일 야간근로 가산수당 : 200만 원/209시간 × 2시간 × 0.5배 = 9,569원

6. 임금 합계 : 95,693원

| 구 분 | 중복 적용 가능 |
| --- | --- |
| 연장근로 | 오후 10시(22시)부터 다음날 오전 06시까지 연장근로와 야간근로 |
| 야간근로 | 의 중복 적용이 가능하다. |

 **휴일근로수당의 지급요건, 금액, 계산사례**

휴일이란 주유급휴일(1주일에 근무하기로 정해진 날을 개근할 경우 부여되는 유급휴일, 통상 일요일인 경우가 많다)외에 취업규칙이나 단체협약상 휴일(무급휴일, 유급휴일)로 정해진 날, 관공서의 공휴일에 관한 규정에 따른 공휴일, 일요일을 제외한 공휴일, 근로자의 날(5월 1일)을 말한다. 따라서 휴일근로수당은 주휴일(일요일) 근로는 물론 관공서의 공휴일에 관한 규정에 따른 공휴일(흔히 빨간 날), 단체협약이나 취업규칙에 의해서 휴일로 정해진 날 근로의 경우에도 지급되어야 한다.

주 5일제 사업장의 경우 일반적으로 토요일은 무급휴무일, 일요일은

유급휴일에 해당한다. 따라서 토요일에 근로를 제공한다고 해서 별도의 휴일근로수당이 발생하는 것은 아니고, 일요일 근로에 대해서만 휴일근로수당이 발생한다.

| 구 분 | 휴일근로수당 |
|---|---|
| 유급휴일근로 | 휴일근로에 대한 임금(100%) + 휴일근로에 대한 가산임금(50%)이 지급된다. 다만, 8시간 초과의 경우 8시간 초과 시간당 가산수당은 100%이다.<br>• 일요일에 8시간을 일했으면 통상임금의 150%<br>　8시간까지 = 휴일근로 임금(100%) + 가산임금(50%)<br>• 일요일에 8시간을 초과해서 일했으면 200%<br>　휴일근로 임금(100%) + 8시간분 가산임금(50%) + 8시간 초과분(총근무시간 - 8시간) 가산임금(50%) |
| 무급휴일근로 | 무급휴일 근로에 대한 임금(100%) + 휴일근로에 대한 가산임금(50%) 이 지급된다. |

**사례**

시급 10,000원인 근로자가 주유급휴일에 8시간 근로한 경우 받을 수 있는 임금은?

**해설**

1. 10,000원 × 8시간 : 80,000원(유급휴일에 근무하지 않아도 지급되는 임금)
월급제 근로자는 월급에 주 유급휴일 수당이 포함되어 있다고 보므로 동 금액은 일반 회사의 경우 추가로 지급해야 하는 금액이 아니다. 다만, 아르바이트나 시급제 근로자의 경우 하루 단위로 급여를 계산해서 받는 경우가 일반적이므로, 아르바이트 일당이나 시급제 근로자 일당에 주휴수당이 포함되어 있지 않다고 보아, 휴일근로 시 동 금액을 추가로 지급해야 한다.

2. 10,000원 × 8시간 : 80,000원(유급휴일 근로에 대한 대가)

3. 10,000원 × 8시간 × 50% : 40,000원(휴일근로 가산임금)

4. 임금합계 : 200,000원(월급제 근로자는 120,000원)

| 구 분 | 휴일근로 시 받는 임금 |
|---|---|
| 월급제 근로자 | 휴일근로에 따른 임금(100%) + 가산임금(50%)<br>월급제의 경우 월급에 이미 주휴수당 1일분이 포함되어 있으므로<br>아르바이트와 달리 주휴수당 100%를 추가 지급하지 않는다. |
| 아르바이트,<br>시급제 근로자 | 월급에 포함되지 않은 주휴수당 임금(100%) + 휴일근로에 따른<br>임금(100%) + 가산임금(50%) |

 **Tip** 시간외근로수당(•연장근로, •야간근로, 휴•일근로)의 계산 절차

✔ 매달 고정적으로 받는 모든 금액(통상임금)을 더한다.

• 기본급, 직책수당, 직무수당 등 매달 고정적으로 명세서에 찍히면 포함

• 식대나 교통비 등은 실비변상적인 금액(영수증 첨부하는 등)이면 제외하고, 전 직원 공통
 (예 : 식대 20만 원)으로 지급되면 포함

• 상여금 등 기타 논란이 되는 항목은 회사 규정이나 근로계약서를 확인해야 함

✔ 통상임금을 더한 금액을 209로 나눈다(시급계산).

• 209는 하루 8시간 근무하는 사람의 한 달 평균 유급 근로시간을 의미한다.

(하루 8시간 X 5일 = 주 40시간) + 주휴일 8시간 = 주 48시간 X 4.345주 = 약 209시간

• 4.345주는 4주인 달도 있고 5주인 달도 있어 1년을 평균한 주수다.

• 주휴수당은 월급제의 경우 포함되어 있는 것으로 계산하므로 별도로 청구할 수 있는
 것은 아니다.

✔ 통상시급을 연장근로 시 1.5배, 야간근로 시 2배, 휴일근로 시 1.5배 가산한다.

- 연장근로수당 계산 방법

  하루 8시간 이상 근로 시 1.5배

  원래 임금 100% + 연장근로수당 50% = 총 150%

- 야간근로수당 계산 방법(연장근로와 중복 적용 시)

  밤 10시부터 다음날 오전 6시까지 연장근무 시 2배

  원래 임금 100% + 연장근로수당 50% + 야간근로수당 50% = 총 200%

- 휴일근로수당 계산 방법

  일요일(주휴일) 근무 시 통상시급의 1.5배

  원래 임금 100% + 휴일근로수당 50% = 총 150%

**Tip** 휴•일, •연장, •야간근로 중복 시 가산•임금 계산 공식(방법)

일요일에 8시간을 일했으면 통상임금의 150%

일요일에 8시간 초과 일했으면 8시간까지는 150%, 8시간 초과분은 200%

여기서 휴일근로수당 중복할증이 있는데, 주중에 40시간 이상을 근무한 근로자가 휴일에 일하면 기본 수당(통상임금의 100%)에 휴일근로수당(50%)과 연장근로수당(50%)을 각각 더해 200%를 지급받게 된다. 즉, 주 40시간을 초과하는 8시간 이내의 휴일근로에 대해서는 통상임금의 150%, 8시간 초과분에 대해서는 200%를 지급하게 된다.

**예시1** 평일에 연장, 야간근로 시 법정수당 계산 방법

| 시간 | 근로의 대가 | 연장 | 야간 | 합계 |
|------|------------|------|------|------|
| 18:00~22:00 | 100% | 50% | – | 150% |
| 22:00~06:00 | 100% | 50% | 50% | 200% |
| 06:00~09:00 | 100% | 50% | – | 150% |

평일의 수당계산 = ❶ + ❷ + ❸ (단, (-)가 나오는 경우 0으로 처리한다.)

❶ [(총근무시간 - 총 휴게시간) × 통상시급]

❷ [(총근무시간 - 8시간 - 총 휴게시간) × 통상시급 × 50%]

❸ [(22시~06시까지의 근로시간 - 22시~06시 사이의 휴게시간) × 통상시급 × 50%]

| 구분 | 시간 | 누적시간 | 비고 |
|---|---|---|---|
| ① 근무시간 | 00:00~24:00 | 24시간 | |
| ② 휴게시간 | 03:00~04:00 | | 야간근로시간에 1시간 |
| | 12:00~13:00 | 3시간 | 이 들어있다고 가정 |
| | 18:00~19:00 | | |
| ③ 근무시간 | - | 21시간 | ①-② |
| 최저임금 | | | 10,030원 |
| 100% | 정상 근로 | 21시간 | 210,630원 |
| 50% | 연장 가산 | 13시간 | 65,195원 |
| 50% | 야간 가산 | 7시간 | 35,105원 |
| 임금 합계 | | | 310,930원 |

예시2 휴일에 연장, 야간근로 시 법정수당 계산 방법

| 시간 | 근로의 대가 | 휴일 | 휴일연장 | 야간 | 합계 |
|---|---|---|---|---|---|
| 09:00~18:00 | 100% | 50% | - | - | 150% |
| 18:00~22:00 | 100% | 50% | 50% | - | 200% |
| 22:00~06:00 | 100% | 50% | 50% | 50% | 250% |
| 06:00~09:00 | 100% | 50% | 50% | - | 200% |

휴일의 수당계산 = ❶ + ❷ + ❸ + ❹ (단, (−)가 나오는 경우 0으로 처리한다)

❶ [(총근무시간 − 총 휴게시간)] × 통상시급)

❷ [(총근무시간 − 총 휴게시간) × 통상시급 × 50%]

❸ [(총근무시간 − 8시간 − 총 휴게시간) × 통상시급 × 50%]

❹ [(22시~06시까지의 근로시간 − 22시~06시 사이의 휴게시간) × 통상시급 × 50%]

| 구분 | 시간 | 누적시간 | 비고 |
|---|---|---|---|
| ① 근무시간 | 00:00~24:00 | 24시간 | |
| ② 휴게시간 | 03:00~04:00 | | 야간근로시간에 1시간 |
| | 12:00~13:00 | 3시간 | 이 들어있다고 가정 |
| | 18:00~19:00 | | |
| ③ 근무시간 | − | 21시간 | ①−② |
| 최저임금 | | | 10,030원 |
| 100% | 정상 근로 | 21시간 | 210,630원 |
| 50% | 휴일 가산 | 21시간 | 105,315원 |
| 50% | 휴일 연장 가산 | 13시간 | 65,195원 |
| 50% | 야간 가산 | 7시간 | 35,105원 |
| | 임금 합계 | | 416,245원 |

**? Tip** 토요일 근무 형태에 따른 임금 지급 방법

| 구분 | 토요일 근무 성격 | 근로미제공시 | 근로제공시 |
|---|---|---|---|
| 무급휴무일 | 연장근로 | 0% | 임금 100% + 연장근로 할증 50% |
| 유급휴무일 | 연장근로 | 유급 100% | 유급 100% + 임금 100% + 연장 근로 할증 50% |

| 구분 | 토요일 근무 성격 | 근로미제공시 | 근로제공시 |
|---|---|---|---|
| 무 급 휴 일 | 휴일근로 | 0% | 임금 100% + 휴일근로 할증 50% |
| 유 급 휴 일 | 휴일근로 | 유급 100% | 유급 100% + 임금 100% + 휴일<br>근로 할증 50% |

토요일을 '휴일' 로 할 것인지 아니면 단순히 근로의무가 면제된 '무급휴무일' 로 할 것인지는 취업규칙 또는 단체협약 등으로 정할 수 있다. 일반적으로 실무에서는 토요일을 무급휴무일로 많이 설정하며, 고용노동부에서도 토요일에 대하여 아무런 설정을 하지 않은 경우 무급휴무일로 이해하고 있다. 다만, 주중 (월~금) 발생한 연장근로가 12시간에 육박하는 경우는 토요일에 발생하는 근무를 연장근로로 처리할 수 없으므로 무급휴일로 설정하여 휴일근로로 처리하고 있다.

**Tip** 포괄·임금제 계약을 하면 연장, 야간 근로수당은 별도로 안 줘도 되나?

일정한 금액을 임금으로 지급하기로 약정하고, "이 금액은 야간, 연장, 유급주휴일 등 기타 금액을 모두 포함한 것으로 한다." 라고 정하는 것을 포괄임금제라고 한다.

포괄 임금 계약을 했다고 해서 시간과 관계없이 모든 연장근로수당이 다 포함되는 것은 아니다. 근로계약서가 있다면 계약한 문서에 적혀있는 근로시간을 기준으로 판단해야 하며, 그 시간을 초과한 경우에 대해서는 추가수당을 지급해야 한다. 즉, 실제 연장근로 등에 따라 산정된 금액이 미리 지급된 금액보다 많은 경우 그 차액은 지급해야 한다.

따라서 포괄임금제를 시행하는 경우, 포괄임금제에 따른 근로계약이 유효하게 성립되었음을 입증할 수 있는 서류(취업규칙, 근로계약서)를 구비해야 한다.

- 포괄연봉제라 하더라도 약정한 법정 제 수당을 법정 기준 미만으로 지급하는 것은 위법이다. 따라서 약정된 연장·야간·휴일근로시간을 초과하는 실제 근로자가 있는 경우에는 그 초과분을 별도로 지급해야 한다.
- 근로자와 합의에 의해서 법정 제 수당을 포함하는 포괄임금제를 시행했다면 별도의 연장·야간·휴일 및 휴가수당을 지급할 의무는 없다(임금 68207-586, 1993.09.16).

- 미리 정해진 근로시간에 따라 지급되는 임금이 실제 근로시간에 따른 임금을 상회하고 단체협약이나 취업규칙에 비추어 근로자에게 불이익이 없다면 이러한 방법의 임금 지급도 무방하다(임금 68207-388, 1993.06.18).
- 미사용 연차유급휴가 보상금을 월급여액에 포함해서 미리 지급하는 근로계약을 체결하고 휴가 사용을 허가하지 않는 것은 인정될 수 없다(근로기준과-7485, 2004.10.19).

**Tip** 어느 회사나 휴일근로수당을 받을 수 있는 날은?

어느 회사나 법적으로 가산수당을 받을 수 있는 날은 '법정휴일'이다. 즉, 주휴일 및 근로자의 날에 근무했을 경우 가산수당을 받을 수 있다. 단체협약, 취업규칙 등에 노동자와 사용자 간 협의가 있을 경우는 약정휴일 및 공휴일에도 가산수당을 받을 수 있다. 따라서 법정휴일 외에 자신이 가산수당을 받을 수 있는지? 여부에 대해서는 회사의 규정을 확인해 보아야 한다.

**Tip** 시급제와 월급제의 초과근무수당 계산차이

1. 연장근로수당(야간근로시간 포함)
= (통상시급 × 총 연장근로시간 × 1.5) + (통상시급 × 순수 야간근로시간 × 0.5)
예를 들어 총 6시간 연장근로 중 2시간의 야간근로가 있는 경우
= (통상시급 × 6시간 × 1.5) + (통상시급 × 2시간 × 0.5)

2. 휴일근로수당(야간근로시간 포함)

| 구 분 | 월급제 | 시급제 |
|---|---|---|
| 근무를 안 한 경우 | 0%(유급 휴일수당은 월급에 이미 포함된 것으로 봄) | 100%(유급 휴일수당) |
| 근무한 경우 | 100%(휴일근로 임금) + 50%(휴일근로 가산임금) | 100%(유급휴일 분) + 100%(휴일근로 임금) + 50%(휴일근로 가산임금) |

| 월급제 근로자 | 시급제 ·일급제 근로자 |
|---|---|
| ① 또는 ② 총 근무시간이 휴게시간을 제외하고 8시간까지인 경우 ①로 계산하고, 총 근무시간이 휴게시간을 제외하고 8시간을 넘는 경우 ②로 계산한다. | |
| ① 8시간까지 : 통상시급 × 150% × 총 근무시간 ② 8시간 초과한 때 : (통상시급 × 150% × 총 근무시간) + (통상시급 × (총 근무시간 - 8시간) × 50%) | ① 8시간까지 : 유급휴일 분(8시간) 100% + 통상시급 × 150% × 총 근무시간 ② 8시간 초과한 때 : 근로하지 않아도 받는 1일 임금(8시간) 100% + (통상시급 × 150% × 총 근무시간) + (통상시급 × (총 근무시간 - 8시간) × 50%) |
| 실제 지급액 = 위에서 ②를 적용 (10,000원 × 150% × 10시간) + (10,000원 × (10시간 - 8시간) × 50%) = 16만 원 | 실제 지급액 = 위에서 ②을 적용 (10,000원 × 8시간) + (10,000원 × 150% × 10시간) + (10,000원 × (10시간 - 8시간) × 50%) = 24만 원 |

$$+$$

$$(통상시급 × 순수 야간근로시간 × 0.5)$$

예를 들어 시급 1만 원에 총 10시간 휴일근로 중 2시간의 야간근로가 있는 경우
• 월급제인 경우
= (10,000원 × 10시간 × 1.5) + (10,000원 × (10시간 - 8시간) × 0.5) + (10,000원 × 2시간 × 0.5) = 17만 원
• 시급제인 경우
= (10,000원 × 8시간) + (10,000원 × 10시간 × 1.5) + (10,000원 × (10시간 - 8시간) × 0.5) + (10,000원 × 2시간 × 0.5) = 25만 원

행정해석상 원칙은 그 근로가 시작된 날을 기준으로 판단한다고 하고 있다.

휴일에 출근해 익일까지 근로한 경우 익일의 시업시간 이전(다음날 09시)의 근로는 휴일의 근로에 해당하며, 정상 근로가 휴일로 이어지는 경우 익일의 시업시간 이전의 근로는 휴일근로가 아닌 전일 근로의 연장에 해당한다. 즉 익일 시업시간 이후의 근로는 전일근로의 연장으로 보지 않는다(근기 68207-402, 2003.3.31. 및 근로개선정책과-4304, 2012.8.25.)

예를 들어 토요일 09시에 출근해 다음 날 오후 12시까지 근무가 이어질 때는 토요일 09시부터 일요일 09시 전까지는 토요일 연장근로에 해당하고, 일요일 09시~12시까지는 휴일근로로 본다. 물론 22시~다음날 06시까지의 근로는 야간근로수당을 별도로 지급해야 한다.

[토요일에서 일요일까지의 철야 근무]

| | 시간 | 월급제 | 시급제 |
|---|---|---|---|
| 토<br>요<br>일 | 09시~22시 | 연장근로(150%) | 연장근로(150%) |
| | 22시~06시 | 연장근로(150%) + 야간근로(50%) | 연장근로(150%) + 야간근로(50%) |
| 일<br>요<br>일 | 06시~09시 | 연장근로(150%) | 연장근로(150%) |
| | 09시~ | 8시간 이내(150%) =<br>휴일근로(150%) | 8시간 이내(250%) = 유급휴일 분<br>(100%) + 휴일근로(150%) |
| | | 8시간 초과(200%) =<br>휴일근로(150%) + ((총 근무시간<br>- 8시간) × 50%) | 8시간 초과(300%) = 유급휴일 분<br>(100%) + 휴일근로(150%) + ((총<br>근무시간 - 8시간) × 50%) |
| | | 야간근로는 포함하지 않았으므로 야간근로가 발생하는 경우 50%를<br>가산한다. | |

위 계산은 휴게시간을 무시한 것이므로, 휴게시간이 있는 경우 해당 범위에서 휴게시간을 차감한다.

# 연차휴가를 받을 수 있는 필수조건 3가지

발생한 연차휴가를 실제로 부여받기 위해서는 다음의 3가지 조건을 모두 충족해야 한다.

 **상시근로자 수 5인 이상 사업장이어야 한다.**

## ≫ 연차휴가 적용 대상은 근로자여야 한다.

연차휴가는 상시근로자 수 5인 이상 사업장에 적용이 되며, 5인 미만 사업장은 적용 대상이 되지 않는다. 따라서 상시근로자 수 5인 미만 사업장은 근로기준법상 연차휴가를 받을 수 없다.

그러나 5인 미만 사업장이라도 근로계약서에 '연차유급휴가'라는 문구를 사용하여 '1년 근속할 때마다 15개씩 부여한다'와 같이 '근로기준법상 연차휴가제도'가 연상되는 내용을 기재한 경우는 연차휴가를 주어야 한다. 이를 약정휴가라고 한다.

그리고 2022년부터 관공서의 공휴일 흔히 빨간 날에 민간인도 쉬는 날이 되었으므로 빨간 날 쉰다고 연차휴가로 대체하면 위법이다.

참고로 상시근로자 수 5인 미만 사업장은 처음부터 연차휴가가 없으므로 빨간 날 쉰다고 연차로 대체하는 개념 자체가 성립하지 않는다.

| 구 분 | 연차휴가 적용 |
| --- | --- |
| 5인 이상 사업장 | 적용 |
| 5인 미만 사업장 (또는 4인 이하 사업장) | 적용 안 됨. 단 근로계약서에 연차휴가를 주는 것처럼 계약한 경우는 적용 |

## ≫ 임원도 연차휴가를 줘야 하나?

형식상 임원일 뿐이며 실제 근로자와 유사한 지위에 있다면 근로기준법상 연차휴가를 줘야 한다. 반면 근로자에 해당하지 않으면 회사 자체 규정에서 연차휴가를 준다는 규정이 있지 않으면, 주지 않아도 된다. 결과적으로 규정이 없다면 지급할 이유가 없다.

연차휴가는 근로기준법상 근로자가 청구할 수 있는 것이므로, 원칙적으로 회사의 업무집행권을 가진 이사 등 임원은 회사와 근로 계약 관계에 있지 않으므로 근로자라 볼 수 없다.

판례에서는 등기임원의 경우 형식적, 명목적인 이사에 불과하다는 것과 같은 특별한 사정이 존재하지 않는 한 근로자성을 부인하는 입장이다. 즉 근로자로 보지 않아 연차휴가를 부여하지 않아도 된다.

반면, 비등기임원의 경우 상법상 기관으로써의 권한이 없다는 점에서 대표이사 등의 지휘, 감독하에 일정한 노무를 담당하고, 그 대가로 일정한 보수를 지급받는 관계에 있다고 보아, 근로자성을 인정하는 입장이다. 즉, 근로자로 보아 연차휴가를 부여해야 한다.

따라서 임원이 업무집행권을 가지는 대표이사 등의 지휘·감독하에 일정한 노무를 담당하면서 그 노무에 대한 대가로 일정한 보수를 지급받아 왔다면, 그 임원은 근로기준법상 근로자에 해당할 수 있으며, 연차휴가 미사용수당을 청구할 수 있다.

| 구 분 | 임원의 연차휴가 적용 |
| --- | --- |
| 등기임원 | 회사 자체적으로 규정을 두고 있지 않으면 법적으로는 연차휴가를 부여할 의무가 없다. |
| 비등기임원 | 판례상으로 근로자로 인정하고 있으므로 연차휴가를 부여한다. |

## 1월 개근 또는 1년간 80% 이상 개근해야 한다.

1년 미만 근로 시 발생하는 월 단위 연차는 1월을 개근해야 하고, 1년 이상 근로 시 발생하는 연 단위 연차는 1년에 80% 이상을 개근해야 한다.

| 구 분 | 연차휴가 발생요건 |
| --- | --- |
| 월단위 연차휴가 | 1달간 출근일 수의 100%를 개근해야 한다. |
| 연단위 연차휴가 | 1년간 출근일 수의 80%를 개근해야 한다. |

## ≫ 출근일수 계산

근로기준법 제60조에서 말하는 연차휴가의 발생기준이 되는 날은 소정근로일수를 기준으로 100%(80%)를 판단한다.

당부하고자 하는 것은 연차를 1년 미만과 1년 이상을 서로 섞어서 생각하지 말고, 1년 미만 분은 1년 미만 분대로, 1년 이상분은 1년 이상 분대로 따로따로 계산해서 합치라는 것이다. 이를 섞어서 한꺼번에 생각하면 복잡해져서 체계가 안 잡힌다.

소정근로일이란 회사가 근로하기로 정한 날 또는 노사가 합의하여 근로하기로 정한 날이다.

연간 소정근로일수에 대한 출근율을 산정할 때 연간 365일 중 어떤 일수를 소정근로일수로 포함해야 하는가에 대하여 많은 문의가 있다.

365일 중 주휴일(통상적으로 일요일), 무급휴무일(통상적으로 토요일), 근로자의 날, 비번일, 약정휴일 등은 근로 제공 의무가 없으므로 소정근로일수에서 제외된다. 따라서 근로 제공 의무가 없는 날을 제외하고 실제 근로일을 기준으로 개근 여부를 판단한다.

---

**출근율을 계산하는 방법**

$$출근율 = \frac{출근일수}{소정근로일수}$$

소정근로일수란 당초 근무하기로 정한 날 즉, 근로자가 실제 출근을 해야 했던 날을 말하며, 법정휴일(주휴일 및 근로자의 날) 및 약정휴일(취업규칙 등에서 정한 휴일) 등을 소정근로일수에서 제외된다.

---

| 구 분 | 항 목 |
|---|---|
| 아예<br>소정근로일수<br>자체에서 빼는<br>경우 | • 무급휴무일(통상 무급토요일)<br>• 주휴일(통상 일요일)<br>• 근로자의 날(노동절)<br>• 법정휴일(빨간 날) 및 대체공휴일<br>• 약정휴일(노사가 약정하여 휴일로 정한 날)<br>• 기타 이에 준하는 날 |
| 소정근로일수에<br>포함하며<br>출근한 것으로<br>보는 경우 | • 업무상 부상 또는 질병으로 휴업<br>• 출산전후휴가, 유·사산 휴가, 배우자출산휴가, 난임치료휴가<br>• 육아휴직(2018년 5월 29일부터)<br>• 임신기 근로시간 단축, 육아기 근로시간 단축<br>• 가족 돌봄 휴가, 가족 돌봄 등을 위한 근로시간 단축<br>• 예비군, 민방위 훈련 기간<br>• 공민권 행사를 위한 휴무일<br>• 연차유급휴가, 생리휴가 등 허락된 휴가 기간<br>• 부당해고기간(대법원)<br>• 불법 직장폐쇄 기간<br>• 근로시간 면제자(타임오프) 활동 기간(노조 활동) |
| 소정근로일수와<br>출근일수에서<br>모두 제외되는<br>기간(근로제공<br>의무가 없는<br>기간) | • 사용자의 귀책 사유로 인한 휴업기간<br>• 경조사 휴가 등 약정 휴가<br>• 육아휴직(2018년 5월 28일까지)<br>• 가족돌봄휴직<br>• 예비군 훈련 중 발생한 부상에 대한 치료 기간<br>• 부당해고기간(고용노동부)<br>• 적법한 쟁위행위 기간<br>• 노동조합 전임기간<br>• 정년퇴직예정자의 공로연수기간(위로휴가기간), 업무상 필요<br>  에 의한 해외연수기간 |

| 구 분 | 항 목 |
|---|---|
| 소정근로일수에<br>포함하되<br>결근한 것으로<br>보는 경우 | • 무단결근<br>• 개인적인 사정으로 인한 휴직(질병 휴직 제외)<br>• 정당한 정직 기간, 강제 휴직, 직위 해제 기간<br>• 불법쟁위행위 기간 |

소정근로일수는 아래와 같은 방법으로 12월까지 계산해 합산하면 된다.

| 월 | 총일수 | 토요휴무일 | 주휴일 | 휴일 | 소정근로일수 |
|---|---|---|---|---|---|
| 1월 | 31 | 4 | 4 | | 23 |
| 2월 | 28 | 5 | 4 | 1 | 18 |

## ≫ 개근의 판단

개근의 반대인 결근은 하루 전체를 출근하지 않는 경우를 말한다. 즉 하루 근무시간 중 일부가 빠지는 지각, 조퇴, 외출 등은 결근으로 보지 않는다. 따라서 지각했다고 개근하지 않은 것은 아니다.

 **다음날 출근이 예정되어 있어야 한다.**

1월 개근 또는 1년간 80% 이상 개근 시 발생하는 연차휴가를 실제로 부여받으려면 다음 날 근로가 예정되어 있어야 한다.
즉 1월 개근 및 1년 80% 이상 개근 여부를 판단하는 단위 기준은 1개월 또는 1년이다. 하지만 단위 기준이 되는 기간을 다 채웠다고

무조건 연차휴가를 부여받는 것이 아니라 다음날 근로가 예정되어
있어야 한다. 따라서 1월 + 1일 또는 1년 + 1일을 근무해야 발생한
연차휴가를 실제로 부여받을 수 있다. 딱 1월 또는 딱 1년(365일)만
근무하는 경우 연차휴가를 받을 수 없다.

| 구 분 | 판단기준 | 출근율 | 실제부여일 | 사용가능일 |
|---|---|---|---|---|
| 월단위<br>연차휴가 | 7월 1일<br>~<br>7월 31일 | 100% | 8월 1일 근무<br>시 부여 | 8월 1일부터 사용은 가능하나<br>8월 1일에 연차휴가를 사용하<br>고 퇴사하는 경우는 안 됨 |
| 연단위<br>연차휴가 | 1월 2일<br>~<br>다음 해 1월 1일 | 80% | 다음 해 1월<br>2일까지 근무<br>시 부여 | 1월 2일부터 사용은 가능하나<br>1월 2일부터 연차휴가를 사용<br>하고 퇴사하는 경우는 안 됨 |

# 연차휴가 일수 계산과 연차수당 지급액 계산

 **입사 1년 미만 근로자에 대한 연차휴가와 연차수당**

## ≫ 연차휴가의 계산 방법

2017년 5월 29일 입사자까지는 다음 연도에 입사 1년 차로 발생하는 총 15일의 연차에서 입사 1년 미만 기간동안 발생한 연차휴가 중 사용한 일수를 차감한다. 즉, 매월 발생한 휴가를 모두 사용하여 11일의 휴가를 사용하였다면 2년 차에 사용할 수 있는 휴가 일수는 4일(15일 – 11일)밖에 되지 않았다.

그러나 2017년 5월 30일 입사자부터는 앞서 설명한 바와 같이 1월 개근 시 1일의 연차가 발생해 1년에 총 11일의 연차가 발생한 상태에서 연차휴가를 매월 사용하여 11일의 휴가를 모두 사용하였다고 해도, 입사 1년 차로 발생하는 15일의 연차에서 이를 차감하지 않는다. 따라서 입사 후 1년간 근무를 하면 입사 1년 미만 기간동안 발생한 연차휴가를 사용하지 않는 경우 2년 차에 최대 26일(2017년 5월 29일 입사자까지 15일)의 연차휴가를 사용할 수 있다.

## ≫ 연차수당의 계산 방법

입사 후 1년간은 1개월 개근 시 매월 1일의 연차휴가가 총 11일이 발생한다. 2020년 3월 31일 발생분부터는 입사일로부터 1년 안에 연차휴가를 모두 사용(3월 30일 발생분까지는 발생한 순서대로 1년 안에 사용)해야 하고, 미사용 연차에 대해서 연차휴가 사용 촉진을 한 때는 1년이 되는 시점에 미사용 연차휴가가 소멸한다. 반대로 미사용 연차에 대해서 연차휴가 사용 촉진을 안 한때는 이를 수당으로 지급한다.

예를 들면, 1월 1일 입사자의 경우 1년간 최대 11개(2월 1일~12월 1일)의 연차휴가가 발생하며, ❶ 연차휴가 사용 촉진도 안 하고 ❷ 근로자가 사용도 하지 않았다면 1년이 지난 시점에 연차수당을 지급한다.

 **입사 2년차부터 연차휴가와 연차수당**

| 원칙 | 예외 |
| --- | --- |
| 입사일 기준 | 회계연도기준 |

## ≫ 입사일 기준 연차휴가의 계산 방법

1주간 기준근로시간이 40시간인 경우 사용자는 근로자가 1년간 80%(출근율)이상 출근 시 15일의 연차유급휴가를 주어야 한다. 다만, 1년간 80% 미만 출근 근로자에 대해서도 1개월 개근 시 1일의 연차유급휴가를 부여한다(근기법 제60조).

- 1년 미만 근로자는 1월 개근 시마다 1일 발생
- 1년 이상 근로자는 1년간 80% 미만 출근 시 1월 개근 시마다 1일 발생
- 1년 이상 근로자는 1년간 80% 이상 출근 시 15일 발생
- 근속 2년당 가산 휴가 1일(25일 상한) : 1년과 2년 15일, 3년과 4년 16일......
- 연차휴가사용촉진제도 : 휴가를 사용하지 않았을 때는 연차휴가사용촉진. 연차휴가 사용촉진 후 미사용 시는 연차휴가가 소멸하고, 연차휴가사용촉진을 안 한때는 수당으로 지급해야 한다.
- 연차휴가는 입사일과 같은 날이 마지막 근무일이어야 받을 수 있다. 즉 1개월 + 1일 또는 1년 + 1일이 되어야 부여된다.

| 구 분 | | 연차휴가 발생 |
|---|---|---|
| 1년 미만 근속한 자 또는 | | 1월간 개근 시 1일의 유급휴가가 발생하고, 다음 날 근무가 예정되어 있는 경우 부여된다. 1년간 80% 미만 출근한 연도도 1년이 경과한 것으로 본다. |
| 1년 이상 근속한 자 | 1년간 80% 미만 출근 | |
| | 1년간 80% 이상 출근 | 1년간 80% 이상 출근 시 15일의 연차휴가가 발생하고, 2년마다 1일의 추가 연차휴가 발생(총 25일 한도)한다. |

예시 발생한 연차휴가는 다음날 근로가 예정되어 있는 경우 부여된다. 따라서 1개월 + 1일 또는 1년 + 1일(366일)이 되어야 발생한 연차휴가가 실제로 부여된다.

| 1년 | 2년 | 3년 | 4년 | 5년 | 10년 | 15년 | 20년 | 21년 |
|---|---|---|---|---|---|---|---|---|
| 15일 | 15일 | 16일 | 16일 | 17일 | 19일 | 22일 | 24일 | 25일 |

### 월 단위의 연차휴가 자동 계산 방법

월 단위 연차휴가 일수 = 근무 개월 수 − 1일

예를 들어 1월 2일 입사자의 경우 12월 2일 월차 = 12개월 − 1일 = 11일

연 단위 연차휴가 일수 = 15일 + (근속연수 - 1년) ÷ 2로 계산 후 나머지를 버리면 된다.

예를 들어 입사일로부터 10년이 경과 한 경우

연차휴가 일수 = 15일 + (10년 - 1년) ÷ 2 = 15일 + 4.5일 = 19일

## ≫ 회계연도 기준 연차휴가의 계산 방법

연차휴가 산정 기간을 노무관리의 편의를 위해 회계연도를 기준으로 전 근로자에 일률적으로 적용하더라도 근로자에게 불리하지 않으면 문제없다.

---

회계연도 단위 연차휴가 부여 방법 계산식 =

1. 입사연도에 발생하는 연차휴가일수 = (15일 × 입사일부터 12월 31일까지의 총일수(회계연도 말일) ÷ 365) + 입사일부터 12월 31일까지 발생하는 월 단위 연차휴가

2. 입사 다음연도에 발생하는 연차휴가일수 = 15일 + (11일 - 입사일부터 12월 31일까지 발생하는 월 단위 연차휴가)

3. 입사 다음다음연도에 발생하는 연차휴가일수 = 15일

4. 그 다음연도(위 3의 다음 연도) = 16일

---

2024년 7월 1일 입사자의 경우 회계연도 기준으로 연차휴가를 부여하고자 할 때 2024년과 2025년 부여해야 할 연차휴가 일수는?

---

해 설

1. 월 단위 연차휴가

입사일부터 1년간 1월 개근 시 1일씩 발생하는 휴가일수 = 5일(2024년에 사용해도 됨)

2. 회계연도 기준 적용 연 단위 비례연차휴가

15일 × 근속기간 총일수 ÷ 365 = 15일 × 184 ÷ 365 = 7.5(약 8일)

3. 2024년 12월 31일 = 5일 + 7.5일 = 12.5일(총 13일 발생시키면 문제가 없다.)

4. 2025년 연차휴가

❶ 월 단위 연차휴가

2024년 1월 1일부터 6월 1일까지 월 단위 연차휴가 6일(1년 미만 총 11일 – 5일)(2025년 6월 30일까지 사용. 단 노사 합의로 12월 31일까지 연장사용도 가능)

❷ 연 단위 연차휴가 = 15일(2026년 15일, 2027년 16일...)

| 구분 | 기간계산 | 연차휴가 | 산정식 |
|---|---|---|---|
| 입사연도 (2024년) | 월 단위 연차 (1년 미만자 휴가) | 5일 | 만 근무 개월 수 – 1일 (2024년 사용 또는 2025년 사용) |
| 비례휴가 | 2024.7.1~12.31 (비례연차휴가) | 7.5일 | 15일 × 입사연도 재직일 ÷ 365일 = 15일 ×184일 ÷ 365일 |
| 합 계(2024년 12월 31일) | | 12.5일 | 13일 부여하면 문제없음 (비례연차휴가 + 월 단위 연차) |
| 입사익년도 (2025년) | 2025.1.1~6.1 (1년 미만자 휴가) | 6일 (11일 – 5일) | 11일 – 월 단위 연차휴가 (2024년 12월 31일까지 5일) |
| 연차휴가 | 2025.1.1~12.31 | 15일 | 입사 2년 차 연차휴가 |
| 합 계(2025년 12월 31일) | | 21일 | 남은 월차 + 2025년 연차휴가 |
| 2026년 : 15일, 2027년, 2028년 : 16일, 2029년, 2030년 : 17일 | | | |

 **퇴사 시 연차휴가의 정산과 연차수당 지급**

≫ **퇴사 시 연차휴가의 정산**

연차휴가는 입사일 기준이 원칙이므로 퇴직 시점에서 총 휴가일수가 근로자의 입사일을 기준으로 산정한 휴가 일수에 미달하는 경우는 그 미달하는 일수에 대하여 연차유급휴가 미사용 수당으로 정산하여 지급해야 한다(근로기준과 - 5802, 2009.12.31.).

예를 들어 회사가 회계연도 기준으로 연차휴가를 산정하는 경우, 퇴직 시점에서 총 연차휴가(수당 포함) 발생일 수가 70일인데, 근로기준법에 따라 입사일 기준으로 산정한 연차휴가(수당 포함) 발생일 수가 총 75일이라면, 유리한 조건 우선 원칙에 따라 5일분(입사일 기준 75일 - 회계연도 기준 70일)의 연차휴가 미사용 수당을 지급해야 하며, 만약, 근로기준법에 따라 입사일 기준으로 산정한 연차휴가(수당 포함) 발생일 수가 총 50일인데, 회사가 회계연도 기준으로 연차휴가를 산정하여 발생한 연차휴가(수당 포함)가 총 55일이라면, 회사 규정상 무조건 입사일 기준으로 계산한다는 별도 규정이 없으면 유리한 조건 우선 원칙에 따라 5일분(회계연도 기준 55일 - 입사일 기준 50일)의 연차휴가 미사용 수당을 지급해야 한다.

**Tip** 중도 퇴사자의 연차수당 지급

중도 퇴사를 하는 경우는 금품 청산을 해야 하므로 미사용 연차의 총일수(전전연도 분과 전연도 분)를 수당으로 지급해야 한다. 단, 사용가능 일수가 없는 상황에서 퇴직하는 경우 회사에서 휴가를 주고 싶어도 못 주는 상황이 되므로 사용 가능 일수가 부족한 일자에 대한 수당은 지급하지 않아도 된다는 실무상 의견이 있기는 하나 고용노동부 등에서는 사용가능 일수와 관계없이 수당을 지급해야 한다고 보고 있다.

연차수당은 연차휴가사용촉진 중에 퇴사한 경우에도 지급해야 한다. 또한 회사가 미사용 연차에 대한 수당 지급을 꺼리는 경우 퇴사 시점에 남은 연차를 모두 소진하고 퇴사하는 방법도 있다.

## » 연차수당의 계산 방법

연차수당은 미사용한 연차휴가에 대해 지급하는 수당으로 연차수당의 계산은 연차휴가청구권이 소멸한 달의 통상 임금수준이 되며, 그 지급일은 휴가청구권이 소멸된 직후에 바로 지급해야 함이 마땅하나, 취업규칙이나 근로계약에 근거해서 연차유급휴가청구권이 소멸된 날 이후 첫 임금지급 일에 지급해도 된다.

예를 들어 2022년 1월 1일~2022년 12월 31일까지 개근하여 2023년 1월 1일~2023년 12월 31일까지 사용할 수 있는 15개의 연차휴가가 발생하였으나, 이를 사용하지 않았다면 2023년 12월 31일자로 연차휴가청구권은 소멸되고, 휴가청구권이 소멸되는 다음날(2024년 1월 1일)에 연차유급휴가 근로수당이 발생하게 되는 것이다.

그리고 연차수당산정의 기준임금은 연차휴가청구권이 최종적으로 소멸하는 월(2023년 12월 31일)의 통상임금을 기준으로 한다.

---

**연차수당 = 연차휴가청구권이 소멸한 달의 통상임금 ÷ 209시간 × 8시간 × 미사용 연차일수**

**통상임금은 기본금, 각종 수당(가족수당, 직무수당 등), 정기상여금의 합계를 말한다.**

🔆 월 통상임금 산정 기준시간 예시 [4.345주 = (365일 ÷ 12개월 ÷ 7일)]

❶ 주당 소정근로시간이 40시간이며(하루 8시간 근무), 토요일 무급휴무일 : 209시간 = [(40 + 8(주휴)) ÷ 7] × [365 ÷ 12] ➜ 가장 일반적인 경우

❷ 주당 소정근로시간이 40시간이며, 주당 4시간이 유급 처리되는 경우 : 226시간 = [(40 + 8(주휴) + 4(유급)) ÷ 7] × [365 ÷ 12]

❸ 주당 소정근로시간이 40시간이며, 주당 8시간이 유급 처리되는 경우 : 243시간 = [(40 + 8(주휴) + 8(유급)) ÷ 7] × [365 ÷ 12]

---

월 통상임금 209만 원이 김 갑동씨가 15개의 연차 중 10개만 사용해 5개의 연차수당 지급의무가 발생한 경우

---

**해설**

1. 209만 원 ÷ 209시간 = 10,000원(시간당 통상임금)
2. 10,000원 × 8시간 = 80,000원(일일 통상임금)
3. 80,000원 × 5일(15일 − 10일) = 400,000원이 연차수당이다.

---

1. 급여 구성
- 기본급 2,000,000원
- 시간외 100,000원
- 직무수당 50,000원
- 기술수당 40,000원
- 연구수당 10,000원
- 직책수당 55,000원
- 가족수당 15,000원
- 통근수당 50,000원

2. 미사용 연차휴가 일수 : 10일

---

**해설**

매월 정기적, 일률적으로 지급하고 일 소정근로에 따라 지급되는 항목은 연차수당 계산 시 포함된다.

1. 월 통상임금

기본급 2,000,000원 + 시간외 100,000원 + 직무수당 50,000원 + 기술수당 40,000원 + 연구수당 10,000원 + 직책수당 55,000원 = 2,255,000원

2. 월 통상임금 2,255,000원 ÷ 209시간 = 10,790원(통상시급)
3. 1일 통상임금 = 10,790원(통상시급) × 8시간 = 86,320원
4. 미사용 연차 10일인 경우 = 86,320원 × 10일 = 863,200원

## ≫ 1년 미만 근로자에 대한 연차수당 지급

### 월 단위 연차휴가의 수당 지급

근로기준법 제60조 제2항 "사용자는 계속하여 근로한 기간이 1년 미

만인 근로자에게 1개월 개근 시 1일의 유급휴가를 주어야 한다."는 규정에 의거 1개월 개근하면 1일의 연차휴가가 발생하게 된다.

1개월 개근하여 발생한 연차휴가는 입사일로부터 1년간 사용할 수 있다.

예를 들어 2024년 5월 1일 입사해서 1개월간(5월 1일~5월 31일) 개근하면 2024년 6월 1일에 1일의 연차휴가가 발생하며 다음 연도까지 총 11일의 월 단위 연차휴가가 발생하고, 이는 2025년 5월 31일까지 1년간 사용할 수 있다.

미사용 시에는 미사용 연차에 대해 연차휴가사용촉진을 하지 않은 경우 2025년 6월 1일(6월 급여)에 연차 미사용 수당으로 지급하게 된다.

2025년 6월 1일(6월 급여)에 지급하는 연차미사용 수당의 계산기초가 되는 임금의 기준은 최종 휴가청구권이 있는 달(5월)의 임금 지급일이 속한 5월 급여의 통상임금으로 미사용 수당을 계산해서 지급한다. 물론 연차휴가사용촉진을 했는데 미사용한 연차에 대해서는 수당 지급의무가 없다.

## 회계연도 기준으로 연차를 운영하는 경우

회계연도(1월 1일~12월 31일)로 운영하는 사업장의 경우, 1개월 개근 시 발생하는 연차휴가를 회사가 회계연도가 종료된 익년도 1월에 미사용수당으로 지급하면 근로자 입장에서는 아직 휴가사용기간이 남아 있음에도 회사에서 일방적으로 수당을 지급한 것이 된다. 반면, 회사는 수당을 지급하였음에도 불구하고 근로자가 연차휴가청구권을 행사하게 되면 휴가를 추가로 부여할 수밖에 없게 된다.

이와 관련 고용노동부는 "아직 사용기간이 남은 유급휴가에 대해 당해 회계연도 말일 등 특정 시점에 미사용 수당으로 정산하는 것은 근로기준법 제60조 제7항의 취지에 맞지 않으므로 허용되지 않음"이라고 설명하고 있다. 따라서 회계연도(1월 1일~12월 31일)로 연차휴가를 운영하는 사업장은 1년 미만자에 대해 회사가 일방적으로 다음 연도 1월에 미사용 수당으로 지급하기보다는 미사용 휴가를 2년 차 종료시점까지 사용할 수 있도록 (연장사용) 합의(취업규칙 등)를 하고, 미사용 시에는 2년차 종료 익월에 수당으로 지급하도록 해야 할 것이다.

 **Tip** 개인적 질병으로 인한 결근은 연차휴가에서 우선 차감한다.

✔ 개인적 질병으로 병가를 신청하는 경우 남은 연차휴가일수에서 우선 차감할 수 있으며, 병가기간은 무급이 원칙이므로 병가일수에 해당하는 통상임금을 임금에서 공제한다. 다만, 업무상 사유에 의한 병가 시에는 최소 평균임금의 70% 이상을 지급해야 한다(산재보험에서 지급하는 경우는 이를 공제한 차액이 있는 경우 지급한다.). 단, 병가를 대신해서 연차휴가를 사용하는 것은 병가가 무급을 원칙으로 하고 있으므로 본인의 선택사항이지 회사의 강제 사항은 아니다.

✔ 업무상 재해로 통원 치료 일에 소정의 임금을 지급하고 있다면 별도의 휴업보상을 하지 않아도 무방하다(근기 1451-2072, 1984.10.12).

✔ 업무상 요양 중인 근로자에 대해서 휴업수당과 별도로 상여금을 지급할 것인지는 취업규칙 등이 정하는 바에 따른다(근기 01254-8647, 1987.06.29). 여기서 휴업수당은 임금에 해당한다(근기 01254-11057, 1986.12.07).

**Tip** 출퇴근 누락 및 지각, 조퇴로 인한 연차유급휴가 공제

**1. 출퇴근 3회 이상 누락 시 연차유급휴가 1일 공제**

출퇴근 3회 이상 누락 시 연차유급휴가 1일을 공제하는 것은 개근한 것으로 보지 않는 것을 의미한다. 이는 근로기준법 제60조 제1항에서 1년간 개근이라는 내용과 그 의미가 다르다.

1년 개근이란 단체협약이나 취업규칙에서 정한 소정근로일의 개근을 말한 것으로 소정근로일의 근로시간에 대한 개근을 의미하는 것이 아니므로 출퇴근 3회 이상 누락 시 이를 단체협약 또는 취업규칙에서 정하여 지각 또는 조퇴로 처리하는 것은 가능하나, 연차유급휴가 1일을 공제하는 것은 위법이다. 즉, 연차유급휴가를 공제한다는 것을 결근을 의미하므로 연차유급휴가를 공제할 수 없다(근거 : 근기 01254-3153, 1990.03.03.).

지각, 조퇴 몇 회 이상 시 연차유급휴가 1일을 공제하는 것도 상기 내용과 동일하다. 다만, 빈번한 출퇴근에 누락에 따른 징계(정직, 급여감액 등)는 가능하다.

## 2. 출퇴근 누락 또는 지각 및 조퇴에 따른 누계시간으로 연차유급휴가 1일 공제

근로기준법 제60조(연차유급휴가)의 휴가의 부여 단위인 '일'의 개념은 일하기로 정한 근무일을 휴가로 대체함을 의미하며, 일 소정근로시간은 8시간으로 연차유급휴가는 이를 휴가로 대체함을 의미한다.

단체협약 또는 취업규칙 등에서 지각, 조퇴 누계 8시간을 연차유급휴가 1일로 계산한다는 규정을 두는 것은 노사 특약으로 볼 수 있으며, 부여받은 연차유급휴가 1일을 공제하는 것은 위반이라 볼 수 없다는 행정해석이 있다(근거 : 근기 68207-157, 2000.01.22.).

출퇴근 3회 이상 누락 후부터는 지각으로 처리하고, 이를 30분 지각 또는 30분 조퇴로 간주한다는 내용을 포함하여 규정에 명시하였다면 이는 곧 지각 30분 또는 조퇴 30분으로 처리되므로 누계 8시간이 되는 경우 연차유급휴가 1일을 공제하는 것이 가능하다.

지각, 조퇴 등을 하였더라도 소정근로일에 개근(출근)하였다면 이를 결근으로 처리할 수는 없으나 그 시간을 누계하여 8시간이 되는 경우는 1일을 공제하는 것이 가능하다.

**Tip** •연차휴가를 미리 사용할 경우 •업무처리

현재 가용 연차가 Zero인 직원이 휴가 사용을 원할 경우, 급여 공제 동의서를 징구한 후 선사용을 허가해 주고, 급여 공제 동의서 내용에는 선사용 휴가를 사용하고 나서 발생 연

차로 정리가 안 될 경우, 급여 또는 퇴직금에서 공제하는 것에 동의한다는 내용의 자필 요청을 받아 처리하면 문제가 없다. 미리 사용하는 직원은 늘 당겨쓰게 된다.

- 참고할 노동부 행정해석

연차휴가를 근로자의 편의를 위해 미리 가불 형식으로 부여할 수 있다( 노동부 행정해석 : 1980.10.23, 법무 811-27576 ).

[요지] 연차유급휴가 제도는 근로자의 피로를 회복시켜 노동력의 유지 배양을 도모하는데, 그 목적이 있고, 원칙적으로 동 청구권의 발생은 연차 청구 사유(개근, 계속근로) 등 발생 이후에 부여함이 원칙이나, 사용자는 "근로자의 요구"와 편의를 위하여 연차휴가를 미리 가불 형식으로 부여할 수도 있다.

# 07

# 주휴일과 주휴수당의
# 지급과 계산방법

 **주휴수당의 지급요건**

주휴수당을 지급받기 위해서는 2가지 요건이 충족되어야 한다.

## ≫ 4주를 평균하여 1주 15시간 이상 일하기로 정해야 한다.

이를 소정근로시간이라고 하는데, 근로계약 시 1일 혹은 1주 며칠, 몇 시간을 일할지? 기본적으로 정해놓는 시간을 의미한다. 따라서 1주에 특정일에만 근로 제공하기로 정했다면 4주를 평균했을 때 1주 15시간 이상 근로를 제공하기로 약속을 해야 한다. 만약 근로계약 등을 통해 이를 정하지 않았다면 실제 근로 제공한 시간을 평균 내어 1주 15시간 이상이 되는지? 살펴 15시간 이상이 된다면 주휴수당을 주어야 한다. 즉, 주휴수당은 상시근로자 또는 단시간 근로자와 관계없이 휴게시간을 제외한 소정근로시간이 주 15시간 이상인 때는 발생한다. 5인 미만 사업장도 같게 적용된다.

근로자의 사정에 따라 결근한 경우 주휴수당이 지급되지 않는다. 단, 지각 또는 조퇴가 있는 경우 결근으로 볼 수 없으므로 주휴수당을 지급해야 한다.

회사 측 사정에 따라 출근을 못 한 경우 나머지 소정근로일수를 출근했다면 그 주도 개근한 것으로 보고 주휴수당을 주어야 한다.

## ≫ 1주 소정근로일을 개근해야 한다.

1주일 40시간 근무제의 경우 월요일에서 금요일까지 결근하지 말아야 한다.

토요일과 일요일에 각각 8시간 이상 근로를 제공하기로 정한 경우 토요일과 일요일에 결근하지 말아야 한다.

예를 들어 토요일 8시간, 일요일 8시간 주 16시간 근무로 3.2시간의 주휴수당이 발생한다.

예로 주휴수당을 계산해보면

월요일 09:00~15:00(휴게시간 1시간 포함)

수요일 09:00~15:00(휴게시간 1시간 포함)

금요일 09:00~15:30(휴게시간 1시간 포함)

주 15.5시간을 근무한 경우 다음과 같이 계산하면 된다.

최저시급 적용 주휴수당 = 1주 총 소정근로시간/40시간 × 8 × 최저시급

= 15.5시간 ÷ 40시간 × 8 × 10,030원 = 31,093원

또는 15.5시간 × 20% × 10,030원 = 31,093원

월 주휴수당 = 1주 주휴수당 × 4.345주

## 주중 입사자의 주휴수당

근로기준법 제55조 및 같은 법 시행령 제30조에 따라 사용자는 1주 동안의 소정근로일을 개근한 근로자에게 1주일에 평균 1회 이상의 유급휴일을 주어야 하며, 여기서 '1주일'이란 연속된 7일의 기간을 의미하고, 그 기간 중 1일을 주휴일로 부여하면 되므로 주휴일 간의 간격이 반드시 7일이 되어야 하는 것은 아니다.

사업장의 취업규칙 등에서 특정일을 주휴일로 지정한 경우, 주중에 입사한 근로자가 입사 후 소정근로일을 개근하였다면 입사 후 처음 도래하는 주휴일을 유급으로 부여하는 것이 바람직할 것이나, 근로 계약이 성립되지 않아 1주간(7일)을 채우지 못하였으므로 이를 무급 으로 부여해도 법 위반이라고 할 수는 없다. 다만, 입사 일을 기준 으로 1주일에 평균 1회 이상의 주휴일을 부여하지 않았다면 이를 정 산하여 추가로 유급휴일을 부여해야 한다.

한편, 주중인 화요일부터 근로를 제공한 경우, 근로계약, 취업규칙 등에서 일정한 날을 주휴일로 특정하지 않았다면 근로 제공일(화요 일)로부터 연속한 7일의 기간 중에 1일을 주휴일로 부여해야 한다는 것이 고용노동부 행정해석이다(근로기준과-918, 2010.4.30.).

 ## 공휴일이 낀 경우 주휴수당

해당 주에 공휴일이 끼어 있는 경우에 나머지 소정근로일을 개근하 면 주휴수당을 지급해야 한다. 다만 월급제의 경우 해당 주휴수당이 포함되어 있으므로 그냥 월급을 지급하면 된다.

**주휴수당의 간편계산과 자동계산**

주휴수당 = 1주일 소정근로시간(1일 8시간, 주 40시간 한도) ÷ 5 × 시급
또는
주휴수당 = 1주일 소정근로시간(1일 8시간, 주 40시간 한도) × 20% × 시급
• 예를 들어 시급 1만 원에 주 40시간을 일하는 알바의 경우
주휴수당 = 40시간 ÷ 5 × 1만 원 = 8만원
• 예를 들어 시급 1만 원에 주 15시간을 일하는 알바의 경우
주휴수당 = 15시간 ÷ 5 × 1만 원 = 3만 원이 된다.

**주휴수당 자동계산 : http://www.alba.co.kr/campaign/Culture10.asp**

상용근로자의 경우 일반적으로 월급에 주휴수당이 포함된 것으로 보므로 공휴일이 끼면 주휴수당을 별도로 신경 쓸 필요는 없다. 다만 시급, 일급, 주급의 경우 주휴수당을 계산해 별도로 지급해야 한다.

# 직원이 병가를 낸 경우 휴가와 급여 처리

## 📋 직원병가시 급여처리

근로자가 업무와는 관계없이 개인적으로 다친 경우는 산재 요양신청을 할 수가 없으므로 회사에서 어떻게 처리해줘야 하는지 궁금해하는 경우가 많다.

근로기준법에는 업무 외적으로 부상이나 질병이 발생한 경우 회사에서 특정한 처우를 하도록 정한 기준이 없다. 이런 경우 근로자의 처우를 어떻게 할지는 회사에서 자율적으로 정할 수 있다.

취업규칙으로 병가기간이나 병가기간 동안의 급여에 대해 정하는 경우가 대부분이다.

법으로 정해진 기준이 없으므로 병가기간 동안 근로자에게 급여를 지급하지 않아도 무방하다. 다만, 근로자의 생활을 보장해주기 위해 일정 기간은 유급으로 정하는 경우가 많다.

취업규칙에 유급으로 정해진 경우 정해진 기간동안은 유급으로 병가를 부여해야 한다. 그 이상의 기간에 대해 병가를 부여할지? 여부나, 급여를 지급할지? 여부는 회사의 결정에 따라야 한다.

⊙ 개인적 질병으로 병가를 신청하는 경우 남은 연차휴가 일수에서 우선 차감할 수 있으며, 병가기간은 무급이 원칙이므로 병가 일수에 해당하는 통상임금을 임금에서 공제한다. 다만, 업무상 사유에 의한 병가 시에는 최소 평균임금의 70% 이상을 지급해야 한다(산재보험에서 지급하는 경우는 이를 공제한 차액이 있는 경우 지급한다.). 단, 병가를 대신해서 연차휴가를 사용하는 것은 병가가 무급을 원칙으로 하고 있으므로 본인의 선택사항이지 회사의 강제 사항은 아니다.

⊙ 업무상 재해로 통원 치료 일에 소정의 임금을 지급하고 있다면 별도의 휴업보상을 하지 않아도 무방하다(근기 1451-2072, 1984. 10. 12).

⊙ 업무상 요양 중인 근로자에 대해서 휴업수당과 별도로 상여금을 지급할 것인지는 취업규칙 등이 정하는 바에 따른다(근기 01254 -8 647, 1987.06.29). 여기서 휴업수당은 임금에 해당한다(근기 01254 -11057, 1986.07.07).

 **직원병가시 연차휴가(질병 휴직)**

업무상 부상 또는 질병 기간, 법정 육아휴직 기간과 같이 법령이나 그 성질상 출근한 것으로 간주할 수 있는 경우에는 소정근로일수(분모)와 출근 일수(분자)에 해당 기간을 각각 포함하여 출근율을 산정한다(회시 번호 : 임금근로시간과 - 1818, 회시일자 : 2021.08.12). 이와 달리 약정 육아휴직 또는 업무 외 부상·질병 휴직 기간은 출근한 것으로는 볼 수 없으나 결근과는 성질이 다르기에, 소정근로일수에서 제외한다.

즉,

1. 출근율을 산정할 때는 실질 소정근로일수(연간 소정근로일수 - 휴직 기간)를 기준으로 산정하되,

2. 휴가 일수를 산정할 때는 연간 소정근로일수를 기준으로 하여

① 출근율이 80% 이상일 경우에는 연차휴가 일수(15일)를 부여하지만,

② 출근율이 80% 미만일 경우에는 실질 소정근로일수를 연간 소정근로일수로 나눈 비율을 곱하여 비례적으로 부여한다.

**사례 1.** 연간 소정근로일수 247일, 병가로 인한 소정근로일수 30일을 쉰 경우(나머지 소정근로일수 전부 출근, 계속근로기간 7년)

❶ 출근율

가. 실질 소정근로일수(연간 소정근로일수 - 휴직 기간) = 247일 - 30일 = 217일

나. 출근율 = 217일 ÷ 247일 = 87.85%

❷ 위 2-①에 따라 출근율이 80% 이상이므로 15일 + 7년 가산 휴가 3일을 더하면 18일의 연차휴가가 발생한다.

**사례 2.** 연간 소정근로일수 247일, 병가로 인한 소정근로일수 60일을 쉰 경우(나머지 소정근로일수 전부 출근, 계속근로기간 7년)

❶ 출근율

가. 실질 소정근로일수(연간 소정근로일수 - 휴직 기간) = 247일 - 60일 = 187일

나. 출근율 = 187일 ÷ 247일 = 75.70%

❷

가. 위 2-②에 따라 출근율이 80% 미만이므로 15일 × (187일/247일) = 11.4일 + 7년 가산 휴가 3일을 더하면 14.4일의 연차휴가가 발생한다.

나. 위 2-②에 따라 출근율이 80% 미만이므로 18일 × (187일/247일) = 13.62일의 연차휴가가 발생한다.

계속근로기간이 7년이므로 가산 3일을 더하면 되는데, 가산 휴가 3일을 더하는 방식은 가와 나 2가지 방법이 있는데, 고용부 행정해석에는 기본 일수인 15일에 더하는 계산방식인, 나의 방법으로 하도록 하고 있다. 즉 18일 × (187일/247일) = 13.62일의 연차휴가가 발생한다.

**사례 3.** 연 단위 연차 출근율이 80%가 안 되는 경우 및 1년 미만 월 단위 연차휴가

실제 소정근로일수 187일 중 1달 개근(월 소정근로일수 21일, 21일 중 병가휴직 10일 사용), 1일 소정근로시간 8시간

앞의 사례2 경우는 연 단위 연차를 계산하는 것이라면 세 번째는 월 단위 연차를 계산하는 경우 해당한다.

❶ 출근율

가. 실질 소정근로일수(연간 소정근로일수 - 휴직 기간) = 247일 - 60일 = 187일

나. 출근율 = 187일 ÷ 247일 = 75.70%

187일(247일 - 60일) 자체 출근율이 80%가 안 되는 경우이다.

❷ 187일 중 정상 출근한 달이 1달이고 그중 10일을 병가를 사용했으므로 바뀐 고용부 행정해석에 따라 시간 단위로 연차휴가를 산정해야 한다.

8시간(1일) × (11일/21일) = 4.19시간의 연차휴가가 발생한다.

# 임금(급여)명세서 작성방법

## 임금명세서 작성 방법

임금명세서 양식은 단순 참고용으로 각 사용자 양식에 따라 자유롭게 수정해서 사용하면 된다. 다만 다음의 임금명세서 기재 사항은 반드시 기입해야 한다.

[작성 방법]

① (근로자 특정) 지급받는 근로자를 특정할 수 있도록, 성명, 생년월일, 사원 번호 등 근로자를 특정할 수 있는 정보를 기재한다.

② (임금 총액 및 항목별 금액) 임금 총액, 기본급, 각종 수당, 상여금, 성과급 등 임금의 항목별 금액을 정기와 비정기로 구분해서 기재한다.

③ (항목별 계산 방법) 임금의 각 항목별 금액이 정확하게 계산됐는지를 알 수 있도록 임금의 각 항목별 계산방법 등 임금 총액을 계산하는데 필요한 사항을 기재한다.

# 임 금 명 세 서

기간 0000-00-00 ~ 0000-00-00

지급일 : 0000-00-00

| 성명 | | 생년월일(사번) | |
|---|---|---|---|
| 부서 | | 직급 | |

| 세부 내역 | | | |
|---|---|---|---|
| 지 급 | | 공 제 | |
| 임금 항목 | 지급금액 | 공제 항목 | 공제 금액 |
| 매월 지급 | 기본급 | 3,200,000 | 근로소득세 | 115,530 |
| | 연장근로수당 | 396,984 | 국민연금 | 177,570 |
| | 휴일근로수당 | 99,246 | 고용보험 | 31,570 |
| | 가족수당 | 150,000 | 건강보험 | 135,350 |
| | 식대 | 100,000 | 장기요양보험 | 15,590 |
| | | | 노동조합비 | 15,000 |
| 격월 또는 부정기 지급 | | | | |
| 지급액 계 | 3,946,230 | 공제액 계 | 490,610 |
| | | 실수령액 | 3,455,620 |

| 연장근로시간수 | 야간근로시간수 | 휴일근로시간수 | 통상시급(원) | 가족수 |
|---|---|---|---|---|
| 16 | 0 | 4 | 16,541 | 배우자 1명, 자녀 1명 |

| 계산 방법 | |
|---|---|
| 구분 | 산출식 또는 산출방법 |
| 연장근로수당 | 16시간 × 통상시급 × 1.5 |
| 야간근로수당 | 0시간 × 통상시급 × 0.5 |
| 휴일근로수당 | 4시간 × 통상시급 × 1.5 |
| 가족수당 | 배우자 : 100,000원, 자녀 : 1명당 50,000원 |
| | |

※ 가족수당은 취업규칙 등에 지급요건이 규정되어 있는 경우 계산방법을 기재하지 않더라도 무방

정액으로 지급되는 항목은 계산 방법을 적지 않아도 된다. 예를 들어 매월 고정 20만 원씩 지급되는 식대는 계산방법을 기재할 필요가 없다. 하지만 근로일수에 따라 매일 8,000원씩 지급되는 식대라면 근로일수 × 8,000원과 같이 계산 방법을 기재해야 한다.

④ (연장근로시간수, 야간근로시간수, 휴일근로시간수) 연장 및 야간, 휴일근로한 시간을 기재한다. 연장근로시간 수 등을 기재할 때 할증률은 고려하지 않는다.

4인 이하 사업장 즉 5인 미만 사업장은 연장, 야간, 휴일근로시간에 대한 할증율을 적용되지 않으므로 이를 생략하고 적어도 된다.

즉, 10시간의 연장근로를 한 경우 10시간을 기재하는 것이지 할증률을 고려하여 15시간을 기재하는 것이 아니다.

실제 연장근로를 하지 않았어도 수당을 그대로 가져갈 수 있는 고정 연장근로수당(OT)이 있는 사업장(포괄 임금 사업장)은 실제 연장근로시간과 상관없이 금액에 대한 연장근로시간 수로 계산 방법을 적으면 된다.

예를 들어 1주일에 10시간의 고정연장근로수당(OT)이 포함된 포괄임금제를 운영하는 경우 연장근로수당의 표기 방법은 10시간 × 4.345 × 시간당 통상임금 × 1.5로 표기한다.

그리고 포괄임금제의 경우 고정 초과근무와 추가 초과근무를 나누어 기재하는 방식이 유용하다.

⑤ (임금공제) 근로소득세, 4대 보험료, 노조회비 등을 공제할 경우 그 내역을 알 수 있도록 공제 항목별 금액과 총액을 기재한다.

⑥ (임금지급일) 「근로기준법」 제43조 제2항에 의거 매월 1회 이상 일정한 날에 임금을 지급해야 하므로 실제 임금 지급일을 기재한다.

⑦ (통상시급) 통상임금 ÷ 유급 근로시간(소정근로시간 + 주휴시간)

[예시] 일 8시간, 주 40시간 근무시

40시간 × 120% × 4.345주 = 209시간

[예시] 일 7시간, 주 35시간 근무시

35시간 × 120% × 4.345주 = 183시간

[예시] 일 4시간, 주 20시간 근무시

20시간 × 120% × 4.345주 = 105시간

[예시] 월, 수, 금 각 6시간, 주 18시간 근무시

18시간 × 120% × 4.345주 = 94시간

[예시] 토, 일 각 8시간, 주 16시간 근무시

16시간 × 120% × 4.345주 = 84시간

⑧ (가족 수) 가족수당의 경우 가족 수에 따라 지급금액이 달라진다면 계산 방법에 가족 수 및 각각의 금액 등을 기재하는 것이 바람직하다.

[예시] ① 부양가족 1인당 2만원, ② 배우자 4만 원, 직계존비속 2만 원 등 다만, 취업규칙이나 근로계약서에 특정 임금 항목에 대한 지급요건이 규정되어 있는 경우에는 임금명세서에 이를 기재하지 않더라도 무방하다.

##  임금명세서 기재 예외 사항

임금명세서는 모든 근로자에게 교부해야 하나 계속 근로기간이 30일 미만인 일용근로자에 대해서는 생년월일, 사원 번호 등 근로자를 특정할 수 있는 정보를 기재하지 않을 수 있으며, 상시근로자 5인 미만 사업장의 근로자와 감시·단속적 근로자, 관리·감독 업무 또는 기밀을 취급하는 업무를 수행하는 근로자는 연장, 야간, 휴일근로에 대한 할증임금이 적용되지 않으므로, 연장·야간·휴일 근로시

간 수를 기재하지 않아도 된다.

① 30일 미만인 일용근로자 : 생년월일, 사원번호 등 근로자를 특정할 수 있는 정보의 기재를 제외

② 상시 5인 미만 사업장의 근로자 또는 근로시간 적용 제외자 : 연장·야간·휴일 근로시간 수 기재를 제외

즉 30일 미만 일용근로자의 경우에는 "생년월일, 사원 번호 등 근로자를 특정할 수 있는 정보"를 기재하지 않을 수 있고, 근로시간 규정이 적용되지 않는 상시 5인 미만 사업장의 근로자 또는 「근로기준법」 제63조에 따른 근로자에 대해서는 "연장·야간·휴일 근로시간 수"를 기재하지 않을 수 있다. 단, 총근로시간 수는 적어야 한다.

연장·야간·휴일 근로시간에 가산 수당이 붙지 않아서 총근로시간만 알아도 임금체불 여부를 가릴 수 있기 때문이다.

# 10

# 무단결근의 경우 대처 방법과 급여, 주휴수당, 퇴직금

가령 근로자는 인수인계하고 나가겠다. 그 기간은 2주면 충분하다 해서 2주 후에 나간다고 이야기하였으나, 사업주는 근로자 채용을 해야 하고 들어오면 인수인계를 해야 하니, 그 기간은 너무 짧아, 적어도 1개월하고도 2주는 더 근무할 것을 요구하는 경우가 있을 수 있는데, 이때에는 퇴사일이 언제로 확정이 될까요?

또 극단적인 예를 들자면 사용주는 악의를 가지고 사직서를 제출하면 3개월 후에 효력이 발생한다고, 계약서에 명시한다거나, 후임자가 뽑히지 않았기 때문에 몇 달 동안 계속 근무할 것을 강요할 가능성도 있다. 마찬가지로 근로자는 인수인계하지 않고 바로 퇴사를 할수도 있다.

회사는 근로자가 원하는 날짜에 사직서를 수리해야 할 의무는 없다. 회사가 사직서를 수리해주지 않는 동안 출근을 안 하면 퇴직금이 깎이게 된다.

퇴직금은 마지막 3달 치 월급을 평균 내서 계산하는 것인데, 결근하면 공제되고 결근일이 많아질수록 평균임금도 계속 깎이게 된다.

→ 무단결근의 경우 퇴직금을 실제 금액보다 적게 받을 수 있다.
→ 무단결근의 경우 실업급여를 받지 못할 수도 있다.
→ 무단결근의 경우 회사에서 고용보험 상실 신고를 안 해주는 경우 고용보험 이중 가입으로 다른 회사 취직이 곤란할 수 있다.
→ 무단결근으로 인한 손해에 대해 회사에 손해배상 책임을 질 수 있다.

## 무단결근 시 대처 방법

근로자가 사전 또는 당일에 아무런 연락 없이 무단으로 출근하지 않는 경우 혹시라도 나중에 있을지도 모를 다툼에 대비하기 위해 일단 문자나 전화로 연락하고, 문자와 전화 수신 내역 자료도 보관한다.

3일 이상 무단결근하는 경우는 내용증명으로 정상적 출근을 요청하고, 정상 출근하지 않는 경우 결근한 일수에 대한 임금이 지급되지 않고, 퇴직금도 감액되며, 며칠 이상 무단결근할 때는 해고할 수밖에 없다는 내용을 문서로 보내두는 것이 좋다.

5인 미만 사업장의 경우 무단결근이 없더라도 언제든지 해고예고만 하면 해고할 수 있으므로 문제가 없지만, 1년 이상 근로하였을 때는 평균임금이 줄어드는 등 퇴직금 산정에 문제가 생길 수 있다.

**무단결근 시 무조건 해고가 가능한가?**

사안을 개별적으로 살펴야겠지만 단 한 차례의 무단결근 자체만으로는 바로 해고가 가능한 것은 아니다. 여러 차례의 무단결근이 긴 기간 동안 이어지고, 사업주의 시정 요구에도 근로자가 같은 행위를 반복한다면 해고 사유로 볼 수 있다.

어떤 경우를 무단결근한 것으로 취급할 것인가? 는 법원에서 구체적·개별적으로 이뤄진다. 왜냐하면, 근로자가 결근하지 못하는 이유는 매우 다양하고 결근 사실이 있다 하더라도 그것을 무단결근으로 평가할 수 있는지는 그 사업자의 관행이나 취업규칙, 단체협약 등을 구체적으로 따져보아야 하기 때문이다.

예를 들어 결근계만 제출하면 무단결근으로 처리하지 않는다는 규정이 있다면, 무단결근 여부는 결근계 제출 사실 여부에 좌우될 것이다. 반면에 결근계 제출 후 기업의 승인이 필요하다고 규정된 경우는 결근계 제출과 승인 사실 모두를 살펴야 한다는 의미이다.

무단결근이 기업 경영에 미치는 영향 역시 기업의 업종, 규모, 근로자의 인원수, 시기적 특성에 따라 차이가 있다. 즉 어떤 경우가 무단결근에 해당하고, 무단결근 시 무조건 해고해도 된다. 안 된다는 다툼의 소지가 있으며, 명확히 무단결근은 해고해도 법적인 문제가 없다고 판단할 사항은 아니다.

회사와 해당 직원의 주장이 틀릴 수 있으므로 명확히 해고해도 된다. 안 된다고 판단하기가 곤란하다. 법적인 다툼을 통해 법원의 판단사항이다. 따라서 해고를 하고자 한다면 해고 후 법적인 문제가 발생할 것을 대비해 우선, 해고의 정당한 사유에 해당하는 증거들을 최대한 많이, 그리고 명료하게 수집해 놓아야 하며, 해고의 서면통보 및 징계 절차가 있는 경우 해고의 절차적 요건들을 빠짐없이 지키도록 해야 한다.

##  무단결근 시 임금공제와 주휴수당, 휴가 문제

무단결근 시 해당일의 일급 통상임금을 공제하며, 해당주의 주휴수당을 공제할 수 있다.

##  무단결근 시 퇴직금 계산을 위한 평균임금 계산

무단결근에 따른 해고 시 퇴직금의 계산은 동 결근 기간을 포함해서 평균임금을 산정한다.

---

**? Tip** •임금의 일할계산 방법(며칠만 근무하고 퇴사한 경우)

한 달을 다 채우지 못하고 퇴사를 하는 경우 근무한 일수만큼 급여를 계산해서 지급해야 한다. 예를 들어 8월 1일부터 10일까지 근무(퇴사)한 경우의 8월분 임금의 계산은?

❶ 월급 : 310만 원(기본급 120만 원, 면허수당 20만 원, 식대 20만 원)

❷ 계산법 : (해당 월 총급여 ÷ 해당 월 총일수) × 근무일수(유급처리 되는 휴일수 포함)

= (310만 원 ÷ 31일) × 10일

= 1,000,000원(8월분 임금)

단, 이같이 계산한 금액이 최저임금에 미달하면 안 된다.

# 11

# 정당한 해고와 해고예고수당

사용자는 근로자를 정당한 이유 없이 해고, 휴직, 정직, 전직, 감봉, 그 밖의 징벌을 하지 못한다.

 ## 근로자 측 원인에 의한 해고가 정당한 이유

근로자에게 근로계약을 지속시키기 어려울 정도로 중대한 일신상의 사정이 있거나 경영의 질서를 문란케 하는 등 노사 간의 신뢰 관계를 중대하게 위반하는 경우는 정당한 해고로 본다.

예를 들어 다음의 경우를 말한다.

◎ 회사의 중요기밀을 누설한 경우

◎ 고의로 사업에 막대한 지장을 초래하거나 재산상 손해를 끼친 경우

◎ 회사의 명예를 크게 손상시킨 경우

## 사용자 측 원인에 의한 해고가 정당한 이유

경영상 이유에 의한 해고의 경우 정당한 해고로 본다. 즉, 다음의 요건을 갖추어 근로자를 해고한 경우는 정당한 이유가 있어 해고한 것으로 본다.

⊙ 사용자가 경영상 이유에 의해서 근로자를 해고하려면 긴박한 경영상의 필요가 있어야 하며,

⊙ 해고를 피하기 위한 노력을 다해야 하며,

⊙ 합리적이고 공정한 해고의 기준을 정하고 이에 따라 그 대상자를 선정해야 하며,

⊙ 해고 대상자 선정 시 남녀의 성을 이유로 차별해서는 안 되며,

⊙ 해고를 피하는 방법과 해고의 기준 등에 대해서 그 사업 또는 사업장 근로자의 과반수로 조직된 노동조합이 있는 경우에는 그 노동조합(근로자의 과반수로 조직된 노동조합이 없는 경우에는 근로자의 과반수를 대표하는 자)에 해고하려는 날의 50일 전까지 통보하고 성실하게 협의해야 한다.

 ## 근로기준법의 해고 금지기간

다음의 기간에는 ❶ 업무상 부상 또는 질병에 걸린 근로자가 요양개시 2년을 경과 해도 부상 또는 질병이 완치되지 않아 평균임금 1,340일분의 일시보상을 한 경우 또는 ❷ 사업을 계속할 수 없게 된 경우를 제외하고는 해고를 하면 안 된다.

⊙ 근로자의 업무상 부상 또는 질병의 요양을 위한 휴업기간과 그 후 30일간

⊙ 출산전후휴가 기간, 유·사산 휴가기간과 그 후 30일간

⊙ 육아휴직기간

 ## 해고의 예고와 해고예고수당

⊙ 30일 전 해고예고를 해야 하며, 즉시 해고를 할 때는 30일분 이상의 통상임금을 지급해야 한다.

해고예고수당은 사용자가 해고예고를 하는 대신 즉시 해고를 할 때 30일분 이상의 통상임금에 해당하는 금액을 지급하는 것을 말한다. 이는 사업주가 30일분 이상의 통상임금은 지급해야 해고된 근로자가 새로운 일자리를 알아보는 기간 동안 최소한도의 생계를 유지할 수 있다는 의미에서 예고기간 없는 즉시 해고를 허용하는 것이다.

해고예고는 문서로 해야 하며, 반드시 해고일시를 명시해야 한다.

그러나 다음의 경우에는 해고예고를 하지 않고 즉시 해고가 가능하다.

⊙ 천재사변, 그 밖의 부득이한 사유로 사업을 계속하는 것이 불가능한 경우

⊙ 근로자가 고의로 사업에 막대한 지장을 초래하거나 재산상 손해를 끼친 경우

⊙ 계속 근로한 기간이 3개월 미만인 근로자의 경우

**해고의 서면 통지 및 절차**

## ≫ 서면통지

사용자는 근로자를 해고하려면 해고 사유와 해고 시기를 서면으로 통지해야 하며, 서면으로 통지하지 않은 해고는 무효가 된다.

## ≫ 해고 절차

⊙ 단체협약이나 취업규칙에서 정한 해고 절차를 반드시 따를 것
⊙ 징계(인사)위원회를 공정하게 구성
⊙ 본인의 해고 사유를 회의 개최 전에 통지
⊙ 징계(인사)위원회에 본인의 출석과 충분한 소명기회 부여

# 12

# 사직서의 제출과 업무처리

## 합의에 의한 근로계약의 해약

합의에 의한 근로계약의 해약이란 근로자 본인의 요구에 대해서 회사가 승낙함으로써 근로계약을 종료시키는 것으로, 쌍방의 합의에 의해 종료된다는 점에서 해고 및 사직과 구별된다.

## 사직서의 제출

사직이란 임의퇴직을 의미한다. 이는 근로자 일방의 의사표시로 근로계약을 종료시키는 것으로 사직에 관해서는 관계 법령이 없으므로 특별한 사정이 없으면 근로계약을 종료시키는 취지의 해약 고지로 볼 수 있다.

사직서는 회사와의 근로계약 관계를 해지하는 의사표시를 담고 있는 것이므로 당사자 사이의 근로계약 관계는 회사가 사직서를 수락하는 합의해지 또는 의원면직이 성립하게 되는 것이다.

퇴직 의사는 근로자가 구두 또는 서면으로 제약 없이 행할 수 있다. 다만, 퇴직이 성립되었다는 것을 입증하기 위해서 서면으로 제출하는 것이 필요하다.

##  사직서의 효력

민법 제660조에 의거 근로자 해약의 자유를 보장받게 된다. 이때 근로계약 기간의 정함이 없는 경우에는 근로자가 자유로이 근로계약을 해지할 수 있으나, 그 해지의 효력은 원칙적으로 근로자가 정하는 것은 아니다. 즉, 근로자가 제출한 사직서에 기재된 일자가 퇴사일이 되는 것이 아니다.

일반적으로는 근로자가 정한 퇴사일로 결제하는 것이 대부분이지만 중요업무 진행 등을 위해서 결제를 하지 않고 보류할 수도 있다.

회사가 사직을 보류하는 경우 사직의 효력은 근로자의 사직 의사를 통보받은 날부터 1개월이 경과 하거나, 당기 후 1임금 지급기를 경과 하게 되면 효력이 발생하게 된다. 이와 같은 이유에서 사직을 1개월 이전에 통보하는 것으로 정하는 경우가 많다. 이는 법률적으로 상호 간에 위반되는 사실이 없으며, 이 기간동안 중요한 업무를 해결하거나 인원을 충원하여 업무 공백으로 인한 회사손실을 막을 수 있기 때문이다.

1개월 이전에 사직 의사를 알아야 급여담당자가 퇴직 금품 청산을 준비하기에 수월하다.

만일 퇴사일 이후 발생 되는 임금이 없는 경우에 건강보험 퇴직정산 및 징수해야 할 세액이 발생한다면 근로자에게 직접 받아내야 하는 절차가 생길 수 있으므로 유의해야 한다.

간단하게 정리하자면 사직서를 제출한다고 해서 그 사직서에 기재된 일자가 반드시 사직 일이 되는 것은 아니며, 사직서의 효력은 제출 후 1개월이 된다.

 **사직에 따른 업무**

❶ 사직서 결재

❷ 근로자 사직 후 사직(퇴직) 일로부터 14일 이내 4대 보험 상실신고

❸ 건강보험 퇴직 정산금액 확인(환급 또는 징수분 발생) 후 급여 반영. 이때 징수분이 발생하고, 퇴사일 이후 지급해야 하는 급여가 없다면 퇴직금에서 징수. 1년 미만 근로자의 경우 퇴직금이 발생하지 않으므로 퇴직 전 지급되는 급여에서 퇴직에 따라 징수해야 하는 예상 금액을 예수한다.

❹ 구내식당 미지원 부분 이용내역 징수

❺ 잔여 연차수당 지급 및 초과 사용분 정리

❻ 당해 연도 세액 결정(원천징수 영수증 작업)

❼ 사직(퇴직) 일로부터 14일 이내 퇴직금 지급 등 퇴직 금품 지급 완료

❽ 원천세 신고 시 반영

# 13

# 사표를 제출해도 사표를
# 수리해주지 않는 경우

사직서 제출 시 회사에서 사표 수리를 해주지 않았을 경우, 원칙적
으로 회사에서 사규나 취업규칙, 근로계약 등에 의해서 근로의 기간
을 정한 경우에는 그 계약기간이 끝났을 때, 그 기간의 정함이 없는
근로계약의 경우에는 일반적으로 해당 직원이 퇴직 의사를 밝힌 후
1개월 또는 그다음 월급 지급기간이 끝난 후 자동으로 퇴사 처리된
다.

이와 관련한 노동부 예규(퇴직의 효력 발생시기)와 민법 제660조에
의하면 근로기간의 정함이 없는 경우 퇴사의 시기는 다음과 같다.

❶ 사표 제출 후 사용자가 이를 수락 시 단체협약 및 취업규칙에 따
라 처리

❷ 사표를 수리하지 않거나 특약이 없는 경우 퇴직의 의사표시 후 1
달이 경과 후

❸ 근로자의 임금이 일정한 기간급으로 정기지급 시 의사표시를 통
고받은 당기 후 1지급기가 경과한 후(다음 임금 지급기일까지 근무)

| 구 분 | 퇴사처리 시점 |
| --- | --- |
| 기간으로 보수 (월급제 근로자)를 정한 때 | 상대방이 해지의 통고를 받은 당기 후의 1 임금 지급기가 경과함으로서 해지의 효력이 생긴다. 즉, 월급제 근로자의 경우, 사표를 제출한 당기(월급제의 경우 그달) 후의 1임금 지급기 (그다음 달)가 경과 하면 효력이 발생한다.<br>예를 들어, 전월 1일부터 30일까지의 근무에 대한 급여를 그 달의 말일인 30일에 지급받는 경우 10월 10일에 사직서를 제출했다면, 근로계약의 해지 의사표시(사직서 제출)를 통보한 날(10월 10일)로부터 10월 30일까지의 당기 이후 1 임금 지급기(11월 1일~11월 30일)가 경과한 12월 1일에 근로관계는 자동 해지되는 것이다. |
| 계약기간을 정한 경우 | 그 기간이 만료되면 연장의 합의가 없는 경우 자동으로 퇴사 처리 |
| 계약기간을 정하지 않은 경우 | 해당 직원이 퇴직 의사를 밝힌 후 1개월이 지난 후 |

그러므로 일반적으로 일급으로 계산해서 한 달을 단위로 지급되는 근로자(월급제 근로자)의 경우에는 사용자의 퇴사 처리가 되지 않으면 1달 후에 자동으로 퇴사 처리가 되므로 사직서 제출 후 결근으로 인한 "평균임금" 저하로 "퇴직금"을 손해 보는 일이 없도록 주의해야 한다.

그러나 매일매일 근로계약을 체결하고 임금을 받는 일용직은 퇴사 의사표시 후 사용자의 의사와 관계없이 그다음 날로부터 퇴사한 것으로 처리된다.

사직서와 관련하여 근로자가 반드시 알아야 하는 사항을 숙지하고

근로자가 사직서와는 별도로 해당 회사의 "업무인수·인계 규정"에
의해서 업무 인수인계를 해야만 나중에 퇴사 후 번거로움을 방지할
수 있으니 인수인계 내용을 나름대로 정리하여 "업무 인수인계서"를
작성하는 것이 좋다.

# 14

# 퇴직금의 계산 방법과 지급

 **퇴직금 지급기준**

퇴직금은 1년 이상 계속 근로한 근로자가 퇴직하는 경우 지급한다. 사업주의 승인하에 이루어진 휴직 기간도 계속근로기간에 포함되나, 개인적인 사유(유학 등)에 의한 휴직 기간은 단체협약, 취업규칙 등으로 퇴직금 산정을 위한 계속근로기간에 합산하지 않을 수 있다.

[계속근로기간에 포함되는 기간]

1. 사업장 휴업 기간
2. 개인적 질병으로 인한 휴직, 휴무 기간
3. 노동조합 전임자로 근무한 기간
4. 일용근로자로 근무하다가 정규사원이 된 경우 일용근로자로 근무한 기간
5. 형사사건으로 인한 구금 기간(해고 조치가 없는 경우)
6. 직업능력개발 훈련기간, 수습 및 시용기간
7. 쟁의행위 기간, 부당해고기간, 결근 기간, 정직 기간

8. 본연의 직무와 연관된 해외 유학 기간

단, 계속 근로기간이 1년 미만인 근로자, 4주간 평균하여 1주의 소정근로시간이 15시간 미만인 근로자의 경우에는 퇴직금제도가 적용되지 않는다.

##  퇴직금 계산 방법

퇴직금 = 평균임금 × 30일 × 계속근로기간 ÷ 365

평균임금 = 퇴직 직전 3개월 임금 ÷ 3개월 총일수

평균임금이 근로자의 통상임금보다 작으면 통상임금을 평균임금으로 한다.

### [퇴직금 자동계산]

| 퇴직금 계산 하기 | 퇴직금 계산 예제 |
|---|---|

**퇴직금 계산 하기**

입사일자: 2020 ▼ 년 1 ▼ 월 1 ▼ 일
퇴직일자: 2020 ▼ 년 1 ▼ 월 1 ▼ 일
재직일수: 　　일

평균임금계산 기간보기

※ 퇴직일자는 마지막으로 근무한 날의 다음날자를 기재
※ 재직일수 중 제외기간이 있는 경우는 [재직일수]를 수정할 것.

**퇴직전 3개월 임금 총액(세전금액)**　임금초기화

| 기간 | 기간별일수 | 기본급 | 기타수당 |
|---|---|---|---|
| | 일 | 0 원 | 0 원 |
| | 일 | 0 원 | 0 원 |
| | 일 | 0 원 | 0 원 |
| | 일 | 0 원 | 0 원 |
| 합계 | 일 | 원 | 원 |

※ 기간별 일수는 제외하여야 할 날이 있을 경우 수정 가능

연간상여금 총액: 0 원
연차수당: 0 원
1일 평균임금: 　 원　평균임금계산
1일 통상임금: 　 원
퇴직금: 　 원　퇴직금계산　엑셀로 결과보기

**퇴직금 계산 예제**

- 입사일자 : 2014년 10월 2일
- 퇴사일자 : 2017년 9월 16일
- 재직일수 : 1,080일
- 월기본급 : 2,000,000원
- 월기타수당 : 360,000원
- 연간 상여금 : 4,000,000원
- 연차수당 지급기준액 : 60,000원
- 연차수당은 퇴직 전전년도(2015년)에 발생한 휴가중 퇴직 전년도(2016년)에 미사용한 휴가 일수분의 합계

**가. 퇴직전 3개월간 임금총액(세전금액)**

| 기간 | 기간별일수 | 기본급 | 기타수당 |
|---|---|---|---|
| 2017.6.16 ~ 2017.6.30 | 15일 | 1,000,000원 | 180,000원 |
| 2017.7.1 ~ 2017.7.31 | 31일 | 2,000,000원 | 360,000원 |
| 2017.8.1 ~ 2017.8.31 | 31일 | 2,000,000원 | 360,000원 |
| 2017.9.1 ~ 2017.9.15 | 15 | 1,000,000원 | 180,000원 |
| 합계 | 92일 | 6,000,000원 | 1,080,000원 |

**나. 평균임금의 산정 연간상여금**

- 총액 : 4,000,000 원
- 연차수당 : 300,000원 (60,000 원 × 5일)
- A. 3개월간 임금총액 : 7,080,000원 = 6,000,000원+1,080,000원
- B. 상여금 가산액 : 1,000,000원 = 4,000,000원 × (3개월/12개월)
- C. 연차수당 가산액 : 75,000원 = (60,000원 × 5일) × (3개월/12개월)
- 1일 평균임금 = 퇴직일 이전 3개월간에 지급받은 임금 총액 (A+B+C)/퇴

⟨http://www.moel.go.kr/retirementpayCal.do⟩

| 평균임금을 사용하는 경우 | 통상임금을 사용하는 경우 |
|---|---|
| • 퇴직급여(근로기준법 제34조)<br>• 휴업수당(근로기준법 제46조)<br>• 연차유급휴가수당(근로기준법 제60조)<br>• 재해보상 및 산업재해보상보험급여(근로기준법 제79조, 제80조, 제82조, 제84조 및 산업재해보상보험법 제36조)<br>• 감급제재의 제한(근로기준법 제95조)<br>• 구직급여(고용보험법 제45조) | • 평균임금 최저한도(근로기준법 제2조 제2항)<br>• 해고예고수당(근로기준법 제26조)<br>• 연장근로수당(근로기준법 제56조)<br>• 야간근로수당(근로기준법 제56조)<br>• 휴일근로수당(근로기준법 제56조)<br>• 연차유급휴가수당(근로기준법 제60조)<br>• 출산전후휴가급여(고용보험법 제76조)<br>• 그 밖에 유급으로 표시된 보상 또는 수당 |

## ≫ (명절) 상여금이나 연차수당의 평균임금 포함 여부

급여 계약 시에는 대부분 상여를 고려하지 않고 계약한 후, 명절이나 기타 상여를 지급하다가, 나중에 퇴직금 지급 시 그동안 지급한 상여가 퇴직금에 영향을 미친다는 사실을 알고 놀라는 경우가 많다.

그러나 모든 상여가 평균임금에 영향을 미치는 것은 아니다.

성과상여금(성과급)의 경우 고정적으로 일정 지급률에 의해 계속 지급되었다면 평균임금에 포함된다.

평균임금에 포함되지 않는 성과상여금은 기업경영실적에 따라 매년 지급률 및 지급유무가 변동되는 것을 의미한다.

또한, 정기적·일률적으로 지급하는 경우라면 평균임금에 포함하고, 출근일 수에 따라 변동적으로 지급하거나 일부 근로자에게 지급하는 경우는 평균임금에 포함하지 않는다.

평균임금에 해당하기 위한 기준을 살펴보면 다음과 같다.

ⓥ 근로계약서, 취업규칙, 노사 관행 등으로 지급의무가 정해져 있어야 한다.

ⓥ 상여금 지급이 담당하는 업무와 상당한 연관성이 있어야 한다.

ⓥ 지급 시기는 반드시 일정한 기간을 두어야 하는 것은 아니나, 우발적이지 않아야 한다.

ⓥ 사용자가 상당한 재량권을 가지고 은혜적으로 지급되는 금품이 아니어야 한다.

ⓥ 현금으로 지급되어야 한다(상품권이나 주식, 기타 동산들은 안 됨).

하지만, 위 평균임금에 해당하는 "정기적으로 받는 상여금"의 경우 연 상여금의 3개월 ÷ 12개월 치가 퇴직금 산정을 위한 평균임금(퇴직 직전 3개월 임금)에 포함이 된다. 또한, 연차수당도 3개월 ÷ 12개월 치가 퇴직금 산정을 위한 평균임금에 포함된다.

즉, 상여금이나 연차수당의 경우 직전 3개월 금액만 반영한다면 퇴사 일에 따라 퇴직금이 변동될 수 있으므로, 형평성을 위하여 연간 총금액에 3개월 ÷ 12개월을 곱하여 산정된 금액을 퇴직 이전 3개월 동안 받은 임금에 포함을 시킨다.

예를 들어 9월 30일에 퇴직한 근로자의 경우에는 퇴직일을 기점으로 1년간 지급받은 상여금을 퇴직금 산정을 위한 평균임금에 포함해야 한다. 즉, 1년간 300만 원을 상여금으로 받았다면,

300만 원 × 3개월 ÷ 12개월 = 75만 원

75만 원이 평균임금 계산 시 평균임금에 포함되는 금액이다.

## ≫ 연차수당이 있는 경우 평균임금의 계산방법

연차수당도 상여금과 같이 3개월분을 포함시켜야 한다.

연차수당은 전전연도에 발생한 연차수당 보상 분을 퇴직금의 평균임금에 산입하고, 퇴사와 동시에 발생하는 연차수당은 퇴직금 산정에서 제외한다.

## 퇴직하기 전 이미 발생한 연차유급휴가 미사용 수당

퇴직 전전연도 출근율에 의해서 퇴직 전년도에 발생한 연차유급휴가 중 미사용하고, 근로한 일수에 대한 연차유급휴가 미사용 수당의 3 ÷ 12를 퇴직금 산정을 위한 평균임금 산정 기준임금에 포함한다.

## 퇴직으로 인해 비로소 지급사유가 발생한 연차유급휴가 미사용 수당

퇴직 전연도 출근율에 의해서 퇴직연도에 발생한 연차유급휴가를 미사용하고, 퇴직함으로써 비로소 지급 사유가 발생한 연차유급휴가 미사용 수당은 평균임금의 정의상 산정 사유 발생일 이전에 그 근로자에 대해서 지급된 임금이 아니므로 퇴직금 산정을 위한 평균임금 산정 기준임금에 포함되지 않는다.

| 구 분 | 처리방법 |
|---|---|
| 퇴직 전전연도 출근율에 의해서 퇴직 전년도에 발생한 연차유급휴가 중 미사용 수당 | 3÷12를 퇴직금 산정을 위한 평균임금 산정 기준임금에 포함한다. |
| 퇴직 전연도 출근율에 의해서 퇴직 연도에 발생한 연차유급휴가를 미사용하고 퇴직함으로써 비로소 지급 사유가 발생한 연차유급휴가 미사용 수당 | 퇴직금 산정을 위한 평균임금 산정 기준임금에 포함되지 않는다. |

다만, 사업장에서 근로기준법 제61조에 따라 연차휴가사용촉진을 하였음에도 근로자가 연차휴가를 사용하지 않은 경우라면 사용자는 그 사용하지 않은 휴가에 대해서 보상할 의무가 없는바, 이 경우 보상할 연차휴가 미사용 수당이 없다면 평균임금 산정에 포함되지 않는다.

## 》 무단결근 시 평균임금 산정방법

업무 외 부상이나 질병, 그 밖의 사유로 사용자의 승인을 받아 휴업한 기간은 평균임금 산정에서 제외하도록 규정하고 있다(근로기준법 시행령 제2조 제1항 제8호). 즉, 개인적인 사유라 하더라도 사용자의 승인을 받아 휴업한 기간에 대해서는 평균임금 산정 기간에서 제외하고 평균임금을 산정해야 한다. 단, 개인적인 사유로서 사용자의 승인을 받지 않은 기간과 무단결근기간은 평균임금 산정기간에 포함한다.

이같이 평균임금 산정에서 제외되는 기간을 설정한 법적 취지는 근로자의 평균임금이 과도하게 줄어들어 퇴직금 등 산정에 불이익을 받는 일이 없도록 하는 취지이다.

| 구 분 | 처리방법 |
|---|---|
| 업무 외 부상이나 질병, 그 밖의 사유로 사용자의 승인을 받아 결근한 기간 | 평균임금 산정 기간에서 제외 |
| 개인적인 사유로서 사용자의 승인을 받지 않은 기간과 무단결근 기간 | 평균임금 산정 기간에 포함 |

## ≫ 평균임금의 최저한도

평균임금이 그 근로자의 통상임금보다 적으면 그 통상임금을 평균임금으로 한다(근로기준법 제2조 제2항).

 5인 미만 사업장의 퇴직금 계산

**[상시근로자 5인 미만 사업장의 근속기간별 퇴직급여 지급]**

| 계속근로기간 | 퇴직급여 지급 |
|---|---|
| 2010.12.1. 이전 | 퇴직금의 지급의무가 없다. |
| 2010.12.1.~2012.12.31. | 평균임금 × 30일 × 계속근로기간 ÷ 365 × 50% 이상 |
| 2013.1.1.~ | 평균임금 × 30일 × 계속근로기간 ÷ 365 |

예를 들어 상시 5명 미만인 사업장에서 2009년 7월 1일에 입사하여 2024년 6월 30일까지 근무 후 퇴직하는 경우

해 설

1. 퇴직급여 산정을 위한 계속근로기간 : 2010년 12월 1일~2021년 6월 30일(10년 7개월)
2. 50% 적용 기간 : 2010년 12월 1일 ~ 2012년 12월 31일(761일)
3. 100% 적용 기간 : 2013년 1월 1일 ~ 2024년 6월 30일(4,198일)
4. 퇴직급여 산정 : (30일분의 평균임금 × 761 ÷ 365 × 1/2) + (30일분의 평균임금 × 4,198 ÷ 365)

# 퇴직금 계산사례

## 퇴직금 계산서

| 입 사 일 | 2011년 01월 01일 | | | | |
|---|---|---|---|---|---|
| 퇴 사 일 | 2024년 10월 15일 | | | | |
| 근 속 기 간 | 13 년 | 9 월 | 14 일 | 근속일수 : 5,036 일 | |

| 급 여<br>지 급 기 간 | 2024년 7월 16일<br>2024년 7월 31일 | 2024년 8월 1일<br>2024년 8월 31일 | 2024년 9월 1일<br>2024년 9월 30일 | 2024년 10월 1일<br>2024년 10월 15일 | 계 |
|---|---|---|---|---|---|
| | 16일 | 31일 | 30일 | 15일 | 92일 |
| 기 본 급 | 1,000,000 | 2,000,000 | 2,000,000 | 1,000,000 | 6,000,000 |
| 제 수 당 | 100,000 | 100,000 | 100,000 | 100,000 | 400,000 |
| 식 대 수 당 | 100,000 | 100,000 | 100,000 | 100,000 | 400,000 |
| 자 격 수 당 | | | | | |
| 직 책 수 당 | | | | | |
| 계 | 1,200,000 | 2,200,000 | 2,200,000 | 1,200,000 | 6,800,000 |

| 상 여 | 3월 | | | 2,000,000 | 2,000,000 |
|---|---|---|---|---|---|
| | 6월 | | | 2,000,000 | 2,000,000 |
| | 9월 | | | 2,000,000 | 2,000,000 |
| | 12월 | | | 2,000,000 | 2,000,000 |
| | 합계 | | | 2,000,000 | 8,000,000 |
| 1년간 받은 연차수당 | | | | 1,500,000 | 1,500,000 |
| 3개월 평균 연차수당 및 상여금 = (8,000,000원 + 1,500,000원) ÷ 12 × 3 | | | | | 2,375,000 |
| 평 균 임 금 액 | 3개월간 임금총액 | 임금계 + 3개월간 상여금(6,800,000원 + 2,375,000원) | | | 9,175,000 |
| | 일평균임금 | 3개월간 임금총액 ÷ 일수(9,175,000원 ÷ 92일) | | | 99,728.26 |
| 퇴 직 금 | 99,728.26 × 30 × 5,036 ÷ 365 | | | | 41,279,310 |

| 공 제 액 | 사우회비 | 퇴직전환금 | 소득세 | 지방소득세 | 계 |
|---|---|---|---|---|---|
| | | | 851,570 | 85,150 | 936,720 |
| 실 제 수 령 액 | | | | | 40,342,590 |

# 15

# 퇴직연금(DB, DC)의 납입금액 계산

## 확정급여형(DB형) 퇴직연금의 납입

확정급여형 퇴직연금(DB형)의 납입액은 일반적인 퇴직금의 계산방식과 같다고 보면 된다. 즉, 30일분의 평균임금 × 계속근로연수의 금액을 납입한다고 보면 된다.

## 확정기여형(DC형) 퇴직연금의 납입

DC형 퇴직연금제도를 설정한 회사는 근로자의 연간 임금 총액의 1/12 이상에 해당하는 부담금을 가입자의 DC형 퇴직연금 계정에 납입 해야 하며, 이에 DC형 퇴직연금제도를 설정한 회사는 매년 1회 또는 매월 정기적으로 부담금을 납입하고 있다. 즉, 퇴직 시 평균임금으로 계산하여 퇴직급여를 산정하지 않는다.

여기서 임금은 근로기준법 제2조에서 정의된 '사용자가 근로의 대가로 근로자에게 임금, 봉급, 그 밖에 어떠한 명칭으로든지 지급하는 일체의 금품'을 말한다.

따라서 기본급과 장기근속 수당, 직책수당, 초과근무수당(연장근로, 야간근로, 휴일근로), 연차수당(연차휴가미사용 수당의 경우 전전년도 출근율에 따라 전년도에 발생한 연차휴가 미사용분을 올해 지급받은 것이라면 이를 임금 총액에 포함)은 임금 총액에 포함한다.

반면, 학자금과 의료비, 교통비의 경우 자녀의 입학금이나 등록금에 대해 실비 지원하거나, 의료 실비를 지원하고, 실제 업무에 드는 교통비를 정산하는 차원이라면 실비변상적 성격의 금품으로 임금 총액에 포함되지 않으나 취업규칙이나 근로계약을 통해 지급요건과 지급률을 정해 고정적으로 일정 금액을 지급한다면 이는 임금 총액에 포함된다.

또한 사용자가 포괄임금제를 이유로 법정수당에 미달하는 금액을 기준으로 산정한 임금 총액에 따라 DC형 부담금을 납입한 경우라면 법정수당을 포함한 임금 총액을 기준으로 부담금을 산정·납입 해야 한다. 즉, 포괄임금 제도를 채택하는 회사가 포괄임금을 이유로 법정수당에 미달하는 임금을 지급했다고 하더라도 법정수당을 기준으로 산정·납입 해야 한다.

# 16

# 임직원의 퇴직소득세 계산 방법

## 📋 퇴직소득세 계산구조

| 과세체계 | 비 고 |
|---|---|
| 퇴직급여액 = 퇴직소득금액 | 비과세 퇴직소득 제외 |
| 퇴직소득세 과세표준 = 퇴직소득금액 – 퇴직소득공제 | (퇴직소득공제) 근속연수별 공제. 기본공제(퇴직소득금액의 40%)는 2016년부터 폐지 |
| 퇴직소득세 산출세액 ➜ 퇴직소득세 과세표준에 12배수를 하여 원천징수 세율(기본세율)을 적용 | 연분연승법 적용<br>[(퇴직소득세 과세표준 × 1/근속연수 × 12(= 환산급여)) – 차등공제] × 기본세율 ÷ 12 × 근속연수(2012. 12. 31. 이전 근속연수 분에 대해서는 (퇴직소득 과세표준 × 1/근속연수) × 기본세율 × 근속연수) |

## ≫ 퇴직소득금액

퇴직소득금액은 당해 연도 퇴직소득의 합계액(비과세금액은 제외)으로 한다.

## ≫ 퇴직소득 산출세액

$$(\text{퇴직소득금액} - \text{근속연수공제}) \times \frac{1}{\text{전체근속연수}} \times 12 = \text{환산급여}$$

$$\text{환산급여} - \text{환산급여공제} = \text{과세표준}$$

$$\text{과세표준} \times \text{기본세율} \times \frac{1}{12} \times \text{근속연수} = \text{산출세액}$$

## ≫ 근속연수공제

| 근속연수 | 공제액 |
|---|---|
| 5년 이하 | 100만원 × 근속연수 |
| 5년 초과 10년 이하 | 500만원 + 200만원 × (근속연수 − 5년) |
| 10년 초과 20년 이하 | 1,500만원 + 250만원 × (근속연수 − 10년) |
| 20년 초과 | 4,000만원 + 300만원 × (근속연수 − 20년) |

🔁 근속연수는 퇴직금 산정기준이 되는 기간을 말하며, 근속연수 계산시 1년 미만은 1년으로 한다. 예를 들어 근속연수가 1년 1개월인 경우 2년으로 한다.

🔁 당해 연도에 2회 이상 퇴직한 경우도 퇴직소득공제는 1회만 적용한다.

## ≫ 환산급여공제

| 환산급여 | 공제액 |
|---|---|
| 800만 원 이하 | 환산급여 × 100% |
| 800만원 ~ 7,000만원 | 800만원 + (환산급여 − 800만원)× 60% |

| 환산급여 | 공제액 |
|---|---|
| 7,000만원 ~ 1억 원 | 4,520만원 + (환산급여 − 7,000만원)× 55% |
| 1억원 ~ 3억 원 | 6,170만원 + (환산급여 − 1억 원)× 45% |
| 3억원 ~ | 1억 5,170만원 + (환산급여 − 3억 원)× 35% |

## ≫ 퇴직소득세 계산사례

- 입사일 : 2013년 1월 11일
- 퇴사일 : 2024년 10월 15일
- 퇴직금 : 41,441,080원인 경우

**해 설**

$(41,441,080원 − 20,000,000원) \times \dfrac{1}{12} \times 12 = 21,441,080원$

$21,441,080원 - 16,064,648원 = 5,376,432원$

- 환산급여공제 = 8,000,000원 + (21,441,080원 − 8,000,000원) × 60%

$5,376,432원 \times 기본세율 \times \dfrac{1}{12} \times 12 = 322,585원$

## 퇴직소득에 대한 원천징수

원천징수의무자가 퇴직소득을 지급할 때 원천징수 하는 소득세는 다음에 따라 계산한다.

| 구 분 | 징수세액 |
|---|---|
| 퇴직소득을 받는 거주자가 이미 지급받은 퇴직소득이 없는 경우 | 지급할 퇴직소득세 과세표준에 원천징수세율을 적용해서 계산한 금액 |

| 구 분 | 징수세액 |
|---|---|
| 퇴직소득을 받는 거주자가 이미 지급받은 퇴직소득이 있는 경우 | 이미 지급된 퇴직소득과 자기가 지급할 퇴직소득을 합계한 금액에 대하여 퇴직소득세액을 계산한 후 이미 지급된 퇴직소득에 대한 세액을 뺀 금액 |

■ 소득세법 시행규칙[별지 제24호서식(2)]

| | | | | |
|---|---|---|---|---|
| | | | 거주구분 | 거주자1 / 비거주자2 |
| | | | 내외국인 | 내국인1/ 외국인9 |
| 관리번호 | | **퇴직소득원천징수영수증/지급명세서** | 종교관련종사자 여부 | 여 1/ 부 2 |
| | | ([ ] 소득자 보관용 [ ] 발행자 보관용 [ ] 발행자 보고용 ) | 거주지국 | 거주지국코드 |
| | | | 징수의무자구분 | 사업장 |

| 징수<br>의무자 | ①사업자등록번호 | | ②법인명(상호) | | ③대표자(성명) | |
|---|---|---|---|---|---|---|
| | ④법인(주민)등록번호 | | ⑤소재지(주소) | | | |
| 소득자 | ⑥성 명 | | ⑦주민등록번호 | | | |
| | ⑧주 소 | | | | (9) 임원여부 | 부 |
| | (10) 확정급여형 퇴직연금<br>제도 가입일 | | | | (11) 2011.12.31.퇴직금 | |

| 귀속 연도 | 2024-01-01 부터<br>2024-10-15 까지 | | (12) 퇴직사유 | [ ]정년퇴직 [ ]정리해고 [●]자발적 퇴직<br>[ ]임원퇴직 [ ]중간정산 [ ]기 타 | |

| | 근 무 처 구 분 | | 중간지급 등 | 최종 | 정산 |
|---|---|---|---|---|---|
| 퇴직<br>급여<br>현황 | (13) 근무처명 | | | | |
| | (14) 사업자등록번호 | | | | |
| | (15) 퇴직급여 | | - | 41,441,080 | 41,441,080 |
| | (16) 비과세 퇴직급여 | | - | | |
| | (17) 과세대상 퇴직급여(15-16) | | - | 41,441,080 | 41,441,080 |

| | 구 분 | (18)입사일 | (19)기산일 | (20)퇴사일 | (21)지급일 | (22)근속월수 | (23)제외월수 | (24)가산월수 | (25)중복월수 | (26)근속연수 |
|---|---|---|---|---|---|---|---|---|---|---|
| 근속<br>연수 | 중간지급 근속연수 | | | | | - | - | - | - | |
| | 최종 근속연수 | 2013-01-01 | 2013-01-01 | 2024-10-15 | 2024-10-15 | 142 | - | - | - | 12 |
| | 정산 근속연수 | | 2013-01-01 | 2024-10-15 | | 142 | - | - | - | 12 |

| | 계 산 내 용 | 금 액 |
|---|---|---|
| 과세<br>표준<br>계산 | (27)퇴직소득(17) | 41,441,080 |
| | (28)근속연수공제 | 20,000,000 |
| | (29) 환산급여 [(27-28) × 12배 /정산근속연수] | 21,441,080 |
| | (30) 환산급여별공제 | 16,064,648 |
| | (31) 퇴직소득과세표준(29-30) | 5,376,432 |

| | 계 산 내 용 | 금 액 |
|---|---|---|
| 퇴직<br>소득<br>세액<br>계산 | (32) 환산산출세액(31 × 세율) | 322,585 |
| | (33) 퇴직소득 산출세액(32 × 정산근속연수 / 12배) | 322,585 |
| | (34) 세액공제 | |
| | (35) 기납부(또는 기과세이연) 세액 | |
| | (36) 신고대상세액(33 - 34 - 35) | 322,585 |

| | | 연금계좌 입금명세 | | | | | (39) 퇴직급여(17) | (40) 이연 퇴직소득세<br>(37 × 38 / 39) |
|---|---|---|---|---|---|---|---|---|
| 이연<br>퇴직<br>소득<br>세액<br>계산 | (37) 신고대상세액(36) | 연금계좌취급자 | 사업자등록번호 | 계좌번호 | 입금일 | (38)계좌입금금액 | | |
| | | | | | | | | |
| | - | | | | | | - | - |
| | | (41) 합 계 | | | | - | | |

| | 구 분 | 소득세 | 지방소득세 | 농어촌특별세 | 계 |
|---|---|---|---|---|---|
| 납<br>부<br>명<br>세 | (42) 신고대상세액(36) | 322,585 | 32,258 | | 354,843 |
| | (43) 이연퇴직소득세(40) | - | - | | - |
| | (44) 차감원천징수세액(42-43) | 322,580 | 32,250 | - | 354,830 |

위의 원천징수세액(퇴직소득)을 정히 영수(지급)합니다.

년 월 일

징수(보고)의무자 (서명 또는 인)

세무서장 귀하

## 원천징수영수증 발급 및 지급명세서 제출

퇴직소득을 지급하는 자는 그 지급일이 속하는 달의 다음 달 말일까지 그 퇴직소득의 금액과 그 밖에 필요한 사항을 적은 퇴직소득 원천징수영수증을 퇴직소득을 지급받는 사람에게 발급해야 하며, 퇴직소득에 대한 소득세를 원천징수 하지 않은 때에는 그 사유를 함께 적어 발급한다.

소득세 납세의무가 있는 개인에게 퇴직소득을 국내에서 지급하는 자는 지급명세서를 그 지급일이 속하는 과세기간의 다음 연도 3월 10일(휴업 또는 폐업한 경우 휴업일 또는 폐업일이 속하는 달의 다음다음 달 말일)까지 원천징수 관할 세무서장, 지방국세청장 또는 국세청장에게 제출해야 한다.

> 원천징수의무자가 12월에 퇴직한 자의 퇴직급여액을 다음연도 2월 말일까지 지급하지 않는 때에는 2월 말일에 지급한 것으로 보아 앞서 설명한 절차를 진행한다.

 ## 퇴직소득에 대한 세액 정산

퇴직자가 퇴직소득을 지급받을 때 이미 지급받은 다음의 퇴직소득에 대한 원천징수 영수증을 원천징수 의무자에게 제출하는 경우 원천징수의무자는 퇴직자에게 이미 지급된 퇴직소득과 자기가 지급할 퇴직소득을 합계한 금액에 대해서 정산한 소득세를 원천징수 해야 한다.

❶ 해당 과세기간에 이미 지급받은 퇴직소득

❷ 근로제공을 위해서 사용자와 체결하는 계약으로서 사용자가 같은 하나의 계약(퇴직으로 보지 않을 수 있는 경우를 포함)에서 이미 지급받은 퇴직소득 세액정산(이미 지급된 퇴직소득과 자기가 지급할 퇴직소득을 합계한 금액에 대하여 퇴직소득세액을 계산한 후 이미 지급된 퇴직소득에 대한 세액을 뺀 금액을 납부하는 방법)은 퇴직자의 선택사항이나, 해당 과세기간에 이미 지급받은 퇴직소득은 반드시 합산해야 한다.

 ## 퇴직소득 과세표준 확정신고

해당 과세기간의 퇴직소득 금액이 있는 거주자는 그 퇴직소득세 과세표준을 그 과세기간의 다음 연도 5월 1일부터 5월 31일까지 납세지 관할 세무서장에게 신고해야 한다(해당 과세기간의 퇴직소득 과세표준이 없을 때도 적용됨). 다만, 퇴직소득에 대한 원천징수를 통해서 소득세를 납부한 자에 대해서는 그 퇴직소득세 과세표준을 신고하지 않을 수 있다.

2인 이상으로부터 받는 퇴직소득이 있는 자가 퇴직소득세를 냄으로써 확정신고·납부를 할 세액이 없는 경우가 아니면 반드시 퇴직소득 과세표준 확정신고를 해야 한다. 이때 제출할 서류는 다음과 같다.

❶ 퇴직소득 과세표준 확정신고 및 납부계산서
❷ 퇴직소득 원천징수영수증 또는 퇴직소득 지급명세서

종업원에게 퇴직금을 지급 후 근무기간에 대한 퇴직금이 추가 발생하여 퇴직금을 추가로 지급하는 경우 추가 지급하는 퇴직금을 종전 지급한 퇴직금과 합산하여 납부할 소득세액을 재계산해야 할 것이며,

원천징수이행상황신고시 귀속연도는 퇴사한 날이며, 지급연도는 추가 퇴직금을 지급하는 날로 기재하여 제출하면 된다.

기존에 신고한 원천징수이행상황신고서를 수정하여 제출하는 것이 아님에 유의하기를 바라며(수정신고가 아니므로 가산세는 없는 것으로 보임), 원천징수이행상황신고서의 지급금액은 추가 지급하는 퇴직금을 기재하고 원천징수세액란에는 추가로 납부할 소득세액을 기재하면 된다.

# 17

# 퇴직금과 퇴직연금의 지급방법

 **퇴직금과 퇴직연금의 지급방법**

IRP는 근로자가 퇴직하거나 직장을 옮길 때 받은 퇴직금을 보관하고 운용하기 위한 용도로 사용됐다.

지금까지는 확정급여형(DB) 또는 확정기여형(DC) 퇴직연금에 가입한 근로자만 IRP로 퇴직금을 수령 해야 했지만, 2022년 4월 14일부터는 DB 또는 DC 퇴직연금에 가입하지 않은 근로자라도 반드시 IRP 계좌를 개설해 퇴직금을 수령 해야 한다. 단 55세 이후에 퇴직하거나 퇴직급여가 300만 원을 초과하지 않는 경우는 급여계좌로 수령할 수 있다.

절세효과도 탁월하다. 퇴직금을 IRP로 수령하면 퇴직소득세 과세이연 혜택을 받을 수 있다. 세금으로 냈어야 하는 금액까지 운용할 수 있게 되는데, 향후 연금으로 수령할 경우 원래 냈어야 할 퇴직소득세의 30~40%를 깎아준다. 퇴직금 외에 IRP로 추가납부가 가능하고, 900만 원까지 세액공제 혜택도 받을 수 있다.

 **퇴직금과 퇴직연금의 지급일**

DB형(퇴직금도 포함)의 경우, 퇴직연금사업자는 가입자의 퇴직 등 퇴직급여를 지급할 사유가 발생할 경우 14일 이내에 가입자가 지정한 개인형 퇴직연금제도(IRP)의 계정으로 이전해야 한다.

DC형의 경우, 사용자는 퇴직 등의 사유가 발생한 날로부터 14일 이내에 부담금과 지연이자를 해당 가입자의 확정기여형 퇴직연금 제도 계정에 납입해야 하고, 특별한 사정이 있는 경우에는 당사자 간의 합의에 따라 납입 기일을 연장할 수 있다.

Q 언제부터 IRP 계정으로 이전해야 하나요?

A 법 시행일인 2022년 4월 14일 이후(부터) 퇴직한 근로자부터 IRP 계정으로 이전하는 방식으로 퇴직금을 지급해야 합니다.

Q IRP 계정으로 이전 시 퇴직소득을 원천징수 하나요?

A 퇴직금 전액을 IRP 계정으로 이전하는 경우, 퇴직소득을 원천징수하지 않습니다. 퇴직소득세는 연금 또는 일시금을 수령하는 시점에 이연되어 과세됩니다.

Q IRP 계정은 어떻게 개설할 수 있나요?

A IRP 계좌는 근로자의 퇴직금을 계좌에 적립해 연금 등 노후 생활자금으로 활용할 수 있도록 하는 제도로, 퇴직하지 않더라도 근로자는 언제든지 퇴직연금을 취급하는 은행, 증권사, 보험사 등에서

개설할 수 있습니다.

Q 퇴직금 중간정산 시에도 반드시 IRP 계정으로 지급해야 하나요?

A 퇴직금 중간정산은 주택구입 등 한정된 사유에 한하여, 긴급한 생활자금이 필요한 근로자에게 퇴직금을 미리 정산하여 지급하는 것으로 중간정산 취지상 IRP 계정으로 지급하지 않아도 됩니다.

Q 퇴직하면 모든 근로자의 퇴직금을 IRP 계정으로 지급해야 하나요?

A 다음의 예외 사유에 해당하는 경우는 IRP 계정 등으로 지급하지 않아도 됩니다.

⊙ 55세 이후 퇴직한 경우

⊙ 퇴직급여액이 300만원 이하인 경우

⊙ 사망으로 인한 당연퇴직 및 외국인 근로자가 국외 출국한 경우

⊙ 타 법령에서 퇴직소득을 공제할 수 있도록 한 경우

Q 근로자의 신용불량 등 사유를 들어 IRP 계정으로 지급하는 것을 거부해도 되나요?

A 사용자는 퇴직금의 IRP 계정 이전·지급 의무를 성실히 이행하여야 하며, 퇴직금을 근로자의 월급통장 등 일반계좌로 납입하는 것은 허용되지 않습니다.

위 예외 사유에 해당하지 않는 한, 가입자의 신용불량만을 이유로 하여 IRP 계정으로 지급하는 것을 거부할 수 없습니다.

Q IRP 계좌 미개설의 경우 퇴직연금 지급 방법

A 퇴직근로자가 IRP 계좌개설을 거부하는 경우 사용자로서는 퇴직급여 지급이 매우 곤란해집니다. 근로자퇴직급여보장법은 퇴직급여의 지급 방법을 가입자(근로자)가 55세 이후에 퇴직해 급여를 받는

경우 등 법령에서 정한 예외 사유가 아닐 경우 근로자 IRP 계정으로 이전토록 정하고 있으므로, 단순히 계좌개설 거부, 연락 두절 등의 사유로 IRP 계정 이전 이외의 방법으로 퇴직급여를 지급하는 것은 법 위반의 소지가 있습니다. 다만, 사용자가 퇴직금 지급기한이 도래하기 전까지 주소지 방문, 내용증명 등 사용자의 지급 의무 이행 노력을 다했는데도 불구하고 근로자가 IRP 계좌개설을 거부해 부득이 퇴직급여를 지급할 수 없는 경우에 한해, 예외적으로 일반계좌로 이전 또는 법원 공탁 등과 같은 방법으로 퇴직급여를 지급하는 것을 고려해 볼 수 있을 것입니다.

Q 퇴직금의 IRP 계좌 이전 의무 위반 시 형사처벌 여부

A 퇴직금을 14일 이내에 지급하지 않은 경우에 대한 처벌 규정(근로자퇴직급여보장법 제9조 제1항)을 두고 있지만, 퇴직금의 IRP 계정 이전 의무(근로자퇴직급여 보장법 제9조 제2항, 제3항) 위반에 대한 처벌 규정은 두고 있지 않다.

따라서 사용자가 퇴직금을 IRP 계정 이전의 방법으로 지급하지 않고 근로자의 일반계좌로 지급하는 등 이전 방법에 관한 법 규정을 위반한 경우 그 사법상 효력이 문제될 수 있다.

그러나 퇴직금의 IRP 계정 이전 의무에 관한 법적 성격에 대한 명시적 법 해석은 아직 나오지 않은 상황이므로, 이와 유사한 확정급여형 퇴직연금의 퇴직 시 지급에 관한 동법 제17조 제4항 및 5항에 대한 해석에 준하여 판단해야 한다.

이에 따라 사용자가 근로자의 일반계좌로 퇴직금을 14일 이내 지급한 경우라면 IRP 계정 이전의 방식을 준수하지 않았다는 이유만으로 퇴직금 미지급으로 보아 처벌하기 어렵다고 할 수 있다.

그리고 근로자가 IRP 계좌의 개설을 거부한 경우 등 근로자 측에 지연 지급의 원인이 있는 경우 사용자에게 퇴직급여 미지급의 형사책임을 부과할 수 없다

이와 관련한 고용노동부 해석은 다음과 같다.

1. 퇴직급여에 해당하는 금액을 사용자가 부득이 가입자 명의의 일반 급여계좌로 14일 이내에 지급하였음에도 동법에서 정한 지급방식을 준수하지 않았다는 이유만으로 퇴직급여 미지급으로 보기는 어렵다(퇴직연금복지과-1950, 2015.06.08.).

2. 단순히 계좌개설 거부, 연락 두절 등의 사유로 IRP 계정 이전 이외의 방법으로 퇴직급여를 지급하는 것은 타당하지 않다. 다만, 사용자가 법정 기한이 도래할 때까지 주소지 방문, 내용증명 등 사용자의 지급의무 이행 노력을 다하였음에도 불구하고 근로자가 IRP 계좌 개설을 거부하여 부득이 퇴직급여를 지급할 수 없는 경우에는 예외적으로 일반계좌로 이전 또는 법원 공탁 등과 같은 다른 방법으로 퇴직급여를 지급할 수 있을 것이다. 아울러, 퇴직급여 지연 지급의 원인이 근로자에게 있다면 사용자에게 퇴직급여 미지급 고의성이 있다고 보기 어려워 범죄구성요건을 충족하기 어려울 것으로 사료 되며, 이 경우 사용자의 미지급 퇴직급여에 대한 지연이자 지급의무도 없다고 봄이 타당하다(퇴직연금복지과-1201, 2017.03.14.).

# 18

# 퇴직연금 제도의 회계처리, 세금 원천징수

종업원이 근로자퇴직급여보장법에 따라 확정급여형퇴직연금(DB) 제도에서 퇴직연금일시금을 지급받는 경우는 퇴직연금제도를 설정한 사용자가 소득세를 원천징수 하는 것이고, 확정기여형퇴직연금(DC) 제도에서 퇴직연금일시금을 지급받는 경우에는 자산관리업무를 수행하는 퇴직연금사업자가 소득세를 원천징수 하는 것이며, 거주자가 지급받는 연금은 급여를 지급하는 퇴직연금사업자가 소득세를 원천징수 한다. 즉, DB는 회사가 DC, IRP는 퇴직연금사업자(금융회사)가 원천징수의무자가 된다.

❶ 퇴직금 및 확정급여형(DB형) : 원천징수의무자는 회사

DB형 퇴직연금 가입자가 퇴직 시 퇴직연금일시금을 지급하는 경우 원천징수의무자는 사용자이므로 사용자가 원천징수 의무, 지급명세서제출의 의무가 있다.

❷ 확정기여형(DC형) : 원천징수의무자는 자산관리운용사

❸ 확정기여형(DC형)의 납부가 100%가 아닌 경우는 차액을 회사가 부담할 때는 그 차액에 대한 퇴직금은 회사에서 지급하고 원천징수 신고·납부 한다.

❹ 퇴직연금계좌에서 IRP 계좌로 이체할 때 원천징수 의무자 : ❶, ❷, ❸과 같음. IRP로 이체 여부와 원천징수의무자는 무관하다.

사용자는 퇴직금 및 확정급여형(DB형) 퇴직연금을 과세이연계좌(IRP)에 이전하여 퇴직소득이 과세이연됨에 따라 퇴직소득세를 원천징수하지 않는 경우는 '퇴직소득 지급명세서'를 작성하여 과세이연계좌(IRP)를 취급하는 퇴직연금 사업자에게 즉시 통보해야 한다.

❺ 과세이연한 후 근로자가 IRP 계좌를 해지하여 퇴직금을 지급받는 때에 원천징수 의무자 : IRP 계좌 운용하는 연금사업자

❻ 확정급여형 DB형과 확정기여형 DC형이 동시에 있는 경우의 원천징수 의무자

동시에 다른 유형이 있는 경우도 각각의 DB형은 회사가 원천징수하며, DC형은 퇴직연금사업자(금융기관)가 원천징수 한다.

퇴직금을 먼저 지급하는 쪽이 퇴직소득원천징수영수증을 작성하여 나중에 지급하는 쪽에 이를 통보, 이후 나중 지급자가 합산 정산하여 원천징수 한다.

# 19

# 퇴직연금 지급 시 원천징수 신고 방법

| 구 분 | DC형(확정기여형) | DB(확정급여형) |
|---|---|---|
| 개념 | 사용자 부담금이 사전에 확정 적립금 운용에 대한 책임을 근로자 개인이 부담 (기업으로부터 받은 퇴직적립금을 근로자가 직접 선택한 금융 상품에 운용) | 근로자 급여가 사전에 확정 적립금 운용에 대한 책임을 사용자가 부담 (연금 총액이 기존 퇴직금 총액과 같다) |
| 퇴직금 운용 주체 및 적립금 운용수익 | 근로자에 귀속 적립금 운용수익 ➜ 근로자의 것 | 회사에 귀속 적립금 운용수익 ➜ 회사의 것 |
| 불입금액 | 연간 임금 총액의 1/12 이상 | 퇴직금 추계액의 60%~100% 이상 |
| 퇴직급여 수준 | 적립금 운용실적에 따라 다름 (매년 지급된 퇴직급여의 합 ± 운용수익) | 퇴직 시 평균임금 30일분 × 근속연수 |
| 지급 방법 | 퇴직연금 사업자는 근로자가 지정한 개인형 퇴직연금제도의 | 근로자 이직·퇴직 시 사용자는 퇴직 후 14일 이내에 퇴직 |

| 구 분 | DC형(확정기여형) | DB(확정급여형) |
|---|---|---|
| | 계정으로 퇴직급여 전액을 지급한다.<br>근로자는 퇴직 시 자기 계정에서 운용 중인 자산을 그대로 동일 사업자의 개인형 퇴직연금 제도 계정으로 이전이 가능하다. | 연금사업자에게 퇴직급여 지급을 지시한다.<br>퇴직연금 사업자는 근로자가 지정한 개인형 퇴직연금 제도(IRP)의 계정으로 퇴직급여 전액을 지급한다. 전액 지급의 예외 사유가 발생하는 경우, 퇴직급여 부족분은 사용자가 지급한다. |
| 부담금 적립시 | (차) 퇴직급여 ×××<br>(대) 현금(보통예금) ×××<br>➔ 전액 비용처리(임원, 직원 구분 없이 전액 손금산입. 그러나 임원의 경우 퇴직 시 실제 불입금액 기준으로 한도액 계산해야 함) | (차) 퇴직연금운용자산 ×××<br>(대) 현금 ×××<br>➔ 부채 부분에 퇴직급여충당부채의 차감 항목으로 표시됨.<br>그러나 퇴직급여충당부채 잔액이 없으면서 퇴직연금 DB형 가입시 투자자산으로 설정 |
| 운용수익 인식 | 회사는 인식 없다. | (차변) 퇴직연금운용자산 ×××<br>(대변) 이자수익 ×××<br>(손실도 인식) |
| 운용, 자산관리 수수료 | (차변) 지급수수료 ×××<br>(대변) 현금 ××× | (차변) 지급수수료 ×××<br>(대변) 현금 ××× |
| 직원 퇴직하는 경우 | 회계처리 없음<br>➔ 1년 미만 근로자가 퇴직 시 다시 환입되어 오는 데 이 경우에는<br>(차변) 보통예금 ×××<br>(대변) 퇴직연금환입 ××× | 일시금으로 받는 경우<br>(차변) 퇴직급여충당부채 ×××<br>(차변) 퇴직급여 ×××<br>(대변) 퇴직급여운용자산 ×××<br>(대변) 보통예금(현금) ××× |

| 구 분 | DC형(확정기여형) | DB(확정급여형) |
|---|---|---|
| | | 연금으로 받는 경우<br>(차변) 퇴직급여충당부채 ×××<br>(대변) 퇴직연금미지급금 ××× |
| 원천징수의무자<br>: 천징수영수증<br>발급자 | 퇴직연금 사업자(금융기관) :<br>퇴직연금 사업자가<br>원천징수영수증을 퇴직자에게<br>발급 | 회사(고용부) : 사용자가<br>원천징수영수증을 퇴직자에게<br>발급 |
| 원천징수이행상<br>황신고서 작성<br>및 제출 | 회사는 원천징수이행상황신고<br>서에 기재할 내용 없음(퇴직<br>연금 사업자가 원천징수이행<br>상황신고서에 인원과 지급금<br>액, 징수세액을 기재하여 제<br>출함) | 회사가 원천징수이행상황신고서<br>퇴직소득 란에 인원과 지급금액,<br>징수세액을 기재하여 제출함(단,<br>이연퇴직소득이 있는 경우에는<br>퇴직소득 지급금액을 기재하고<br>원천징수세액은 0으로 기재함) |
| 지급명세서<br>제출 | 회사가 제출할 서류 없음(퇴<br>직연금 사업자가 퇴직소득 지<br>급일이 속하는 과세기간의 다<br>음 연도 3월 10일까지 연금계<br>좌 지급명세서를 제출함) | 회사가 퇴직소득 지급일이 속하<br>는 과세기간의 다음 연도 3월<br>10일까지 제출(과세이연 시 원<br>천징수세액 0으로 하여 지급명<br>세서 제출) |

 ## 원천징수이행상황신고서 작성

퇴직금을 IRP 계좌로 과세이연한 사업장의 원천징수이행상황신고서
작성은 일반퇴직금은 그외(A22)란에 총지급액을 기재하고, 소득세와
지방소득세는 0원으로 기재한다.

그리고 DB형 퇴직연금 또는 회사가 직접 지급하는 퇴직금 등 원천
징수의무자가 일반회사인 경우는 "그외(A22)"란에 인원, 총지급액을

기재(IRP 계좌로 지급하여 과세이연된 경우 징수세액란은 0원으로 공란)하여 제출한다.

"연금계좌(A21)"란은 원천징수의무자가 연금계좌(DC형 퇴직연금, IRP, 연금저축에서 지급되는 경우)를 취급하는 금융기관만 연금계좌란에 기재하는 것이다.

연금계좌(A21)란은 연금계좌사업자만 작성하는 란이고, 연금계좌사업자가 아닌 일반사업자는 그 외(A22)란에 이연 퇴직소득세를 작성한다.

**[퇴직금 및 퇴직연금에 대한 회사 처리업무]**

| 확정기여형(DC형) | 확정급여형(DB형)과 퇴직금 |
|---|---|
| DC형 가입 퇴직자들은 금융사에서 원천징수이행상황신고서와 퇴직소득원천징수지급명세서(=퇴직소득원천징수영수증)를 신고해준다.<br>DC형 퇴직연금과 관련해서는 불입하는 것 이외에는 신경 쓰지 않아도 된다. | 회사에서 원천징수이행상황신고서는 퇴직 월의 다음 달 10일까지 신고한다.<br>퇴직금을 안 줬어도 1~12월 중 발생한 퇴직금을 2월 말까지 준 것으로 간주하여 3월 10일까지 신고한다.<br>회사에서 퇴직소득원천징수지급명세서(=퇴직소득원천징수영수증)를 다음 해 3월 10일까지 제출한다. |

 **퇴직소득원천징수영수증 작성**

퇴직소득원천징수영수증상 15번 퇴직급여에는 총퇴직금 400만 원을 기재하고 15번 금액에서 비과세급여를 차감한 후 금액이 17번 퇴직급여에 기재되면 된다. 38번에 계좌 입금금액에는 퇴직금 총액 400만 원이 기재되어야 한다. 그래서 40번 이연퇴직소득세액이 퇴직소득세 전체금액이 되므로 원천징수할 세액이 없게 된다.

퇴직소득세를 원천징수할 세액이 없으므로 원천징수이행상황신고서 상에는 기재 될 금액이 없다.

■ 소득세법 시행규칙[별지 제24호서식(2)] <개정 2020. 3.13.>

| | | | | | | 거주구분 | 거주자1 / 비거주자2 |
|---|---|---|---|---|---|---|---|
| 관리번호 | | **퇴직소득원천징수영수증/지급명세서** | | | | 내외국인 | 내국인1/외국인9 |
| | | ([ ]소득자 보관용 [ ]발행자 보관용 [ ]발행자 보고용) | | | | 종교관련종사자 여부 | 여1 / 부 2 |
| | | | | | | 거주지국 | 거주지국코드 |
| | | | | | | 징수의무자구분 | 사업장 |

| 징수 의무자 | ①사업자등록번호 | | ②법인명(상호) | | ③대표자(성명) | |
|---|---|---|---|---|---|---|
| | ④법인(주민)등록번호 | | ⑤소재지(주소) | | | |
| 소득자 | ⑥성 명 | | ⑦주민등록번호 | | | |
| | ⑧주 소 | | | | ⑨임원여부 | 여 |
| | (10) 확정급여형 퇴직연금 제도 가입일 | | | | (11) 2011.12.31.퇴직금 | |

| 귀 속 연 도 | 2022-01-01 부터 2022-03-02 까지 | (12) 퇴직사유 | 1정년퇴직 1정리해고 [●]자발적 퇴직 1임원퇴직 1중간정산 1기 타 |
|---|---|---|---|

| 퇴직 급여 현황 | 근무처구분 | 중간지급 등 | 최종 | 정산 |
|---|---|---|---|---|
| | (13) 근무처명 | | | |
| | (14) 사업자등록번호 | | | |
| | (15) 퇴직급여 | - | 4,000,000 | 4,000,000 |
| | (16) 비과세 퇴직급여 | - | | |
| | (17) 과세대상 퇴직급여(15-16) | - | 4,000,000 | 4,000,000 |

| 근속 연수 | 구 분 | (18)입사일 | (19)기산일 | (20)퇴사일 | (21)지급일 | (22)근속월수 | (23)제외월수 | (24)가산월수 | (25)중복월수 | (26)근속연수 |
|---|---|---|---|---|---|---|---|---|---|---|
| | 중간지급 근속연수 | | 2021-01-02 | | | | | | | |
| | 최종 근속연수 | 2021-01-02 | 2021-01-02 | 2022-03-02 | 2022-03-05 | 15 | | | | 2 |
| | 정산 근속연수 | | 2021-01-02 | 2022-03-02 | | 15 | | | | 2 |

| 과세 표준 계산 | 계 산 내 용 | 금 액 |
|---|---|---|
| | (27)퇴직소득(17) | 4,000,000 |
| | (28) 근속연수공제 | 600,000 |
| | (29) 환산급여 [(27-28) × 12배 /정산근속연수] | 20,400,000 |
| | (30) 환산급여별공제 | 15,440,000 |
| | (31) 퇴직소득과세표준(29-30) | 4,960,000 |

| 퇴직 소득 세액 계산 | 계 산 내 용 | 금 액 |
|---|---|---|
| | (32) 환산산출세액(31 × 세율) | 297,600 |
| | (33) 퇴직소득 산출세액(32 × 정산근속연수 / 12배) | 49,600 |
| | (34) 세액공제 | |
| | (35) 기납부(또는 기과세이연) 세액 | |
| | (36) 신고대상세액(33 - 34 - 35) | 49,600 |

| 이연 퇴직 소득 세액 계산 | (37) 신고대상세액(36) | 연금계좌 입금명세 | | | | (39) 퇴직급여(17) | (40) 이연 퇴직소득세 (37 × 38 / 39) |
|---|---|---|---|---|---|---|---|
| | | 연금계좌취급자 | 사업자등록번호 | 계좌번호 | 입금일 | | |
| | 49,600 | 우리은행 | 111-12-12345 | 00-000-0000 | 2022-03-05 | 4,000,000 | 49,600 |
| | | (41) 합 계 | | | 4,000,000 | | 49,600 |

| 납부 명세 | 구 분 | 소득세 | 지방소득세 | 농어촌특별세 | 계 |
|---|---|---|---|---|---|
| | (42) 신고대상세액(36) | 49,600 | 4,960 | | 54,560 |
| | (43) 이연퇴직소득세(40) | 49,600 | 4,960 | | 54,560 |
| | (44) 차감 원천징수세액(42-43) | - | - | - | - |

위의 원천징수세액(퇴직소득)을 정히 영수(지급)합니다.

　　　　　　　　　　　　　　　　　　　　　　　　　　　　　　년 　월 　일

　　　　　　　　　징수(보고)의무자　　　　　　　　　　　　　　(서명 또는 인)

　세무서장 　귀하

| ① 신고구분 | | | | | | ☐ 원천징수이행상황신고서<br>☐ 원천징수세액환급신청서 | ② 귀속연월 | 2024년 7월 |
|---|---|---|---|---|---|---|---|---|
| **매월** | 반기 | 수정 | 연말 | 소득<br>처분 | 환급<br>신청 | | ③ 지급연월 | 2024년 7월 |

| 원천징수<br>의 무 자 | 법인명(상호) | ○○○ | 대표자(성명) | △△△ | 일괄납부 여부 | 여 **부** |
|---|---|---|---|---|---|---|
| | | | | | 사업자단위과세<br>여부 | 여 **부** |
| | 사업자(주민)등록번호 | xxx-xx-xxxxx | 사업장 소재지 | ○○○○○ | 전화번호 | xxx-xxx-xx |
| | | | | | 전자우편주소 | 00@00.00 |

❶ 원천징수 명세 및 납부세액 (단위 : 원)

| 소득자 소득 구분 | | | 코드 | 원천징수명세 | | | | | 납부 세액 | | |
|---|---|---|---|---|---|---|---|---|---|---|---|
| | | | | 소득지급<br>(과세 미달,<br>일부 비과세 포함) | | 징수세액 | | | ⑨<br>당월<br>조정<br>환급세액 | ⑩<br>소득세 등<br>(가산세<br>포함) | ⑪<br>농어촌<br>특별세 |
| | | | | ④<br>인원 | ⑤<br>총지급액 | ⑥<br>소득세등 | ⑦<br>농어<br>촌특<br>별세 | ⑧<br>가산세 | | | |
| 개인<br>(거주자·비거주자) | 근로<br>소득 | 간이세액 | A01 | 5 | 20,000,000 | 900,000 | | | | | |
| | | 중도퇴사 | A02 | | | | | | | | |
| | | 일용근로 | A03 | 2 | 2,000,000 | 0 | | | | | |
| | | 연말<br>정산 합계 | A04 | | | | | | | | |
| | | 연말정산 분납신청 | A05 | | | | | | | | |
| | | 연말정산 납부금액 | A06 | | | | | | | | |
| | | 가감계 | A10 | 7 | 22,000,000 | 900,000 | | | | 900,000 | |
| | 퇴직<br>소득 | 연금계좌 | A21 | | | | | | | | |
| | | 그 외 | A22 | 1 | 4,000,000 | 0 | | | | | |
| | | 가감계 | A20 | 1 | 4,000,000 | 0 | | | | 0 | |
| | 사업<br>소득 | 매월징수 | A25 | | | | | | | | |
| | | 연말정산 | A26 | | | | | | | | |
| | | 가감계 | A30 | | | | | | | | |
| | 기타<br>소득 | 연금계좌 | A41 | | | | | | | | |
| | | 종교인<br>소득 매월징수 | A43 | | | | | | | | |
| | | 종교인<br>소득 연말정산 | A44 | | | | | | | | |
| | | 그 외 | A42 | 2 | 1,000,000 | 200,000 | | | | | |
| | | 가감계 | A40 | 2 | 1,000,000 | 200,000 | | | | 200,000 | |
| | 연금<br>소득 | 연금계좌 | A48 | | | | | | | | |
| | | 공적연금(매월) | A45 | | | | | | | | |
| | | 연말정산 | A46 | | | | | | | | |
| | | 가감계 | A47 | | | | | | | | |
| | 이자소득 | | A50 | | | | | | | | |
| | 배당소득 | | A60 | | | | | | | | |
| | 저축 등 해지 추징세액 등 | | A69 | | | | | | | | |
| | 비거주자 양도소득 | | A70 | | | | | | | | |
| 법인 | 내·외국법인원천 | | A80 | | | | | | | | |
| 수정신고(세액) | | | A90 | | | | | | | | |
| 총합계 | | | A99 | 10 | 27,000,000 | 1,100,000 | | | | 1,100,000 | |

❷ 환급세액 조정 (단위 : 원)

| 전월 미환급 세액의 계산 | | | 당월 발생 환급세액 | | | | | ⑱조정대<br>상<br>환급세액<br>(⑭+⑮+⑯<br>+⑰) | ⑲<br>당월조정<br>환급세액<br>계 | ⑳<br>차월이월<br>환급세액<br>(⑱-⑲) | ㉑<br>환 급<br>신청액 |
|---|---|---|---|---|---|---|---|---|---|---|---|
| ⑫<br>전월미환급<br>세액 | ⑬<br>기 환 급<br>신청세액 | ⑭<br>차감잔액<br>(⑫-⑬) | ⑮<br>일반<br>환급 | ⑯<br>신탁재산<br>(금융회사 등) | ⑰ 그밖의<br>환급세액 | | | | | | |
| | | | | | 금융<br>회사 등 | 합병<br>등 | | | | | |

# 20

# 퇴사할 때 인수인계

근로기준법에는 근로자가 퇴사 시 퇴사일 30일 전에는 반드시 사용자에게 통보해야 한다고 명시되어 있다.

따라서 30일, 즉 1개월은 근로자나 회사입장에서 근로기준법에서 인정하는 꼭 필요한 유예기간인 셈이다.

채용공고를 내고, 지원자 입사서류를 검토하고, 면접자 면접 보고, 합격자 통보하고, 인수인계를 해줘야 하는 기간을 1개월로 본다.

근로기준법에는 인수인계를 안 해주면 근로자에게 법적으로 피해가 온다는 내용은 솔직히 없다.

그렇지만 민사로까지 갈 수는 있다.

다시 말해서 근로자가 인수인계를 안 해서 발생할 수 있는 정신적, 물질적인 손해배상을 사업장에서 민사소송으로 갈 수 있는 자격이 생긴다는 것이다. 중요한 것은 민사소송을 걸 수 있는 자격을 사용자에게 준다는 것이 중요하다. 따라서 사업장에서 소송 걸 수 있는

빌미를 주지 말아야 한다는 것이다.

이렇게 소송까지 가는 경우 회사가 승소하는 경우가 대부분이다. 그렇게 되면 근로자는 회사에게 피해보상으로 인한 금전을 보상해줘야 한다. 이는 근로기준법과 무관한 민사로 진행된다.

그리고 요즘에는 회사 이직 시에 지원자들의 전 회사에 전화를 걸어 그 직원의 평판을 물어보는 사례가 많다. 따라서 인수인계를 제대로 안 해서 사업장과 문제가 발생하면 그 사실 그대로 전달되기 때문에 다른 회사에 입사할 때도 치명타가 될 수 있다.

학생 시절과는 달리 사회생활은 내 기분대로 내 감정대로 하면 안 된다. 반드시 내가 행동한 것만큼 나에게 돌아오는 것이 사회이므로 반드시 약속한 것을 지켜야 한다.

특히 재무나 경리업무와 같이 금전을 다루는 업무는 업무의 단절이 있을 때 금전 손해와 연결되기 때문에 주의를 해야 하며, 전문직이나 특수직종, 거래처와 원만한 관계의 유지가 필요한 영업직은 업무 인수인계를 안 하는 경우 손해가 발생할 가능성이 크다.

또한, 업무상 필요한 자료나 데이터 파일 등을 무단으로 가져가거나 회사에 반납하지 않을 때는 손해배상 책임을 질 가능성이 크다.

## 21

# 직원 퇴직 후에도
# 보관해두어야 할 서류

 **계약서류 보존 의무**

| 퇴사의 절차 |
|---|
| 사직서를 제출받는다. |
| 4대 보험 상실신고를 한다. |
| 퇴직금과 급여정산을 한다. |
| 출입카드를 회수한다. |
| 원천징수영수증과 각종 증명서(재직증명서, 경력증명서, 급여명세서 등)를 발급한다. |

근로기준법 제42조에서 회사는 근로자명부와 근로계약에 관한 중요한 서류(근로계약서, 임금대장, 임금의 결정·지급 방법과 임금 계산의 기초에 관한 서류, 고용·해고·퇴직에 관한 서류, 승급·감급에 관한 서류, 휴가에 관한 서류 등)를 3년간 보존하도록 하고 있다.

이는 근로기준법상 임금채권의 소멸시효가 3년이라는 점에서 임금과 관련한 분쟁이 발생할 때는 관련 서류에 대한 입증책임이 사용자(회사)에 있으므로 이를 법정 보존서류로 정하고 있는 것이며, 만일 이를 위반해 관련 서류를 보존하고 있지 않은 경우 500만 원 이하의 과태료 처분을 받는 것 이외에 관련 분쟁에 있어서 불리한 입장에 처할 수 있으므로 반드시 근로계약과 관련한 중요한 서류를 보존해야 한다. 특히, 근로자명부와 근로계약서, 임금대장, 퇴직 관련 서류 등은 해당 근로자가 회사를 퇴직한 날부터 기산해 3년간 보존해야 하므로, 해당 서류를 반드시 보존해야 하고, 고용노동부 근로감독이 실시되는 경우에도 마찬가지로 3년간 서류까지 점검하게 된다는 점도 유의해야 한다.

⊚ 근로계약서

⊚ 임금대장

⊚ 임금의 결정·지급 방법과 임금 계산의 기초에 관한 서류

⊚ 고용·해고·퇴직에 관한 서류

⊚ 승급·감급에 관한 서류

⊚ 휴가에 관한 서류

⊚ 승인·인가에 관한 서류

⊚ 서면 합의 서류

⊚ 연소자의 증명에 관한 서류

 **사용증명서**

근로기준법 제39조에서는 "사용자는 근로자가 퇴직한 후라도 사용 기간, 업무 종류, 지위와 임금, 그 밖에 필요한 사항에 관한 증명서를 청구하면 사실대로 적은 증명서를 즉시 내주어야 한다."고 규정하고 있다. 퇴직 이유나 경영진의 판단과 관계없이 근로자가 일했던 경력을 인정받을 수 있다.

# 제3장

# 취득에서 상실까지 4대 보험

# 4대 보험 가입 제외 대상

 **국민연금**

국민연금은 1일이 지나서 입사한 경우 해당 월 납부예외 여부를 선택할 수 있다. 즉, 입사 일에 국민연금을 납부할지, 안 할지를 근로자가 선택 가능하다는 것이다. 보통은 '부'로 많이 해서 그달은 공제하지 않는다.

다음의 경우는 적용이 제외된다.

⊚ 만 60세 이상인 사람

⊚ 타 공적연금 가입자

⊚ 노령연금수급권을 취득한 자 중 60세 미만의 특수직종 근로자

⊚ 조기노령연금 수급권을 취득하고 그 지급이 정지되지 아니한 자

⊚ 퇴직연금 등 수급권자

⊚ 국민기초생활보장법에 의한 수급자

⊙ 1개월 미만 근로자(1개월 이상 계속 사용되는 경우는 제외)

⊙ 1개월 동안 근로하면서 월 8일 미만 일용근로자

⊙ 1개월 동안 근로하면서 근로시간이 월 60시간 미만인 단시간 근로자

⊙ 1개월 동안의 소득이 220만원 이하인 경우

1일 입사자를 제외한 당월 입사 당월 퇴사자는 가입 대상이 아니다.

##  건강보험

건강보험도 국민연금과 같이 1일 입사자 외에는 해당 월 보험료는 납부하지 않아도 된다. 이는 1일이 포함된 소속(지역 또는 전 직장)에서 보험료를 납부하는 것이 원칙이다. 다음의 경우는 적용이 제외된다.

⊙ 1개월 미만 일용근로자(1개월 이상 계속 사용되는 경우는 제외)

⊙ 1개월 동안 근로하면서 월 8일 미만인 일용근로자

⊙ 1개월 동안 근로하면서 근로시간이 월 60시간 미만인 단시간근로자

⊙ 의료급여법에 따라 의료급여를 받는 자

⊙ 독립유공자예우에 관한 법률 및 국가유공자 등 예우 및 지원에 관한 법률에 의하여 의료보호를 받는 자

⊙ 하사(단기복무자에 한함)·병 및 무관후보생

⊙ 선거에 의하여 취임하는 공무원으로서 매월 보수 또는 이에 준하는 급료를 받지 아니하는 자

⊙ 비상근 근로자

⊙ 소재지가 일정하지 아니한 사업장의 근로자 및 사용자

⊙ 근로자가 없거나 비상근 근로자 또는 1월간의 소정근로시간이 60시간 미만인 단시간 근로자만을 고용하는 사업장의 사업주

⊙ 1개월 동안의 소득이 [보건복지부 장관이 정하여 고시하는 금액 (220만 원)] 미만(이상은 가입 대상)인 근로자

매년 전년도 분에 대해서 정산 방법에 따라 보험료를 산정, 정산한다.

## 고용보험

고용보험은 다음의 경우 적용 제외 대상이다.

⊙ 65세 이상인 자(65세 이전부터 계속 고용자는 적용. 단, 고용안정·직업능력 개발 사업은 적용)

⊙ 1개월 미만자로서 월간 근로시간이 60시간 미만인 근로자. 단, 월 60시간 미만 근로자라도 3개월 이상 근로제공 시에는 적용가능하다.

⊙ 1개월 미만자로서 주간 근로시간이 15시간 미만인 근로자(단시간 근로자). 다만, 근로를 제공하는 자 중 3개월 이상 계속하여 근로를 제공하는 자는 적용 대상이다.

⊙ 공무원(별정직, 계약직 공무원은 2008년 9월 22일부터 임의가입 가능). 다만, 임용된 날부터 3개월 이내에 고용센터로 신청(3개월 이내 신청하지 않을 시 가입 불가)

⊙ 사립학교교직원연금법 적용자

⊙ 별정우체국 직원

⊙ 외국인 근로자

| 적용 여부 | 고용보험<br>적용 여부 | 체류자격 |
|---|---|---|
| 적용 제외 | | 아래 이외의 체류 자격 |
| 전부 적용 | 상호주의 | 주재(D-7), 기업 투자(D-8), 무역경영<br>(D-9) |
| | 강제가입 | 거주(F-2), 영주(F-5), 결혼이민(F-6) |
| 고용안정 및 직업능력 개발<br>사업에 한정(실업급여 적용<br>희망 시 별도의 외국인 고<br>용보험 가입신청서 제출) | 단계적 강제<br>가입 ( 적용<br>시기 전 임<br>의가입) | 비전문취업(E-9), 방문취업(H-2)<br>2023년 1월 1일부터 10인 미만 사업장<br>적용 |
| 보험 가입을<br>신청한 경우<br>법의 전부를 적용 | 임의가입 | 단기 취업(C-4), 교수(E-1), 회화지도<br>(E-2), 연구(E-3), 기술 지도(E-4), 전<br>문 직업(E-5), 예술흥행(E-6), 특정활<br>동(E-7), 계절 근로(E-8), 선원취업<br>(E-10), 재외 동포(F-4), |

고용보험료는 정산 방법이 연간 총급여액에 요율만큼을 부과하는 것이므로 차후에 정산할 필요가 없도록 보통 매월 급여에서 요율만큼을 공제한다.

그리고 퇴직자에 대해서는 퇴직 정산을 한다.

## 산재보험

전액 사업자가 보험료를 부담하는 보험으로써 근로자 가입 신고는 별도로 필요하지 않다. 1일을 근무하더라도 적용 대상이 된다.

## 02

# 일용근로자, 단시간 근로자
## (파트타임, 아르바이트생)의 4대 보험

 **일용근로자**

고용기간의 보장 없이 1일 단위로 고용되어 그날로 고용계약이 종료되는 자(다음 날의 고용이 확정되지 아니한 상태로 근무하는 근로자)

고용·산재보험에서의 '일용근로자' 란

1개월 미만 고용되어 일급 형식으로 보수를 지급받는 자를 말하며, 근로계약 기간이 1일 단위 또는 1월 미만의 경우 해당한다.

(예) 식당에서 일당을 받으며, 10일간 주방 보조업무를 하는 근로자)

일용근로자는 근로시간과 관계없이 고용·산재보험 적용 대상이며, 매월 15일까지 근로복지공단으로 '근로내용확인신고서' 를 제출해야 한다.

**단시간 근로자**

단시간 근로자는 1주 동안의 소정근로시간이 그 사업장에서 같은 종류의 업무에 종사하는 통상근로자의 1주 동안의 소정근로시간(주 40시간)에 비하여 짧은 근로자. 즉, 주 소정근로시간 40시간 미만이고 고용계약 기간이 1개월 이상인 근로자를 말한다.

(예) 편의점에서 1일 2시간씩 단시간으로 1개월 이상 아르바이트하는 학생)

 **국민연금**

| 구 분 | 가입 제외대상 |
|---|---|
| 일용직 근로자 | ① 건설업 : 1개월 동안 8일 미만 근로<br>② 건설업 외 업종 : 1개월 동안 8일 미만 또는 1개월 동안 근로시간이 60시간 미만인 사람 |
| 단시간근로자 | 1개월 동안 소정근로시간 60시간 미만 |

1개월 미만의 기한부 근로자는 국민연금 가입대상이 아니다.
단 3개월 이상 근로를 제공한 사람은 근로자의 동의가 있을 경우 가입대상이다.
즉 근로자의 동의가 요건이다.
1개월 동안 소정근로시간 60시간 미만 근로자는 근로자의 동의가 없으면 몇 달을 연속으로 일해도 가입대상이 아니다.

국민연금공단에서 세무서에 신고한 일용직 지급명세서를 보고 국민연금을 소급 적용해 가입시키려고 할 때 1개월 소정근로시간 60시간 미만 근로자에 해당하면 근로자의 동의 없이는 가입할 수 없으므로 이 논리를 펼 수가 있다.

그리고 이론상 건설업 현장 일용직에 1개월 동안 60시간 미만 일하는 단시간 근로자가 있다면 국민연금 가입대상에서 제외되지만, 현실적으로 건설업 현장 일용직의 경우는 60시간 미만 단시간 근로자로 보지 않는다. 이는 근로계약서 작성의 문제도 있고 근로계약서상에 날짜를 특정하기도 건설 공정상 쉽지 않기 때문이다.

##  건강보험

1개월 동안 근무하면서 8일 이상 일하는 일용근로자는 건강보험 가입대상이다.

따라서 1개월 미만 근로하거나, 1개월 동안 근로해도 8일 미만 근로 시에는 가입대상이 아니다.

그리고 1개월 동안 소정근로시간 60시간 미만인 단시간 근로자도 건강보험 가입 제외 대상이다. 또한 건강보험은 3개월 이상 근로 시 가입조건이 없다. 즉 월간 60시간 미만 단시간 근로자가 되면 3개월 이상 일하더라도 건강보험 가입 대상이 아니다.

| 구 분 | 가입 제외 대상 |
|---|---|
| 1개월 미만 고용된 근로자 | • 고용 및 산재보험의 가입 대상<br>• 국민연금과 건강보험 가입 제외 대상<br>• 최초 근로일을 기준으로 1개월 미만의 기간만 근로하는 경우 그 동안의 근로일수나 근로시간에 상관없이 국민연금과 건강보험이 적용되지 않는다. |
| | • 사회보험법상의 일용근로자가 아니고 상용근로자이다. |

| 구 분 | 가입 제외 대상 |
|---|---|
| **1개월 이상 고용된 근로자** | • 근로계약서상 1개월 이상의 근로기간이 명시돼 있는 경우는 원칙은 고용 및 산재보험 및 국민연금과 건강보험 가입 대상이다.<br>• 국민연금<br>1. 1개월 미만 계약이라도 1개월 이상 계속근로 내역이 있는 경우 가입 대상이다.<br>2. 1개월 미만은 원칙은 가입 대상이 아니나, 1개월 동안 근로일수가 8일 이상이거나 근로시간이 60시간 이상이면 최초 근로일부터 사업장가입자가 된다.<br>3. 최초 1개월 동안 8일 이상과 60시간 이상의 기준을 모두 충족하지 않았다면, 입사한 달의 다음 달(2달에 걸쳐 근무) 초일부터 말일까지의 기간 동안 근로일수가 8일 이상이거나 근로시간이 60시간 이상인지 판단해, 두 경우 중 하나를 충족할 때는 해당 월의 1일부터 사업장가입자가 된다.<br>4. 1개월 동안의 소득이 220만원 이상인 경우 가입대상이다.<br>• 건강보험<br>1. 근로시간과 상관없이 고용기간이 1개월 이상인 경우 가입대상이다.<br>2. 1개월 미만은 원칙은 가입 대상이 아니나, 1개월 동안 월 8일 이상 근로를 제공하는 경우 가입 대상이다.<br>3. 사업장에서 일한 지 1개월이 되는 날까지 근로일이 8일 이상이면 최초 근로일부터 적용되고, 전월에 8일 미만 당월에 8일 이상 근로한 경우는 해당 월의 1일부터 적용된다. |

1개월 미만인지 이상인지의 판단 방법

1. 근로계약서상 1개월 이상의 근로기간이 명시돼 있는 경우에는 실제 계속근로기간과 상관없이 최초 근로일을 기준으로 국민연금과 건강보험에 가입해야 한다.

2. 만약 근로계약서상 근로기간이 1개월 미만이거나 근로계약서가 없는 경우라면 1개월간 근로일수(8일) 또는 근로시간(60시간)을 기준으로 판단된다.

## 고용보험

| 구 분 | 가입 제외대상 |
| --- | --- |
| 일용직 근로자 | 하루 일해도 고용보험 대상이 된다. |
| 단시간 근로자 | 1개월 동안 소정근로시간이 60시간 미만인 경우 가입 제외 대상이다. 단, 3개월 이상 일하는 경우 고용보험 가입 대상이다. 즉, 60시간 미만 근로자가 3개월 이상만 일하면 무조건 고용보험 가입 대상이다. 반대로 3개월 미만 일하면 고용보험 가입 대상이 아니다. |

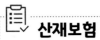 ## 산재보험

| 구 분 | 가입 제외대상 |
| --- | --- |
| 일용직 근로자 | 하루 일해도 산재보험 가입 대상이다. |
| 단시간근로자 | 무조건 가입 대상(하루 1시간 일해도 가입 대상이다.) |

# 근로내용확인신고서 작성과 제출

일용직의 고용보험과 산재보험을 신고하는 서식으로, 고용보험·산재보험 근로내용확인신고서라고 부른다. 줄여서 근로내용확인신고서, 근로내역으로도 불리기도 한다.

여기서 일용근로자란 근로계약 기간이 1일 단위로 이루어지는 근로자를 말하며, 세법상 일용근로자랑 그 범위가 다르다.

## 근로내용확인신고서 신고기간

일용소득에 대해 급여를 지급한 달의 다음 달 15일까지 제출해야 한다. 또한, 월별로 각각 신고해야 한다. 즉, 여러 달을 한 장에 신고할 수 없다.

예를 들어 2025년 1월 근무 시 근로내용확인신고서는 2월 15일에 신고하면 된다.

건설업과 벌목업의 사업장은 자진신고 사업장이므로 고용보험만 체크하고 이외의 업종은 고용, 산재보험에 체크하여 신고해야 한다.

##  근로내용확인신고서 제출방법

일용직 신고 시 2가지 항목을 신고해야 하는데, 일용직 근로내용확인신고서를 제출하는 경우 일용근로소득 지급명세서의 제출을 생략할 수 있다. 단, 일용직 근로내용확인 신고 예외 대상으로 일용직 근로내용확인신고서를 제출하지 않은 경우, 일용근로소득 지급명세서를 제출해야 한다.

① 일용근로소득 지급명세서

② 일용직 근로내용확인신고서

일용근로자 수가 10명 이상일 경우 무조건 전자신고를 해야 한다.

일용근로내용 확인 신고 예외 대상은 만 65세 이상 이후 고용된 근로자, 월 60시간 미만 단시간 근로자, 외국인 일용직 근로자이다.

##  외국인 일용근로자 근로내용확인신고서

당연 적용 대상인 외국인 근로자 중 일용근로자는 국내 근로자와 같이 근로내용확인신고서에 따라 신고를 할 수 있다.

고용보험 임의가입 대상인 외국인 일용근로자는 근로내용확인신고서 제출기한까지 외국인 고용 가입신청서를 근로내용확인신고서와 함께 제출해야 한다. 이 경우 그 가입의 사유가 발생한 날에 피보험자격을 취득한 것으로 본다.

# [ ]고용보험 [ ]산재보험 근로내용 확인신고서 ( 년 월분)
# [ ]고용보험 단기예술인 노무제공내용 확인신고서 ( 년 월분)

※ 제2쪽의 유의사항 및 작성방법을 읽고 작성하시기 바라며, [ ]에는 해당되는 곳에 "√" 표시를 합니다.

| 접수번호 | 접수일 | | | 처리기간: 7일 |
|---|---|---|---|---|

| 공통<br>사업장 | 사업장관리번호 | | 명칭 | |
|---|---|---|---|---|
| | 사업자등록번호<br>(국세청 일용근로소득지급명세서를 갈음하여 제출하는 경우에<br>만 적으며, 단기예술인의 경우는 적지 않습니다) | | 하수급인관리번호<br>(건설공사등 미승인 하수급인에 한함) | |
| | | | 공사명(유기사업명) | |
| | 소재지 | | 보험사무대행기관 번호 | 보험사무대행기관 명칭 |
| | 전화번호 (유선) | (휴대전화) | FAX번호 | |
| | 고용관리 책임자<br>(※건설업만 해당) | (성명)<br>(직무내용) | (주민등록번호)<br>(근무지)[ ]본사 [ ]해당 사업장(현장) [ ]다른 사업장(현장) | (직위) |

| 성명 | | | | | | | | | | | | | | | | | | | | | |
|---|---|---|---|---|---|---|---|---|---|---|---|---|---|---|---|---|---|---|---|---|---|
| 주민(외국인)등록번호 | | – | | | | – | | | | – | | | | – | | | | | | | |
| 국적 | 체류자격 | | | | | | | | | | | | | | | | | | | | | |
| 전화번호(휴대전화) | | | | | | | | | | | | | | | | | | | | | |
| 직종 부호 | | | | | | | | | | | | | | | | | | | | | |

| 근로일수<br>또는<br>노무제공일수<br>("o"표시) | 1 2 3 4 5<br>6 7 8 9 10<br>11 12 13 14 15<br>16 17 18 19 20<br>21 22 23 24 25<br>26 27 28 29 30<br>31 | 1 2 3 4 5<br>6 7 8 9 10<br>11 12 13 14 15<br>16 17 18 19 20<br>21 22 23 24 25<br>26 27 28 29 30<br>31 | 1 2 3 4 5<br>6 7 8 9 10<br>11 12 13 14 15<br>16 17 18 19 20<br>21 22 23 24 25<br>26 27 28 29 30<br>31 | 1 2 3 4 5<br>6 7 8 9 10<br>11 12 13 14 15<br>16 17 18 19 20<br>21 22 23 24 25<br>26 27 28 29 30<br>31 |
|---|---|---|---|---|

| 근로일수 또는<br>노무제공일수 | 일평균<br>근로시간 | 일 | 시간 | 일 | 시간 | 일 | 시간 | 일 | 시간 |
|---|---|---|---|---|---|---|---|---|---|
| 보수지급기초일수 | | | 일 | | 일 | | 일 | | 일 |
| 보수총액 | | | 원 | | 원 | | 원 | | 원 |
| 임금총액 | | | 원 | | 원 | | 원 | | 원 |
| 이직사유 코드 | | | | | | | | | |

| 보험료부과구분(해당자만) | | | | | | | | | |
|---|---|---|---|---|---|---|---|---|---|
| 부호 | 사유 | | | | | | | | |

| 국세청<br>일용<br>근로<br>소득<br>신고 | 지급월 | 월 | 월 | 월 | 월 |
|---|---|---|---|---|---|
| | 총지급액<br>(과세소득) | 원 | 원 | 원 | 원 |
| | 비과세소득 | 원 | 원 | 원 | 원 |
| | 원천<br>징수<br>액 | 소득세 | 원 | 원 | 원 | 원 |
| | | 지방<br>소득세 | 원 | 원 | 원 | 원 |
| 일자리안정자금 지원 신청 | | [ ]예 [ ]아니오 | [ ]예 [ ]아니오 | [ ]예 [ ]아니오 | [ ]예 [ ]아니오 |

「고용보험법 시행령」 제7조제1항 후단·제104조의6제2항, 같은 법 시행규칙 제5조제2항·제125조의3제2항 및 「고용보험 및 산업재해보상보험의 보험료징수 등에 관한 법률 시행규칙」 제16조의6 후단에 따라 위와 같이 확인하여 신고합니다.

년 월 일

신고인(사용자·대표자) (서명 또는 인)

[ ] 보험사무대행기관 (서명 또는 인)

근로복지공단○○지역본부(지사)장 귀하

210mm×297mm[ 백상지(80g/㎡) 또는 중질지(80g/㎡) ]

**근로내용확인신고서 작성 방법**

① 사업자 등록번호(국세청에 일용근로자 지급명세서 제출을 갈음하고자 할 때 필히 기재)

사업자 등록번호를 기재해서 제출해야만 지급명세서 대체가 된다. 사업자 등록번호를 기재 안 하고 제출하면 근로내용확인신고서만 제출하고, 지급명세서는 제출 안 한 게 되는 것이다. 만약 기재를 안 했다면, 일용근로소득 지급명세서를 꼭 제출해야 한다.

② 주민등록번호 : 근로자의 주민등록번호를 기재한다.

③ (근무지) [ ] 본사, [ ] 해당 사업장(현장), [ ]다른 사업장(현장)

건설업은 근로내용 확인 신고서를 현장별로 제출해야 한다. 건설업이 아니라면 지나친다.

④ 체류 자격

외국인은 체류자격별로 고용보험 가입 대상인지 아닌지가 적용되기 때문에 중요하다.

| 적용 여부 | 고용보험 적용 여부 | 체류자격 |
|---|---|---|
| 적용 제외 | | 아래 이외의 체류 자격 |
| 전부 적용 | 상호주의 | 주재(D-7), 기업 투자(D-8), 무역경영(D-9) |
| | 강제가입 | 거주(F-2), 영주(F-5), 결혼이민(F-6) |
| 고용안정 및 직업능력 개발 사업에 한정(실업급여 적용 희망 시 별도의 외국인 고용보험 가입신청서 제출) | 단계적 강제 가입(적용 시기 전 임의가입) | 비전문취업(E-9), 방문취업(H-2) 2023년 1월 1일부터 10인 미만 사업장 적용 |

| 적용 여부 | 고용보험<br>적용 여부 | 체류자격 |
|---|---|---|
| 보험 가입을 신청한 경우<br>법의 전부를 적용 | 임의가입 | 단기 취업(C-4), 교수(E-1), 회화지도<br>(E-2), 연구(E-3), 기술 지도(E-4), 전<br>문 직업(E-5), 예술흥행(E-6), 특정활<br>동(E-7), 계절 근로(E-8), 선원취업<br>(E-10), 재외 동포(F-4), |

⑤ 직종 부호

직종 부호에 따라 산재보험료율이 달라진다. 신고서 3페이지에 직종 별로 자세히 나와 있다.

⑥ 보수지급 기초 일수

특이사항이 없다면, 근로를 제공한 일수를 말한다. 즉, 주5일에 유급휴일 1일(주휴일)을 추가해야 한다(유급 근로일수).

피보험기간 중 "보수지급의 기초가 된 일수"를 말하며, 이 경우 "보수지급의 기초가 된 일수"에는 현실적으로 근로하지 아니한 날이 포함될 수 있다(유급휴일, 주휴일 포함된 경우).

⑦ 일 평균 근로시간 : 근로자의 하루 평균 근로시간을 적는다(하루만 일한 경우 하루에 일한 근로시간).

⑧ 보수총액

근로소득에서 비과세 근로소득을 뺀 금액으로써, 해당 월에 발생한 금액을 적는다.

⑨ 임금 총액

근로기준법에 따른 임금으로서, 해당 월에 발생한 금액을 적는다(과세 + 비과세).

⑩ 이직 사유 코드

피보험자 이직확인서에서 등장하는 그 '이직 사유'이다.

회사의 사정에 의한 이직(폐업, 공사 중단, 공사 종료, 계약기간 만료 등)

부득이한 개인 사정에 의한 이직(질병, 부상, 출산 등)

기타 개인 사정에 의한 이직(전직, 자영업을 위한 이직 등)

---

〈상실(이직) 사유 구분 코드〉

• 자진 퇴사 : 11. 개인 사정으로 인한 자진 퇴사, 12. 사업장 이전, 근로조건 변동, 임금체불 등으로 자진 퇴사

• 회사 사정과 근로자 귀책 사유에 의한 이직 : 22. 폐업·도산, 23. 경영상 필요 및 회사 불황으로 인한 인원 감축 등에 따른 퇴사(해고·권고사직·명예퇴직 포함), 26. 근로자의 귀책 사유에 의한 징계해고·권고사직

• 정년 등 기간만료에 의한 이직 : 31. 정년, 32. 계약기간 만료, 공사 종료

• 기타: 41. 고용보험 비적용, 42. 이중고용

---

⑪ 보험료 부과 구분

대상에 따라 산재보험과 고용보험 부과·가입 범위가 달라지니, 대상 근로자만 기입한다.

⑫ 일용근로소득신고 관련

가. 제1쪽의 "사업자등록번호란"에는 소득세법에 따른 원천징수의무자의 "사업자등록번호"를 적는다.

나. 사업주가 "사업자등록번호란" 및 "국세청 일용근로 소득신고란"을 포함하여 근로내용확인신고서를 작성·제출한 경우 일용근로소득지급명세서를 별도로 국세청에 제출할 필요가 없다. 이 경우 "사업자등록번호란" 및 "국세청 일용근로 소득신고란"을 미기재하거나 잘

못 기재한 경우 국세청에 일용근로소득 지급명세서를 미제출·부실 제출한 것으로 보아 가산세가 부과될 수 있다.

다. 일용근로소득 신고대상자에 대하여 근로내용확인신고서에 국세청 일용근로 소득신고란을 작성하지 않은 경우는 해당 일용근로자에 대한 일용근로소득 지급명세서를 별도로 국세청에 제출해야 한다.

⑬ 일자리안정자금 지원 신청 관련

일자리안정자금은 고용노동부 장관이 정하는 기준에 해당하는 경우만, 신청이 가능하며, 해당 근로자에게 최저임금법에 따른 최저임금이 지급되고 있는지 확인하는 데 필요한 경우에는 해당 근로자의 소정근로시간 등을 확인할 수 있다.

 **근로내용확인신고서 오류수정**

일용직의 근로일수, 보수총액, 임금 총액, 사업장 관리번호, 일 평균 근로시간, 체류자격, 이직 사유 코드 등 근로내용확인신고서를 잘못 제출할 수 있다. 잘못 제출된 신고서를 바탕으로 피보험자 이직확인서가 제출될 수도 있다.

이럴 때 근로내용확인신고서를 정정 또는 취소하는 서식이 바로 '일용근로내용 정정·취소 신청서'이다.

## 04
# 입사일과 퇴사일에 따른
# 4대 보험 업무처리

| 구 분 | 입사자 | | 퇴사자<br>퇴사일(최종 근무 일 다음 날) | |
|---|---|---|---|---|
| | 연금 · 건강 | 고용 | 연금 · 건강 | 고용 |
| 1일 | 해당 월 4대 보험료 모두 부과 | | 그달의 보험료 미부과<br>국민연금 : 퇴직 정산제도 없음<br>건강보험 : 퇴직 정산제도(퇴사한달 보험료 없음)로 환급이나 환수 | 퇴직정산으로 보험료 환급 또는 환수 |
| 2일~ 말일 | 다음 달부터 부과(국민연금은 희망 시 입사월 부과). 고용보험은 당월입사 당월퇴사 시에는 부과 | | 한 달분 보험료 부과<br>국민연금 : 퇴직 정산제도 없음<br>건강보험 : 퇴사 한 달 보험료 + 정산 보험료 부과로 인한 환급이나 환수<br>결국, 퇴직하는 달의 보험료까지 포함 | |

매월 15일까지 신고가 되면 그달에 정산금액이 고지되고, 매월 15일 이후 신고를 하면 그다음 달에 정산금액으로 고지된다.

**Tip** 근로자별 4대 보험 적용여부 판단

| 구 분 | 연금 | 건강 | 고용 | 산재 | 비 고 |
|---|---|---|---|---|---|
| 실습생 | X | X | X | O | 현장 실습생으로서, 원칙적으로 근로자로 보지 않으나, 예외적으로 산재 적용 |
| 정부지원 인턴 | O | O | O | O | 고용노동부 지원 취업 인턴제로서 사업주가 직접 임금을 지급하는 경우 |
| 연수생 | X | X | X | X | 고용노동부 실시 연수 지원제에 의한 연수생 |
| 친족(동거의 친족) | O | O | X | X | 일반근로자와 동일하게 상시 근로를 제공하고, 임금을 받는 자임이 명확하게 확인된 경우는 예외적으로 고용·산재 인정 |
| 대표이사 | O | O | X | X | 무보수 대표이사의 경우에는 적용 제외 가능 |
| 등기임원 | O | O | X | X | 등기임원이라 하더라도 상시 근로를 제공하고 임금을 지급받는 자임이 명확하게 확인된 경우는 고용·산재 적용 |
| 비등기임원 | O | O | O | O | 비등기 임원이라 하더라도 근로자에 해당하지 않는 경우는 고용·산재 적용 제외 |

# 출산휴가기간 4대 보험

 **국민연금**

별도의 신고 없는 경우 납부해야 한다.

◎ 납부예외 신청 시 납부하지 않을 수 있으며 복직 후 추가납부도 안 한다.

◎ 휴가 기간 회사로부터의 추가 임금 지급 시 납부예외가 성립되지 않으므로 기존대로 납부한다.

 **건강보험**

유급 여부와 관계없이 무조건 납부해야 한다.

◎ 소득이 없는 달은 납부 유예 신청이 가능하다. 소득이 있는 달에 납부하는 방식이다.

**고용보험**

⊙ 원칙적으로 고용보험료는 납부의무가 없다. 단, 회사가 근로자에게 임금을 지급하는 유급기간은 근로자의 고용보험료 납부의무가 발생한다. 이때 월별보험료는 부과되지 않고, 보수총액신고 시 이를 고용보험 보수총액에 포함하여 신고하며, 정산보험료로 부과된다.

⊙ 출산전후휴가 90일 중 회사 측에서 임금을 지급받는 최초의 60일분(1일~60일)에 대해 고용보험료를 납부(평소와 마찬가지로 월급에서 고용보험료를 원천 공제하고 임금을 받게 됨)한다.

⊙ 나중 30일(61일~90일)에 대해서는 고용보험료 납부하지 않는다.

 **산재보험**

산재보험은 사업주 납부 의무사항이므로 근로자는 납부의무가 없다. 고용보험료와 달리 휴직 기간에 발생한 보수에 대해 산재보험료(월별·정산 보험료 모두)는 부과되지 않으므로 휴직기간 동안의 보수도 보수총액신고 시 산입하지 않는다.

사업주는 근로자가 휴업·휴직으로 근로를 제공하지 않게 된 경우 사유 발생일로부터 14일 이내 「근로자 휴직 등 신고서」를 근로복지공단에 제출해야 한다.

| 구 분 | 업무처리 |
|---|---|
| **국민연금**<br>[계속납부] | • 별도 신고 절차 없이 휴가 직전 납입 하던 연금보험료 그대로 납입<br>• 사업주가 국민연금 납입 예외 신고를 한다. 이 경우 출산전후휴가 기간 동안 연금보험료를 납부하지 않게 된다.<br>→ 납부예외 기간만큼 연금 수급기간이 단축된다.<br>→ 납부예외 신고를 하지 않을 경우는 국민연금보험료 정기 통지 전 소득총액신고서를 제출해야 한다. |
| **건강보험**<br>[계속납부] | • 별도 신고 절차 없이 휴가 직전 납입 하던 월별보험료 그대로 납입<br>• 보수에 비해 과납된 건강보험료는 연말(퇴직)정산 시 환급처리 됨 |
| **고용보험**<br>**산재보험**<br>[휴직신청] | • 회사는 출산전후휴가 후 14일 이내에 근로복지공단에 노동자 휴직 등을 신고해야 한다. 신고 후에는 고용 및 산재보험 월별보험료를 부과하지 않는다.<br>• 보험료 정산 시 고용보험의 경우 출산전후휴가기간에 회사에서 지급한 보수에 대해 보험료가 부과되고, 산재보험은 부과되지 않는다.<br>• 출산전후휴가 기간 동안 월별보험료가 부과되지 않더라도 회사에서는 출산전후휴가 기간 동안 노동자에게 지급하는 보수에서 0.9%를 공제했다가 보험료 정산 시 납입한다.<br>• 보수총액 신고 시 출산전후휴가 기간 동안 지급한 보수는 고용보험 보수총액 신고에는 산입하고, 산재보험 보수총액에는 산입하지 않는다. |

# 06

# 육아휴직 기간 4대 보험

 **국민연금**

별도의 신고 없는 경우 납부한다.

⊙ 납부예외 신청 시 납부하지 않을 수 있으며, 복직 후 추가납부는 안 한다.

⊙ 휴직 기간 중 회사로부터의 추가 임금 지급 시 납부예외가 성립되지 않으며, 기존대로 납부한다.

⊙ 직장에 다니다가 육아휴직으로 납부예외를 희망하는 경우는 개인이 신청하는 것은 아니고, 회사(사용자)에서만 연금보험료 납부예외 신청을 할 수 있다. 연금보험료 납부예외신청서를 작성해서 가까운 지사에 제출하거나, EDI 등을 활용할 수 있다.

 **건강보험**

재직기간으로 유급 여부와 관계없이 무조건 납부해야 하나, 육아휴직 기간에는 감면된다.

소득이 없는 달은 납부유예신청이 가능하고, 소득이 있는 달에 납부하는 방식이다.

## 고용보험

보수 발생 여부에 따라 다르다.

⊙ 육아휴직기간 중 보수가 발생하지 않는 경우 고용보험료 납부는 제외된다.

⊙ 육아휴직기간 중 보수가 발생한 경우는 월별보험료는 부과되지 않고, 다음 연도 3월 15일 보수총액신고시 이를 고용보험 보수총액에 포함하여 신고하며, 정산보험료로 부과된다.

사업주는 근로자가 휴업 또는 휴직하는 경우 사유 발생일부터 14일 이내 「근로자 휴직 등 신고서」를 근로복지공단에 제출해야 하고, 기존의 육아휴직기간보다 조기 복직 및 기간을 연장할 경우는 사유 발생일로부터 14일 이내에 「고용보험 피보험자 내용변경 신고서」를 근로복지공단에 제출한다.

## 산재보험

산재보험은 사업주 납부 의무사항이므로 근로자는 납부의무가 없다.

⊙ 고용보험료와 달리 휴직 기간에 발생한 보수에 대해 산재보험료 (월별·정산 보험료 모두)는 부과되지 않으므로 휴직기간 동안의 보수도 보수총액신고 시 산입하지 않는다.

| 구 분 | 업무처리 |
|---|---|
| 국민연금 | 노사 합의 하에 2가지 방법 중 선택<br>• 별도 신고 절차 없이 휴가 직전 납입하던 연금보험료 그대로 납입<br>• 사업주가 국민연금 납입예외신고를 한다. 이 경우 육아휴직기간 동안 연금보험료를 납부하지 않게 된다.<br>→ 납부예외 기간만큼 연금 수급기간이 단축된다.<br>→ 납부예외 신고를 하지 않을 경우는 국민연금보험료 정기 통지 전 소득총액신고서를 제출해야 한다. |
| 건강보험 | • 사업주가 건강보험공단에 휴직자 등 직장가입자 보험료 납입고지 유예를 신청한다. 이 경우 육아휴직 기간 내내 월별보험료가 부과되지 않고 고지 유예 해지 시 일괄 부과된다.<br>• 육아휴직 기간에 보험료 납입고지 유예를 신청하면 그 기간 보험료는 직장가입자 보수월액보험료 하한액으로 산정된다.<br>• 육아휴직 종료 시 일괄 부과된 보험료를 분할하여 납부할 수도 있다. |
| 고용보험<br>산재보험 | • 회사는 육아휴직 후 14일 이내에 근로복지공단에 노동자 휴직 등 신고를 해야 한다.<br>• 육아휴직 기간에는 회사가 급여를 지급하지 않으므로 고용 및 산재보험 월별보험료를 부과하지 않는다. |

| 구 분 | 국민연금보험<br>(납부예외 신고) | 국민건강보험<br>(납부유예 신고) | 고용보험<br>(근로자 휴직<br>등 신고) | 산재보험<br>(근로자 휴직<br>등 신고) |
|---|---|---|---|---|
| 출산휴가 | O | X | O | O |
| 장기휴가 | O | X | O | O |
| 육아휴직 | O | O | O | O |
| 일반휴직 | O | O | O | O |
| 산재요양기간 | O | O | O | O |
| 휴직 월<br>보험료 부과<br>여부 | X | O<br>휴직일이 매월<br>1일인 경우는<br>부과 안 함 | 휴직일이 매월 1일인 경우는<br>부과 안 함<br>복직일이 매월 1일인 경우는<br>부과 | |
| 복직 월<br>보험료 부과<br>여부 | X<br>복직일이 초일이<br>거나 납부를 희망<br>하는 경우는 납부 | X<br>복직일이 매월<br>1일인 경우는<br>부과 | | |

# 4대 보험 취득 신고시 계약직에 '아니오'로 체크하지 않은 경우

고용보험 가입 시 계약직 여부에 대해 정확히 체크를 하면 좋겠지만 그렇지 않은 경우 발생할 수 있는 문제점은 다음과 같다.

첫째, 기간에 정함이 없는 근로자(정규직)라면 정부지원금을 받을 수 있는 경우가 있다.

계약직 직원을 정규직으로 채용하게 되면 공단에서 지원금 혜택이 주어질 수 있는데, 계약직이 아닌 것으로 신고했으니 지급이 어려워 질 수 있다.

둘째, 계약직 근무자라면 실업급여 수급시 계약만료로 수급 가능성이 생긴다.

계약직의 경우 계약기간 만료(회사에서 재계약을 희망하는 의지를 보였는데 직원이 재계약을 거부한 경우 예외) 사유로 인해 실업급여를 받을 수 있는데, 계약직 여부에 '아니오'로 신고된 경우 계약기간 만료로 상실신고시 소명자료를 요구받을 수 있다.

계약직 여부를 체크하는지에 대하여 가장 중요한 이슈는 실업급여이다. 만약, 계약직으로 입사한 근로자에 대하여 계약직 여부를 체크하지 않은 상황에서 취득신고를 하고 계약기간이 만료되어 실업급여를 신청하는 과정에서 이직확인서에 계약기간 만료라고 체크하고 신고를 하면, 취득신고 때 계약직에 체크가 되어있지 않았으므로 계약직으로 볼 수 없어 실업급여를 받을 수 없게 될 수 있다. 다만 계약직에 체크를 하지 않은 상태에서 계약기간 만료로 상실신고를 하는 경우 근로계약서 등 소명자료 제출을 요구할 수 있는데, 이때 해당 부분을 소명하면 된다.

참고로 계약직 근로자였다고 하더라도 정부지원금 때문에 정규직 전환이 되는 경우 정정 신고를 통해 정규직으로 변경할 수 있다.

 **계약기간 만료시 실업급여를 해결하기 위해서는**

1. 4대 보험 상실신고서를 제출하기 전에 4대 보험 취득신고서의 계약직 여부([V]아니오 → [V]예)를 변경해야 한다.
고용노동부 고용센터에 제출해야 하는 서식은 '피보험자·고용정보 내역 정정 신청서'이며, 근로계약서를 같이 첨부해야 한다.
2. 계약직 여부가 잘 변경되었는지 고용노동부 고용센터 지사 담당자에게 확인한다.
3. 4대 보험 상실신고서의 퇴사 사유를 계약기간 만료로 기재해서 제출한다.
4. 이직확인서를 고용노동부 고용센터에 제출한다.
세무대리인이 업무를 대행해주는 경우 해당 직원의 근로계약서를 받아서 계약직 여부를 표기하는 것이 원칙이지만, 여건상 어려운 경우 회사 대표이사나 인사담당자에게 계약직 여부를 확인한 후 표기하여 신고해야 한다. 업무처리를 하는 실무자 입장에서는 가급적 이메일, 문자 등으로 받아서 서면으로 보관하는 게 좋다.

만약 계약직 직원이 입사했는데, 4대 보험 업무를 보는 실무자가 회사 인사담당자에게 묻지 않고 기계적으로 계약직 여부를 '아니오'로 했을 경우 앞서 설명한 문제가 발생한다.

 ## 계약직 직원이 정규직으로 전환시 업무처리

1. 근로계약서를 다시 작성한다.

2. 계약직으로 근무하던 중에 이어서 정규직으로 전환되어 일을 지속하게 될 경우 : 별도로 신고할 사항은 없다.

3. 계약직으로 근무하다가 1개월 이상 일을 중지한 후 정규직으로 전환되어 일하게 되는 경우 : 상실 신고 후 다시 취득 신고를 한다.

# 08
# 급여에서 공제하는
# 4대 보험료 계산 방법

 **국민연금**

국민연금은 기준소득월액의 4.5%가 근로자부담이 된다.

전년도 소득을 기준으로 산정이 되기 때문에 현재 받는 급여 기준이 아니라는 점에 유의해야 한다. 단, 신규입사의 경우에는 입사한 해에 신고한 기준소득월액을 기준으로 부과가 된다.

전년도 기본급 외에 상여나 추가수당이 있는 경우 해당 소득들이 반영되어 매년 7월에 전년도 총소득을 기반으로 한 기준소득월액이 재산정이 되어, 당해 7월부터 다음 해 6월까지 재산정된 기준소득월액으로 국민연금이 부과된다.

기준소득월액에는 최저 39만 원에서 최고 617만 원을 범위로 정하고 있다. 따라서 신고한 소득금액이 39만 원보다 적은 경우는 39만 원으로, 신고한 소득금액이 617만 원보다 높은 경우에는 617만 원을 기준으로 보험료가 부과된다.

- 월 국민연금(10원 미만 단수 버림) =
기준소득월액 [월급여(총급여 − 비과세소득)] × 국민연금료율
- 기준소득월액 = 연간 총보수액(총급여 − 비과세소득) ÷ 근무월수
- 보험료율 : 9%(사용자 4.5%, 종업원 4.5%)(10원 미만 단수 버림)

| 기준소득월액 범위 | 국민연금료율 | 월 국민연금 산정 |
|---|---|---|
| 39만원 미만 | 4.5% | = 39만원 × 4.5% |
| 39만원 ~ 617만원 | 4.5% | = 기준소득월액 × 4.5% |
| 617만원 초과 | 4.5% | = 617만원 × 4.5% |

사례 기준소득월액은 최저 39만 원에서 최고금액은 617만 원까지의 범위로 결정하게 된다. 따라서 신고한 소득월액이 39만 원보다 적으면 39만 원을 기준소득월액으로 하고, 617만 원보다 많으면 617만 원을 기준소득월액으로 한다.

## 건강보험

건강보험료의 경우 기준소득월액의 3.545%가 부과되고, 장기요양보험료는 건강보험료에 장기요양보험료율을 곱해서 계산한다.

건강보험료의 경우 당해 연도의 보수를 기준으로 보험료를 부과하는 것이 원칙이나, 당해 연도의 소득이 확정되지 않았으므로 전년도 소득을 기준으로 보험료를 우선 부과한다.

당해 연도가 종료되어 당해 연도 소득이 확정된 후에 매년 4월에 정산이 되는 구조이다.

3월 연말정산 신고 때 한해 총소득(1월 1일~12월 31일분)이 확정되면, 확정된 소득을 기준으로 보험료를 다시 산정하여 이미 부과된 보험료와의 차액을 4월에 추가납부 및 반환하게 된다.

- 보수월액(월평균보수 = 월급여) = 연간 총보수액(총급여 − 비과세소득) ÷ 근무월수
- 보험료율 : 7.09%(사용자 3.545%, 종업원 3.545%)
- 건강보험료 근로자 부담액 = 건강보험료(❶) + 노인장기요양보험료(❷)

❶ 건강보험료 = (총급여 − 비과세급여) × 3.545%(10원 미만 단수 버림)

| 상한액 | 하한액 |
| --- | --- |
| 4,240,710원(근로자 부담분) | 9,890원(근로자 부담분) |

❷ 노인장기요양보험료 = 건강보험료 × 신장기요양보험료율(0.9182%) ÷ 건강보험요율(7.09%),

신장기요양보험률 = 장기요양보험률 (12.95%)×건강보험요율(7.09%) = 0.9182%

[사례] 보수월액이 1,000,000원일 때, 계산방법

건강보험료 : 1,000,000원(보수월액) × 7.09%(건강보험료율) = 가입자 부담금 35,450원, 사업주 부담금 35,450원

장기요양보험료 : 70,900원(건강보험료) × 12.95%(장기요양보험료율) = 가입자 부담금 4,590원, 사업자 부담금 4,590원

🔁 섬·벽지(개성공업지구 포함)에 근무하거나 거주하는 가입자는 보험료의 50% 경감

🔁 국외(개성공업지구를 제외한 북한지역 포함)에 1월 이상 체류할 경우 보험료 면제

직장가입자가 2 이상 적용사업장에서 보수를 받는 경우는 각 사업장에서 받는 보수를 기준으로 각각 보수월액을 결정한다.

보수월액에 따라 산정한 직장가입자의 보험료액을 직장가입자 및 사업주 등이 각각 1/2씩 부담하는 경우 그 금액에 10원 미만의 단수가 있으므로 이를 절사한다.

## 고용보험

고용보험료의 경우 기준소득월액의 0.9%가 근로자부담이 된다.

고용보험료 역시 당해 연도의 보수를 기준으로 보험료를 부과하는 것이 원칙이지만, 당해 연도의 소득이 확정되지 않았으므로 전년도 소득을 기준으로 보험료를 우선 부과한다.

당해 연도가 종료되어 당해 연도 소득이 확정되면, 매년 3월에 정산이 되어 4월분 보험료에 반영되어 고지된다.

고용보험료 = 월급여(총급여 - 비과세소득) × 보험료율

| 구분 | | 근로자 | 사업주 |
|---|---|---|---|
| 실업급여 | | 0.9% | 0.9% |
| 고 용 안 정, 직업 능력개발 사업 | 150인 미만 기업 | | 0.25% |
| | 150인 이상(우선지원대상기업) | | 0.45% |
| | 150인 이상~1,000인 미만 기업 | | 0.65% |
| | 1,000인 이상 기업, 국가 · 지방자치단체 | | 0.85% |

㊟ 우선지원대상기업

1. 광업, 건설업, 운수업, 출판, 영상, 방송통신 및 정보서비스업, 사업시설관리 및 사업지원 서비스업, 전문, 과학 및 기술서비스업, 보건업 및 사회복지 서비스업 : 300명 이하

2. 제조업 : 500명 이하

3. 도매 및 소매업, 숙박 및 음식점, 금융 및 보험업, 예술, 스포츠 및 여가관련 서비스업 : 200명 이하

4. 제1호 내지 제4호 외의 산업 : 100명 이하

㊟ 업종분류 및 분류 기호는 「통계법」 제22조에 따라 통계청장이 고시한 한국표준 산업분류에 따름

그 밖의 업종 100명 이하 : 농업, 임업 및 어업(A), 전기, 가스, 증기 및 수도사업 (D), 하수폐기물 처리, 원료재생 및 환경복원업(E), 부동산업 및 임대업(L), 공공행정, 국방 및 사회보장행정(O), 교육 서비스업(P), 협회 및 단체, 수리 및 기타 개인 서비스업(S), 가구 내 고용활동 및 달리 분류되지 않은 자가소비 생산 활동(T), 국제 및 외국기관(U)

## 4대 보험 자동계산

〈https://www.4insure.or.kr/ins4/ptl/data/calc/forwardInsuFeeMockCalcRenewal.do〉

# 4대 보험료 계산을 위해 차감하는 비과세소득의 범위

소득세법 제12조(비과세소득)에 따라 국민연금·건강보험·고용보험·산재보험에서 보험료를 산정할 때 적용하지 않는 주요 비과세항목은 다음과 같다.

| 근로소득 비과세소득 항목 | 한 도 | 보험료 부과여부 | | |
|---|---|---|---|---|
| | | 국민연금 | 건강보험 | 고용 · 산재 |
| 식사대 | 월 20만원 | X | X | X |
| 출산 · 보육수당(6세 이하 자녀) | 월 20만원 | X | X | X |
| 고용보험법에 의한 산전후휴가급여·육아휴직급여 | 전액 | X | X | X |
| 생산직근로자의 야간근로수당 등 | 연 240만원 | X | X | X |
| 국외근로소득(북한 포함) | 월 100만원 | X | O | X |
| 국외근로소득(건설업) | 월 500만원 | X | O | X |

| 근로소득 비과세소득 항목 | 한 도 | 보험료 부과여부 | | |
|---|---|---|---|---|
| | | 국민연금 | 건강보험 | 고용·산재 |
| 국외근로소득(선원) | 월 500만원 | O | O | X |
| 자기차량 운전보조금 | 월 20만원 | X | X | X |
| 일숙직비 · 여비 | 실비한도 | X | X | X |

국외근로소득 : 소득세법상 월 500만 원까지 비과세되더라도 건강보험에서는 건강보험법 시행령 제33조에 의거하여 전액 보수에 포함. 국민연금은 국민연금법 시행령 제3조 제1항 제2호 개정(시행일 '20.1.1.)에 따라 포함

# 10

# 급여가 변동된 경우
# 보수월액의 변경 신고

 **국민연금**

국민연금의 경우 중도에 소득월액이 변경된 경우 변경신고대상이 아
니다(매년 7월 전년도 소득을 기준으로 정기결정된 기준소득월액 기
준으로 부과). 단, 적용 중인 기준소득월액이 실제 소득과 20% 이상
차이가 나서 변경 신청하고자 하는 경우 (특례) 소득월액 변경 신고
를 할 수 있으며, 아래의 서류를 국민연금 관할 지사에 제출한다.

| 구 분 | 업무처리 |
|---|---|
| 제출서류 | 기준소득월액 변경신청서(해당 근로자 동의 필요), 급여명세서 혹은 급여대장(변경된 소득 확인용) 등 소득변동 입증자료 |
| 적용기간 | 신고일이 속하는 달의 다음 달부터 다음 연도 6월분 보험료까지 |

(특례) 소득월액 변경 신청을 한 경우 사후정산 대상이므로, 연 1회 혹은 퇴사(휴직)하여 상실(납부예외) 신고할 때 소득이 변경된 기간의 소득을 입증할 서류(근로소득원천징수부 등)를 함께 지사에 제출해야 한다.

(참고사항) 올해 신규 취득하였고, 두루누리 보험료 지원 대상인 근로자가 중도에 소득월액이 변경되어 보험료 지원 기준보수를 초과하여 받게 되는 경우 보험료지원금이 환수될 수 있으므로 관련 내용은 국민연금 관할 지사 혹은 고객센터로 문의한다.

 ## 건강보험

직장가입자의 건강보험료는 보수월액이 변경되었을 때 상시 변경 신고를 할 수 있다. 라는 말이 의미하듯이 해도 되고 안 해도 된다는 것이다. 즉 변경 신고를 당장 하지 않고 나중에 퇴직 정산이나 연말정산 시 정산을 해도 된다.

| 구 분 | 신고기한 |
| --- | --- |
| 해당 보수가 14일 이전에 변경된 경우 | 해당 월의 15일까지 |
| 해당 보수가 15일 이후에 변경된 경우 | 해당 월의 다음 달 15일까지 |

2016년 1월 1일부터 상시 100인 이상 사업장은 보수변경 시 매월 15일까지 보수변경 신청(당월 정산, 당월 부과)을 의무화했으나 안 해도 제재가 없다 보니 안 하는 회사가 많다(건강보험법 시행령 제36조 제2항).

**고용·산재보험**

보수가 인상 또는 인하되었을 경우 사업주는 월평균보수 변경신고를
할 수 있으며 월 평균보수변경신고서에 기재한 보수변경 월부터 변
경된 월 평균보수에 따라 매월 보험료가 부과된다. 다만, 월평균보
수가 변경되었음에도 신고하지 않은 경우, 소득변동으로 인한 보험
료 차액분은 다음연도 3월 15일 보수총액 신고 또는 퇴직 시점에 퇴
직정산으로 정산이 가능하다.

# 11

# 퇴사자의 4대 보험 퇴직정산

 **국민연금**

퇴사하게 되면 상실일이 속하는 달의 다음 달 15일까지 자격상실 신고를 해야 한다.

자격을 상실한 날의 전날이 속한 달까지 그달의 보험료를 전액 납부한다(하루라도 근무한 달은 그달분 전액 납부). 즉, 국민연금은 기존에 나오던 고지서대로 공제한다. 단, 해당 월의 초일에 입사했고, 당월 납부를 선택한 근로자가 해당 월에 퇴사할 경우는 상실 신고시 납부 여부를 선택할 수 있다. 즉, 1일 입사자의 경우 취득 시에 보험료 납부를 선택하면 고지서에 포함되어 나오게 되는데, 보험료가 나왔다 하더라도 상실 신고 시에 초일 취득 당월 상실자 납부 여부를 부로 체크하면 다음 달에 환급처리가 되는 것이므로 보험료는 공제하지 않아도 된다는 것이다.

퇴직 시 별도로 정산할 필요도 없으므로 별도 정산금액은 발생하지 않으니 신고만 한다.

**건강보험**

건강보험은 퇴사일로부터 14일 이내 보험공단으로 자격상실 신고를 해야 한다. 자격상실 신고 시 상실 일자는 마지막 근무한 날의 다음 날이 된다. 즉, 10일까지 근무했다면 상실일은 11일이 된다.

매월 15일까지 신고가 되면 그달에 정산금액이 고지되고, 매월 15일 이후 신고를 하면 그다음 달에 정산금액이 고지된다.

마지막 급여를 지급할 때는 그동안 지급한 급여와 납부한 보험료를 기준으로 퇴직 정산을 해야 한다. 만일 퇴직 정산을 하지 않고 해당 직원이 퇴사한 경우 나중에 퇴직자에게 연락해서 다시 정산한다. 즉, 건강보험은 연말정산, 퇴직 정산제도가 있어 매달 고지서대로 납부를 했다고 해도 퇴사 시에 해당연도에 대한 보수월액을 재책정 해서 정산 부과가 되므로 보험료 정산이 필요하다.

> **퇴사 월에 공제할 건강보험료** = {(해당연도 보수총액 ÷ 근무 월수) × 해당연도 건강보험요율 ÷ 2 × 산정월수} − 해당연도 동안 근로자의 월급에서 공제한 건강보험료
>
> **퇴사 월에 공제할 장기요양보험료** = [{(해당연도 보수총액 ÷ 근무월수) × 건강보험요율 ÷ 2} − 면제·경감보험료 × 해당연도 장기요양보험요율 × 산정월수] − 해당연도 동안 근로자의 월급에서 공제한 장기요양보험료

위의 방법으로 계산하기 어려운 경우 해당연도 동안 근로자의 월급에서 공제한 보험료를 제외한 해당연도 분의 정산보험료를 쉽게 구하는 방법은 국민건강보험 사이트를 이용하면 된다.

## [퇴직(연말)보험료 계산하기]

국민건강보험공단의 아래의 인터넷 주소로 들어가면 퇴직(연말)보험료와 복직보험료를 자동으로 계산해볼 수 있다.

⟨https://www.nhis.or.kr/nhis/minwon/retrieveWkplcHltCtrbCalcuView.do⟩

ⓒ 국민건강보험공단을 검색해서 들어간 후 사이트 중앙의 보험료 계산기 버튼을 클릭한다.

ⓒ 직장보험료 모의계산 ➜ 4대 보험료 계산 ➜ 퇴직(연말)보험료 계산하기를 클릭한다.

ⓒ 퇴직(연말)정산 보험료 예상 조회내역을 모두 입력한 후 조회하면 된다.

• 상실일 : 퇴사일의 다음 날

- 보수총액 : 해당 기간동안 근로자가 지급받은 급여와 상여 중 비과세급여를 제외한 금액의 총액
- 근무월수 : 보수총액이 포함되는 월수
- 산정월수 : 보험료가 부과되는 월의 수. 입사한 날이 2일 이후라면 해당 월은 보험료가 부과되지 않기 때문에 제외

## 고용보험

고용보험은 퇴사자가 발생하면 상실일이 속하는 달의 다음 달 15일까지 자격상실 신고를 해야 한다. 이때 상실 사유와 구분 코드를 정확히 해야 한다.

고용보험 피보험 자격상실 신고서 및 산재보험 근로자 고용종료 신고서에 근로자의 상실일, 상실 사유 및 지급한 보수총액을 작성하여 근로복지공단으로 신고한 후 고용·산재보험 토탈서비스 http://total.kcomwel.or.kr에서 정산보험료를 확인할 수 있다.

퇴직한 근로자가 보험료 퇴직정산 대상일 경우 '자격상실신고서'에 기재한 "해당연도 보수총액"으로 보험료를 정산하므로 "해당연도 보수총액"을 반드시 신고해야 한다.

# [입사자와 퇴사자의 4대 보험료 공제방법]

| 구 분 | | 업무처리 |
|---|---|---|
| 입<br>사 | 지역가입자 중<br>월중 또는 1일<br>이후 입사 | ❶ 건강보험 : 지역에서 납부 다음 달부터 직장납부<br>❷ 국민연금 : 지역에서 납부 다음 달부터 직장납부<br>❸ 고용보험 : 다음 달부터 직장납부 |
| | 직장가입자 중<br>월중 또는 1일<br>이후 입사 | ❶ 건강보험 : 전 직장에서 납부 다음 달부터 현 직장납부<br>❷ 국민연금 : 전 직장에서 납부 다음 달부터 현 직장납부<br>❸ 고용보험 : 다음 달부터 현 직장납부 |
| 퇴<br>사 | 직장가입자 중<br>1일 이후 퇴사 | ❶ 건강보험 : 퇴사하는 직장에서 납부 새로운 직장에서는<br>다음 달부터 납부(퇴직정산제도 있으므로 퇴직정산)<br>❷ 국민연금 : 퇴사하는 직장에서 납부 새로운 직장에서는<br>다음 달부터 납부<br>❸ 고용보험 : 퇴사하는 직장에서 납부 새로운 직장에서는<br>다음 달부터 납부(퇴직 정산제도 있으므로 퇴직정산) |

 **Tip** 퇴사자가 발생하는 경우 지급명세서 발급

해당 과세기간 중도에 퇴직한 사람에게는 퇴직한 날이 속하는 달의 근로소득의 지급일이 속하는 달의 다음 달 말일까지 근로소득 원천징수영수증을 발급해야 하며, 퇴직소득을 지급하는 자는 그 지급일이 속하는 달의 다음 달 말일까지 그 퇴직소득 금액과 그 밖에 필요한 사항을 적은 퇴직소득원천징수영수증을 퇴직소득을 받는 사람에게 발급해야 한다.
홈택스에서는 회사가 관할 세무서에 신고 후 내년도 4월쯤에 조회 및 출력할 수 있다.
근로소득 원천징수영수증(지급명세서) : 연말정산 시 활용(근로자), 지급명세서 제출(사업주)
퇴직소득원천징수영수증(지급명세서) : 퇴직금에 대한 원천징수 영수증(근로자), 지급명세서 제출(사업주)

# 12

# 4대 보험료의 연말정산

건강보험, 고용보험, 산재보험은 연말정산 제도를 두고 있으나 국민
연금은 정산제도가 없다.

4대 보험을 정산하는 이유는 작년도 소득 기준으로 책정되어 올해
근로자에게 부과된 보험료와 올해의 실제 소득을 바탕으로 결정된
보험료의 차이를 조정하기 위함이다.

이에 따라, 차이가 나는 보험료를 추가 징수하거나 환급하는 절차를
거치게 되고, 작년보다 소득이 증가하였을 때 추가 징수된다고 보면
된다.

| 구 분 | 내 용 |
|---|---|
| 국민연금 | 정산제도 없음 : 소득총액 신고<br>국민연금은 정산하지 않는다. 공단에서는 근로소득 지급명세서를 신고로 간주한다. 이를 가입 기간 중 기준소득월액의 결정이라고 한다. |

| 구 분 | 내 용 |
|---|---|
|  | • 기간 : 당해 연도 7월~다음 연도 6월까지 1년간 적용할 보험료를 산정<br>• 소득총액 신고대상자 :<br>❶ 지급명세서 미제출자<br>❷ 과세자료 제출자 중 20% 이상 상·하향자<br>❸ 개인 사업장 사용자<br>• 신고 대상 소득 : 당해 사업장 과세소득(전 근무지 소득 합산하지 않음)<br>• 신고기한 : 5월 31일 |
| 건강보험 | 정산제도 있음 : 보수총액신고<br>기보험료 - 정확한 보험료 = 차액을 정산<br>• 수시정산, 퇴직정산, 연말정산이 있다.<br>• 정산시기<br>❶ 근로자는 3월 10일<br>정산 차액을 4월 말 보험료에서 추가징수 또는 반환<br>❷ 개인사업자 사용자는 5월 |
| 고용보험<br>산재보험 | 기보험료 - 정확한 보험료 = 차액을 정산<br>• 고용보험은 퇴직 정산, 연말정산이 있다.<br>• 정산 시기<br>❶ 계속 사업장은 3월 15일까지<br>❷ 소멸사업장은 소멸일로부터 14일 이내<br>정산 차액을 4월 말 보험료에서 추가징수 또는 반환 |

 **국민연금**

국민연금 가입사업장은 오는 5월 31일까지 국민연금 사업장가입자의 연금보험료를 납부하는 기준이 되는 소득월액 결정을 위한 소득총액 신고를 해야 한다. 즉, 신고대상자는 개인 사업장 사용자 및 국세청에 근로소득 지급명세서를 제출하지 않거나, 과세자료 보유자 중 전년도와 비교하여 기준소득월액이 20% 이상 상·하향되는 가입자, 휴직 일수 상이자 등은 신고기한 내 소득총액 신고를 해야 한다.

신고하게 되는 소득총액은 전년도 1개월 이상 근로한 사업장가입자의 전년도 1월 1일부터 12월 31일까지 기간 중 해당 사업장에서 받은 소득총액이다(연도 중간에 입사한 경우는 현 사업장에서 근무 기간동안 받은 소득총액).

그러나 국세청에 근로소득 지급명세서를 제출한 경우 국민연금공단이 국세청 자료를 활용하여 소득 결정을 하고 공단에 소득신고를 생략할 수 있으며, 사업장에서는 6월에 국민연금공단으로부터 발송되는 기준소득월액 정기결정 통지서를 확인한 후에 이상이 있을 경우 정정 신고를 하면 된다.

소득총액 신고를 하게 되면 2024년 7월부터 2025년 6월까지 결정된 기준소득월액에 따라 가입자별 기준소득월액의 9%가 부과되게 되며, 기준소득월액이 달라지면 가입자의 평균소득월액이 변경되므로 매년 7월을 기준으로 예상 연금액이 달라진다.

소득총액 신고는 공단에서 송부한 소득총액 신고서에 신고대상자의 신고사항을 작성하여 관할 지사에 직접 신고하거나, 우편 또는 FAX로 제출하면 된다. 또한, 국민연금 웹 EDI(http://edi.nps.or.kr) 및 사회보험 EDI 서비스, 4대 사회보험 포털 사이트(www.4insure.or.kr)를 이용하여 신고할 수 있다(상담 및 문의 : 국번 없이 1355).

**건강보험**

올해 연봉은 12월 31일이 되어서야 정확히 파악할 수 있으므로, 건강보험료 또한 정확한 금액을 납부할 수가 없다. 따라서 공단에서는 개개인의 건강보험료를 임의로 계산하여 원천징수 했다가 나중에 1년 치를 한꺼번에 모아서 정확히 재정산(3월 10일 건강보험 보수총액 신고)한다. 정산할 때 연봉에 비해 보험료를 많이 냈던 사람들은 차액분을 돌려받게 되고, 적게 냈던 사람들은 추가징수를 하는 것이다. 그리고 연봉은 보통 매년 상승하기 때문에 돌려받는 경우보다는 추가로 내야 하는 경우가 더 많다.

**[퇴직(연말)보험료 계산하기]**

⟨https://www.nhis.or.kr/nhis/minwon/retrieveWkplcHltCtrbCalcuView.do⟩

건강보험료 정산은 전년도에 월급에서 떼 가던 건강보험료를 다시 정산하는 것이다. 따라서 전년도 때 기납부 했던 건강보험료를 확인해야 한다.

① 갑의 2025년 정산보험료

ⓐ 건강보험료 = 5,050만 원 × 3.545% = 1,790,220원

ⓑ 장기요양보험료 = 1,790,220원 × 12.95% = 231,830원

ⓒ 정산보험료 총액 = 1,790,220원 + 231,830원 = 2,022,050원

② 갑의 기납부 건강보험료

ⓐ 건강보험료 = 5,050만 원 × 3.545% = 1,790,220원

ⓑ 장기요양보험료 = 1,790,220원 × 12.81% = 226,090원

ⓒ 기납부보험료 합계 = 1,790,220원 + 226,090원 = 2,016,310원

③ 건강보험료 정산 결과

갑은 2025년 4월에 건강보험료 5,740원 추가납부를 한다.

위의 금액은 추정치로 실제 금액과 요율로 인해 약간 차이가 날 수 있으므로 계산 흐름만 참고하기를 바란다.

참고로, 추가로 납부 금액이 많을 경우, 1회~10회까지 분할납부가 가능하니, 한 번에 내기 부담스러우면 회사에 분할납부를 신청할 수 있다.

### 직장가입자 보수 총액 통보서

※ 작성방법은 뒤쪽을 참고하시기 바라며, 바탕색이 어두운 난은 통보인이 적지 않습니다.

| 접수번호 | | 접수일 | | | | 처리기간 | |
|---|---|---|---|---|---|---|---|
| 사업장 | 단위사업장명 | | | 회계 | | | |
| | 사업장 관리번호 | | | 명칭 | | | |
| | 전화번호 | | | 팩스번호 | | 작성자 성명 | |
| ① 일련번호 | ② 건강보험증 번호 | ③ 성명 | ④ 주민등록번호 (외국인등록번호) | ⑤ 자격 취득일 (변동일) 년 월 일 YYYY.MM.DD | ⑥ 전년도 보험료 부과 총액 | ⑦ 전년도 보수 총액 | ⑧ 근무 개월 수 |
| 1 | | | | | | | |
| 2 | | | | | | | |
| 3 | | | | | | | |
| 4 | | | | | | | |
| 5 | | | | | | | |
| 6 | | | | | | | |
| 7 | | | | | | | |
| 8 | | | | | | | |
| 9 | | | | | | | |
| 10 | | | | | | | |

❶ 전년도 보수총액

12월 31일 현재 속해있는 사업장의 총급여를 적는다.

총급여에 해당하는 금액은 '소득세법상 비과세급여'를 제외한 금액이다.

| 보수총액 포함 | 보수총액 불포함 |
|---|---|
| 모든 형태의 급여 및 상여, 과세 수당이 보수총액에 포함된다. | 식대(월 20만원 이내), 자가운전보조금(월 20만원 이내), 생산직 근로자의 초과수당 등이 있다. |

❷ 근무 월수

연도 중에 '급여를 받은 기간 전체'를 의미한다. 한 달 중 단 하루라도 근무한 경우, 근무월수 산정에 포함된다.

예를 들면, 1월 20일에 입사해서 4월 11일까지 근무한 경우, 근무월수는 '4개월'이 된다.

| 연도 | 건강보험 | 3,545% |
|---|---|---|
| 2024 | 장기요양보험 | 12.95% |

**연말정산 보험료**

| 성명 | 당해연도 보수총액 (직접입력) | 근무개월수 (직접입력) | 정산연도 보수월액 | 월보험료 건강 | 월보험료 장기요양 | 산정개월수 (정산연도 근무월수) | 당해연도 확정보험료 건강 | 당해연도 확정보험료 장기요양 | 기납부험료 건강(직접입력) | 기납부험료 장기요양 (직접입력) | 정산보험료 건강 | 정산보험료 장기요양 |
|---|---|---|---|---|---|---|---|---|---|---|---|---|
| | 48,000,000 | 12 | 4,000,000 | 141,800 | 18,360 | 12 | 1,701,600 | 220,320 | 1,701,600 | 219,720 | 0 | 600 |

**기납부 보험료**

| | 1월 | 2월 | 3월 | 4월 | 5월 | 6월 | 7월 | 8월 | 9월 | 10월 | 11월 | 12월 |
|---|---|---|---|---|---|---|---|---|---|---|---|---|
| 건강보험 | 141,800 | 141,800 | 141,800 | 141,800 | 141,800 | 141,800 | 141,800 | 141,800 | 141,800 | 141,800 | 141,800 | 141,800 |
| 장기요양 | 18,160 | 18,160 | 18,160 | 18,360 | 18,360 | 18,360 | 18,360 | 18,360 | 18,360 | 18,360 | 18,360 | 18,360 |

| 합계 | 건강보험 | 1,701,600 |
|---|---|---|
| | 장기요양 | 219,720 |

**Tip** 이중가입자의 건강보험 정산방법

1. 두 개의 사업장을 동시에 근로한 경우

각 사업장에서 건강보험 연말정산을 동시에 실시한다.

보수총액과 근무 월수는 각 사업장에서 근무한 부분만 입력한다.

2. 연도 중 사업장을 퇴사한 후, 다른 사업장으로 이직한 경우

12월 31일 현재 근무 중인 사업장에서만 실시하면 된다.

보수총액과 근무 월수는 현재 사업장에서 근무한 부분만 입력한다.


## 고용보험

고용 및 산재보험 보수총액신고의 경우 3월 15일까지 해야 한다.

보수총액 신고는 말 그대로 전년도 사업장 소속 직원에 지급한 보수 총액을 신고하는 것이다. 즉 사업주를 제외한 모든 근로자이며, 단기 아르바이트생, 일용근로자, 단시간 근로자 모두 포함해 신고해야 한다.

보험 가입자는 전년도 납부한 보험료를 정산하고, 금년도 납부할 월 보험료 산정을 위해 근로자가 없어도 보수총액신고서를 꼭 제출해야 한다.

해마다 보수총액 신고를 해야 하므로 사업장에 신고서가 우편으로 오기도 하고, 팩스로도 물론 처리할 수 있지만, 근로복지공단 고용 · 산재보험 토털 서비스(http://total.kcomwel.or.kr)를 통해서도 가능하다.

보수총액 신고를 할 때는 임시 아이디가 아닌 사업주 또는 법인 공

인인증서로 로그인을 해야 한다. 정산보험료는 납부 전에 예상 금액을 확인할 수 있다. 고용·산재보험 토털 서비스 홈페이지 내 보험료 정보조회 메뉴를 이용하면 된다.

**[고용보험료 정산]**

| 납부월 | 보수월액 (급여 - 비과세) | 종업원수 | 납부해야 할 금액 | | 실제 납부 한 금액 | | 퇴직정산액 | |
|---|---|---|---|---|---|---|---|---|
| | | | 근로자 납부액 | 사업주 납부액 | 근로자 납부액 | 사업주 납부액 | 근로자 정산 | 사업주 정산 |
| 1월 | 3,000,000 | 150인 미만 | 27,000 | 34,500 | 27,000 | 34,500 | | |
| 2월 | 3,000,000 | 150인 미만 | 27,000 | 34,500 | 27,000 | 34,500 | | |
| 3월 | 3,000,000 | 150인 미만 | 27,000 | 34,500 | 27,000 | 34,500 | | |
| 4월 | 3,000,000 | 150인 미만 | 27,000 | 34,500 | 27,000 | 34,500 | | |
| 5월 | 3,000,000 | 150인 미만 | 27,000 | 34,500 | 27,000 | 34,500 | | |
| 6월 | 3,000,000 | 150인 미만 | 27,000 | 34,500 | 27,000 | 34,500 | 0.9% | 1.15% |
| 7월 | 3,000,000 | 150인 미만 | 27,000 | 34,500 | 27,000 | 34,500 | | |
| 8월 | 3,000,000 | 150인 미만 | 27,000 | 34,500 | 27,000 | 34,500 | | |
| 9월 | 3,000,000 | 150인 미만 | 27,000 | 34,500 | 27,000 | 34,500 | | |
| 10월 | 3,000,000 | 150인 미만 | 27,000 | 34,500 | 27,000 | 34,500 | | |
| 11월 | 3,000,000 | 150인 미만 | 27,000 | 34,500 | 27,000 | 34,500 | | |
| 12월 | 3,000,000 | 150인 미만 | 27,000 | 34,500 | 27,000 | 34,500 | | |
| 계 | | | 324,000 | 414,000 | 324,000 | 414,000 | 0 | 0 |

# [ ]산재보험 [ ]고용보험 ( )년도 보수총액신고서

※ 신고는 고용·산재보험 토탈서비스(total.kcomwel.or.kr)를 이용하거나 전자매체(CD 등)를 제출하는 방식으로 합니다(10명 미만 사업장은 서면으로도 신고할 수 있습니다).
※ [ ]에는 해당되는 곳에 "√" 표시를 하기 바라며, 색상이 어두운 난은 신고인이 적지 않습니다.

| 접수번호 | | 접수일자 | | | | | 처리기간 | |
|---|---|---|---|---|---|---|---|---|

| 관리번호 | | 사업장명 | | 대표자 | | 산재업종 | |
|---|---|---|---|---|---|---|---|
| 사업장 소재지 | | | | 전화번호 | | 팩스번호 | |

| 성 명 | 주민(외국인)등록번호 | ①보험료 부과구분 | 산재보험 | | | | | 고용보험 | | | |
|---|---|---|---|---|---|---|---|---|---|---|---|
| | | | 취득일 | 전보일 | ②연간 보수총액(원) | ③월평균보수(원) | | 취득일 | 전보일 | ④종사자코드 |
| | | | | | | | | | | |
| | | | | | | | | | | |
| | | | | | | | | | | |

| ⑦일용근로자 등 보수총액 (※위쪽 작성방법 5번 참조) | 근로자 종사 사업 | | ⑦-1고용(산재)인 등 실업급여 보수총액 (※ 위쪽 작성방법 5번 참조) | | |
|---|---|---|---|---|---|
| | 예술인 종사 사업 | | 근로자 종사 사업 (⑤+⑦+⑧) | | |
| | 노무제공자 종사 사업 | | 예술인 종사 사업 (⑤) | | |
| ⑧그 밖의 근로자 보수총액(※위쪽 작성방법 6번 참조) | | | 노무제공자 종사 사업 (⑤) | | |
| ⑨합계 | ⑦+⑦+⑧+⑩ | | | | |

※ 「산업재해보상보험법」 제126조에 따라 「국민기초생활 보장법」 제15조에 따른 자활급여 수급자 중 고용노동부장관이 정하여 고시하는 사업에 종사하는 자(이하 "자활근로종사자"라 합니다) 및 노동조합 등으로부터 금품을 지급받는 "노조전임자"가 있는 경우에는 해당 근로자의 보수총액 등은 뒤쪽의 ⑬란에 적습니다.

⑩연도 중 산재보험 업종변경 사업장의 기간별 보수총액
(※ 연도 중 산재보험 업종변경이 있는 경우에만 적습니다)

| 구분 | 업종변경 전 ( . . ~ . . ) | 업종변경 후 ( . . ~ . . ) |
|---|---|---|
| 사업장의 보수총액(원) | | |

⑪매월 말일 현재 일용근로자 및 그 밖의 근로자 수 (※ ⑦번 또는 ⑧번 해당 근로자가 있는 경우에만 적습니다)

| 구분 | 1월 | 2월 | 3월 | 4월 | 5월 | 6월 |
|---|---|---|---|---|---|---|
| 일용근로자 및 그 밖의 근로자 수(명) | | | | | | |

「고용보험 및 산업재해보상보험의 보험료징수 등에 관한 법률」 제16조의10제1항·제2항, 같은 법 시행령 제19조의7제1항·제2항·제5항 및 같은 법 시행규칙 제16조의6에 따라 사업장 근로자·예술인·노무제공자의 보수총액 등을 위와 같이 신고합니다.

신고인(사업주) (서명 또는 인) / [ ] 보험사무대행기관

년 월 일
(서명 또는 인)

**근로복지공단 ○○지역본부(지사)장** 귀하

---

⑬자활근로종사자 및 노동조합 등으로부터 금품을 지급받는 "노조전임자"의 보수총액(※ 해당 근로자가 있는 경우에만 적습니다)

| 관리번호 | | 사업장명 | | | 사업장 소재지 | | |
|---|---|---|---|---|---|---|---|
| 성명 | 주민(외국인)등록번호 | ①보험료 부과구분 | 산재보험 | | | | 고용보험 | |
| | | | 취득일 | 전보일 | ⑭연간보수액(원) | ⑤월평균보수(원) | 취득일 | 전보일 | ④근무지코드 |

※ 위 ⑬란의 "고용보험 연간보수액"은 "실업급여"와 "고용안정·직업능력개발" 중 어느 한 부분만 적용될 수 있으므로 해당 부분을 구분하여 적습니다.
※ 노조전임자가 연도 중 일정 기간만을 노조활동에 전임한 경우에는 비전임기간의 보수총액도 ⑬란에 같이 적습니다.

---

## 작성방법

1. "①란의 "보험료 부과구분" 부호의 내용

| 부과구분부호 | | 부과제외 | | | 대상 종사자 |
|---|---|---|---|---|---|
| | 산재보험 | | 고용보험 | | |
| 부호 | 산재보험 | 임금채권 부담금 | 실업급여 | 고용안정·직업능력개발 | |
| 51 | O | O | x | x | 09.고용보험가입 외국인근로자 10.월60시간 미만 근로자 11.항운노조원(임금채권부담금 부과대상) |
| 52 | O | x | x | x | 03.현장실습생(「산업재해보상보험법」 제123조제1항에 따른 "고용노동부장관이 정하는 현장실습생") 13.항운노조원(임금채권부담금 소송승소) |
| 54 | O | x | O | O | 22.자활근로종사자(「국민기초생활 보장법」 제14조제2항 따른 급여의 특례에 해당하는 자, 차상위계층, 주거·의료·교육급여 수급자) |
| 55 | x | x | O | O | 05.국가기관에서 근무하는 청원경찰 06.「선원법」 및 「어선법」에 따른 어선원(종업원보수) 적용자 07.해외파견자(「산업재해보상보험법」의 적용을 받지 않는 자) |
| 56 | x | x | O | x | 01.별정직·임기제(일반, 전문, 시간선택제, 한시)공무원 16.노조전임자(노동조합의 비용 지급) 25. 예술인, 26. 노무제공자 |
| 58 | O | x | x | x | 28. 고용허가외국인(당연적용대상 중 실급 임의가입자) |
| 60 | O | x | O | O | 21. 자활근로종사자(고용보험 생계급여 수급자) |
| | | | | | 27. 고용허가외국인(당연적용자) |

2. ⑦란, ⑧란 및 ⑨란의 "연간보수총액"은 해당 연도에 발생한 보수총액을 적습니다.
3. ⑬란의 "월평균보수"는 산재·고용보험료 산정의 기초가 되는 보수입니다.

(하단 작성방법 내용 일부 판독 불가)

---

과납 보험료 선납 충당 또는 반환 신청서

| 반환받을 입금 계좌 | | 납입명 | | | | | 예금주 | |
|---|---|---|---|---|---|---|---|---|

「고용보험 및 산업재해보상보험의 보험료징수 등에 관한 법률 시행령」 제31조제2항·제56조의5제6항제3호·제56조의6제6항제3호 및 「임금채권보장법 시행령」 제21조에 따라 아래와 같이 과납보험료를 [ ]선납 충당 [ ]반환 신청합니다.

년 월 일
신고인(사업주) (서명 또는 인) / [ ] 보험사무대행기관 (서명 또는 인)

**근로복지공단 ○○지역본부(지사)장** 귀하

---

# 13

# 법인사업장에 대표자만 있거나 대표자가 무보수인 경우 4대 보험

법인사업장은 다른 근로자 없이 대표자 1명만 있어도 사업장 가입 대상이며, 국민연금·건강보험 취득 신고를 해야 한다.

법인사업장에서 보수를 받지 않는다면 국민연금공단·건강보험공단에 무보수대표자 신고를 해야 한다.

직원을 고용하거나, 대표이사가 급여를 받기 전까지는 가입 제외 확인서와 무보수확인서, 무보수대표자 증빙자료(정관, 이사회 회의록, 규정 등)를 건강보험·국민연금 관할 지사에 제출한다.

법인사업장에서 직장가입자로 가입 중 중도에 보수가 지급되지 않게 되었다면 사업장가입자 상실 신고와 함께 무보수 여부 및 기간을 증빙할 수 있는 자료(정관, 이사회 회의록, 규정 등)를 제출하면 된다. 이 경우 국민연금과 건강보험에 자격 신고한 내용은 동일해야 하며, 추후 국세청 소득신고 내역 발생 시에는 소급하여 보험료가 부과될 수 있다.

※ (건강보험) 6개월 미만으로 소급하여 신청할 경우는 '법인 대표자 무보수확인서(서식)' 제출이 가능하다.

사업장 가입 전 무보수대표자 신고는 사업장 성립신고서 + 사업장 가입자 취득신고서(근로자가 있을 경우) + 무보수 증빙자료(대표자) (정관, 이사회 회의록, 규정 등)를 공단 관할 지사에 제출하면 된다.

## 법인대표자 무보수 확인서

| 사업장 | 사업장명 | | 사업자등록번호 (고유번호) | |
|---|---|---|---|---|
| | 전화번호 | | 사업장관리번호 | |
| 대표자 | 성　　명 | | 생년월일 | |
| | 전화번호 | | 휴대전화번호 | |

※ 대표자 보수 미지급기간: 20 ． ． ．～ 20 ． ． ． (□ 기한 없음)

1. 본 법인(업체, 단체)의 대표자는 보수를 지급받지 않는 무보수대표자로 이에 해당 확인서를 제출합니다.
2. 추후 국세청, 지도점검 등을 통하여 보수지급 사실이 확인될 경우, 상기 사업장의 직장가입자 자격취득 사유발생일로 소급 취득하며, 그로 인해 발생된 건강(장기요양) 보험료를 납부할 것을 확인합니다.
3. 6개월 이상 소급하여 신고할 경우 해당 확인서가 아닌 대표자의 무보수 및 해당 기간을 확인할 수 있는 정관, 규정, 이사회회의록, 조례 중 하나를 제출하셔야 합니다.

20 ． ． ．

법인 : 　　　　　　　　(인)

국민건강보험공단 이사장 귀하

# 건강보험 사업장 가입 제외 확인서

| 사업장 | 명 칭<br>(상 호) | | | |
|---|---|---|---|---|
| | 주 소 | | | |
| | 대 표 자 성 명 | | | |
| | 법 인 번 호<br>(생 년 월 일) | | 사 업 자<br>등 록 번 호 | |
| | 전 화 번 호 | | 휴 대 폰 번 호 | |

○ 제외 사유 (해당하는 □내에 ∨표시)

□ 근로자가 없고 개인 대표자만 있는 사업장

□ 근로자가 없고 무보수 대표자만 있는 법인사업장

- 보수 없는 기간: 년 월 일 ~ 년 월 일 (□ 기한 없음)

- 추후 국세청, 지도점검 등을 통해 보수지급 사실이 확인될 경우, 상기 사업장의 적용 사유발생일로 소급 취득하며 그로 인해 발생된 건강(장기요양)보험료를 납부할 것을 확인합니다.

- 6개월 이상 소급 신고 시 정관, 이사회 회의록 등 무보수 사실 확인 가능 서류 첨부

□ 부도·도산사업장

- 금융기관의 금융거래 사실확인서, 파산선고판결문 등 관련 서류 첨부

□ 기타 사유(상세히 기재 :                          )

- 해당 사실 증명 서류 첨부

※ 이미 가입 중인 사업장은 (사업장관리번호:          ) 기재 바랍니다.

○ 첨부서류 :

우리 사업장은 위의 사유로 「국민건강보험법」 제7조에 의한 건강보험 가입대상 사업장이 아님을 확인하며, 추후 근로자 고용 등으로 건강보험 가입대상일 경우 14일 이내에 『건강보험 사업장(기관)적용신고서』를 제출하겠음을 확인합니다.

만일 위 신고 사실이 허위일 때는 「국민건강보험법」 제115조(벌칙) 및 제119조(과태료)에 의한 벌금, 과태료 부과, 사업장 직권 가입으로 불이익을 받을 수 있음을 확인하였습니다.

20 .  .  .

사용자(대표자) :          (인)

국민건강보험공단                              지사장 귀하

# 이사회 의사록

일　　시 : 20○○년 11월 17일 오전 10:00시
장　　소 : 당 회사 본점 회의실에서 다음과 같이 이사회를 개최하다.

| | | | |
|---|---|---|---|
| 이사 총수 | 3명, | 출석 이사 수 | 3명 |
| 감사 총수 | 1명, | 출석 감사 수 | 0명 |

　대표이사 ○○○은 법 정원수에 달하게 출석하였음을 확인하고 본 총회 개회를 선언하다.
　이어 다음 의안을 부의 하고 심의를 구하다.

　1. 제1호 의안　　무보수 대표이사 xxx 선임의 건

　의장은 본 회사의 형편에 따라 공동대표이사 ○○○의 보수를 무보수로 정하고
　이사들의 협의를 통하여 가부를 물은 즉, 전원 이의 없이 만장일치로 승인가결하다.
　이상 금일의 의안이 전부 심의 종료되었음을 고하고 의장은 폐회를 선언하다.
　(시간은 11시 00분)
　위 결의를 명확히 하기 위하여 의사록을 작성하고 출석한 이사는 다음에 기명날인하다.

서기 20○○년　11월 17일

○○○ 주식회사

대표이사　xxx　　(인)
이　　사　xxx　　(인)

# 14

# 4대 보험료 아끼려다
# 손해 볼 수 있는 여러 가지 것들

 **급여를 축소(미) 신고하는 경우**

급여를 축소 신고하는 경우 4대 보험은 줄어들고 세금은 증가한다. 그런데 대부분 사용자는 당장 4대 보험료가 주는 것에만 눈이 멀어 미래에 법인세나 소득세를 더 낼 수 있다는 점을 잊어버린다.

정확한 의사결정을 위해서는 급여 축소 신고로 인한 4대 보험료 절감액과 세금 증가액을 비교해 보는 지혜가 필요하지만, 모르거나 귀찮아서 또는 이를 비교해주는 세무 대리인이 없어서 그냥 4대 보험 절감액만 보고 급여를 축소 신고한다.

| 축소 신고금액 | 4대 보험 부담감소 | 세금 부담 증가분(세율) | | |
|---|---|---|---|---|
| | | 6% | 15% | 24% |
| 50만 원 | 월 47,360원<br>연 47,360원 × 12 = 568,320원 | 월 3만원<br>연 36만원 | 월 7만 5천원<br>연 90만원 | 월 12만원<br>연 144만원 |

| 축소 신고금액 | 4대 보험 부담감소 | 세금 부담 증가분(세율) | | |
|---|---|---|---|---|
| | | 6% | 15% | 24% |
| 100만 원 | 월 94,730원<br>연 94,730원 × 12 = 1,136,760원 | 월 6만원<br>연 72만원 | 월 15만원<br>연 180만원 | 월 24만원<br>연 288만원 |

위의 표에서 보면 50만 원 축소 신고하면 4대 보험은 연 568,320원을 절약할 수 있지만, 세금 기준 연 600만 원의 비용인정을 적게 받게 되며, 세율 15% 적용기준 90만 원의 세금을 더 내게 된다.

결국 331,680원(90만 원 - 568,320원)을 손해 본다. 그 차이는 미신고 또는 축소 신고 금액이 클 수록, 세율이 높을수록 더 커진다.

4대 보험 축소액은 자동계산기(검색사이트에서 4대 보험 자동계산기 검색)에서 월 급여란에 축소 신고한 금액을 입력한 후 나온 사업주 부담금이 월 축소 신고에 따른 4대 보험 사업주 이익분이다. 어차피 근로자 부담분은 근로자가 부담하므로 사업주에게는 손익이 없는 금액이다.

만일 4대 보험 근로자 부담분을 회사가 대납해 주는 경우는 근로자 부담분도 고려해서 판단한다.

 ## 근로자를 3.3% 사업소득자로 신고하는 경우

직원을 4대 보험 절약을 위해 3.3% 사업소득자로 신고하는 경우 당장은 4대 보험료를 절약할 수 있으나 추후 발각되는 경우 적게는 입사일부터 소급해서 가입해야 하며, 최대 3년 치의 근로자 부담분까지 회사가 전액 부담할 수 있다.

퇴사 시점에는 누구나 실업급여를 받기를 원하므로 입사 시점에는 사업소득자로 신고하는 것을 합의했을지 모르지만, 퇴사 시 이를 공단에 신고할 가능성이 크다.

신고의 가능성 큰 이유는 실업급여를 못 받고, 금융거래나 이직 시 경력인정을 못 받을 가능성이 크며, 퇴직금 등의 청구 시 퇴직금을 받을 때 근로자성을 인정받기 어려워서다.

합의서를 작성했다고 사업주가 주장해도 가입 의무 자체는 사업주에게 있으므로, 사업장은 사업주분 보험료뿐만 아니라 근로자분의 보험료도 납부해야 하며 이에 대한 가산세 및 과태료도 부과된다.

우선 회사가 납부하고 해당 직원에게 받으려고 해도 해당 근로자는 이미 퇴사했으므로 연락이 쉽지 않으며, 시간과 비용을 투자해 민사소송을 통해 받는 방법밖에 없다.

## 각종 지원금 수급 불가

사업장에서 지원받는 각종 지원금은 고용보험 가입자를 대상으로 주는 경우가 대부분이다. 즉 기본적으로 4대 보험을 올바르게 가입하고 있다는 전제 조건하에서 지급하는 것이다.

4대 보험 미가입 시 근로자 및 사업주를 위한 두루누리 보험료지원금, 고용유지지원금 등 다양한 정부지원금 혜택을 받을 수 없다.

또한 근로자는 실업급여를 받을 수 없다.

**산재 처리 문제**

산재보험에 가입하지 않은 사업장에서 산업재해가 발생한다면 그 즉시 산재보험에 가입해야 한다.

그러나 사업장 산재보험의 성립 일자는 최초 근로자의 근로일 기준이므로 그간 가입시키지 않았던 다른 근로자들에 대한 보험료, 연체료도 최대 3년 치를 납부해야 한다. 또한 보험료 외에 공단에서 재해자에게 지급하는 치료비 등 보험급여액의 50%를 추가 부담해야 한다.

결론은 근로자 4대 보험 미가입 시 발생하는 위험 부담은 근로자보다 사업주가 더 크다. 따라서 당장 눈앞의 4대 보험을 절약하기보다는 여러 가지 요인을 고려해 4대 보험보다 더 큰 손해를 보지 않도록 해야 한다.

# 15

# 궁금해하는 4대 보험 관련 사례

 ## 2개 이상 사업장에서 근무하는 경우 4대 보험

| 구 분 | 처리방법 |
|---|---|
| 건강보험 | 2개의 사업장에서 각각 가입 |
| 국민연금 | ⊙ 급여가 월 617만원 이하면 이중 가입 후 안분 납입<br>⊙ 급여가 월 617만원을 초과하면 이중 가입 후 주사업장에서 납부 |
| 고용보험 | 주된 사업장(임금이 많은 사업장, 근로시간이 긴 사업장, 근로자 선택 순) 한 곳에서만 가입 |
| 산재보험 | 2개의 사업장에서 각각 가입 |

 ## 가족회사 가족의 4대 보험

### ≫ 국민연금·건강보험

가족이더라도 근로관계가 인정되면 직장가입자로 신고할 수 있다.

근로기준법에 따라 일반 근로자와 마찬가지로 사업주의 지휘·감독하에서 상시 근로를 제공하고 그 대가로 임금이 지급되는 경우 가입할 수 있다.

## ≫ 고용·산재보험

사업주의 동거친족(보통 사업주와 함께 거주하는 배우자·자녀 등 직계가족)은 원칙적으로 근로자로 보기 어려워 가입 대상에서 제외된다. 그러나 일반 근로자와 마찬가지로 사용종속 관계가 명확히 입증된 경우는 직장가입자로 신고할 수 있다.

 **1인 회사에서 근로자 1명 채용 시 4대 보험**

우선 4대 보험은 근로자가 1인 이상이면 가입이 의무적인 사항이다. 개인 사업장의 대표자는 급여라는 개념이 없으므로, 사업장이 최초 가입 시에는 근로자와 동일하거나, 그 이상으로 급여 신고를 하면 되며(국민연금, 건강보험 공통사항임), 만일 새로 생긴 사업장이 아닌 계속 사업을 영위한 사업장인 경우는 전년도 종합소득세로 신고한 금액을 기준으로 급여를 책정해서 신고하면 된다.

이러한 경우에서 만일 종합소득세 신고금액이 마이너스(−) 이거나 금액이 미미한 경우에는 동일한 금액으로 신고하면 된다.

4대 보험에 가입한 근로자의 경우 근로소득세 연말정산과 마찬가지로 연도 중에 받은 총급여를 근무한 개월 수로 나누면 월평균 급여가 산정되어, 다음 해에 고지되는 금액이 변동될 수 있으며, 대표자의 경우, 매년 5월에 관할 세무서에 종합소득세를 신고하게 되는데, 연간 총소득에서 제반 경비로 인정되는 부분을 제외하면 결국 나머지 금액을 순소득이라고 볼 수 있으며, 이를 사업을 영위한 달수로 나누어 나온 값을 기준으로 국민연금과 건강보험료가 변동되게 된다. 바꾸어 말해, 가입한 첫해에만 취득신고 시 정한 급여로 국민연금과 건강보험이 고지되나, 다음 해부터는 이러한 과정을 거치게 된다고 생각하면 된다.

## 📋 수습근로자 4대 보험 보수월액 신고금액

❶ 수습급여로 신고한 후 정규직 전환될 경우 고용·산재보험 토탈이나, 건강보험 EDI에서 보수변경 신고하는 방법을 사용한다.

❷ 수습기간 급여와 정규직이 되었을 때 급여를 합한 후 12로 나눈 월평균 급여로 신고한다.

위 2가지 방법 중 하나를 사용한다.

❶은 해당 수습사원이 정규직으로 전환될지 확실하지 않은 경우 사용하기 쉽다. 참고로 고용보험과 건강보험은 정산과정을 거치게 되므로 너무 민감하게 신경 쓸 필요는 없다.

# 16

# 소급 신고로 발생한 건강보험·
# 국민연금 근로자부담금 공제

4대 보험 소급 신고는 잘못된 내용을 바로잡고 사업장의 의무와 근로자의 자격 권리를 보호해주는 것이므로 사업장 입장에선 부담으로 작용하겠지만 사실 본래 납부했어야 했던 보험료를 내는 것이며, 불법에서 합법으로 돌아가는 것이다.

 **소급신고가 발생하는 유형**

## ≫ 일용직 근로자의 가입기준

일반적으로 가장 많이 일어나는 문제는 단순 누락의 경우이다.

사업주, 근로자를 불문하고 일용직 근로자에 대한 4대 보험 가입기준에 대한 인식과 의지는 여전히 많이 떨어져 있는 상태다. 일용근로자의 경우 1개월 동안 근무하며 월마다 8일 이상 근무하는 근로자는 국민연금 및 건강보험 가입이 의무이다. 반면 고용보험 및 산재보험은 근로자가 하루만 근로를 제공하더라도 가입대상이다.

## ≫ 상호합의를 통한 4대 보험 가입 회피

① 건강보험의 경우 피부양자 제도가 있어서 가족 중에 건강보험 가입자가 있으면 이미 피부양자로 가입되어 있으므로 혜택은 받으면서, 보험료는 납부하고 싶지 않아 거부하는 경우이다. 근로자가 근로를 제공하게 되면서 사업장 측에 본인의 자격 내용에 대해 신고하지 말아 달라고 부탁하는 유형이다. 이 경우 사업주도 4대 보험료를 부담하지 않아서 이익이므로 동의하는 경우다.

② 각종 본인의 지원제도의 자격 유지나 실업 상태에서의 수당 수급 등을 이어가기 위해 4대 보험 가입을 회피하는 경우이다.

③ 사업주가 4대 보험을 부담하기 아까워서 3.3% 사업소득자로 신고하는 경우다.

사유가 어떻게 되었든 기본적으로 4대 보험 가입 신고에 대한 의무는 사업주에게 있으므로 근로자의 요청 수락 여부는 사업주가 결정할 사항이며, 상호 간 약정이 있어도 사업주가 모든 책임을 진다.

## ≫ 경영악화 등의 사유로 인한 가입 회피

사업장 측에서 의무를 인지하고도 가입을 회피하는 경우이다.

근로자의 가입을 지속적으로 지연 및 누락시켜 보험료 부담을 없애고 나아가서는 세무신고 누락까지 이어지기도 한다. 가장 커다란 문제는 실제 가입은 하지 않고도, 근로자의 급여에서 각종 보험료 공제는 하는 경우이다. 이는 근로자가 본인의 자격 이력 및 자격 상태에 대해서 온라인, 모바일 등의 방법으로 쉽게 확인할 수 있으므로 근로자가 알고자 한다면 바로 문제가 드러나게 되는 경우이다.

## 4대 보험 소급 적용

### ≫ 근로자의 신고

지금 설명하는 사항은 최초 근로계약 시 모르고 3.3% 사업소득자로 계약 후 퇴사 시 고용보험 미가입으로 인해 실업급여를 받지 못하는 사업소득 근로자가 취하는 방법이다. 반대로 사업주는 이와 같은 상황이 발생해 과태료 및 최대 3년분의 4대 보험 폭탄을 맞을 수 있으니 유의한다. 참고로 해당 문제로 인해 근로계약서 미작성이 발각되어 근로계약서 미작성에 따른 과태료까지 사업주는 부담할 수 있다.

4대 보험은 1인 이상 사업장에서 의무적으로 가입해야 하는 사회보험이다. 사업주는 그 근로자에 대해 4대 보험 취득 신고를 해야 할 의무가 있으며 근로자는 사업주에게 근무기간에 대하여 소급하여 가입시켜 달라고 요청할 수 있다.

소급기간은 신고일로부터 3년까지 가능하다.

만약, 사업주가 고용보험 피보험자격에 대하여 고용센터에 신고를 거부하는 경우는 사업장 소재지 관할 고용센터에 근로사실을 입증할 수 있는 증빙자료(급여이체내역서 등)를 첨부하여 "고용보험피보험자격확인청구서"를 제출하면 조사 및 확인을 거쳐 고용보험에 소급하여 가입할 수 있다. 단, 근로자부담 분은 납입해야 한다.

### 근로자가 고용보험 소급 가입신청 방법

사업주가 자발적으로 소급 신청을 할 경우 고용보험 취득신고, 상실신고, 이직확인서 제출 등의 절차를 거치면 되고, 사업주가 자발적으로 진행하지 않는 경우 근로자가 직접 근로복지공단에 근로계약서나 통장, 급여명세서(급여통장 사본), 소득금액증명원, 출퇴근기록, 업무지시서 등 해당 사업장의 근로자였음을 입증할 수 있는 서류와 함께 고용보험 확인 신청을 진행하면 된다.

이는 고용보험 피보험자격확인청구 제도로써 피보험자격확인청구의 경우 사업장 관할 근로복지공단이나 홈페이지에서 신청할 수 있다. 근로복지공단에서 대상자임을 조사하여 확인한다면 고용보험을 소급하여 3년까지 가입한 것으로 보므로, 이 증명을 근거로 건강보험, 국민연금공단에 가입자 자격 정정 신청을 할 수 있다.

## 피보험자격 확인 청구

피보험자격 확인청구란 현재 재직 중이거나 혹은 퇴사하여 피보험자였던 근로자가 자신의 자격 내용에 대해 이의 및 오류가 있을 경우, 이를 사업장을 통하지 않고 근로자가 직접 신청하면 근로복지공단이 사실 확인을 통하여 직권으로 해결할 수 있도록 한 제도로서 사업장 관할 근로복지공단에 고용보험 피보험자격 확인 청구서를 제출하면 된다. 이때 고용관계 및 근로 제공 여부를 알 수 있는 근로계약서, 소득금액증명원, 급여통장 사본 등 기타업무 지시(근로감독)를 받은 SNS 송수신 내역 등을 제출하면 된다.

기본적으로 구비서류의 제출은 필수적이며, 이에 따른 추가 증빙자료로 SNS 송수신 내역이나 메신저, 사업장 내부의 컴퓨터 로그인 기록, 교통카드 (출퇴근) 내역, CCTV 자료까지 이용되기도 한다.

## ≫ 사업주의 4대 보험 소급 신고

### 소급 신고 방법

4대 보험은 입사일 기준으로 소급신고가 가능하다. 4대 보험 취득신고를 제때 하지 않았을 경우, 사업주의 귀책 사유이므로 사업주는 과태료나 연체가산금을 부담해야 한다. 단, 건강보험은 가산금은 없다.

소급가입을 위해서는 지연 취득(소급 취득) 신고 시 근로계약서, 재직증명원, 급여대장, 근로소득원천징수영수증 등 소명자료를 요구할 수 있다. 물론 소급 상실 신고 때도 상실 신고와 함께 사직서, 퇴직증명원, 급여대장, 근로소득 원천징수영수증 등 소명자료를 요구할 수 있다.

### 소급신고 후 4대 보험료 납부

소급신고 후 최대 3년 치의 4대 보험료를 납부해야 하는데, 근로자 부담분은 근로자가, 사업주 부담분은 사업주가 부담하면 된다.

노동청에서는 임금의 전액불 원칙을 어길 수 있는 것은 1개월 단위의 급여지급분에 대한 것이고 이를 초과한 분에 대해서는 원천징수가 불가능하며, 원천징수를 할 경우 이는 임금체불로 보고 있다(임금정책과-3847, 2004.10.07.).

다만, 매달 납부했는데, 그 금액이 과소납부하여 정산을 통해 차월 등에 평소보다 더 많은 금액을 원천징수 하는 것은 가능하다. 즉, 1개월 치에 대해서는 원천징수를 할 수 있으나 그 초과분에 대해서

① 사업주가 미리 근로자분까지 다 내주고, 민사적인 방법으로 근로자로부터 받아 내거나,

② 위 사항을 이유로 근로자에게 직접 징수하도록 처리해야 한다.

# 17

# 건강보험지도점검

건강보험공단은 자격 및 보험료 정산 등 건강보험 신고 사항에 대한 정기적인 업무 안내를 함으로써 사업장의 원활한 업무처리를 도모하고, 착오·누락·부당 신고로 인해 발생한 각종 건강보험 관련 업무를 확인하여 이를 정정하고 보험료를 부과 환수하는 사업장 지도점검을 실시하고 있다.

건강보험 가입사업장에 대하여 3년에 1회 이상 지도점검이 실시되며, 지사별로 연간 사업계획에 따라 관할 사업장을 대상으로 실시하게 되는 ❶ 정기 지도점검과 본부에서 선정하여 지사에 통보하는 ❷ 특별지도점검 등 두 종류의 지도점검이 있다.

지도점검 진행은 점검 대상 사업장 선정 → 서류제출 요청 안내문 발송 → 서류점검 → 서류 미제출 시 서류제출 독려 또는 현장 확인 필요시 출장 점검 안내 → 출장 점검 → 점검내용 사전통지 → 점검내용 전산 등록 및 결과 통보

## 보험료 추징

건강보험공단은 사용자가 신고한 보수나 소득 중에 축소, 탈루가 있다고 인정하는 경우 지도점검을 통하여 누락된 보험료 3년 치를 추징하고 있다.

## 지도점검 사업장을 선정하는 기준

지도점검 사업장을 선정하는 기준은 다음과 같다.

① 연말정산 보수총액통보서 미신고율이 일정 비율 이상인 사업장

② 국세청 소득금액과 연말정산 신고금액이 일정 비율 이상 차이가 발생한 사업장

③ 자격변동 관련 서류를 일정 비율 이상 지연 신고하거나, 상당한 기간 지도점검을 받은 사실이 없는 사업장

④ 허위 면허, 사업자등록 대여 등으로 민원이 제기된 곳

⑤ 그 밖에 지사별로 특별히 필요하다고 판단되는 곳

위와 같은 기준에 따라 건강보험 지도점검 대상 사업장을 선정하면 일용직 지급명세서 및 근로내용확인신고서, 회사가 자체 관리하는 노임 대장, 노임 이체 내역, 공사계약서 등을 종합적으로 판단하여 누락 된 건강보험료를 부과하게 된다.

건강보험공단에서는 일용직도 빠짐없이 고용보험의 근로내용확인신고 자료와 일용직 지급명세서를 대조하여 월별 노임총액과 근로일수 일치 여부를 확인하여 누락된 부분을 찾아낸다. 따라서 건강보험 지도점검에 대비하여 근로소득원천징수부, 원천징수이행상황신고서,

일용근로소득 지급명세서 등 관련 자료들을 평소에 챙겨 두는 것이 좋다. 만약 잘못된 부분이 있더라도 곧바로 보험료가 추징되는 것은 아니다. 해명 및 소명의 기회가 주어지니 이 기회를 놓치지 않고 활용해야 한다.

 ## 지도점검 실시 방법

건강보험 가입사업장에 대하여 3년에 1회 이상 실시
① 방문 점검 : 방문 사실 안내 방문 점검(관련 서류 열람·복사 결과 설명)
② 서류점검 : 서류제출 요청 서류제출 및 점검 결과 통보
③ 신고 누락·착오자 정정 및 보험료 부과 환수
※ 1차 제출(임금대장, 노무비 명세서), 2차 제출(결산서, 근로소득 지급명세서) – 단계적으로 시행

 ## 지도점검 확인 사항

사업장 지도점검 시 본사 또는 현장으로 지도점검 실시 안내 및 자료 제출 요청
① 사업장 및 대표자 변경 신고 적정
② 외국인 근로자 자격취득·상실 신고 관련 지도점검
③ 본사 및 현장 일용근로자 자격취득·상실 신고 관련 지도점검
④ 보험료 연말정산, 중간정산, 퇴직정산 적정성 여부
⑤ 적정 보험료 공제 여부

⑥ 소득 축소·탈루 여부 확인 → 세무조사 의뢰 가능

⑦ 건강보험제도의 전반적인 관련 사항 지도 및 홍보, 건의 사항 수렴

 ## 지도점검 대상 서류 예시

사업장 규모, 업종 등에 따라 제출서류를 생략 또는 추가

① 근로소득 원천징수부

② 임금(급여)대장 / 일용노무비명세서

③ 원천징수이행상황신고서

④ 종합소득 과세표준 확정신고서(개인 대표자)

⑤ 일용근로소득 지급명세서

⑥ 재무제표(재무상태표, 손익계산서)

 ## 지도점검 결과 보험료 부과 환수 유형

① 현장 단위별 1월 8일 이상 근로자 적용(현장별 가입했을 경우 제외)

② 1월 8일 이하 일용근로자라 하더라도 매월 연속적으로 근로할 경우 적용

③ 1월 8일 이상 일용근로자를 8일 미만 현장 분리해 신고했어도 추징

# 지도점검 결과 조치 및 대응 방향

신고 누락 및 착오자 정정시 3년분 보험료를 소급해 추징한다.

① 각 지사별 담당자 점검 기준방향 파악

② 근로소득 지급명세서 개인별 근로일수 파악 및 변경

노무비 명세서, 근로내역 신고자료 일치해 작성

→ 관련 증빙자료 준비지급명세서, 노무비 명세서, 근로 내역신고자료 등)

→ 담당자의 업무 과부하 및 현장 불일치 신고에 따른 부담 가중

③ 1월 8일 미만으로 노무비 명세서 작성(현장별 가입했을 경우)

→ 전체 근로자의 일관된 근로일수로 공단 담당자의 자료 불인정 사례 증가

→ 일당 상승으로 인한 근로소득세, 지방소득세 부담

→ 소득 축소·탈루 적발 시 세무조사 받을 수 있음

④ 전체 자료에 대한 수정 작업

# 18

# 건강보험료 환급 및 추가납부 회계처리

 **연말정산 환급금 발생 시 회계처리**

## ≫ 건강보험료 연말정산 환급금 발생

건강보험료 연말정산 결과 과오납 금액 180만 원이 발생했다.

| 미수금 | 1,800,000 / 미지급금 | 900,000 |
|---|---|---|
| | 잡이익 | 900,000 |

**주** 미수금 : 건강보험료 환급금 미수금액

**주** 미지급금 : 건강보험료 환급금 미수금액 중 종업원부담금

**주** 잡이익 : 건강보험료 회사 부담금은 전년도 회계처리시 복리후생비로 처리한바, 과오납 금액은 전년도 복리후생비에서 차감하여야 하나 건강보험료 회사 부담금의 손금 귀속시기는 그 고지일이 속하는 사업연도이므로 잡이익으로 처리함(서이 46012 –1116, 2002.5.20.).

## ≫ 4월분 보험료와 상계

4월분 보험료 120만 원을 건강보험료 환급금액과 상계처리했다.

| 미지급금 | 600,000 / 미수금 | 1,200,000 |
|---|---|---|
| 복리후생비 | 600,000 | |

미지급금 : 4월분 보험료 중 직원부담금을 급여 징수 시 징수해야 하나 전년도에 납부한 금액이 과다 납부되어 당해연도 4월분과 상계처리 한 금액으로 직원 개인별 건강보험료 원천징수부에는 징수하여 납부한 것으로 처리하고, 미지급금과 상계처리한다.

 복리후생비 : 4월분 보험료 중 회사 부담금으로 회사 자금으로 납부해야 하나 전년도에 납부한 금액이 과다 납부되어 건강보험공단으로부터 받을 미수금과 상계한다.

## ≫ 건강보험료 환급금 입금

1개월분을 초과하는 금액 60만 원이 건강보험공단으로부터 보통예금 통장에 입금되었다.

환급금액 : 과오납 금액 1,800,000원, 4월분 충당금액 1,200,000원

| 보통예금 | 600,000 / 미수금 | 600,000 |
|---|---|---|

## ≫ 건강보험료 환급금 중 직원부담분 환급

건강보험료 환급금 중 직원분 과오납금 30만 원을 보통예금에서 인출하여 해당 직원에게 환급해 주었다.

| 미지급금 | 300,000 / 보통예금 | 300,000 |
|---|---|---|

## 연말정산 추가납부 시 회계처리

### ≫ 연말정산 건강보험료 추가납부(급여일이 다음 달 10일 이후)

건강보험 연말정산 결과 추가 납부해야 할 건강보험료 100만 원이 발생하여 4월분 건강보험료 납부시 4월분 보험료 80만 원과 같이 보통예금에서 인출하여 납부했다.

○ 4월분 보험료 중 종업원부담금 징수금액 40만원

○ 추가납부 금액 중 종업원부담금 대신 지급금 50만원

| 예수금 | 400,000 / 보통예금 | 1,800,000 |
|---|---|---|
| 가지급금 | 500,000 | |
| 복리후생비 | 900,000 | |

※ 예수금 : 종업원부담금을 미리 징수한 금액이 있는 경우에는 예수금을 반제한 것으로 처리하나 건강보험료를 회사가 먼저 대신 지급하고 나중에 급여지급시 징수하는 경우는 '가지급금'으로 처리한다.

※ 가지급금 : 건강보험료 추가 고지분 중 종업원부담금을 회사가 일시 대납한 금액

※ 복리후생비 : 추가고지분 및 4월분 건강보험료 중 회사 부담금(건강보험료 사용자 부담금의 손금 귀속시기는 그 고지일이 속하는 사업연도임(서이 46012-1116, 2002.5.20.).

## ≫ 종업원 부담분 건강보험료 등 징수

4월분 급여 1,800만 원을 5월 25일 지급하다. 급여지급시 건강보험료 추가 고지분 중 회사가 대납한 금액 50만 원 및 근로소득세, 지방소득세 44만 원, 당월분 건강보험료 종업원부담금 40만 원, 국민연금 종업원부담금 80만 원, 고용보험 종업원부담금 7만 원을 차감한 잔액 15,790,000원을 보통예금에서 인출하여 지급하다.

| 급여 | 18,000,000 / 예수금(근로소득세) | 440,000 |
|---|---|---|
| | 가지급금 | 500,000 |
| | 예수금(건강보험) | 400,000 |
| | 예수금(국민연금) | 800,000 |
| | 예수금(고용보험) | 70,000 |
| | 보통예금 | 15,790,000 |

※ 가지급금 : 건강보험료 추가 고지분 중 종업원부담금을 회사가 일시 대납한 금액을 회수한 것

**퇴직자 환급금 발생 시 회계처리**

## ≫ 퇴직자 건강보험료 환급금 발생

퇴직자에 대한 건강보험 정산결과 과오납 금액 20만 원이 발생하다.

| | | | |
|---|---|---|---|
| 미수금 | 200,000 / 미지급금 | | 100,000 |
| | 복리후생비 | | 100,000 |

㈜ 미수금 : 건강보험료 과오납 금액으로 건강보험공단으로부터 돌려받아야 할 금액

㈜ 미지급금 : 건강보험료 환급금 중 종업원부담금은 종업원에게 돌려주어야 하는 채무로 미지급금으로 처리한다.

㈜ 복리후생비 : 퇴직자 건강보험료 회사 부담금은 당초 회계처리시 복리후생비로 처리하였으므로 과다납부한 금액 중 회사 부담금은 당해 연도 복리후생비에서 차감한다.


## ≫ 퇴직자 건강보험료 환급금 지급

건강보험료 환급금 발생금액 중 직원(퇴직자) 부담분 10만 원을 보통예금에서 인출하여 지급하다.

| | | | |
|---|---|---|---|
| 미지급금 | 100,000 / 보통예금 | | 100,000 |

㈜ 미지급금 : 건강보험공단을 대신하여 회사가 지급한 금액


## ≫ 납부할 보험료와 상계 처리 및 납부

8월분 보험료 60만 원 중 20만 원은 퇴직자 과오납 금액과 상계처리하고 잔액 40만 원을 현금납부 했다.

| | | | |
|---|---|---|---|
| 예수금 | 300,000 / 미수금 | | 200,000 |
| 복리후생비 | 300,000 현금 | | 400,000 |

**퇴직자 추가납부 시 회계처리**

## ≫ 퇴직자 건강보험료 추가납부

퇴직자에 대한 건강보험 정산결과 추가 납부해야 할 건강보험료 10
만 원이 발생하여 보통예금에서 인출해서 납부하다. 단, 종업원부담
금은 일시 대납한 다음 퇴직금 지급시 징수하기로 하다.

| | | | |
|---|---|---|---|
| 가지급금 | 50,000 / 보통예금 | | 100,000 |
| 복리후생비 | 50,000 | | |

🟥 가지급금 : 건강보험료 중 퇴사자가 납부해야 할 금액을 회사가 일시 대납한 금액
🟥 복리후생비 : 퇴직자 건강보험료 중 회사 부담금

## ≫ 퇴직자 건강보험료 징수

퇴사자에 대한 퇴직금 800만 원 지급시 건강보험료 추가 고지분 중
퇴사자가 부담해야 할 금액 5만 원(회사 대납금액) 및 퇴직소득세,
동 지방소득세 45만 원을 차감한 잔액 750만 원을 보통예금에서 인
출하여 지급하다. 단, 퇴직급여충당금 설정 잔액은 없다.

| | | | |
|---|---|---|---|
| 퇴직급여 | 8,000,000 / 예수금(근로소득세) | | 450,000 |
| | 가지급금 | | 50,000 |
| | 보통예금 | | 7,500,000 |

🟥 가지급금 : 건강보험료 중 퇴사자가 납부해야 할 금액을 회사가 일시 대납한 금액
   을 퇴직금 지급시 회수한 금액임

퇴사 후 김갑수 직원에게 추가 부과된 5만 원의 건강보험료를 연말
에 못 받은 걸로 정리하였다.

| | | |
|---|---|---|
| 복리후생비 | (−)50,000 / | |
| 미수금 | 50,000 | |

# 제4장

# 회계를 알고 경영하라!

# 회계에도 법이 있다. 회계기준

회계도 통일된 지침과 규칙이 있어 이에 따라 작성해야 한다. 즉, 각 기업이 임의로 본인 회사에 유리하게 회계처리를 할 수는 없다. 이같이 회계정보의 기록 및 공시과정에 지켜야 할 지침 또는 규칙을 '일반적으로 인정된 회계원칙'이라고 한다.

그리고 우리나라에는 일반적으로 인정된 회계원칙을 기업회계기준이라고 부른다.

기업회계기준은 금융감독위원회의 위임을 받은 한국회계기준위원회에서 제정하고 있다.

그리고 그 제정의 실무는 한국회계기준원에서 수행하고 있다.

기업회계기준은 상장법인은 한국채택국제회계기준을 따르고 있고, 비상장법인은 별도의 일반기업회계기준을 만들어 사용하고 있으며, 외부감사를 받지 않는 주식회사의 경우 중소기업회계기준을 따르고 있다.

| 회계기준 | 적용대상 기업 | 근거법령 |
|---|---|---|
| 한국채택국제회계기준 | 주권상장법인 및 금융 회사 | 주식회사의 외부감사에 관한 법률 |
| 일반기업회계기준 | 주권상장법인 외의 외부감사대상 주식회사 | |
| 중소기업회계기준 | 외부감사를 받지 않는 주식회사 | 상법 |

 **한국채택국제회계기준**

한국채택국제회계기준은 국제회계기준에 맞춰 2007년 말 재정된 새로운 회계기준으로 모든 상장기업이 의무적으로 적용하고 있다.

## 》 한국채택국제회계기준의 구조

### 기업회계기준서(Standards)

기업회계기준서(Standards)는 원칙적으로 목적, 적용 범위, 회계처리 방법, 공시, 부록 등으로 구성되어 있고 부록은 용어의 정의, 적용 보충 기준 등으로 구성되어 있다.

그리고 기준서 일부를 구성하지는 않지만, 기준서를 적용함에 있어 편의를 제공하기 위한 실무지침으로서 서문, 결론 도출 근거, 적용 사례, 실무적용지침 등이 제공된다.

### 기업회계기준해석서(Interpretations)

기업회계기준해석서(Interpretations)는 기업회계기준서에서 명시적으로 언급되지 않은 새롭게 인식된 재무보고 문제에 대해서 지침을 제공한다. 또한, 구체적인 지침이 없다면 잘못 적용될 수 있는 내용에 대한 권위 있는 지침을 제공한다.

## ≫ 국제회계기준의 적용 대상

국제회계기준은 상장기업만 적용하고, 비상장기업은 별도의 간략한 회계기준인 일반기업회계기준을 제정·적용해서 부담을 경감시켜 주고 있다. 다만, 비상장기업 중 희망 기업에 대해서는 국제회계기준 적용을 허용하되, 적용 이후에는 변경이 불가능하다.

## 일반기업회계기준

일반기업회계기준은 '주식회사의 외부감사에 관한 법률'의 적용 대상 기업 중 한국채택국제회계기준에 따라 회계처리를 하지 않는 기업의 회계처리에 적용한다. 다만, 중요하지 않은 항목에 대해서는 이 기준을 적용하지 않을 수 있다. 이 기준은 '주식회사의 외부감사에 관한 법률'의 적용 대상이 아닌 기업의 회계처리에 준용할 수 있다.

## 중소기업회계기준

중소기업회계기준은 외부감사 대상에 포함되지 않는 중소법인을 위한 기준이다. 실무적으로 비외감 기업은 세법에 따라 회계처리를 하는 경우가 대부분이기 때문에, 중소기업회계기준에서도 이를 대폭 수용하고 있다. 일반기업회계기준과 가장 큰 차이점은 현금흐름표를 작성하지 않아도 되며, 자본변동표와 이익잉여금처분계산서(결손금처리계산서) 중 한 가지만 작성하면 된다는 것이다.

# 회계는 회계연도 단위로 순환한다.

 **회계단위**

소유하고 있는 현금, 물품, 채권, 채무 등의 증감 변화를 기록·계산하기 위한 장소적 범위를 회계단위라고 한다. 즉, 기업은 하나의 독립된 회계 실체로 인정되어 기업의 자산과 부채는 대표이사나 사장 개인의 것이 아니라 기업 자체의 것이다.

일반적으로 하나의 기업은 한 개의 회계단위가 원칙이나 독립채산제를 채택하는 경우 본점과 지점, 본사와 지사, 본사와 공장 등과 같이 몇 개의 회계단위로 분리해서 기록하고, 같은 회사라고 해도 타사와 같은 상호거래로 회계처리한다.

**회계연도**

회계에서는 한해를 일반적으로 '제○○회계연도'라고 명명한다. 이는 다른 법이나 규정에서 말하는 사업연도와 같은 의미로 사용되므로 회계연도와 사업연도는 그 단어표현의 차이일 뿐 같은 의미로 생각해도 무방하다.

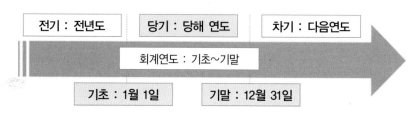

- 기　초 : 회계연도를 시작하는 날
- 기　말 : 회계연도가 끝나는 날
- 전　기 : 직전 회계연도, 당기의 전 회계연도
- 당　기 : 현재 회계연도
- 차　기 : 다음 회계연도, 당기의 다음 회계연도
- 기　중 : 당기 회계연도의 기간 중
- 상반기 : 1월 1일 ～ 6월 30일(반기재무제표의 기간)
- 하반기 : 6월 30일 ～ 12월 31일(반기재무제표의 기간)

기업도 인간과 같이 특별한 사건이 발생하지 않는 한 그 생명이 존속한다는 가정을 하고 회계처리를 하는데, 이를 회계에서는 '계속기업의 가정'이라고 한다. 즉, 기업은 폐업하지 않는 한 생명을 영원히 존속한다는 가정하에서 거래가 이루어지고 회계장부도 매년 연속적으로 작성된다.

예를 들어 "갑"이라는 사람이 2022년 1월 1일에 태어났다고 하자. 그러면 이 사람의 나이는 만으로 0살 그리고 2023년 1월 1일에는 만으로 한 살이 되고, 2024년 1월 1일에는 만으로 2살이 된다. 생년월일로서 그 사람의 나이를 판단하는 것이다. 즉, 이 사람은 1월 1일부터 12월 31일까지를 1년으로 간주하여 자신이 태어난 날로부터 달력에 따라 자신의 나이를 센다.

기업도 마찬가지이다. 하지만 기업은 사람이 아니므로 기업의 정관에는 동 기업의 사업연도 또는 회계연도는 ○○년 ○○월 ○○일로부터 ○○년 ○○월 ○○일까지를 1사업연도 또는 회계연도로 본다고 규정하고 있다. 즉, ○○년 ○○월 ○○일 날 동 기업이 설립되었으므로 1년이 되는 ○○년 ○○월 ○○일을 1년으로 간주해서 사람의 나이와 같이 기업의 나이도 세겠다고 정해놓고 있다.

그러면 인간은 주민등록증으로 그 사람의 나이를 알 수 있는데, 기업의 나이는 무엇으로 알 수 있을까?

기업의 나이는 재무제표를 보면 그 나이를 쉽게 알 수 있다.

재무제표의 상단에 보면 제○기라는 표현이 나오는데, 이것이 바로 그 기업의 나이다.

그리고 인간은 생일이 있어 자신의 부모님 또는 친구들과 생일을 축하하고, 해가 넘어가는 12월 31일은 한해가 넘어가는 것을 아쉬워하는 것과 같이, 회사 설립일은 창립기념일이라고 해서 행사를 하고, 기업도 회계연도가 끝나는 12월 31일은 결산일이라고 해서 장부를 정리한 후 기업과 관련된 이해관계자에게 그 성적을 평가받는다.

# 회계는 회사의 거래내용을 기록한다.

일상 속에서 기록은 특별한 약속이나 사항을 기록하는 것과 마찬가지로 회계에서도 어떤 일이 발생하는 경우 그 일이 회계에서 기록해야 하는 경우인지 아닌지 구별해야 하는데, 회계에서 기록해야 하는 특별한 일을 거래라고 한다. 따라서 거래가 아니면 장부에 기록해서는 안 되는 것이다.

장부에 무엇을 적나요?

거래내역

거래란 자산 및 부채와 자본 그리고 수익과 비용 항목의 변동이 생기고, 화폐액으로 측정 가능한 것을 말함.

그러면 회계에서 말하는 특별한 일의 기준. 즉, 거래는 무엇일까?

회계에서의 거래는 자산·부채·자본 및 수익·비용의 변동을 가져오고, 그 변화를 화폐 액으로 측정할 수 있는 것을 '거래'라고 한다.

예를 들어 '갑'이라는 문방구에서 회계 씨가 7만 원을 주고 사무용품을 샀다고 가정하면

| 자산의 증가 | | 자산의 감소 | |
|---|---|---|---|
| 소모품 | 70,000 / | 현금 | 70,000 |

회계 씨는 7만 원이라는 현금(자산)이 지갑에서 나가고 사무용품이라는 소모품(자산)이 들어옴으로써 자산 사이에 변동이 이루어졌으므로, 이를 회계에서는 거래라고 한다. 반면, 회계 씨가 사옥을 짓기 위해서 공인중개사의 중개로 토지 구입 계약을 체결한 경우 계약금을 지불하지 않아도, 일상적으로는 매매(거래)가 이루어졌다고는 하지만, 회계상으로는 계약금을 주지 않았다면 회계 씨가 계약에 따른 계약금을 지불하지 않았고 토지가 회계 씨 명의로 이전된 것도 아니므로 이는 회계에서 말하는 거래라고 할 수 없는 것이다. 즉, 일상적으로 말하는 거래와 회계에서의 거래 차이는 일상적인 거래의 경우 구두계약이든 다른 무엇이 오고 가든, 서로 간의 약속하는 모든 것을 말하지만 회계에서 거래는 단순한 약속으로 끝나는 것이 아니라 구체적으로 돈이 오고 가야 한다.

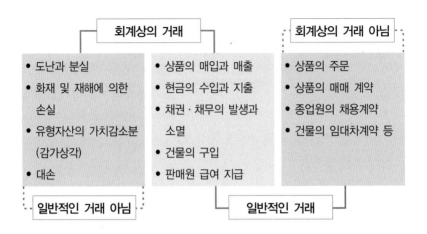

## 거래의 종류

| 구 분 | 내 용 |
|---|---|
| 교환거래 | 거래의 내용이 자산, 부채, 자본의 증감 변화를 가져오지만, 수익 또는 비용이 발생하지 않는 거래를 말한다.<br>[예시] 외상으로 제품을 사다. |
| 손익거래 | 거래의 총액이 차변과 대변 중 어느 한쪽이 모두 수익 또는 비용이 발생하는 거래를 말한다.<br>[예시] 종업원 급여를 현금으로 주다. |

교환거래:

| 자산의 증가 | 부채의 증가 |
|---|---|
| 제품 | 외상매입금 |

손익거래:

| 비용의 발생 | 자산의 감소 |
|---|---|
| 급여 | 현금 |

| 구 분 | 내 용 |
|---|---|
| **혼합거래** | 하나의 거래에서 교환거래와 손익거래가 같이 발생하는 거래를 말한다.<br>[예시] 빌려준 돈의 원금과 이자를 받았다. |

| 자산의 증가 | 자산의 감소, 수익의 발생 |
|---|---|
| 현금 | 단기대여금 |
| | 이자수익 |

# 거래내역을 차변과 대변으로 나누어 적는 것이 분개

회계상 거래가 발생하면 이를 장부에 기록해야 하는 곳이 필요한 데 그 장소가 장부이다.

**분개하는 순서**

❶ 회계상 거래여부 판단

❷ 계정과목 선정

❸ 차변과 대변의 결정

❹ 분개 후 장부기록

그리고 장부를 적을 때는 항상 차변과 대변으로 나누어 적게 된다.

차변은 왼쪽 대변은 오른쪽을 말하며, 차변 금액과 대변 금액의 합은 항상 일치해야 한다. 따라서 차변과 대변으로 구분해서 거래를 장부에 기록하기 위해서는 장부의 차변 요소와 대변 요소를 구분해서 기입할 계정과목과 금액을 결정해야 하는데, 이를 분개라고 한다. 여기서 계정과목이란 장부를 적을 때 거래 내역을 길게 풀어서 쓸 수 없으므로 거래의 성격을 간단·명료하게 처리할 수 있도록 사전에 정해 놓은 거래 내역에 대한 용어라고 보면 된다. 즉, 사람에게 붙여진 명칭이 이름인 것과 같이 각 거래 성격에 따라 붙여진 거래 내역 명칭이 계정과목이다. 따라서 계정과목만 보면 회계를 하는 사람들끼리는 대충 무엇을 뜻하는지 알 수 있다.

예를 들어 상품을 200만 원의 현금을 주고 샀다고 가정하면 상품이라는 자산 200만 원이 들어온 대신 200만 원이라는 현금이 나가게 되는데, 이때 차변에는 상품 그리고 대변에는 현금이라는 계정과목과 금액이 확정되었으므로, 차변과 대변으로 나누어 다음과 같이 기록하게 된다.

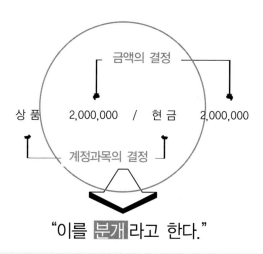

금액의 결정

상 품   2,000,000  /  현 금   2,000,000

계정과목의 결정

"이를 분개라고 한다."

차변 : 회사의 거래내역을 장부에 기록할 때 왼쪽을 말하며, 차변에는 자산의 증가와 부채의 감소, 자본의 감소, 비용의 발생 내역이 기록된다.

대변 : 회사의 거래내역을 장부에 기록할 때 오른쪽을 말하며, 대변에는 부채의 증가 및 자본의 증가와 자산의 감소, 수익의 발생 내역이 기록된다.

분개 : 회사의 거래 내역을 계정과목을 정해서 차변과 대변으로 나누어 적는 것을 말한다.

# 복식부기와 계정의 기입방법

## 거래의 이중성과 복식부기

회계에서의 모든 거래는 반드시 원인과 결과에 따라 차변 요소와 대변 요소가 서로 결합하여 발생하므로 회계에서는 하나의 거래를 차변과 대변으로 나누어 같은 금액을 적게 된다. 이를 거래의 이중성이라고 하며, 복식부기는 이러한 거래의 이중성의 원리에 따라 장부에 기입하는 방법을 말한다. 따라서 회계에서 발생하는 어떠한 거래도 같은 차변요소끼리 또는 같은 대변요소끼리는 절대로 결합할 수 없다.

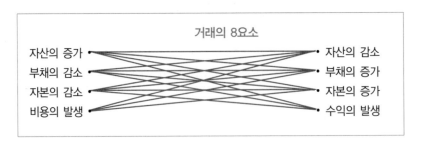

거래의 8요소

| 자산의 증가 | 자산의 감소 |
| 부채의 감소 | 부채의 증가 |
| 자본의 감소 | 자본의 증가 |
| 비용의 발생 | 수익의 발생 |

**대차평균의 원리**

위와 같이 모든 회계에서 거래는 차변과 대변으로 나누어 적게 되면 실무자의 판단에 따라 계정과목은 달라도 적어도 금액은 반드시 일치하게 되는데, 이를 대차평균의 원리라고 한다. 즉, 회계에서 거래가 발생하면 거래의 이중성에 따라 어떤 계정의 차변과 다른 계정의 대변에 같은 금액을 기입한다.

그러므로 아무리 많은 거래를 기입하더라도 계정 전체를 통해서 본다면 차변 금액의 합계와 대변 금액의 합계는 반드시 일치하게 되는데, 이를 대차평균의 원리라고 하는 것이다.

**재무상태표 등식**

# 자산 ═ 부채 ➕ 자본

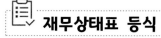

재무상태표(대차대조표) 등식

회계 거래는 기업의 자산, 부채, 자본에 직접적인 영향을 미치며, 차변의 자산 총계는 대변의 부채 총계와 자본 총계를 더한 금액과 일치함을 알 수 있는데 이를 재무상태표 등식이라고 한다.

## 계정의 기입 방법(분개 방법)

### ≫ 계정과 계정과목

회계에서 거래가 발생하면 자산, 부채, 자본, 수익, 비용의 증감 변화가 발생한다. 이 경우 성질이 같은 항목별로 구분해서 기록하는 단위를 계정이라고 하고, 계정의 이름을 계정과목이라고 하며, 계정의 기입장소를 계정계좌라고 한다.

그리고 거래를 장부에 기록하기 전에 장부의 차변 요소와 대변 요소를 구분해서 기입할 계정과 금액을 결정해서 기록하는 것을 분개라고 한다.

| 계 정 | | 계정과목 |
|---|---|---|
| 재무상태표<br>계      정 | 자산계정 | 현금, 외상매출금, 단기대여금 미수금, 상품, 제품 등 |
| | 부채계정 | 외상매입금, 단기차입금, 미지급금, 사채 등 |
| | 자본계정 | 자본금, 자본잉여금, 이익잉여금 등 |
| 손익계산서<br>계      정 | 수익계정 | 매출, 임대료, 이자수익 등 |
| | 비용계정 | 매입, 임차료, 이자비용 등 |

## ≫ 계정의 기입방법

우선 회계에서 거래가 발생하면 계정과목을 결정하고, 해당 계정과목이 차변에 갈지 대변에 갈지 그 귀속을 정해야 하는데, 차변과 대변은 아무나 자기 편으로 받아들이는 것이 아니라 자기 나름대로 원칙에 따라 받아들이게 된다. 그 원칙이 거래의 8요소이다. 즉, 분개할 때는 거래의 8요소에 따라 차변과 대변을 결정하고 금액을 결정한다.

거래의 8요소란

**자산계정**

자산의 증가 ➡ | 증가 | 감소 |
| | 잔액 | ⬅ 자산의 감소

**부채계정**

부채의 감소 ➡ | 감소 | 증가 |
| 잔액 | | ⬅ 부채의 증가

**자본계정**

자본의 감소 ➡ | 감소 | 증가 |
| 잔액 | | ⬅ 자본의 증가

**수익계정**

| 소멸 | 발생 |
| 잔액 | | ⬅ 수익의 발생

**비용계정**

비용의 발생 ➡ | 발생 | 잔액 |
| 소멸 | |

❶ 자산의 증가 ❷ 자산의 감소 ❸ 부채의 증가
❹ 부채의 감소 ❺ 자본의 증가 ❻ 자본의 감소
❼ 비용의 발생 ❽ 수익의 발생
모두 8가지를 말한다.

이 중 차변에 붙는 것은

❶ 자산의 증가  ❹ 부채의 감소

❻ 자본의 감소  ❼ 비용의 발생이고

대변에 붙는 것은

❷ 자산의 감소  ❸ 부채의 증가

❺ 자본의 증가  ❽ 수익의 발생이다.

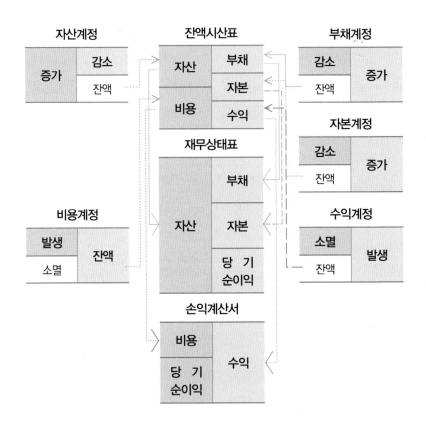

모든 거래는 이와 같은 8가지의 요소가 상호 작용을 하면서 차변과 대변의 힘의 균형을 이루게 되며, 힘의 균형이 깨지는 시점이 장부상 오류가 발생하는 시점이 되는 것이다. 또한, 모든 계정과목은 위의 자산, 부채, 자본, 수익, 비용이라는 5가지 요소에 속하게 되고, 증가 또는 감소, 발생 또는 소멸에 의해 차변과 대변을 넘나들게 되므로 실무자는 우선 분개하기 위해서 차변에 갈 요소와 대변에 갈 요소를 구분해야 하겠다.

이를 명확히 구분할 수 있어야만 회계를 시작할 수 있는 것이며, 회계를 하는 사람끼리 비로써 의사소통이 가능해지는 것이다.

| 차변에 와야 하는 거래 | 대변에 와야 하는 거래 |
|---|---|
| ❶ 자산이 증가하는 거래 | ❶ 자산이 감소하는 거래 |
| ❷ 부채가 감소하는 거래 | ❷ 부채가 증가하는 거래 |
| ❸ 자본이 감소하는 거래 | ❸ 자본이 증가하는 거래 |
| ❹ 비용이 발생하는 거래 | ❹ 수익이 발생하는 거래 |

결론은 자산의 증가는 차변, 감소는 대변, 부채의 증가는 대변, 감소는 차변, 자본의 증가는 대변, 감소는 차변, 비용의 발생은 차변, 소멸은 대변, 수익의 발생은 대변, 소멸은 차변에 기록한다.

# 회계는 발생주의에 따라
# 숫자로 기록하는 것

## 거래의 기록 원칙은 발생주의

발생주의는 현금의 입출금과 무관하게 수익은 수입을 유발하는 사건이 발생하였을 때, 비용은 수익과 대응해서 장부에 적는 방식이다.

| 회계의 기본 |
|---|
| **발생주의** |
| 현금의 입출금과 관계없이 자산, 부채, 자본, 수익, 비용의 변동이 발생하는 사건이 발생한 시점에 장부에 적는다. |
| 수익은 실현주의 |
| 현금의 입출금과 관계없이 수익이 결정적으로 실현되었을 때 수익으로 처리한다. |

## 수익은 실현주의

실현주의는 "수익의 인식시점"에 관한 것으로 수익 인식은 수익 창출이 결정적으로 실현되었을 때 인식하는 기준을 말한다. 이때 현금입출금은 관계없다.

예를 들어 계약을 체결하고 계약금을 받

았다고 가정하면 현금주의에서는 수익으로 인식하지만, 발생주의에서는 계약금에 대한 물품이나 서비스의 제공이 완료되지 않은 경우 수익으로 인식하지 않는다.

 ## 비용은 수익 · 비용 대응의 원칙

수익 · 비용 대응의 원칙이란 비용은 그 비용으로 인한 수익이 기록되는 기간과 동일한 기간에 기록해야 한다는 것이다.

> **비용은 수익비용의 대응**
>
> 비용은 그 비용으로 인한 수익이 기록되는 기간과 동일한 기간에 기록해야 한다는 것이다. 즉, 수익이 창출된 시점에 비용으로 처리한다.

예를 들어 판매하기 위해 구입한 상품은 구입 시점에서 비용이 되는 것이 아니라 판매되어 수익을 창출하는 시점에서 비로소 매출원가인 비용이 된다는 것이다.

상품을 구입해 놓기만 하고 아직 판매하지 않은 상태라면 상품이란 자산으로 존재하는 것이며, 매출원가인 비용은 아직 발생하지 않은 것이다. 즉, 상품구입액은 판매된 시점에 비로소 비용(매출원가)이 된다는 점에 유의해야 한다.

회계에서 거래를 언제 기록하는지에 대해 이해해야 할 기본적이고 중요한 원칙으로 '수익 · 비용 대응의 원칙'이 있다. 이는 비용은 그 비용으로 인한 수익이 기록되는 기간과 동일한 기간에 기록해야 한다는 것이다.

반면, 제품을 생산하기 위해 구입한 기계(컴퓨터 등 유형자산 포함)와 같이 매출액과 그 관련성을 직접 확인하기 어려운 경우 기계를 구입하기 위해서 지불한 1억 원을 모두 기계를 구입한 시점에서 비용으로 처리하지 않고, 기계를 사용하여 얻게 되는 미래의 수익에 대응시켜 비용을 배분하여 인식하는 것이다. 즉, 기계를 구입하기 위해 지불한 1억 원은 미래 10년 동안 매년 2,000만 원의 수익을 얻기 위해 지출된 돈이므로 기계를 사용하여 수익을 얻게 되는 기간에 비용으로 인식하는 것이 타당하다.

##  현실적 기록은 현금주의

현금주의는 실제 현금이 들어오고 나간 시점을 기준으로 회계에 반영하는 방식을 말한다. 수익은 현금이 회수되었을 때, 비용은 실제 현금지출이 발생하였을 때, 장부에 기록하게 된다.

예를 들어 상품을 판매했지만, 아직 돈을 받지는 못한 상황에서 현금주의를 따른다면 기업은 아직 매출로 처리하지 않

| 현금주의 |
| --- |
| 물품이나 서비스가 언제 제공되든 상관없이 현금이 실제로 들어오고 나가는 시점에 장부에 기록하는 것이다. |

지만, 발생주의 회계를 따르는 경우 구체적으로 돈을 받을 수 있고, 상품을 상대방에게 준 경우 매출로 장부에 기록하게 된다.

또한 비용의 처리와 관련해서도 기업이 유형자산(기계장치 등)을 구입했다면 현금주의에서는 실제로 돈을 지급했을 때 비용으로 모두 인식하지만, 발생주의에서는 실제 수익을 발생시키는 시점에 비용을 인식하므로 유형자산의 내용연수(사용가능기간)에 걸쳐 손익계산서에 감가상각비라는 항목으로 비용을 반영하게 된다.

따라서 현금주의가 발생주의보다는 기업의 미래현금흐름에 대한 적시성(timely) 있고 적절한 정보를 제공한다고 볼 수 있다.

**회계에서 금액의 측정기준과 평가 시점**

회계는 측정 시점 즉 평가 시점과 숫자의 싸움이라고 보면 된다. 아무리 재무제표를 작성하고 너희들 보라하고 던져놓아도 그 수치가 객관적으로 정확하지 않은 수치라면 누가 그 데이터를 믿겠는가?

또한, 수치를 뽑아내는 시점을 자기가 유리한 시점에서 마음대로 뽑아낸다면 그 데이터를 누가 신뢰를 할 수 있으며, 각 기업 간 경영성과를 비교 평가하기조차 힘들 것이다. 따라서 회계에서는 평가라고 해서 그 가치를 측정하기 곤란한 것은 일정한 기준에 의해 수치를 메기도록 정하고 있으며, 그 평가의 시기도 일정시점 또는 일정기간을 단위로 해서 며칠 날짜로 계산해 내도록 하고 있다. 그 예가 취득원가니, 시가니 하는 자산평가의 기준이며, 결산일이라고 하는 평가시점인 것이다. 이를 통해 기업의 이해관계자가 객관적으로 기업에 수치를 신뢰할 수 있도록 해주고 특정 시점을 기준으로 산업 간, 경쟁기업 간 비교평가가 가능하게 하고 있다.

그러나 아무리 잘해 놓으면 뭐 하나요! 보는 사람이 까막눈이면 그래서 일반인들은 물론 사업주들도 최소한의 회계지식은 가지고 있어야 한다.

회계에서는 처음 자산을 취득하는 경우 취득원가로 장부에 기록하도록 하고 있으며, 결산 시에는 취득원가와 시가와의 차이를 비교해서 평가손익으로 처리하도록 하고 있다. 취득가액은 최초로 물건 즉 기업의 유체물 자산을 취득할 때의 가격을 말한다. 따라서 자산의 취득 시점에서는 취득가액과 시가가 같다.

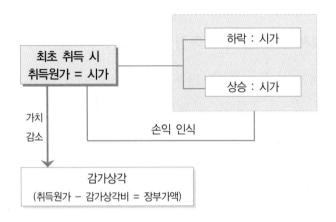

그러나 세월이 흐르면 자산의 가치가 감소하기도 하고, 자산의 가액이 오르기도 한다. 가치감소분을 감가상각이라고 하는데, 최초 취득시점의 가액에서 감가상각액을 차감하면 장부가액이 되는 것이다. 즉, 장부가액은 취득가액에서 감가상각비를 차감한 금액을 말한다.

장부가액 그 말의 의미를 보면 장부상의 가격이라는 뜻인데, 이는 장부상의 기록되어 있는 가액으로, 현시점이나 일정기간이 지난 시점에 팔 수 있는 가격을 나타내는 것은 아니다. 단지 처음 구입시점에서 사용이나 마모 등으로 그 가치가 감소하는 부분을 일정한 방법으로 평가해서 대충 이 정도 가격이 적당하다고 산정한 이론상의 가격이다. 현실적으로 자산의 가치는 장부가액으로 가치를 매기는 것이 아니라 현재 해당 자산을 판다고 했을 때, 고객이 사고자 하는 가치 즉, 시장의 가치인 시가로 가치를 평가하게 된다. 또한, 기업의 재무 정보를 원하는 소비자 즉, 이해관계자들이 보았을 때는 이론상의 가격인 장부가격보다는 알고자 하는 시점의 해당 자산의 실제 가격인 시가를 알고자 할 것이다.

그러나 기업은 이해관계자가 원하는 시기마다 적절하게 시가를 제공할 수 없을 뿐만 아니라, 연월일 시간까지 맞추면서 지속적으로 시가를 제공하다 보면 일의 효율이 떨어지게 된다. 따라서 일정시점을 기준으로 평가 가능한 자산의 시가를 재무제표를 통해 공시하게 되는데, 그 기준시점이 결산일인 것이다. 다만, 결산 시점에도 기업의 전 자산을 시가로 평가하는 것은 아니다. 시가의 변동에 민감한 특정 자산만을 시가로 평가하게 되는 데 그 대표적인 자산이 유가증권, 재고자산, 유형자산, 무형자산 등이다.

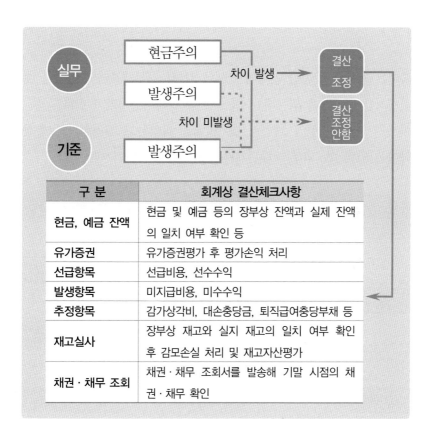

| 구 분 | 회계상 결산체크사항 |
|---|---|
| 현금, 예금 잔액 | 현금 및 예금 등의 장부상 잔액과 실제 잔액의 일치 여부 확인 등 |
| 유가증권 | 유가증권평가 후 평가손익 처리 |
| 선급항목 | 선급비용, 선수수익 |
| 발생항목 | 미지급비용, 미수수익 |
| 추정항목 | 감가상각비, 대손충당금, 퇴직급여충당부채 등 |
| 재고실사 | 장부상 재고와 실지 재고의 일치 여부 확인 후 감모손실 처리 및 재고자산평가 |
| 채권·채무 조회 | 채권·채무 조회서를 발송해 기말 시점의 채권·채무 확인 |

# 회계의 순환과정

회계는 회계연도 동안 거래의 발생에서부터 재무제표의 작성까지 매 회계기간 반복하게 되는데, 이를 회계의 순환과정이라고 한다.
이것은 일정기간동안 기업의 재무상태를 파악하고 경영성과를 측정하여 기업의 내·외부 이해관계자에게 보고해야 하기 때문이다.

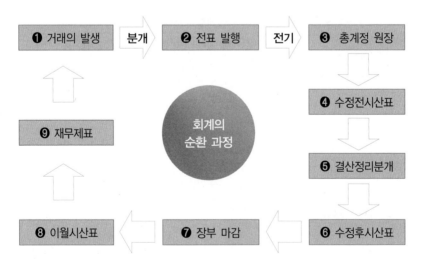

**총계정원장**

분개를 계정과목별로 집계하기 위해서 설정된 장부를 총계정 원장 또는 원장이라고 한다. 따라서 원장은 자산·부채·자본 및 수익·비용에 속하는 계정과목별로 집계되며, 기업의 재무상태와 경영성과를 파악하기 위한 재무상태표와 손익계산서 및 기타 재무제표를 작성하는 기초자료가 되기 때문에 전표(분개장)와 함께 주요부에 속한다.

| 주요부 | |
|---|---|
| 전 표<br>분개장 | 전표 : 거래를 분개하여 기장하기 위해서 분개장 대신 일정한 크기와 형식을 갖춘 용지<br>분개장 : 모든 거래를 발생 순서대로 분개하여 기입하는 장부 |
| 총계정<br>원 장 | 분개장에 분개한 것을 전기할 수 있도록 자산, 부채, 자본, 비용, 수익에 속하는 모든 계정이 설정 되어있는 장부로, 재무제표 작성의 기초가 된다. |

| 보조부 | |
|---|---|
| 보 조<br>기입장 | 특정 거래의 내용을 발생 순서대로 자세하게 기록하기 위한 장부로 전표의 기능을 보조한다(현금출납장, 당좌예금출납장, 매입장, 매출장, 받을어음기입장, 지급어음기입장). |
| 보 조<br>원 장 | 특정 계정의 내용을 상품 종류별, 거래처별로 자세하게 기록하기 위한 장부로 총계정 원장을 보조한다(상품재고장, 매입처원장, 매출처원장). |

**전기**

전표의 거래기록을 해당 계정의 계좌에 옮겨 적는 것을 말한다. 즉, 어떤 장부에서 다른 장부로 옮겨 적는 것을 전기라고 한다.

| 전기의 과정 사례 | | | |
|---|---|---|---|
| 거 래 | 5월 30일 외상매출금 100만 원이 입금되었다. | | |
| 분 개 | (차변) 보통예금 1,000,000 | | (대변) 외상매출금 1,000,000 |
| 전 기 | 보통예금 | | 외상매출금 |
| | 5/30 외상매출금<br>1,000,000 | | 5/30 보통예금<br>1,000,000 |

분개의 상대 계정과목을 기입한다.

# 세무사 사무실 기장 대행과 기장 요령

다음에 설명할 기장 흐름은 매일매일 기장업무를 하지 못하는 소규모 기업이나 세무 대리인에게 기장업무를 맡기는 경우 세무사나 회계사 사무실에서 주로 활용하는 방법이다.

❶ 우선 증빙을 날짜별로 모아 둔다.

❷ 증빙이 없는 현금거래는 통장 거래를 한다. 통장 거래 시 외상대금은 거래처명을 적어두고, 다른 중요 지출사항은 주석으로 통장 등에 메모해 둔다.

❸ 부가가치세 등 세금 신고 시기에 맞춰 발행이나 수취한 증빙을 우선 입력 처리한다.

❹ 증빙이 없는 거래 내역은 통장 내역을 참고해서 입력한다.

❺ 시산표 등 집계표를 작성해 상호 대사를 통해 오류를 확인한다.

❻ 세금 신고서 작성 후 매출 누락이나 매입 과다 신고분이 없는지 다시 한번 확인한다.

**세금계산서와 계산서 입력**

전자세금계산서와 전자계산서는 프로그램상으로 불러올 수 있거나, 변환이 가능하므로, 종이 세금계산서 및 종이 계산서의 매입·매출 내역을 입력한다.

| (전자)세금계산서 | (전자)계산서 |
|---|---|

| 불러오거나 변환하거나 종이 발행은 직접 입력 |
|---|

특히 면세사업자나 과세 및 면세 겸업 사업자의 경우 세금계산서 중 과세사업 분과 면세사업 분을 철저히 구분해서 입력해야 한다.

| 면세사업자나 과세 및 면세 겸업사업자 세금계산서 |
|---|

| 과세사업분 | 면세사업분 |
|---|---|

또한, 과세사업 분 세금계산서 중에서도 매입세액이 공제되는 것과 불공제분을 구분해야 한다.

마지막으로 세금계산서 및 계산서의 매수 및 금액을 상호 확인하여 매출누락이나 매입 과다가 발생하지 않도록 한다.

| 과세사업분 세금계산서 |
|---|

| 매입세액공제 되는 것 | 매입세액불공제 되는 것 |
|---|---|

**법인 신용카드 입력**

홈택스를 통해 법인 신용카드 사용내역을 다운받아 회사 전산 프로그램으로 변환시킨다.

법인카드사용 내역을 분석해서 업무용으로 사용한 것과 개인적 사용분을 구분한다. 개인카드 업무용 사용분은 별도로 입력해야 한다.

이후 업무용 사용분은 매입세액 공제 가능 분과 불가능 분으로 면밀히 분석해서 입력한다.

```
홈택스를 통해 법인 신용카드
사용내역을 다운받아 변환
        ↓
업무용과 비업무용으로 구분
        ↓
매입세액공제분과 불공제분으로 구분
        ↓
입력내용 확인
```

입력이 완료된 이후에는 정확히 처리되었는지? 여부를 반드시 확인해야 한다.

 **영수증 입력**

기업업무추진비(= 접대비) 및 일반경비는 3만 원 초과 지출시 영수증은 법정지출증빙으로 인정받지 못하므로 증빙불비가산세 2%를 고려해야 한다. 다만, 해외접대비, 현물접대비, 매출채권 포기에 따른 접대비 등은 법정지출증빙 수취의무에서 제외된다.

또한, 영수증과 관련해서 주의해야 할 사항은 업무 무관 지출을 하고, 영수증 처리를 하는 경우와 백지 영수증을 받아와 과다하게 경비를 적는 경우이다. 이를 담당자는 반드시 확인해서 올바른 처리가 이루어지도록 해야 한다.

**통장 거래내역 입력**

세금계산서, 법인카드, 영수증 등을 통해서 증빙을 발행한 거래내역은 모두 입력처리가 완료되게 된다.

통장 거래 내역은 증빙 발행 없이 현금으로 이루어진 거래를 소명하는 자료로서 중요하므로 통장 거래내역에 대한 전표 발행이 끝나면, 모든 거래내역에 대한 기장이 완료되게 된다.

통장 거래내역은 해당 은행에서 엑셀 데이터로 다운로드 받을 수 있으며, 이를 해당 프로그램으로 변환해서 사용할 수 있다.

특히 기장대리를 맡기는 경우 통장이나 엑셀 파일에 거래처명 및 중요 지출사항을 주석으로 기재해서 남겨주면 오류를 줄이는 방법이 될 수 있다. 또한, 소규모 법인의 경우 외상 대금이 대표자 개인 통장으로 입금이나 출금되는 경우가 많은데, 이는 반드시 법인통장으로 이루어지도록 개선하는 작업이 필요하다.

개인사업자의 경우 사업용 계좌를 업로드하여 매출누락을 확인하는 것이 좋다. 특히, 성실신고 확인 대상자는 업무 관련 주요 입출금 내역이 실제 거래와 일치되는지? 여부를 반드시 검토한다.

 **증빙에 기초한 전표발행 및 시산표 작성**

세금계산서 등 증빙내역에 따라 모든 전표 처리가 완료된 이후에는 시산표를 작성해 기장에 오류가 없는지 확인하는 절차를 반드시 거쳐야 한다. 이와 같은 절차를 거치지 않는 경우 기장의 누락이나 과다 입력으로 인해 오류가 발생할 수 있다.

# 입금전표 출금전표 대체전표의 발행방법

거래가 발생하면 가장 먼저 할 일은 계정과목을 선택하고 전표를 발행하는 일이다.

전표란 거래내용을 요약하여 차변 및 대변의 계정과목과 금액, 거래일자, 거래처, 주요 거래내용 등을 기록하여 내부 결재하기 위해 작성되는 서류의 한 종류이다.

전표를 발행하는 종류는 회사마다 다소 차이가 있는데 분개전표 하나만을 사용하는 회사가 있는가 하면, 분개전표 대신 대체전표를 작성하는 회사, 입금전표, 출금전표, 대체전표 3종류를 작성하는 회사 매출이나 매입전표를 작성하는 회사 등 그 경우의 수만 해도 여러 가지이다.

이같이 회사마다 전표를 사용하는 방식이 다양한 이유는 전표의 형식이나 작성 방법 등이 법적으로 명확히 규정되어 있는 것이 아니라 기업의 실정에 맞게 실무상 편의에 따라 만들어 사용하는 형태를 취하고 있기 때문이다.

이에 실무자들이 가장 많이 사용하고 헷갈리는 입금전표, 출금전표, 대체전표 등 3전표를 사용하는 방법에 대해서 그 작성 방법을 살펴보도록 하겠다.

## 분개전표의 작성법

흔히 기업에서 입금전표, 출금전표, 대체전표의 3종류를 사용하는데 전표를 3종류로 구분해서 사용하지 않고 모든 것을 하나의 전표에 발행하는 것을 분개전표라고 한다. 따라서 거래가 발생하면 어떤 전표를 발행해야 하나 고민할 필요가 없고 작성 방법에 대해서 고민할 필요가 없으므로 초보자가 작성하기에 좋다는 장점이 있다.

전표를 보면 과목 또는 계정과목란이 있는데, 거래에 따른 계정과목을 실무담당자가 선별해서 기입하는 것으로 전표 작성에 있어서 가장 중요한 것은 계정과목의 선별이다.

초보 실무자들은 때때로 회계프로그램을 구입하여 전표를 발행하면 계정과목도 자동으로 선별해주는지 착각하는 사람들이 많은데 이는 아무리 프로그램이라도 해주지 못하며, 사람 즉 실무자가 직접 선별해야 한다.

따라서 전표 작성에 있어서 계정과목의 숙지가 가장 중요한 작성 방법이 될 수 있다.

예를 들어 삼보에 외상매입금 800만 원을 계좌이체 한 경우 다음과 같이 분개전표를 발행한다.

| | | | |
|---|---|---|---|
| 외상매입금 | 8,000,000 | / 현금 | 8,001,000 |
| 지급수수료 | 1,000 | | |

| 분 개 전 표 | | | | | | 담당 | 이사 | 사장 |
|---|---|---|---|---|---|---|---|---|
| 작성일자 | 2000년 00월 00일 | 작성자 | 홍길동 | 주식회사 갑 | | | | |
| 차 변 | | | 대 변 | | | | | |
| 계정과목 | 적 요 | 금 액 | 계정과목 | 적 요 | 금 액 | | | |
| 외상매입금 | 삼보 외상매입금 | 8,000,000 | 현 금 | | 8,001,000 | | | |
| 지급수수료 | 이체수수료 | 1,000 | | | | | | |
| 합 계 | | 8,001,000 | 합 계 | | 8,001,000 | | | |

**작성방법**

① 차변의 계정과목과 금액란에는 거래를 분개한 내용 중 차변 계정과목과 금액을 기입한다.

② 대변의 계정과목과 금액란에는 거래를 분개한 내용 중 대변 계정과목과 금액을 기입한다.

③ 적요란에는 거래내용을 간단하게 기입한다.

④ 일자란에는 거래 발생 날짜를 기입한다.

⑤ 합계란에는 차변과 대변의 합계를 표시하여 빈칸이 있는 경우는 차후의 분식을 방지하기 위하여 사선을 긋는다.

 **입금전표의 작성법**

입금전표는 현금이 들어오는 거래를 기입하는 전표이다.

입금전표의 차변은 항상 현금이므로 입금전표 상의 계정과목에는 대변계정만 적는다.

예를 들어 책상을 제조해서 판매하는 (주)갑은 (주)을에게 책상을 부가가치세 포함 11만 원에 현금으로 판매했다.

| | | | |
|---|---|---|---|
| 현금 | 110,000 / | 상품 | 100,000 |
| | | 부가가치세예수금 | 10,000 |

| 입 금 전 표 | | | | | 담당 | 이사 | 사장 |
|---|---|---|---|---|---|---|---|
| 작성일자 | 2000년 00월 00일 | 작성자 | 홍길동 | 주식회사 갑 | | | |
| 계정과목 | | 적 요 | | | 금 액 | | |
| 상품 | | 사무용책상 판매 | | | 100,000 | | |
| 부가가치세예수금 | | 사무용책상 판매 부가가치세 | | | 10,000 | | |
| 합 계 | | | | | 110,000 | | |

㋬ 위의 입금전표는 종류를 쉽게 구별할 수 있도록 붉은색으로 인쇄되어 있다.

[작성방법]

① 일자란 : 판매한 연월일을 기입한다.

② 계정과목란 : 상대 계정과목을 기입한다.

③ 적요란 : 정확하게 알 수 있도록 상세한 거래의 내용을 기입한다.

④ 금액란 : 공급가액과 부가가치세를 기입한다.

⑤ 합계란 : 상기한 금액의 합계액을 기입한다.

## 출금전표의 작성법

출금전표는 현금이 지급되는 거래를 기입하는 전표이다.

출금전표의 대변은 항상 현금이므로 출금전표 상의 계정과목에는 차변계정만 적는다.

예를 들어 책상 제작 원재료를 구입하면서 부가가치세 포함 11만 원을 현금 지급했다.

| | | | |
|---|---|---|---|
| 원재료 | 100,000 | / 현금 | 110,000 |
| 부가가치세대급금 | 10,000 | | |

| 출 금 전 표 | | | | 담당 | 이사 | 사장 |
|---|---|---|---|---|---|---|
| 작성일자 | 2000년 00월 00일 | 작성자 | 홍길동 | 주식회사 갑 | | |
| 계정과목 | | 적 요 | | 금 액 | | |
| 원재료 | | 사무용책상 판매 제작 원재료 구입 | | 100,000 | | |
| 부가가치세대급금 | | 원재료 구입 부가가치세 | | 10,000 | | |
| 합 계 | | | | 110,000 | | |

🔉 위의 출금전표는 종류를 쉽게 구별할 수 있도록 청색으로 인쇄되어 있다.

작성방법

① 일자란 : 매입한 연월일을 기입한다.

② 계정과목란 : 상대 계정과목을 기입한다.

③ 적요란 : 정확하게 알 수 있도록 상세한 거래의 내용을 기입한다.

④ 금액란 : 매입가액과 부가가치세를 기입한다.

⑤ 합계란 : 상기한 금액의 합계액을 기입한다.

# 대체전표의 작성법

대체전표는 현금의 수입과 지출 등의 변동이 없는 거래(대체거래)를 기입하는 전표이다. 대체거래는 전부대체거래(= 전부비현금거래)와 일부대체거래(= 일부현금거래)로 분류된다.

그리고 상품을 판매하고 일부는 현금으로 받고 일부는 외상으로 하는 등의 거래(일부 현금거래)를 기록하기도 한다.

예를 들어 강사를 초빙해서 2시간 강의료 40만 원 중 사업소득으로 13,200원을 원천징수 한 후 통장으로 송금해 주었다.

| 교육훈련비 | 400,000 | / | 보통예금 | 386,800 |
|---|---|---|---|---|
| | | | 예수금 | 13,200 |

| 대 체 전 표 | | | | | 담당 | 이사 | 사장 |
|---|---|---|---|---|---|---|---|
| 작성일자 | 2000년 00월 00일 | 작성자 | 홍길동 | 주식회사 갑 | | | |
| 차 변 | | | 대 변 | | | | |
| 계정과목 | 적 요 | 금 액 | 계정과목 | 적 요 | 금 액 | | |
| 교육훈련비 | 외부강사료 지급 | 400,000 | 보통예금 | | 386,800 | | |
| | | | 예수금 | | 13,200 | | |
| 합 계 | | 400,000 | 합 계 | | 400,000 | | |

작성방법

① 차변의 금액과 계정과목 란에는 거래를 분개한 내용 중 차변계정과목과 금액을 기입한다.

② 대변의 금액과 계정과목 란에는 거래를 분개한 내용 중 대변계정과목과 금액을 기입한다.

③ 적요란에는 거래내용을 간단하게 적는다.

④ 일자란에는 거래발생 날짜를 적는다.

⑤ 합계란에는 차변과 대변의 합계를 표시하며, 빈칸이 있는 경우는 차후의 분식을 방지하기 위하여 사선을 긋는다.

# 10

# 일반전표를 발행할까?
# 매입매출전표를 발행할까?

일반전표 입력메뉴는 부가가치세 신고와 관련 없는 모든 상거래 시 발행한다. 즉, 매입·매출 거래(세금계산서, 계산서, 수입세금계산서, 신용카드 매입·매출, 지출증빙용 현금영수증 등) 이외의 모든 거래내역에 대해 발행한다. 부가가치세 신고서는 매입·매출전표 입력데이터를 기본으로 작성된다.

| 일반전표 | 매입매출전표 |
|---|---|
| 부가가치세 신고와 관련 없는 모든 상거래에 대해서 발행<br>매입세액불공제 분은 일반전표 발행 | 매입·매출 거래 중 부가가치세 신고와 관련된 거래(세금계산서, 계산서, 수입세금계산서, 신용카드매출전표, 현금영수증, 현금매출 등)에 대해서 발행. 따라서 부가가치세 신고 관련 거래를 일반전표 발행 시 신고 누락이 발생한다. |

프로그램상 일반전표와 매입·매출전표의 차이점을 살펴보면 프로그램에 직접 일반전표와 매입·매출 전표에 똑같은 내용을 한번 입력해보면 쉽게 알 수 있다. 예를 들어 세금계산서를 받고

| 자산의 증가 | | 부채의 증가 | |
|---|---|---|---|
| 상품 | ××× / | 외상매입금 | ××× |
| 부가가치세대급금 | ××× | | |

을 똑같이 입력 후 세금계산서 합계표를 띄워보면 일반전표에 입력한 내용은 세금계산서합계표에 뜨지 않고, 매입·매출전표에 입력한 사항은 뜰 것이다.

결과적으로 매입·매출전표에 입력한 사항만 부가가치세 신고서에 반영이 된다.

그럼 나중에 부가가치세 신고를 할 때 세금계산서합계표에 뜨지 않는 것은 부가가치세 신고서에도 반영되지 않는다. 따라서 부가가치세 신고와 관련된 세금계산서, 계산서, 부가가치세 매입세액공제를 받을 수 있는 신용카드 매출전표, 현금영수증 등은 무조건 매입·매출전표에 입력해야 한다. 다만, 매입·매출전표도 일반전표도 모두 회계장부에는 반영된다.

편리하게 부가가치세 신고와 관련된 것을 구분하고자 매입·매출전표 메뉴가 있는 것이다.

# 11
# 전표발행과 세금계산서 발행날짜는
# 꼭 일치해야 하나

 **전표와 세금계산서 발행날짜의 차이**

1. 전표와 세금계산서 발행날짜가 달라요.
2. 세금계산서는 한 달간 거래를 집계해서 한 장으로 발행하는데,
어떡하죠?
3. 한 달간 거래를 정산(반품, 할인)해서 세금계산서를 발행합니다.

## ≫ 전표와 세금계산서 발행날짜가 달라요

세법상으로는 원칙적으로 물품의 인도 시점에 세금계산서를 발행하
도록 하고 있다.

따라서 정상적으로 전표가 발행되고, 세금계산서가 발행된다면, 대
다수는 전표의 발행일과 세금계산서 발행일이 일치한다.

그러나 언제나 실무에서는 차이가 발생하는데, 실무상으로는 발생주

의에 따라 거래가 이루어진 후 전표가 발행되고, 며칠 후에 세금계산서가 발행된다든가 세금계산서 수취인이 부가가치세 납부액을 조정하기 위해서 인위적으로 세금계산서 발행일을 조정해 달라고 요구하는 경우가 종종 있다.

따라서 이 경우 전표는 이미 발행되었고, 세금계산서는 며칠 후 발행일자로 해서 발행이 되게 되는데, 전표 발행일과 세금계산서 발행일의 차이로 인하여 실무담당자는 난처하지 않을 수 없다.

이 같은 경우 실무자는 당황하지 않아도 된다.

전표 발행일과 세금계산서 발행일이 며칠의 차이가 나는 경우는 문제가 되지 않는다.

전표의 발행날짜와 세금계산서 수취 날짜가 약간의 차이 즉, 10일 정도 차이가 나는 것은 법에서도 인정하는 부분이므로 문제가 되지 않는다. 다만, 최장기간으로 부가가치세 과세기간을 넘어가는 경우 과세기간 차이로 인하여 부가가치세 신고 상에 약간의 문제가 될 수 있으므로, 세금계산서 발행 또는 수취기준일을 정해서 부가가치세 신고기간 중 며칠 안에 모든 세금계산서의 수불이 이루어지도록 하면 된다.

예를 들어 거래처에 부가가치세 1기 확정신고를 위하여 모든 세금계산서 발행은 6월 30일까지 요청해 달라고 한다든지, 모든 영업사원은 수취한 세금계산서를 6월 30일까지 경리부로 제출해 달라는 등 일정한 기준을 정하여 시행한다면 관리에 편리함을 줄 수 있다.

특히 요즘은 대다수 전자세금계산서를 사용하므로 하나의 대표 이메일을 정해서 특정 날짜 안에 전자세금계산서를 주고받으면 편리하다.

## ≫ 한 달간 거래한 내역을 한 장에 모아 발행해도 되나요?

상대방과 거래 건수가 많은 경우 매일매일 세금계산서를 발행하는 것이 번거로우므로, 전표는 매일매일 발행하고 세금계산서는 1일부터 말일까지의 거래 내역을 집계해서 말일 자로 다음 달 10일까지 한 장으로 발행해도 법적으로 문제는 없다. 즉, 전표는 각 건별로 발행하고, 세금계산서는 동일 거래처인 경우 월 단위로 모아서 발행해도 문제가 되지 않는다. 또한, 세금계산서를 총액에서 할인이나 반품금액을 차감한 순액으로 발행을 하든, 총액에서 할인이나 반품금액을 차감하는 형식으로 세금계산서를 발행하든 문제가 되지는 않는다.

## 전표와 세금계산서의 효율적인 보관 방법

전표의 뒷면에 증빙을 붙여서 첨부하든, 별도로 증빙철을 만들어 증빙을 관리하든 이것은 실무담당자의 선택사항이다.

일정 거래에 대한 세금계산서를 해당 전표 뒷면에 붙여서 보관하거나, 전표와 증빙을 따로 보관하는 경우 전표와 세금계산서 날짜에 차이가 발생하는 것은 해당 전표의 비고란 등에 차이 나는 세금계산서의 발행번호 등을 기입해둠으로써 나중에 전표와 세금계산서를 상호 대조하는데, 편리함을 주는 것도 좋은 방법이다.

그리고 홈택스에서 조회가 되는 법정지출증빙은 별도로 종이 증빙으로 보관하지 않아도 문제가 되지 않는다.

# 12

# 회계 결산의 준비와 절차
# (분개에서 재무제표 작성까지)

결산은 일정한 회계연도의 기업의 재무상태와 손익상황을 파악하기 위해 실시하는 절차라고 보면 된다. 즉, 한 회계기간에 총계정 원장의 각 계정 내용을 정리하여 그 기간의 경영성과를 확정하고, 결산시점의 재무상태를 파악하기 위해서 모든 장부를 마감하고 결산보고서인 재무제표를 작성하는 제반 과정을 말한다.

회계는 손익을 인식하는 기준으로, 수익은 현금의 입·출입과 관계없이 거래가 일어난 시점에 모든 거래를 장부에 기록해야 한다. 즉, 수익은 '실현주의', 비용은 '발생주의'에 의해 손익을 인식하고 있다. 여기서 실현주의란 거래가 이루어지고 현금이 들어오지 않았다 하더라도 본인의 수익을 가져다주는 사건이 일어난 시점에 수익을 인식하고, 발생주의는 비용의 지출이 발생한 시점에 비용을 인식하는 것을 말한다.

그러나 실무에서는 통상적으로 수익이나 비용과 관련된 거래가 일어난 시점에 회계처리를 하지 않고, 실제 현금이 들어오고 나가는 시점에 회계처리를 하는 현금주의를 따르고 있으므로 기업회계기준과 실무상의 처리기준이 다르므로 인해 결산 시점에 기업의 재무상태와 손익상황이 달라질 수 있다. 따라서 이를 일치시켜 주기 위해 결산 정리를 한다.

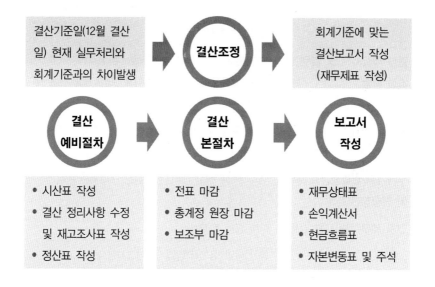

 **결산예비절차**

## ≫ 본격적인 결산 시작 전 준비 절차

결산을 시작하기 위해서는 가장 먼저 결산일까지의 거래에 의한 시산표부터 작성한다.

그리고 결산 정리사항을 조사해서 정리 분개와 기장을 한다.

❶ 결산 일정 확정 및 부서별 결산지침 하달

❷ 재고조사의 실시 및 재고조사표 작성

❸ 총계정 원장과 보조부의 대조 및 시산표의 작성

| 구 분 | 내 용 |
|---|---|
| 결산준비위원회의 구성 | 준비 직원은 결산의 일정과 절차, 업무 분담, 회계처리의 기본 방침 등 협의 |
| | 준비 팀장은 감사 시 제출서류 리스트, 체크포인트 등의 방침지시 |
| 결산 제출서류 및 업무 협조전 발송 | 각 부분에 대한 결산 시 주의할 점과 작업순서를 지시하고, 공장 및 타 부서에 결산 업무 협조전을 발송한다. |
| 시산표 마감, 각 계정 잔고의 조사 | 전표, 증빙, 장부 등을 마감하고 전 계정잔액명세서 작성과 수정정리 |
| 부가가치세 확정신고 준비 및 연말정산 준비 | 부가가치세 신고 대비, 연말정산 구비서류 수취 |
| 전기 세무 처리사항 검토 | 미비 항목 회계처리 |
| | 평가 방법 및 상각방법 등 신고사항 점검 |
| | 자본금과 적립금조정명세서 잔액 처리 |
| 결산 정리사항의 계산 준비 | 감가상각비 계산준비 |
| | 고정자산 관리대장 정리 |
| | 재고자산 수불 사항 정리 |
| | 건설가계정 계정분류 |
| | 퇴직금 추계액 개인별 명세 |
| | 부도어음 명세 및 세무신고서 등 필요서류 구비 |
| 재고 실사 준비 | 재고조사표 배부 및 실사계획표 체크 |
| | 작업분담표 배부 |
| 매출·매입 계상 체크 | 전표의 매출·입 관련 사항 체크 |

| 구 분 | 내 용 |
|---|---|
| 현금, 받을어음, 유가증권 실사, 재고조사 체크 | 현금출납부, 어음명세서, 유가증권 대장 확인 |
| | 은행잔액조회서, 잔액 조정표 작성, 각 은행장 확인 |
| | 재고조사표 회수 |
| | 재고조사표 → 원시 카드 → 수불 카드의 체크 |
| 채권 · 채무조회서 발송 | 채권 · 채무조회서 발송 |
| | 채권 · 채무 차액 조정표 작성 |

## ≫ 시산표 또는 일계표(월계표)의 작성

시산표는 복식부기에서 대차평균의 원리에 의해서 원장 전기의 맞고 틀림을 검증해서 재무제표 작성의 준비 자료로 활용하고, 또한 일정 기간의 재무변동상태를 나타내기 위해서 작성하는 일람표를 말한다.

**[시산표 등식]**

기말자산 + 총비용 = 기말부채 + 기초자본 + 총수익

전표를 발행한 후 일정 기간별로 한눈에 모든 거래내역을 파악하기 위해서는 매일 마감 및 월 마감 후 장부를 집계 · 정리 · 분석해야 하는데, 이를 위해 전표 내역을 매일 총계정 원장에 전기한 후 총계정 원장의 각 계정과목별 내역을 시산표(일계표)에 집계해야 한다. 또한, 중요한 사항은 현금출납장 등 보조부를 별도로 만들어 기록 · 관리한다.

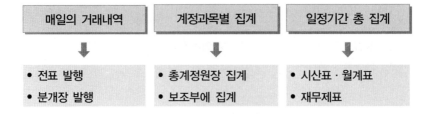

| 매일의 거래내역 | 계정과목별 집계 | 일정기간 총 집계 |
|---|---|---|
| • 전표 발행<br>• 분개장 발행 | • 총계정원장 집계<br>• 보조부에 집계 | • 시산표 · 월계표<br>• 재무제표 |

시산표(일계표)는 하루 거래내역을 계정과목 순서에 따라 시산표(일계표)라는 한 장의 서식에 집계해 놓은 것이다.

그리고 월계표는 일계표를 월 단위로 집계해 놓은 것으로 형식은 일계표와 차이가 없다.

회사에서 시산표(일계표)를 작성하는 이유는 계정과목별로 모든 내역을 한눈에 볼 수 있을 뿐만 아니라 올바르게 기록된 경우 차변과 대변의 금액이 항상 일치한다는 대차평균의 원리를 이용해 총계정원장의 기록에 오류가 없는지도 파악할 수 있다.

• 전표(분개장)에서 총계정 원장으로 전기가 정확한가를 검증한다.

• 재무상태표와 손익계산서 작성을 위한 기초자료로 이용한다.

• 일정 기간동안의 거래총액을 파악할 수 있다.

다만, 시산표도 다음과 같은 오류는 발견할 수 없다.

• 특정 거래가 누락한 경우

• 계정과목을 잘못 사용하거나 대차를 바꾸어 쓴 경우

• 여러 오류가 발생해서 대차에 미치는 효과를 상쇄한 경우

참고로 시산표는 계정과목별 잔액만 나타나는 잔액시산표, 합계만 나타나는 합계시산표, 합계 잔액 모두 나타나는 합계잔액시산표로 이론상 분류하기도 한다.

| 구 분 | 내 용 |
|---|---|
| 잔액시산표 | 모든 계정의 잔액만을 모아 놓은 시산표 |
| 합계시산표 | 모든 계정의 합계만을 모아 놓은 시산표 |
| 합계잔액시산표 | 잔액시산표 + 합계시산표 |

### 합계시산표

(주)한국      20××년 ××월 ××일      단위 : 원

| 차 변 | 원 면 | 계정과목 | 대 변 |
|---|---|---|---|
| | | | |
| | | | |

### 잔액시산표

(주)한국      20××년 ××월 ××일      단위 : 원

| 차 변 | 원 면 | 계정과목 | 대 변 |
|---|---|---|---|
| | | | |
| | | | |

### 합계잔액시산표

(주)한국      20××년 ××월 ××일      단위 : 원

| 차 변 | | 원 면 | 계정과목 | 대 변 | |
|---|---|---|---|---|---|
| 잔 액 | 합 계 | | | 합 계 | 잔 액 |
| | | | | | |
| | | | | | |

## ≫ 정산표의 작성

정산표란 잔액시산표로서 손익계산서와 재무상태표를 작성하는 과정을 일람표로 나타낸 것이다. 즉, 결산의 본 절차에 들어가기에 앞서 잔액시산표를 토대로 해서 손익계산서와 재무상태표가 작성되는 과정을 나타내는 목록(가결산서 이지, 재무제표가 아님)을 말한다.

정산표는 6위식, 8위식, 10위식의 형식이 있다. 정산표를 작성함으로써 재무상태표, 손익계산서를 쉽게 작성할 수 있고, 신속하고 간편하게 재무상태와 경영성적을 파악할 수 있으며, 결산에 관한 제반 사항들도 잘 이해할 수 있게 된다.

**[정산표 등식]**

기말자산 + 총비용 + 순이익 = 기말부채 + 기초자본 + 총수익 + 순이익

6위식 정산표 작성 방법을 살펴보면 다음과 같다.

● 잔액시산표란 : 잔액시산표의 각 계정 잔액을 그대로 기입한다.

● 손익계산서란 : 시산표에 기입된 계정과목 중 수익계정은 대변에, 비용계정은 차변에 기입한다.

● 재무상태표란 : 시산표에 기입된 계정과목 중 자산계정은 차변에, 부채와 자본계정은 대변에 기입한다.

## 정산표

(주)한국　　　　　　20××년 ××월 ××일　　　　　　단위 : 원

| 계정과목 | 시산표 | | 손익계산서 | | 재무상태표 | |
|---|---|---|---|---|---|---|
| | 차 변 | 대 변 | 차 변 | 대 변 | 차 변 | 대 변 |
| | 기말자산 10,000 | 기말부채 2,000 | | | 기말자산 10,000 | 기말부채 2,000 |
| | | 기초자본 5,000 | | | | 기초자본 5,000 |
| | | | | | | 순수익 3,000 |
| | 총비용 3,000 | 총수익 6,000 | 총비용 3,000 | 총수익 6,000 | | |
| | | | 순수익 3,000 | | | |

 ## 결산의 본절차

결산의 본절차는 기장에 의해 정리된 각 손익계정의 금액을 손익계정에 대체해 마감하고, 손익계정의 잔액을 자본계정인 미처분이익잉여금으로 대체한 후 일단 이익처분 전 상태의 재무제표를 작성해 이익처분의 참고자료로 제공한다.

그리고 이익처분 계산이 이루어지면 이에 관한 분개와 기장을 해서 자산·부채·자본계정을 차기이월 기장해서 마감한다.

| 구 분 | 내 용 |
|---|---|
| 손익계정의 정리 | 손익계정의 결산 정리 |
| 제충당금 계산 완료 | 대손충당금 |
| | 퇴직급여충당부채 |
| | 감가상각누계액 |
| | 위 사항들의 기초자료 계상명세서 작성 |
| 원부자재 · 제품수불 마감, 노무비 · 경비 확정 | 제품, 상품 수불 마감 |
| | 재공품 평가 확정 |
| | 원부자재, 저장품, 기초자재 수불 마감 |
| | 노무비, 경비집계표 및 배부표 확정 |
| 장부 1차 마감, 계정명세서 작성 | 장부 1차 마감 후 결산 정리사항 수정분개표 작성 |
| | 장부 마감 후 시산표 작성 |
| | 계정 잔액 명세표 작성 |
| 결산위원회 회의 소집 | 결산안 상정 |
| 결산위원회 의결사항 하달 | 정리 분개전표 발행 |
| | 장부 마감 |
| | 시산표 확정(수정 후 시산표) |
| 공장 방문 | 재고자산 수불 확정 |
| 원가계산 | 재료비, 노무비, 경비, 제품 배부 |

## ≫ 총계정 원장의 마감

손익계산서 계정의 대체마감

손익계산서의 수익과 비용은 당기의 경영성과를 파악하기 위해 기록하는 것이다. 수익계정의 마감은 우선 손익계정을 임시로 설정해서 수익에 속하는 계정의 잔액은 손익계정의 대변에, 비용에 속하는 계정의 잔액은 손익계정의 차변에 대체하고 마감한 후 손익계정의 차액을 자본금계정에 대체하고 손익계정을 마감한다.

| 비용 | | | 손익 | | | 수익 | | |
|---|---|---|---|---|---|---|---|---|
| | 소멸액 | | 비용 | 수익 | | | 소멸액 | |
| 발생액 | | | 계정에서 | 계정에서 | | | | 발생액 |
| | 대체금액 | | 대체금액 | 대체금액 | | | 대체금액 | |

| | 자본금 | | | | 상품매출이익 | | | |
|---|---|---|---|---|---|---|---|---|
| | | 11/7 | 690,000 | 손익 | 500,000 | 11/10 | 500,000 | |
| | | 손익 | 190,000 | | | | | |

| | 임대료 | | | | 잡이익 | | | |
|---|---|---|---|---|---|---|---|---|
| 손익 | 60,000 | 11/30 | 60,000 | 손익 | 10,000 | 11/26 | 10,000 | |

| | 급여 | | | | 보험료 | | | |
|---|---|---|---|---|---|---|---|---|
| 11/25 | 250,000 | 손익 | 250,000 | 11/26 | 100,000 | 손익 | 100,000 | |

| | 통신비 | | | | 잡비 | | | |
|---|---|---|---|---|---|---|---|---|
| 11/25 | 20,000 | 손익 | 20,000 | 11/26 | 10,000 | 손익 | 10,000 | |

| | 손익 | | | | |
|---|---|---|---|---|---|
| 급여 | | 250,000 | 상품매출이익 | | 500,000 |
| 보험료 | | 100,000 | 임대료 | | 60,000 |
| 통신비 | | 20,000 | 잡이익 | | 10,000 |
| 잡비 | | 10,000 | | | |
| 자본금 | | 190,000 | | | |
| | | 570,000 | | | 570,000 |

| 구 분 | 차변과목 | 금 액 | 대변과목 | 금 액 |
|---|---|---|---|---|
| 수익대체분개 | 상품매출이익 | 500,000 | 손익 | 570,000 |
| | 임대료 | 60,000 | | |
| | 잡이익 | 10,000 | | |
| 비용대체분개 | 손익 | 380,000 | 급여 | 250,000 |
| | | | 보험료 | 100,000 |
| | | | 통신비 | 20,000 |
| | | | 잡비 | 10,000 |
| 순손익 대체분개 | 손익 | 190,000 | 자본금 | 190,000 |

## 재무상태표 계정의 대체마감

### 현금

| | | | |
|---|---|---|---|
| 180,000 | | | 60,000 |
| | | 차기이월 | 120,000 |
| 180,000 | | | 180,000 |
| 전기이월 | 120,000 | | |

### 당좌예금

| | | | |
|---|---|---|---|
| 150,000 | | | 50,000 |
| | | 차기이월 | 100,000 |
| 150,000 | | | 150,000 |
| 전기이월 | 100,000 | | |

### 단기금융상품

| | | | |
|---|---|---|---|
| 200,000 | | | |
| | | 차기이월 | 200,000 |
| 200,000 | | | 200,000 |
| 전기이월 | 200,000 | | |

### 외상매출금

| | | | |
|---|---|---|---|
| 350,000 | | | 120,000 |
| | | 차기이월 | 230,000 |
| 350,000 | | | 350,000 |
| 전기이월 | 230,000 | | |

### 상품

| | | | |
|---|---|---|---|
| 350,000 | | | 250,000 |
| | | 차기이월 | 100,000 |
| 350,000 | | | 350,000 |
| 전기이월 | 100,000 | | |

### 건물

| | | | |
|---|---|---|---|
| 500,000 | | | |
| | | 차기이월 | 500,000 |
| 500,000 | | | 500,000 |
| 전기이월 | 500,000 | | |

| 외상매입금 | | | 단기차입금 | | |
|---|---|---|---|---|---|
| | 500,000 | 700,000 | | | 70,000 |
| 차기이월 200,000 | | | 차기이월 70,000 | | |
| | 700,000 | 700,000 | | 70,000 | 70,000 |
| | | 전기이월 200,000 | | | 전기이월 70,000 |

| 지급어음 | | | 자본금 | | |
|---|---|---|---|---|---|
| | 400,000 | 500,000 | | | 690,000 |
| 차기이월 100,000 | | | 차기이월 880,000 | 손익 | 190,000 |
| | 500,000 | 500,000 | | 880,000 | 880,000 |
| | | 전기이월 100,000 | | | 전기이월 880,000 |

## 이월시산표

(주)한국                 20××년 ××월 ××일                 단위 : 원

| 차 변 | 계정과목 | 대 변 |
|---:|:---|---:|
| 120,000 | 현　　　　　　　金 | |
| 100,000 | 당　좌　예　금 | |
| 200,000 | 단 기 금 융 상 품 | |
| 230,000 | 외　상　매　출　금 | |
| 100,000 | 상　　　　　　　품 | |
| 500,000 | 건　　　　　　　물 | |
| | 외　상　매　입　금 | 200,000 |
| | 지　급　어　음 | 70,000 |
| | 단　기　차　입　금 | 100,000 |
| | 자　본　금 | 880,000 |
| 1,250,000 | 합　　　　　　　계 | 1,250,000 |

# 손익계산서와 재무상태표의 작성

## 손익계산서

(주)한국        20××년 ××월 ××일~20××년 ××월 ××일        단위 : 원

| 과 목 | 금 액 | 과 목 | 금 액 |
|---|---|---|---|
| 급여 | 250,000 | 상품매출이익 | 500,000 |
| 보험료 | 100,000 | 임대료 | 60,000 |
| 통신비 | 20,000 | 잡이익 | 10,000 |
| 잡비 | 10,000 | | |
| 당기순이익 | 190,000 | | |
| | 570,000 | | 570,000 |

## 재무상태표

(주)한국        20××년 ××월 ××일 현재        단위 : 원

| 과 목 | 금 액 | 과 목 | 금 액 |
|---|---|---|---|
| 현        금 | 120,000 | 외 상 매 입 금 | 200,000 |
| 당 좌 예 금 | 100,000 | 지 급 어 음 | 70,000 |
| 단 기 금 융 상 품 | 200,000 | 단 기 차 입 금 | 100,000 |
| 외 상 매 출 금 | 230,000 | 자        본        금 | 880,000 |
| 상            품 | 100,000 | (당기순이익 190,00원) | |
| 건            물 | 500,000 | | |
| | 1,250,000 | | 1,250,000 |

## 재무상태표에 의한 당기순이익의 계산

기초 재무상태표

**재무상태표**

| 기초자산 | 기초부채 |
|---|---|
|  | 기초자본 |

기초재무상태표 등식 : 기초자산 = 기초부채 + 기초자본


기말 재무상태표(당기순이익 발생 시)

**기말 재무상태표**

| 기말자산 | 기말부채 | |
|---|---|---|
|  | 기말자본 | 기초자본금 |
|  |  | 당기순이익 |

기말재무상태표 등식 : 기말자산 = 기말부채 + 기초자본 +

당기순이익

기말자산 = 기말부채 + 기말자본


기말 재무상태표(당기순손실 발생 시)

**기말 재무상태표**

| 기말자산 | 기말부채 | |
|---|---|---|
|  | 기말자본 | 기초자본금 |
|  |  | 당기순이익 |

기말자본 − 기초자본 = 당기순이익

기초자본 − 기말자본 = 당기순손실

# 13

# 재무상태표 계정의 결산정리

 **자산계정의 결산정리**

## ≫ 재고자산 계정의 결산정리

**❶ 계속기록법**

상품을 판매할 때마다 매출원가를 기록하기 때문에 결산정리분개가 불필요하다.

| | | |
|---|---|---|
| 매출원가 | XXX / 재고자산 | XXX |

상품매출원가 = 기초상품재고액 + 당기상품매입액 - 기말상품재고액

**❷ 실지재고조사법**

상품을 판매할 때 매출액만 기록하므로 결산시점의 매출원가와 기말 상품평가를 위한 결산정리분개가 필요하다. 즉, 한국채택국제회계기 준에서는 결산 시 포괄손익계산서를 작성하는 경우의 상품계정(상품 계정을 3분법으로 회계처리 시)의 결산정리분개는 다음과 같다.

| (기초상품) 매출원가 | XXX / 이월상품 | XXX |
|---|---|---|
| (기말상품) 이월상품 | XXX / 매출원가 | XXX |

그러나 결산에서 성격별 포괄손익계산서를 작성하는 경우의 상품계정(상품계정을 3분법으로 회계처리 시)의 결산정리분개는 기초상품재고액과 기말상품재고액을 비교하여 그 차액을 다음과 같이 분개한다.

기초상품재고액 〈 기말상품재고액 : 이월상품　XXX / 상품의 변동 XXX

기초상품재고액 〉 기말상품재고액 : 상품의 변동 XXX / 이월상품　XXX

이때 상품의 변동 계정은 당기 상품 매입액에서 차감 또는 가산하는 형식으로 포괄손익계산서에 기입한다.


❸ 재고자산감모손실 및 재고자산평가손실의 정리

상품은 보관 중에 도난, 분실, 파손, 증발 등의 원인에 의해서 장부상의 재고액과 실제 재고액이 일치하지 않는 경우가 있다. 이때 실제 재고액이 장부 재고액보다 적으면 그 차액을 재고자산감모손실(정상적인 감모는 매출원가, 비정상적인 감모는 영업외비용)로 처리한 후 상품재고액을 감소시켜야 한다. 또한, 상품의 시가가 취득원가보다 낮을 때는 취득원가와 시가와의 차액을 재고자산평가손실로 처리한다.

가. 장부상 상품 재고액 〉 실제재고액

| 정상적 : | 매출원가 | XXX / 재고자산 | XXX |
|---|---|---|---|
| 비정상적 : | 재고자산감모손실 | XXX / 재고자산 | XXX |

나. 실제 재고액 > 시가(순실현가능액)

| 직접법 : 매출원가 | XXX | / | 재고자산 | XXX |
| 간접법 : 매출원가 | XXX | / | 재고자산평가충당금 | XXX |

## ≫ 단기매매증권의 결산 정리

보유하고 있는 단기매매증권은 가격변동에 따라 결산 기말 장부가액
과 공정가치가 일치하지 않는 것이 보통이다.
시장성 있는 일시 소유의 단기매매증권으로서 취득원가와 공정가액
이 다른 경우 공정가액에 따라 평가해서 장부가액을 조정한다.

❶ 상승 시의 회계처리(공정가액 > 취득원가)

| 단기매매증권 | XXX | / | 단기매매증권평가이익 | XXX |

❷ 하락 시의 회계처리(공정가액 < 취득원가)

| 단기매매증권평가손실 | XXX | / | 단기매매금융자산 | XXX |

## ≫ 매도가능증권의 결산 정리

보유하고 있는 매도가능증권 중 시장성이 있어서 기말 공정가액을
파악하기 쉬운 지분상품은 공정가치로 평가해야 하며, 공정가치를
알 수 없는 지분상품(= 보통주식, 우선주식 등 지분증권을 발행한
자에 대한 소유권 또는 지배권을 나타내는 증권)은 예외적으로 취득
원가로 평가하는 것을 허용하고 있다. 매도가능증권을 공정가치로
평가했을 때 매도가능증권평가손익은 당기손익이 아니라 기타포괄손
익으로 분류한다.

**❶ 상승 시의 회계처리(공정가액 > 취득원가)**

매도가능증권            XXX   /   매도가능증권평가이익      XXX

**❷ 하락 시의 회계처리(공정가액 < 취득원가)**

매도가능증권평가손실      XXX   /   매도가능증권          XXX

## 》 매출채권 계정의 결산 정리

외상매출금이나 받을어음 같은 매출채권은 거래처의 파산, 폐업, 행방불명 등으로 그 회수가 불가능하게 되는 경우가 있는데, 이를 대손이라고 한다.

첫째, 기업은 외상매출금 중에서 몇 %는 회수되지 않음을 과거의 경험에 의해서 알 수 있다. 따라서 기말 외상매출금 계정 잔액 중 미래에 예상되는 대손액을 추산한다.

둘째, 추산된 대손액을 손익계산서의 대손상각비라는 비용계정으로 처리하고, 재무상태표의 외상매출금을 감액시켜 기재한다.

셋째, 추산액은 확정된 금액이 아니므로 외상매출금에서 직접 차감하지 않고, 외상매출금 계정의 부속 계정인 대손충당금 계정을 설정해 외상매출금 계정에서 차감하는 형식으로 기재한다.

**❶ 충당금설정액이 없거나 부족한 경우**

대손상각비            XXX   /   대손충당금          XXX

**❷ 충당금설정액이 남는 경우**

대손충당금           XXX   /   대손충당금환입      XXX

## ≫ 현금계정의 결산 정리

회계기간 중 현금의 실제 잔액이 장부상 금액과 차이가 발생할 경우 이를 먼저 현금과부족계정에 기입해서 현금계정과 시재액을 일치시키고, 조사 결과 현금과부족의 원인이 밝혀지면 해당 계정에 대체해야 하나, 결산일까지도 그 원인이 밝혀지지 않을 경우는 부족액은 잡손실 계정에, 과잉액은 잡이익 계정에 대체해 현금과부족계정을 소멸시킨다.

| 현금과잉(장부 〈 실제) | 현금부족(장부 〉 실제) |
|---|---|
| ❶ 현금과잉액 발견 : | ❶ 현금부족액 발견 : |
| 현금　　　XXX / 현금과부족　XXX | 현금과부족　XXX / 현금　　　XXX |
| ❷ 원인 규명 : | ❷ 원인 규명 : |
| 현금과부족 XXX / 해당 원인계정 XXX | 해당 원인계정 XXX / 현금과부족 XXX |
| ❸ 결산 시까지 원인불규명 : | ❸ 결산 시까지 원인불규명 : |
| 현금과부족 XXX / 　잡이익　　XXX | 잡손실　　XXX / 현금과부족 XXX |

## ≫ 당좌예금계정의 결산 정리

당좌차월이자가 있는 경우 이를 이자비용으로 처리한다.

이자비용　　　　　　　　XXX　/　　당좌예금　　　　　　　XXX

## ≫ 유형자산 계정의 결산 정리

영업활동에 사용되는 유형자산 중에서 토지 및 건설중인자산을 제외한 건물, 기계장치, 비품, 차량운반구 등은 시간의 경과나 매연도 사용에 따른 비용을 수명 기간에 걸쳐 조금씩 손익계산서에 기록함과 동시에 유형자산의 가액을 감소시켜야 한다. 이를 감가상각이라 하며, 유형자산의 매연도 사용에 따른 비용을 감가상각비라고 한다. 또한, 감가상각비로 계상되는 상대편 계정과목을 감가상각누계액으로 기록한다.

직접법 : 감가상각비　　　　　　XXX　/　유형자산　　　　　　　XXX
간접법 : 감가상각비　　　　　　XXX　/　감가상각누계액　　　　XXX

## ≫ 미사용 소모품의 결산 정리

소모품 구입 시 자산으로 처리한 경우와 비용으로 처리한 경우 둘다 미사용 소모품에 대한 정리 분개를 해야 한다.

❶ 소모품 구입 시 자산으로 처리한 경우의 분개
(구입 시)

소모품　　　　　　　　　　XXX　/　현금　　　　　　　　　XXX

(결산수정분개)

소모품비　　　　　　　　　XXX　/　소모품(사용액)　　　　XXX

❷ 소모품 구입 시 비용으로 처리한 경우의 분개
(구입 시)

소모품비　　　　　　　　　XXX　/　현금　　　　　　　　　XXX

(수정분개)

소모품(미사용액)　　　　　XXX　/　소모품비　　　　　　　XXX

## ≫ 무형자산 계정의 결산 정리

무형자산은 기업의 영업활동에 효익을 제공하는 자산이므로 영업활동에 사용됨에 따라 가치의 감소가 이루어진다. 따라서 무형자산 역시 합리적인 기간에 걸쳐 상각으로 비용처리를 해야 한다. 무형자산의 상각액은 비용으로 손익계산서에 기록하며, 상대편 계정과목으로 재무상태표에 동 금액만큼을 직접 차감해서 기록한다.

| 무형자산상각비 | XXX | / | 특허권 | XXX |
|---|---|---|---|---|

## ≫ 가지급금과 가수금계정의 결산 정리

가지급금과 가수금은 그 원인이 밝혀지면 해당 계정으로 대체해야 한다.

❶ 가지급금이 여비교통비로 판명 시

| 여비교통비 | XXX | / | 가지급금 | XXX |
|---|---|---|---|---|

❷ 가수금이 외상매출금의 회수로 판면 시

| 가수금 | XXX | / | 외상매출금 | XXX |
|---|---|---|---|---|

 **부채계정의 결산 정리**

## ≫ 사채계정의 결산정리

사채는 사채의 발행가액과 액면 가액과 차이인 사채발행차금의 상각을 결산 시 반영해야 한다.

| 이자비용 | XXX | / | 미지급이자 | XXX |
|---|---|---|---|---|
| | | | 사채할인발행차금 | XXX |

> 사채의 이자비용 = 사채의 기초장부가액 × 유효이자율
> 사채할인발행차금상각액 = 사채의 이자비용 − 현금이자
> 사채할증발행차금상각액 = 현금이자 − 사채의 이자비용

## ≫ 장기차입금 계정의 결산 정리

장기차입금을 조달한 후 시간이 경과하면 지급기일이 1년 이내로 도래하게 된다. 이때는 장기차입금으로 회계처리 되었던 계정과목을 유동부채인 유동성 장기차입금으로 재분류해야 한다.

| 장기차입금 | XXX | / | 유동성장기차입금 | XXX |

## ≫ 퇴직급여충당부채 계정의 결산 정리

퇴직급여는 종업원의 퇴직 후를 대비해 급여 일부를 기업 내에 저축하게 되며, 기업은 종업원이 퇴직하게 되는 경우 퇴직금을 지급한다. 따라서 퇴직금은 종업원이 퇴직할 때 지급되지만 퇴직 시점의 비용이 아니라 종업원의 재직기간에 발생하는 비용이라 볼 수 있다. 따라서 1년 동안 불입된 퇴직금의 증가액은 종업원이 퇴직하지 않더라도 당해 기간의 비용으로 인식해야 한다. 1년 동안의 퇴직금 증가액은 손익계산서의 판매관리비인 퇴직급여 계정 차변에 기록하고, 상대편 계정과목으로 재무상태표의 비유동부채인 퇴직급여충당부채로 기록한다.

| 퇴직급여 | XXX | / | 퇴직급여충당부채 | XXX |

## 자본계정의 결산 정리

### ≫ 인출금의 정리

개인사업자의 인출금은 자본금과 동일한 성격으로 사업주가 개인적 사용을 위해 별도 계정인 인출금을 설정해서 자본증감을 파악하고자 할 때 이용된다. 따라서 결산 시에는 인출금 계정의 잔액을 자본금 계정으로 대체해야 한다.

| 인출금 | XXX | / | 자본금 | XXX |
|---|---|---|---|---|

| 결산 항목 | 정리자료 | 차변 | 대변 |
|---|---|---|---|
| 상품재고액 수정 | 기초상품재고액 100원 | 매　　　입 100 | 이 월 상 품 100 |
| | 기말상품재고액 200원 | 이 월 상 품 200 | 매　　　입 200 |
| 단기매매 증권평가 | 기말 장부가액 150원 | 단기매매금융 50 자산평가손실 | 단 기 매 매 50 금 융 자 산 |
| | 기말 결산일 현재 100원 | | |
| | 기말장부가액 150원 | 단기매매 30 금융자산 | 단기매매금융 30 자산평가이익 |
| | 기말 결산일 현재 180원 | | |
| 매출채권 대손추산 | 기말매출채권 잔액 700원 | 대손상각비 20 | 대손충당금 20 |
| | 전기 대손충당금 잔액 50원 | | |
| | 대손추산율 10% | | |
| 가지급금과 가수금의 정리 | 가지급금잔액 180원 | 여비교통비 180 | 가지급금 180 |
| | 여비교통비 지급 누락 | | |
| | 가수금 잔액 130원 | 가수금 130 | 외상매출금 130 |
| | 외상매출금 회수 누락 | | |

| 결산 항목 | 정리자료 | 차변 | | 대변 | |
|---|---|---|---|---|---|
| 현금과부족 정리 | 현금과부족 차변 잔액 80원 원인불명 | 잡손실 | 80 | 현금과부족 | 80 |
| | 현금과부족 대변 잔액 50원 원인불명 | 현금과부족 | 50 | 잡이익 | 50 |
| 인출금 정리 | 인출금 500원 자본금에 대체 | 자본금 | 500 | 인출금 | 500 |
| 유형자산 감가상각 | 정액법 : 취득가액 1,000원 | 감가상각비 | 100 | 감가상각누계액 | 100 |
| | 내용연수 10년 | | | | |
| | 정율법 : 취득가액 1,000원 | 감가상각비 | 50 | 감가상각누계액 | 50 |
| | 상각율(감가율) 5% | | | | |
| 무형자산 감가상각 | 특허권 500원 5년간 상각 | 무형자산 상각비 | 100 | 특허권 | 100 |

# 14

# 손익계산서 계정의 결산정리

 **손익의 예상**

손익의 예상이란 아직 현금의 수입과 지출이 이루어지지 않았지만 이미 용역을 제공받거나 제공하여 수익과 비용이 발생한 경우 당기의 수익, 비용에 계상하는 한편 차기의 수익과 비용에 포함되지 않도록 회계처리하는 것을 말한다.

## ≫ 수익의 예상(미수수익)

수익이 발생하였으나 결산일 현재까지 수입이 이루어지지 않은 경우이다.

따라서 손익계산서 대변에 해당 수익을 기록하고, 재무상태표에는 미수수익이라는 자산을 기록한다(결산 시점에 아직 받지 않은 이자, 임대료 등).

| 미수수익 | XXX | / | 이자수익 | XXX |

예를 들어 1월 1일 3개월분 임대료 3만원을 받은 경우

| 1월 | 2월 | 3월 | 4월 | 5월 | 6월 | 7월 | 8월 | 9월 | 10월 | 11월 | 12월 |
|------|------|------|------|------|------|------|------|------|------|------|------|
| 당기수입 3만원 | | | 당기 미수취분 9만원 | | | | | | | | |

| 시기 | 거래내용 | 차변 | | 대변 | |
|------|----------|------|------|------|------|
| 당기중 | 1월 1일 3개분 임대료 3만원을 받은 경우 | 현금 | 30,000 | 임대료 | 30,000 |
| 당기말 | 9개월분 임대료 미수취 | 미수수익 | 90,000 | 임대료 | 90,000 |
| 차기초 | 재수정(재대체) 분개 | 임대료 | 90,000 | 미수수익 | 90,000 |

## ≫ 비용의 예상(미지급비용)

비용이 발생하였으나 결산일 현재까지 지급이 이루어지지 않은 경우이다. 따라서 손익계산서 차변에 해당 비용을 기록하고, 재무상태표에는 미지급비용이라는 부채를 기록한다.

(결산 시점에 아직 지급하지 않은 이자)

이자비용 XXX / 미지급비용 XXX

예를 들어 1월 1일 3개월분 이자 3만 원을 지급한 경우

| 1월 | 2월 | 3월 | 4월 | 5월 | 6월 | 7월 | 8월 | 9월 | 10월 | 11월 | 12월 |
|------|------|------|------|------|------|------|------|------|------|------|------|
| 당기지출 3만원 | | | 당기 미지급분 9만원 | | | | | | | | |

| 시기 | 거래내용 | 차변 | | 대변 | |
|------|----------|------|------|------|------|
| 당기중 | 1월 1일 3개분 이자 3만원을 지급한 경우 | 이자비용 | 30,000 | 현금 | 30,000 |
| 당기말 | 9개월분 이자비용 미지급 | 이자비용 | 90,000 | 미지급비용 | 90,000 |
| 차기초 | 재수정(재대체) 분개 | 미지급비용 | 90,000 | 이자비용 | 90,000 |

**손익의 이연**

손익의 이연은 이미 현금의 수입과 지출이 이루어져 수익계정과 비용계정에 기입되어 있는 금액 중에 그 일부가 차기 이후의 기간에 속하는 경우 당기의 수익, 비용에서 차감하여 차기의 회계연도로 이월하는 것을 말한다.

## ≫ 수익의 이연(선수수익)

이미 받은 수익 중에서 차기 이후에 해당하는 수익분까지 수입이 먼저 이루어진 경우이다. 따라서 손익계산서에는 해당 수익을 줄여주고, 재무상태표에는 이 금액만큼 선수수익이라는 부채를 기록한다. (결산 시점에 미리 받은 이자)

이자수익 　　　　　 XXX 　/　 선수수익 　　　　　 XXX

예를 들어 10월 1일 1년분 이자 12만 원을 받은 경우

| 10월 | 11월 | 12월 | 1월 | 2월 | 3월 | 4월 | 5월 | 6월 | 7월 | 8월 | 9월 |
|------|------|------|-----|-----|-----|-----|-----|-----|-----|-----|-----|
| 당기분(3만원) | | | 차기(다음 연도)분 (9만원) | | | | | | | | |
| 12만원 × 3/12 | | | 12만원 × 9/12 | | | | | | | | |

| 시기 | 거래내용 | 차변 | | 대변 | |
|------|---------|------|------|------|------|
| 당기중 | 10월 1일 1년분 이자 12만원 수취 | 현금 | 120,000 | 이자수익 | 120,000 |
| 당기말 | 9개월분 이자 선수취 | 이자수익 | 90,000 | 선수수익 | 90,000 |
| 차기초 | 재수정(재대체) 분개 | 선수수익 | 90,000 | 이자수익 | 90,000 |

## ≫ 비용의 이연(선급비용)

이미 지급한 비용 중에서 차기 이후에 해당하는 비용 분까지 지급이 먼저 이루어진 경우이다. 따라서 손익계산서에는 해당 비용을 줄여주고, 재무상태표에는 이 금액만큼 선급비용이라는 자산을 기록한다 (결산시점에 미리 지급한 이자).

| 선급비용 | XXX | / | 이자비용 | XXX |
|---|---|---|---|---|

예를 들어 10월 1일 1년분 임차료 12만원을 지급한 경우

| 10월 | 11월 | 12월 | 1월 | 2월 | 3월 | 4월 | 5월 | 6월 | 7월 | 8월 | 9월 |
|---|---|---|---|---|---|---|---|---|---|---|---|
| 당기분(3만원) | | | 차기(다음 연도)분 (9만원) | | | | | | | | |
| 12만원 × 3/12 | | | 12만원 × 9/12 | | | | | | | | |

| 시기 | 거래내용 | 차변 | | 대변 | |
|---|---|---|---|---|---|
| 당기중 | 10월 1일 1년분 임차료 12만원 지급 | 임차료 | 120,000 | 현금 | 120,000 |
| 당기말 | 9개월분 임차료 선지급 | 선급비용 | 90,000 | 임차료 | 90,000 |
| 차기초 | 재수정(재대체) 분개 | 임차료 | 90,000 | 선급비용 | 90,000 |

| 결산항목 | 정리자료 | 차변 | | 대변 | |
|---|---|---|---|---|---|
| 비용 | 보험료 계정 마감 시 대·차 합계를 해서 대변의 부족 금액 100원을 손익으로 기록하다 | 손익 | 100 | 보험료 | 100 |
| 수익 | 이자수익 계정 마감 시 대·차 합계를 해서 차변의 부족 금액 300원을 손익으로 기록하다. | 이자수익 | 300 | 손익 | 100 |
| 손익 | 손익계정 마감 시 대·차 합계를 해서 차변의 부족 금액 200원을 자본금(또는 이익잉여금)으로 기록하다. | 손익 | 200 | 자본금 (이익잉여금) | 200 |

# 15

# 계정의 마감과 결산보고서의 작성

## 계정의 마감

### ≫ (포괄)손익계산서 계정의 마감

수익계정과 비용계정은 당기의 영업 성과를 나타내 주는 것으로 다음 기에 영업 성과를 파악할 때 영향을 미쳐서는 안 된다. 따라서 수익계정과 비용계정은 한 회계기간이 끝나면 잔액을 0(영)으로 만들어 다음 기의 손익계정은 0에서부터 출발하도록 해야 한다.

### 수익계정의 마감

수익계정은 대변에 나타나므로 이를 마감해서 0(영)으로 만들기 위해서는 차변에 수익계정 잔액을 기록한다.

| 수익계정 | XXX | / | 집합손익 | XXX |
|---|---|---|---|---|

## 비용계정의 마감

비용계정은 차변에 나타나므로 이를 마감해서 0(영)으로 만들기 위해서는 대변에 비용계정 잔액을 기록한다.

| 집합손익 | XXX | / | 비용계정 | XXX |
|---|---|---|---|---|

## 집합손익 계정의 마감

집합손익의 차변 잔액(당기순이익)이나 대변 잔액(당기순손실)의 상대 계정에 같은 금액을 기록해서 집합손익계정의 잔액을 0(영)으로 만들고, 그 금액을 이익잉여금 계정에 대체한다.

가. 당기순이익이 발생한 경우

| 집합손익 | XXX | / | 이익잉여금 | XXX |
|---|---|---|---|---|

나. 당기순손실이 발생한 경우

| 이익잉여금 | XXX | / | 집합손익 | XXX |
|---|---|---|---|---|

## ≫ 재무상태표 계정의 마감

재무상태표 계정은 손익계산서계정의 마감과 달리 한 회계기간이 종료되어도 잔액이 0(영)으로 되는 것이 아니라 계속해서 잔액을 유지한다. 따라서 한 회계기간이 종료되면 자산, 부채, 자본 잔액을 다음 회계기간으로 넘겨(이월)야 한다.

## 자산계정의 마감

## 부채계정의 마감

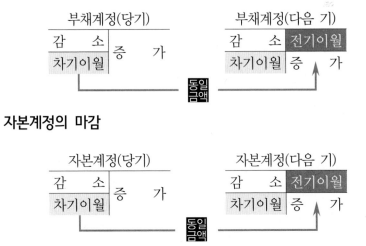

## 자본계정의 마감

| 구 분 | 해 설 |
|---|---|
| 차기이월 | 현재 회계기간을 기준으로 다음 회계기간으로 장부를 이월한다는 의미 |
| 전기이월 | 현재 회계기간을 기준으로 이전 회계기간에서 장부가 이월되었다는 의미 |

참고로 일일단위로 장부를 이월시키는 경우 차일이월, 전일이월이라는 표현을, 월단위로 장부를 이월시키는 경우 차월이월, 전월이월로 표현한다.

---

##  결산보고서의 작성

모든 결산이 끝나면 재무상태표, (포괄)손익계산서 등 결산 재무제표를 작성한 후 감사 및 주주총회에 보고해야 한다(국제회계 : 재무상태표, 포괄손익계산서, 자본변동표, 현금흐름표).

# 제5장

## 어떤 계정과목일까?

# 계정과목 이해를 위한 기본 개념들

 **단기와 장기, 유동과 비유동의 구분은 1년**

회계를 하다 보면 흔히 단기와 장기 또는 유동과 비유동이라는 구분 법을 많이 보게 된다.

결론부터 말하면 이는 1년을 기준으로 구분을 하는 것이다. 즉, 단기 와 유동은 결산일로부터 1년 안에 그 성격이 다른 것으로 변하는 것 을, 장기와 비유동(또는 고정, 유형)은 결산일로부터 1년이 지나서 그 성격이 변하는 것을 말한다.

일상에서 우리는 나이를 셈하든 기타 여러 가지 상황에서 1년이라는 기준에 익숙해져 있다. 즉, 1년을 기준으로 해가 바뀌고 모든 행사 가 반복이 되므로 회계도 역상 구분을 따라가고 있다.

기업회계기준서 상 결산일로부터 1년 또는 정상적인 영업주기 내에 그 성격이 변하는 것을 유동, 성격이 변하지 않는 것을 비유동으로 구분하도록 하고 있다. 물론 단기와 장기도 마찬가지이다.

예를 들어 자산 및 부채를 유동과 비유동으로 구분한다거나 단기대여금, 장기대여금으로 구분하는 것이 그 예이다.

## 영업과 영업외

기업에 있어서 영업거래와 영업외거래의 구분은 간단하면서도 매우 중요한 것이다. 즉, 일상에서 내가 주류냐 비주류냐가 민감한 부분인 것과 같이 회사거래의 주류인 영업거래에 속하느냐 비주류인 영업외거래에 속하느냐에 따라 기업의 이해관계자가 재무제표를 판단하는 기준이 달라지고, 세금부과 시 기준도 달라지므로, 단순하면서도 그 내면적 가치는 크다고 보면 된다. 영업은 정관이나 사업자등록상에 표시된 주 업종을 말하며, 영업외는 영업활동과 관련 없이 시장의 변동에 따라 기타 등등의 이유로 이루어지는 거래를 말한다.

> 정관이나 사업자등록 상에 나타나는 기업 고유의 활동과 관련된 것은 영업, 그 이외의 것은 영업 외로 표현한다. 예를 들어 상품을 판매하는 도소매업을 주업으로 하는 업종의 경우 상품 판매는 영업이고, 사용하던 중고 컴퓨터를 파는 경우 영업외에 속한다.

## 평가와 측정

우리는 회계학책을 보다 보면 쉽지 않게 발견하는 말이 평가라는 말이다.

평가라는 단어는 국어사전을 찾아보면 '물건값을 헤아려 매김. 또는 그 값'이라는 말로 정의를 내리고 있다. 즉, 물건의 가격을 결정한다는 의미이다.

회계에서도 평가라는 말은 해당 자산의 가격을 정하는 것을 의미하며, 흔히 자산평가라고 표현을 한다. 또한, 계정과목으로는 뒤에 재고자산평가손실, 재고자산평가이익 등과 같이 평가손실, 평가이익이라는 단어를 붙여 평가에 따른 이익과 손실의 의미를 표현한다.

평가이익은 내가 회사를 잘 운영해서 성과가 좋아 가치가 올라가는 것이 아니라 그냥 취득원가로 작성되어 있는 장부를 시가로 변경해서 맞추다 보니 이익이라는 것이 자동으로 발생하는 것이므로 영업과 관련이 없다고 해서 영업외이익 항목에 포함이 되는 것이다.

측정은 재무상태표와 포괄손익계산서에 기록해야 할 재무제표 요소의 화폐 금액을 결정하는 과정으로, 측정기준의 예로는 역사적 원가, 현행원가, 실현가능가치 및 현재가치가 있다.

| 구 분 | 내 용 |
| --- | --- |
| 공정가치 | 일반적으로 시가를 말하는 것으로 합리적인 판단력과 거래 의사가 있는 독립된 당사자 간의 거래에서 자산이 매각 또는 구입되거나 부채가 결제 또는 이전될 수 있는 교환가치를 말한다. 해당 자산에 대한 시장가격이 존재하면 이 시장가격은 당해 자산에 대한 공정가치가 된다. 예를 들어 상장주식의 경우 해당 주식의 시가가 공정가치가 된다. |
| 상각후가치 | 상각후가치는 유효이자율을 이용해서 당해 자산 또는 부채에 대한 현재의 가액으로 측정한 가치를 말한다. |
| 원가모형 | 원가모형은 유형자산을 취득원가 − 감가상각누계액 − 손상차손누계액 = 장부가액으로 처리하는 방법을 말한다. |
| 공정가치모형 | 공정가치모형은 공정가치를 신뢰성 있게 측정할 수 없는 경우를 제외하고, 공정가치로 투자부동산을 평가하는 방법을 말한다. |

| 구 분 | 내 용 |
|---|---|
| 재평가모형 | 재평가모형은 유형자산을 취득한 후의 공정가치를 신뢰성 있게 측정할 수 있는 유형자산은 취득원가를 새롭게 추정해 공정가치(시가)로 유형자산을 재평가한 후, 이를 장부가액으로 기록하는 것을 말한다.<br>이는 유형자산을 취득한 후 여러 환경의 변화로 인해 그 가격이 변할 수 있음에도, 처음 취득 시점의 가액으로 고정해서 장부에 반영함으로 인해, 적절한 시가를 반영하지 못하는 단점을 해결하고자 하는 방법이라고 볼 수 있다.<br>재평가금액 - 감가상각누계액 - 손상차손누계액 = 장부가액으로 처리하는 방법을 말한다. |

| 구 분 | 자산 및 부채의 측정방법 |
|---|---|
| 단기매매금융자산 등 유가증권 | 공정가치로 평가 |
| 대여금과 수취채권(받을어음 등) | 대손충당금으로 인식 |
| 금융부채 | 상각후원가로 평가 |
| 재고자산 | 공정가치로 평가 |
| 투자부동산 | 원가모형 또는 공정가치모형 |
| 유형자산 | 원가모형 또는 재평가모형 |
| 무형자산 | 원가모형 또는 재평가모형 |

# 계정과목을 모르면 회계하지 마라

회계에서 거래내역을 기록할 경우 무엇을 얼마 주고 사고, 어디서 얼마 들어오고 나가고 등등 수없이 많은 거래 내용을 일일이 나열해서 장부에 적어야 하나?

만일 그렇게 한다면 그거 다 쓰느라 팔 아프고, 그것을 보는 상대방도 많은 시간을 투자해 일일이 읽고 정리해야 할 것이다.

예를 들어 우리가 문서작업을 하고 메일을 보내는 장비라고 나열해 쓰는 것보다 컴퓨터라는 한 단어로, 작성한 문서를 출력하는 장비라고 나열해 쓰는 것보다 프린터라고 한 단어로 표현하면 쓰는 사람도 편하고 보는 사람도 한눈에 들어온다. 이같이 회계도 거래 내역을 한 단어로 표현이 가능하도록 용어를 만들어 두었는데, 이를 회계하는 사람들은 계정과목이라고 부른다. 즉, 계정과목은 많은 거래 내역을 특정 단어로 함축해 사용할 수 있도록 정해둔 용어이다.

그리고 동일한 계정과목이라도 들어오고 나가는 거래에 따라 자산, 부채, 자본, 수익, 비용 항목으로 묶어서 차변과 대변에 나누어 적도록 규칙을 정해두었다. 따라서 모든 거래는 계정과목과 금액만 정해지면 장부에 적을 수 있고, 대차 평균의 원리에 따라 항상 차변과 대변의 금액이 일치하게 된다.

예를 들어 앞서 말한 컴퓨터와 프린터 등 사무용 집기는 비품이라는 계정과목을 정해두고 이것은 자산이라고 분류해 두었으므로, 이를 구입하는 경우에는 차변에 적고, 파는 경우는 대변에 적게 된다.

따라서 거래마다 해당 거래가 어떤 계정과목으로 자산, 부채, 자본, 수익, 비용 중 어디에 속하고, 차변에 적을지 대변에 적을지 앞서 설명한 기입법칙에 따라 기입만 하면 정확한 장부가 자동으로 완성되게 된다.

| 거래 발생 |
| --- |

| 계정과목 선별 및 금액 결정 |
| --- |

| 자산, 부채, 자본, 수익, 비용 항목 중 하나로 분류 |
| --- |

| 차 변 | 대 변 |
| --- | --- |
| • 자산 계정과목의 증가<br>• 부채 계정과목의 감소<br>• 자본 계정과목의 감소<br>• 비용 계정과목의 발생 | • 자산 계정과목의 감소<br>• 부채 계정과목의 증가<br>• 자본 계정과목의 증가<br>• 수익 계정과목의 발생 |

**재무상태표 계정과목 해설**

## ≫ 자산

| 계정과목 | | 해설 |
|---|---|---|
| | 현금 | 통화, 자기앞수표, 타인발행 당좌수표, 가계수표 |
| | 당좌예금 | 당좌거래와 관련한 예금 |
| | 보통예금 | 보통예금 입·출금 |
| | 기타제예금 | 기타 달리 분류되지 않는 예금 |
| | 정기예금 | 각종 정기예금 입·출금 |
| | 정기적금 | 각종 정기적금 입·출금 |
| | 단기매매증권 | 국채, 공채, 지방채 등의 매입 및 처분(1년 이내 유가증권) |
| | 외상매출금 | 상품 또는 제품을 매출하고 대금을 외상으로 한 경우 |
| 당 | 받을어음 | 상품 또는 제품을 매출하고 대금을 어음으로 받은 경우 |
| 좌 | 공사미수금 | 건설업의 공사 관련 미수금 |
| 자 | 단기대여금 | 타인에게 대여한 대여금(대여기간 1년 이내) |
| 산 | 미수금 | 재고자산 이외의 자산을 팔고 대금을 외상으로 한 경우 |
| | 선급금 | 물품을 인도받기 전 대금을 미리 지급한 경우 |
| | 선급비용 | 각종 비용을 미리 지급한 것(미경과 비용) |
| | 가지급금 | 대표이사에게 일시적으로 돈을 빌려준 것 |
| | 부가세대급금 | 물품 등의 구입 시에 부담한 부가가치세 |
| | 선납세금 | 예금이자에 대한 이자소득세 등 |
| | 종업원대여금 | 업무와 관련 없이 종업원에게 대여해 준 것 |
| | 전도금 | 지점이나 영업소에 운영자금으로 미리 지급한 금액 |

| 계정과목 | | 해설 |
|---|---|---|
| 재고자산 | 상품 | 상품(도·소매업에서 판매하는 물품) |
| | 제품 | 제조업의 완성제품(제조업에서 판매하는 물품) |
| | 완성건물 | 건설업의 완성건물 |
| | 원재료 | 제품 제조과정에 들어가는 재료 |
| | 건설용지 | 건설업의 건설용지 |
| | 가설재 | 가설재(건설업) |
| | 재공품 | 생산과정에 투입된 재료비, 노무비, 경비를 집계하는 계정 |
| 투자자산 | 장기성예금 | 예금 중 예치기간이 결산일로부터 1년을 초과하는 장기성 예금 |
| | 만기보유증권 | 만기까지 보유할 적극적인 의도와 능력이 있는 결산일로부터 1년 초과 주식 등 |
| | 매도가능증권 | 투자를 목적으로 취득한 단기매매증권, 만기보유증권을 제외한 결산일로부터 1년 초과 주식 등 |
| | 장기대여금 | 대여기간이 결산일로부터 1년을 초과하는 자금 대여액 |
| | 보증금 | 사무실, 공장 등의 임차보증금 |
| | 전세권 | 전세권 |
| | 기타보증금 | 영업보증금, 수입보증금 등 |
| | 부도어음 | 받을어음이 부도 난 경우 최종 처리 시까지 부도어음으로 관리 |
| | 전화가입권 | 전화가입 시 낸 보증금 등 |
| 유형자산 | 토지 | 토지 |
| | 건물 | 사무실, 공장, 창고 등 회사소유 건물 |
| | 구축물 | 용수 설비, 폐수처리장치 등 |

| 계정과목 | | 해설 |
|---|---|---|
| 유형자산 | 기계장치 | 각종 기계장치 |
| | 차량운반구 | 화물자동차, 승용자동차, 지게차, 중기 등 |
| | 공구와기구 | 공구. 기구로서 100만 원을 초과하는 것(이하 : 소모품) |
| | 비품 | 책상, 의자, 에어컨, 캐비닛, 컴퓨터, 팩시밀리, 복사기 등 |
| | 건설중인자산 | 유형자산의 건설을 위한 재료비, 노무비 및 경비의 집계 |
| 무형자산 | 영업권 | 영업상의 권리 |
| | 특허권 | 특허와 관련한 권리를 금전적 가치로 계상한 것 |
| | 상표권 | 특정 상호가 상표법에 의하여 등록된 경우 그 가치 |
| | 실용신안권 | 제품 등을 현재 상태보다 사용하기 편하게 만든 것 |
| | 의장권 | 의장과 관련한 권리 |
| | 면허권 | 면허권 취득과 관련한 비용(건설업 면허 등) |
| | 개발비 | 특정의 신제품 또는 신기술 개발단계에서 발생하는 지출 |
| | 소프트웨어 | 고가의 소프트웨어 구입비, 개발비 |

## ≫ 부채

| 계정과목 | | 해설 |
|---|---|---|
| 유동부채 | 외상매입금 | 상품 또는 제품을 구매하고 대금을 외상으로 한 경우 |
| | 지급어음 | 상품 또는 제품을 구매하고 대금을 어음으로 준 경우 |
| | 미지급금 | 재고자산 이외의 자산을 사고 대금을 외상으로 한 경우 |
| | 예수금 | 근로소득세, 국민연금, 건강보험, 고용보험, 부가가치세 등 타인을 대신해 납부하기 위해 미리 받아둔 것 |

| 계정과목 | | 해설 |
|---|---|---|
| 유 동 부 채 | 부가세예수금 | 매출 시 매입자로부터 받아 둔 부가가치세 |
| | 당좌차월 | 당좌예금 잔액을 초과하여 발행한 수표금액(사전약정 체결) |
| | 가수금 | 대표이사로부터 일시 차입한 돈 |
| | 선수금 | 제품을 인도하기 전 그 대금을 미리 받은 것 |
| | 단기차입금 | 결산일로부터 1년 이내에 상환해야 하는 차입금 |
| | 미지급세금 | 법인세 등의 미지급액 |
| | 미지급비용 | 이미 제공받은 용역에 대해서 결산일 현재 아직 지급기일이 도래하지 않은 비용을 말한다. |
| | 선수수익 | 미리 받은 수익 중에서 용역을 당기가 아닌 차기 이후에 제공되는 것 |
| 비 유 동 부 채 | 사채 | 1년 이후에 상환 예정인 회사채(개인 사채가 아님) |
| | 장기차입금 | 상환기간이 1년을 초과하는 차입금 |
| | 외화장기차입금 | 외화로 빌린 차입금 |

## ≫ 자본

| 계정과목 | | 해설 |
|---|---|---|
| 자본 | 자본금 | 법인의 경우 납입자본금 |
| 자본잉여금 | 자본잉여금 | 주식발행초과금, 감자차익 |
| 이익잉여금 | 이익준비금 | 이익잉여금의 처분으로 사내에 유보된 금액 |
| | 기업합리화적립금 | 기업합리화적립금 |
| | 제준비금 | 세법상 각종 준비금 등 |

| 계정과목 | | 해설 |
|---|---|---|
| 이익잉여금 | 임의적립금 | 이익잉여금의 처분으로 임의로 사내에 유보한 금액 |
| | 차기이월이익잉여금 | 다음 사업연도로 이월하는 이익잉여금 |

 ## 손익계산서 계정과목 해설

### ≫ 매출과 매출원가

| 계정과목 | | 해설 |
|---|---|---|
| 매출액 | 상품매출 | 도·소매업 매출 |
| | 제품매출 | 제조업 매출 |
| | 공사수입금 | 건설업 매출 |
| | 매출 | 기타 매출 |
| 매출원가 | 상품매출원가 | 기초상품 + 당기상품매입액 − 기말상품 재고액 |
| | 제품매출원가 | 기초제품 + 당기제품매입액 − 기말제품 재고액 |
| | 매입 | 매입 즉시 매출원가로 처리하는 경우 |

### ≫ 판매비와 관리비

| 계정과목 | 해설 |
|---|---|
| 임원급여 | 임원 등의 급여(소기업은 구분할 필요 없이 급여에 포함) |
| 급여 | 사무실 등 직원의 일반적인 급여 |
| 상여금 | 사무실 직원 상여금 |

| 계정과목 | 해설 |
|---|---|
| 제수당 | 기본급 외 제 수당(소기업은 구분할 필요 없이 급료에 포함 ) |
| 잡금 | 임시직원 및 일용직 근로자 급료 및 임금 |
| 복리후생비 | 급여와 별도로 임직원의 복리후생을 위해 지급하는 금액으로 식대, 차대, 4대 보험 중 회사 부담금, 직원 경조사비, 회식비, 생수 대금, 야유회 경비, 피복비, 구내식당 운영비 등 |
| 여비교통비 | 직무와 관련한 출장 시 발생하는 각종 비용 |
| 접대비 | 사업상 거래처와 관련해서 지출하는 비용 |
| 통신비 | 전화, 우편, 핸드폰 등의 사용 대가로 지출하는 비용 |
| 수도광열비 | 수도, 전기, 가스 등을 사용 대가로 지출하는 비용 |
| 전력비 | 사무실 전기요금 |
| 세금과공과금 | 국가, 지방자치단체의 세금과 사업상 관련 단체의 회비로 지급하는 금액 |
| 감가상각비 | 유형자산(건물, 비품, 차량 등)의 가치감소분 |
| 지급임차료 | 부동산 등 유형자산을 빌려 쓰고 그 대가로 지급하는 금액 |
| 수선비 | 건물, 차량운반구 등 유형자산의 수리 대가로 지급하는 비용 |
| 보험료 | 위험 상황에 대비해 보험 가입 후 보험사에 납부하는 금액 |
| 차량유지비 | 업무용 차량의 운행과정에서 발생하는 유류대, 주차요금, 통행료 |
| 연구개발비 | 신기술의 개발 및 도입과 관련하여 지출하는 경상적인 비용 |
| 운반비 | 운반과정에서 잘생하는 택배 요금, 퀵서비스 요금 등 |
| 교육훈련비 | 직원 교육 및 업무훈련과 관련하여 지급한 금액 |
| 도서인쇄비 | 신문대, 도서 구입비, 서식 인쇄비, 복사요금, 사진 현상비 등 명함, 고무인 제작비, 명판대 |
| 회의비 | 업무 회의와 관련하여 지출하는 각종 비용 |

| 계정과목 | 해설 |
|---|---|
| 포장비 | 상품 등의 포장과 관련한 지출 비용 |
| 사무용품비 | 문구류 구입 대금, 서식 구입비 등 |
| 소모품비 | 각종 위생용 소모품, 철물 및 전기용품, 기타 소모품 |
| 지급수수료 | 기장 수수료, 송금, 각종 증명발급, 추심, 신용보증, 보증보험 수수료, 홈페이지 유지비, 전기 가스 점검 및 환경측정 수수료, 신용조회 수수료 |
| 보관료 | 물품 등의 보관과 관련하여 지출하는 비용 |
| 광고선전비 | TV, 신문, 잡지광고비, 홈페이지제작비, 등록비 등 광고비용 |
| 판매촉진비 | 판매촉진과 관련하여 지출하는 비용 |
| 대손상각비 | 외상매출금, 미수금 등의 회수불능 대금 |
| 건물관리비 | 자가 소유 건물의 관리비용 |
| 수출제비용 | 수출과 관련한 제비용을 통합해서 처리하는 계정과목 |
| 판매수수료 | 판매와 관련하여 지급한 수수료 |
| 무형자산상각비 | 무형자산의 가치감소분(감가상각비) |
| 견본비 | 견본물품 등의 구입과 관련한 비용 |
| 잡비 | 오폐수처리비, 세탁비, 소액 교통사고 배상금, 방화관리비, 청소용역비 등 기타 달리 분류되지 않는 각종 비용 |

## ≫ 기타수익과 금융수익

| 계정과목 | 해설 |
|---|---|
| 이자수익 | 제3자에게 돈을 빌려주고 그 대가로 받는 이자 금액 |

| 계정과목 | 해설 |
|---|---|
| 배당금수익 | 주식투자와 관련하여 소유주식 회사로부터 받는 배당금 |
| 임대료 | 부동산 임대수입 |
| 단기매매증권 처분이익 | 단기매매증권 처분 시 발생하는 이익 |
| 외환차익 | 외화자산, 부채의 회수 및 상환 시 환율변동으로 발생하는 이익 |
| 관세환급금 | 원재료 수입 시 납부한 관세를 수출시 환급받는 금액 (매출원가 차감) |
| 판매장려금 | 매입처로부터 지급받는 판매장려금 |
| 유형자산처분이익 | 유형자산 처분 시 발생하는 이익 |
| 투자자산처분이익 | 투자자산처분 시 발생하는 이익 |
| 국고보조금 | 정부출연금, 정부보조금, 고용 관련 보조금 등 |
| 잡이익 | 기타 달리 분류되지 않는 이익 |

## ≫ 기타비용과 금융비용

| 계정과목 | 해설 |
|---|---|
| 이자비용 | 지급이자, 어음할인료 등 |
| 외환차손 | 환율변동으로 인하여 발생하는 손실금액 |
| 기부금 | 교회 및 사찰헌금, 학교 기부금, 불우이웃돕기 성금 등 |
| 단기매매증권 처분손실 | 단기매매증권의 처분 시 발생하는 손실 |

| 계정과목 | 해설 |
|---|---|
| 재고자산감모손실 | 재고자산의 손상 및 분실금액 |
| 재고자산평가손실 | 재고자산의 평가 결과 발생한 손실금액 |
| 유형자산처분손실 | 유형자산(기계장치, 차량운반구 등)의 처분 시 발생하는 손실 |
| 투자자산처분손실 | 투자자산의 처분 시 발생하는 손실 |
| 잡손실 | 분실금, 기타 달리 분류되지 않는 영업외비용 |

## ≫ 법인세등, 소득세등

⊙ 법인세등 : 법인세, 법인세 지방소득세, 법인세 중간예납세액

⊙ 소득세등 : 종합소득세, 종합소득세 지방소득세

 **원가항목 계정과목 해설**

| 계정과목 | | 해설 |
|---|---|---|
| 재료비 | 원재료비 | 제조 및 공사현장에 투입된 재료비 |
| | 부재료비 | 부재료비 |
| 노무비 | 급여 | 급여 |
| | 임금 | 생산 현장 또는 공사 현장 인건비 |
| | 상여금 | 설날, 추석, 휴가, 연말 상여금 등 |
| | 제수당 | 제수당(소기업의 경우 임금에 포함) |
| | 잡금 | 일용노무자 및 임시 직원의 임금 |
| | 퇴직급여 | 퇴직금 |

| 계정과목 | | 해설 |
|---|---|---|
| 노무비 | 복리후생비 | 직원 식대, 차대, 4대 보험 회사 부담금, 경조사비, 회식비, 피복비 등 |
| | 여비교통비 | 생산 현장 직원의 출장비 |
| | 접대비 | 생산과 관련한 접대비 |
| 경비 | 통신비 | 현장 전화비, 팩스요금 등 |
| | 가스수도료 | 생산 현장의 수도요금, 난방비 등 |
| | 전력비 | 전기요금 |
| | 세금과공과금 | 공장건물의 재산세, 토지세금 등 |
| | 감가상각비 | 기계장치, 공장건물 등의 감가상각비 |
| | 지급임차료 | 공장 임차료, 기계장치 리스료 등 |
| | 수선비 | 기계장치수선, 공장수선경비 |
| | 보험료 | 화물자동차의 자동차 보험료, 공장의 화재보험료 등 |
| | 차량유지비 | 화물차의 유류대, 수리비, 통행료, 계량비, 주차요금 |
| | 연구개발비 | 신기술 및 신제품개발을 위하여 투입하는 비용 |
| | 운반비 | 제품의 운반과 관련한 운임 |
| | 교육훈련비 | 생산직 근로자의 교육훈련을 위하여 지출하는 비용 |
| | 도서인쇄비 | 생산 현장의 신문대금, 도서구입비, 복사비 등 |
| | 회의비 | 생산 현장 회의와 관련하여 지출하는 비용 |
| | 포장비 | 제품포장비용 |
| | 사무용품비 | 생산 현장의 사무용품비 |
| | 소모품비 | 생산 현장의 각종 소모품비 |
| | 지급수수료 | 생산 현장의 측정수수료 등 |

| 계정과목 | 해설 |
|---|---|
| 보관료 | 제품 등의 보관과 관련하여 지출하는 비용 |
| 외주가공비 | 하도급과 관련한 임가공료 |
| 시험비 | 시험비 |
| 기밀비 | 생산 현장 판공비 등 |
| 잡비 | 기타 달리 분류되지 않는 비용 |
| 하자보수비 | 하자보수와 관련하여 지출하는 비용 |
| 장비임차료 | 중기 등의 임차와 관련하여 지출하는 비용 |
| 유류대 | 유류대 |

# 제6장

## 국세청도 인정하는
## 합법적인 증빙관리

## 01

# 국세청도 인정하는 합법적인 증빙관리

 **국세청에서 인정하는 합법적인 증빙**

법정지출증빙을 흔히 적격증빙, 지출증빙이라고도 하는 데 세법에서 인정하는 법정지출증빙은 세금계산서와 계산서, 신용카드매출전표 및 현금영수증이다.

| 구 분 | 기준금액 | 법정지출증빙으로 인정되는 증빙 |
|---|---|---|
| ❶ 기업업무추진비(= 접대비) 및 일반비용 | 3만 원 초과 | ❶ 금융기관과의 거래 : 송금명세서 등 관련 영수증<br>❷ 원천징수 대상 거래 : 원천징수영수증<br>❸ 간이과세자와 거래 : 신용카드매출전표, 현금영수증 |
| ❷ 거래처 경조사비 | 20만 원 초과 | ❹ 사업자가 아닌 개인과의 거래 : 계약서, 송금명세서 등 거래 사실을 소명할 수 있는 증빙<br>❺ ❶~❹를 제외한 비용지출 : (전자)세금계산서, (전자)계산서, 신용카드매출전표, (지출증빙용)현금영수증, 지로영수증 |

## 법정지출증빙 규정 미적용사업자

❶ 개인사업자 중 단순경비율 신고 사업자
❷ 개인사업자 중 직전년도 수입금액이 4,800만 원을 넘지 않는 사업자

## 법정지출증빙 : 원칙

| 지출금액에 따라 인정되는 법정지출증빙 | 지출금액에 따라 인정되는 법정지출증빙 |
|---|---|
| ❶ 경조사비 : 20만 1원~ | ❶ 경조사비 : 20만 원까지 |
| ❷ 경조사비를 제외한 비용 3만 1원~ | ❷ 경조사비를 제외한 비용 3만 원까지 |

| | |
|---|---|
| ❶ 세금계산서 | ❶ 세금계산서 |
| ❷ 계산서 | ❷ 계산서 |
| ❸ 신용카드매출전표(체크카드) | ❸ 신용카드매출전표(체크카드) |
| ❹ 현금영수증 | ❹ 현금영수증 |
| ❺ 직불카드 | ❺ 직불카드 |
| ❻ 외국에서 발행된 신용카드 등. 단, 신용카드 월별 이용대금명세서를 보관하고 있으면 인정된다. | ❻ 외국에서 발행된 신용카드 등. 단, 신용카드 월별이용대금명세서를 보관하고 있으면 인정된다. |
| ❼ 국세청장이 세금계산서 대용으로 인정한 지로용지 | ❼ 3만원(기업업무추진비(= 접대비)의 경우 3만원) 이하의 거래는 간이영수증 |
| ❽ 원천징수 하는 인건비의 경우 원천징수영수증 | ❽ 국세청장이 세금계산서 대용으로 인정한 지로용지 |
| ❾ 20만 원까지의 경조사비는 청첩장 등 | ❾ 원천징수 하는 인건비의 경우 원천징수영수증 |
| ❿ 간이영수증. 금전등록기영수증 불인정 | ❿ 20만 원까지의 경조사비는 청첩장 등 |
| | ⓫ 간이영수증. 금전등록기영수증 인정 |

## ≫ (전자)세금계산서

일반적으로 가장 신뢰성 있는 증빙으로 모든 세무상 증빙을 세금계산서로 명칭이 통용된다고 보아도 과언이 아니다. 이는 공급가액에 부가가치세가 별도로 붙어 별도 표기되는 형식으로 구매자가 판매자에게 세금계산서를 받기 위해서는 구입 가격에 부가가치세를 별도로 부담해야 한다. 따라서 구매자가 부가가치세를 별도 부담하지도 않으면서 세금계산서를 발행해 달라고 판매자에게 요구하는 것은 억지다.

세금계산서는 과세물품에 대해 발행을 하며, 간이과세자나 면세사업자는 세금계산서를 발행하지 못한다. 물론 영세율에 대해서는 세율을 0%로 해서 세금계산서를 발행한다.

| 세금계산서 | |
|---|---|
| 발행대상 | ≫ 과세물품 판매 시 발행<br>≫ 영세율에 대해서는 세율을 0%로 해서 세금계산서 발행 |
| 필요적<br>기재사항 | **[세금계산서 발행 시 반드시 기록되어 있어야 할 사항]**<br>≫ 공급하는 사업자의 등록번호와 성명 또는 명칭<br>≫ 공급받는 자의 등록번호<br>≫ 공급가액과 부가가치세<br>≫ 작성연월일(발행일자를 말하며, 부가가치세법상 공급시기, 거래시기를 말한다) |
| 발행종류 | 1. 전자세금계산서(반드시 발행해야 하는 사업자)<br>≫ 법인사업자<br>≫ 직전 연도 공급가액(면세 + 과세)이 **8천만원 이상인 개인사업자**<br>2. 수기 (종이) 세금계산서(전자세금계산서를 발행해도 됨)<br>≫ 직전 연도 공급가액이 **8천만원 미만인 개인사업자** |
| 발행금액 | ≫ 공급가액(판매금액) + 부가가치세(공급가액의 10%) |

## ≫ (전자)계산서

계산서는 면세 물품에 대해 발행하는 것으로 공급가액만 표기되고
부가가치세는 별도로 표기되지 않는다. 세금계산서와 계산서의 구분
은 사업자등록증 상 과세사업자와 면세사업자에 따라 구분되는 것이
아니라 판매하는 재화나 용역이 과세냐, 면세냐에 따라 구분한다.
예를 들어 과세사업자라고 해도 면세 물품을 판매하는 경우 계산서
를 발행한다.

| 계산서 | |
|---|---|
| 발행대상 | ≫ 면세물품 판매 시 발행 |
| 필 수 적 기재사항 | **[세금계산서 발행 시 반드시 기록되어 있어야 할 사항]**<br>≫ 공급하는 사업자의 등록번호와 성명 또는 명칭<br>≫ 공급받는 자의 등록번호<br>≫ 공급가액<br>≫ 작성연월일 |
| 발행종류 | 1. 전자계산서(반드시 발행해야 하는 사업자)<br>≫ 법인사업자<br>≫ 직전 연도 공급가액(면세＋과세)이 **8천만원 이상인 개인사업자**<br>2. 수기 (종이) 계산서(전자계산서를 발행해도 됨)<br>≫ 직전 연도 공급가액이 **8천만원 미만인 개인사업자** |
| 발행금액 | ≫ 공급가액 |

| 사업자 구분 | | 판매물품 | 발행가능 한 증빙 |
|---|---|---|---|
| 과 세 사업자 | 일 반 과세자 | 과세물품 | 세금계산서, 신용카드매출전표, 현금영수증 |
| | | 면세물품 | 계산서, 신용카드매출전표, 현금영수증 |

| 사업자 구분 | 판매물품 | 발행가능 한 증빙 |
|---|---|---|
| 간 이 과세자 | | 신용카드매출전표, 현금영수증, 연 매출 4,800만 원 이상 사업자는 세금계산서 발급 가능 사업자 |
| 면세사업자 | 과세물품 | 우선 과세사업자로 전환한 후 세금계산서, 신용카드매출전표, 현금영수증 발행 |
| | 면세물품 | 계산서, 신용카드매출전표, 현금영수증 |

## >> 신용카드매출전표(또는 지출증빙용 현금영수증)

세법에서는 신용카드매출전표와 지출증빙용 현금영수증에 대해서 일반적으로 동일한 증빙으로 인정하고 있다. 다만, 현금영수증의 경우 증빙으로 인정받기 위해서는 현금영수증 발행 시 지출증빙용으로 발급받아야 하며, 혹시 소득공제용으로 발급받았을 때는 이를 지출증빙용으로 변경해야 한다.

### [임직원 개인 신용카드 사용분]

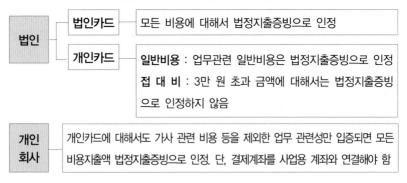

법인 — 법인카드 — 모든 비용에 대해서 법정지출증빙으로 인정

— 개인카드 — 일반비용 : 업무관련 일반비용은 법정지출증빙으로 인정
접 대 비 : 3만 원 초과 금액에 대해서는 법정지출증빙으로 인정하지 않음

개인회사 — 개인카드에 대해서도 가사 관련 비용 등을 제외한 업무 관련성만 입증되면 모든 비용지출액 법정지출증빙으로 인정. 단, 결제계좌를 사업용 계좌와 연결해야 함

| 구 분 | | 비용인정과 매입세액공제 |
|---|---|---|
| 신용카드<br>매출전표 | 법인카드 | 업무용으로 사용한 경우 비용인정, 매입세액공제. 단, 기업업무추진비(= 접대비)는 매입세액불공제 |
| | 개인카드 | 업무용으로 사용한 경우 비용인정, 매입세액공제. 단, 기업업무추진비(= 접대비)는 비용불인정, 매입세액불공제 |
| 현 금<br>영 수 증 | 지출증빙용 | 업무용으로 사용한 경우 비용인정, 매입세액공제. 단, 기업업무추진비(= 접대비)는 매입세액불공제 |
| | 소득공제용 | 원칙은 연말정산 시 개인의 소득공제 목적으로 활용. 단, 업무용으로 사용한 경우 지출증빙용으로 변경하는 경우 비용으로 인정받고, 개인의 소득공제 목적으로는 사용 못 함. 개인이 스스로 연말정산 시 제외하고 신고함 |

## ≫ 지로영수증과 각종 청구서

지로영수증 또는 각종 청구서를 받아 세금계산서로 활용하기 위해서는 다음의 4가지 필요적 기재 사항이 기재되어 있는지 반드시 확인해야 한다. 만일 4가지 사항이 모두 기재되어 있는 경우 이는 세금계산서와 동일한 것이며, 이 중 하나라고 기재가 누락되어 있는 경우에는 일반영수증과 같다고 보면 된다.

❶ 공급하는 자의 사업자등록번호와 성명 또는 명칭

❷ 공급받는 자의 사업자등록번호

❸ 공급가액과 부가가치세액

❹ 작성연월일

예를 들어 전화 등이 회사 명의로 되어있지 않고 개인 명의로 되어있는 경우 ❶, ❸, ❹는 모두 기재되어 있으나 ❷가 개인으로 되어 있어 4가지 요건을 충족하지 못해 부가가치세를 그냥 손해 보는 것이다. 따라서 이를 사전에 방지하기 위해서는 반드시 모든 사항을 회사 명의로 변경해 두어 ❷의 사항이 지로용지에 표기가 되도록 해야 한다.

부가가치세 신고 방법은 지로용지 = 세금계산서이므로 그냥 세금계산서로 생각하면 된다. 따라서 신고서상의 매입세액에 기재하고 매입처별세금계산서 합계표에 기재해서 신고하면 된다.

## ≫ 간이영수증

간이영수증은 카드단말기, 현금영수증 발급 장치 등을 통해 공급받는 자에게 출력하여 발급하는 방법 및 전자문서 형태로 공급받는 자에게 송신하는 방법으로 발급한 영수증을 말한다.

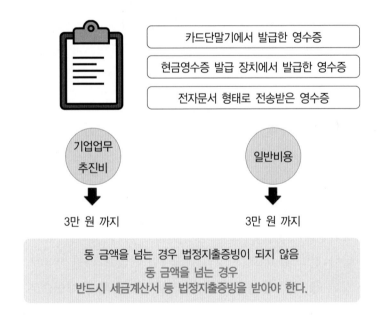

카드단말기에서 발급한 영수증

현금영수증 발급 장치에서 발급한 영수증

전자문서 형태로 전송받은 영수증

기업업무
추진비

일반비용

3만 원 까지

3만 원 까지

동 금액을 넘는 경우 법정지출증빙이 되지 않음
동 금액을 넘는 경우
반드시 세금계산서 등 법정지출증빙을 받아야 한다.

## ≫ 원천징수영수증

근로를 제공한 직원이나 일용근로자에게 급여를 지급하거나 상대방에게 인적용역을 제공받은 경우 사업소득이나 기타소득 등 대가를 지급하게 되는데, 이때 원천징수 후 원천징수영수증을 보관하면 이것이 법정지출증빙이 된다.

| 구 분 | 증빙서류 |
|---|---|
| 근로소득 | 근로소득 원천징수영수증 |
| 퇴직소득 | 퇴직소득 원천징수영수증 |
| 자유직업소득 | 사업소득 원천징수영수증 |
| 전문적 인적용역, 사업 사회서비스업 | 공급자는 면세계산서를 발급하거나 소득지급자가 작성·발급한 원천징수영수증을 제출하면 작성·발급한 것으로 본다. |
| 기타소득 | 일반 원천징수영수증, 일반 지급명세서 3장(기타소득이라 표시) |

 **국세청에서 인정하지 않는 거래증빙**

세금계산서와 계산서, 신용카드매출전표 및 현금영수증 또는 간이영수증을 제외한 거래명세서나 입금표는 거래증빙이라고 하여 판매처와 구매처가 서로 물건을 주고받고 돈을 지불했다는 외부거래 사실을 증명해주는 증빙일 뿐이지, 세법에서는 이를 법정지출증빙으로 인정해주지 않는다. 또한, 회사마다 지출 시 지출 청구 및 지출 사실을 증명하기 위해서 회사 자체적으로 지출결의서를 작성해서 사용

하는 경우가 많은데, 이 또한 내부 지출 증빙일 뿐 법적으로 인정해
주는 법정지출증빙은 되지 못한다. 이 점에 유의해서 비용의 지출
시에는 반드시 법정지출증빙을 받도록 한다. 다만, 법정지출증빙으
로 인정받지는 못해도 세무조사 등 지출 사실에 대한 소명자료 요구
때에는 소명자료가 될 수도 있으므로 반드시 날짜별로 챙겨서 보관
해두는 지혜가 필요하다.

| | 구분 | 내 용 |
|---|---|---|
| 외부거<br>래증빙 | 거래명세서 | 거래명세서는 판매자가 구매자에게 구매 물품을 이상 없이<br>제공했다는 사실을 증명하는 외부거래 증빙이다. |
| | 입 금 표 | 입금표는 판매자와 구매자 또는 기타의 원인으로 인하여<br>대금의 수불이 정확히 이루어졌다는 사실을 증명하는 돈을<br>받은 증표이다. |
| 내부거<br>래증빙 | 지출결의서 | 지출금액의 청구 및 지출 사실을 증명하기 위해서 회사 자<br>체적으로 만들어 사용하는 내부거래 증빙이다. |

**？ Tip** 법정지출증빙을 받지 못한 비용의 처리방법

1. 일반비용의 경우
업무와 관련해서 3만 원을 초과하는 일반비용을 지출하고 법정지출증빙을 받지 못한 경우,
간이영수증 또는 계약서나 송금영수증 등 객관적인 서류에 의해 비용의 지출 사실이 인정
되는 경우는 원칙적으로 비용으로는 인정된다. 다만, 증빙불비가산세를 납부해야 한다.
2. 기업업무추진비(= 접대비)의 경우
업무와 관련해서 3만 원을 초과하는 기업업무추진비(= 접대비)를 지출하고 법정지출증빙
을 받지 못한 경우, 객관적인 증빙에 의해 지출 사실이 확인되더라도 원칙적으로 비용 자
체가 인정이 안 된다. 다만, 비용인정을 못받는 대신 증빙불비가산세도 납부하지 않는다.

# 세금계산서를 받아도 공제 안 되는 매입세액이 있다

부가가치세는 매출세액에서 매입세액을 뺀 금액을 세금으로 납부하게 되므로 매입세액이 매우 중요하다.

따라서 매입 자료를 맞추는 것이 중요하며, 소규모사업자의 경우 부가가치세 신고 기간이 되면 매입 자료를 맞추느라 분주하다.

부가가치세를 줄이기 위해서는 매입 자료와 매출 자료를 확인하는 것 외에도 한전과 통신사에서 세금계산서를 받는 것과 업무 차종에 따른 공제도 확인해야 한다.

이때 사업에 관련되어 쓰인 핸드폰 요금, 전화, 전기, 인터넷 요금, 그리고 차량 수리비나 주유비 같은 비용도 공제 대상이 될 수 있으니 확인을 잊지 말아야 한다.

## 매입세액공제가 가능한지 판단하는 손쉬운 요령

첫째, 매입세액공제를 위해서 가장 먼저 상대방으로부터 받은 세금

계산서, 신용카드매출전표, 현금영수증, 지로용지에서 구입 가격(공급가액)과 부가가치세가 구분되어 있는지 확인한다.

둘째, 구입 가격(공급가액)과 부가가치세가 구분되어 기재되어 있는 경우 공급자 등록번호, 공급자 명칭, 공급받는 자 등록번호, 작성연월일이 표시되어 있는지 확인한다.

셋째, 현금영수증을 받은 경우 해당 현금영수증이 지출증빙용인지 확인한다. 만일 소득공제용인 경우 홈택스에 들어가 지출증빙용으로 변경해준다.

넷째, 신용카드매출전표를 받은 경우 판매자가 연 매출 4,800만 원 미만 간이과세자이거나 면세사업자인 경우 부가가치세액이 구분표시되지 않으므로 매입세액공제를 받아서는 안 된다.

다섯째, 구입 가격(공급가액)과 부가가치세가 구분되어 있는 세금계산서 등을 받아도 업무와 관련 없는 지출의 경우, 기업업무추진비(= 접대비)로 지출한 금액의 경우, 차량 중 비영업용소형승용차와 관련된 지출의 경우에는 예외적으로 매입세액공제가 안 되므로 부가가치세 신고 시 매입 자료에서 빼야 한다.

쉽게 말해

◈ 자영업자의 경우 일요일 마트에 가서 집에서 먹을 장을 보고 신용카드 결제 후 동 전표를 첨부하는 경우(업무와 관련 없는 지출)

◈ 거래처 사장님이나 임직원과 술을 마시고 카드 결제 후 동 전표를 첨부하는 경우(기업업무추진비(= 접대비))

◈ 도소매, 제조업, 서비스업 영업사원이 승용차를 영업용으로 이용하면서 주유비를 카드로 결제하는 경우(비영업용소형승용차) 등은 매입세액을 공제받지 못하는 지출이 된다.

## 매입세액공제는 안 돼도 비용은 인정된다.

| 구 분 | | 법인 | 개인사업자 |
|---|---|---|---|
| 매입세액<br>공 제 액 | 일반적인 매입세액 | 비용불인정 | 비용불인정 |
| 매입세액<br>불공제액 | ❶ 본래부터 공제되지 않는 매입세액<br>가. 영수증을 발급받은 거래분의 매입세액<br>나. 부가가치세 면세사업 관련 매입세액<br>다. 토지 관련 매입세액<br>라. 비영업용 소형승용자동차의 구입·유지에<br>　　관한 매입세액<br>마. 기업업무추진비(= 접대비) 및 유사<br>　　비용의 지출에 관련된 매입세액<br>바. 간주임대료에 대한 부가가치세 | 비용인정 | 비용인정 |
| | ❷ 의무불이행 또는 업무 무관으로 인한 불<br>　공제 매입세액<br>가. 세금계산서의 미수취·불분명 매입세액<br>나. 매입처별 세금계산서합계표의 미제출·불<br>　　분명 매입세액<br>다. 사업자등록 전 매입세액<br>라. 사업과 관련 없는 매입세액 | 비용불인정 | 비용불인정 |

 ## 편법 증빙 처리도 안 걸릴 수는 있다.

특히 마트에서 가사용으로 물건을 구입하고, 회사에서 사용할 복리
후생적 성격의 지출로 처리해버릴 수는 있다. 이는 소액이라 세무조

사 등의 실익이 없어 당장은 세금에 있어 불이익을 당하지 않을 수 있으나, 가사용 지출을 복리후생적 지출로 둔갑시켜 처리하는 것은 분명 불법적인 부분이다. 이 경우 혹시라도 발각되면 추징과 함께 가산세와 가산금까지 추가로 부담해야 한다.

 ## 매입 자료가 많아도 문제가 생긴다.

매출 자료에 비해 상대적으로 매입 자료가 많다거나 부가율이 동일 업종과 상당히 차이가 나는 경우 자료 상을 통한 자료 구입으로 오해를 살 수 있으므로 매입 자료를 과다하게 맞추는 것에 주의가 필요하다.

 ## 경유차는 매입세액공제가 되고, 휘발유차는 안 된다

주유할 때 경유는 공제가 되고, 휘발유는 공제가 안 된다고 생각하는 실무자들이 많다.

그러나 매입세액공제는 주유하는 기름의 종류에 따라 공제가 되고, 안 되고 가, 결정되는 것이 아니라, 법적으로 업종과 차종에 따라 공제 가능 여부가 결정된다. 다만, 주유를 휘발유로 하는 차종의 대다수는 매입세액공제가 안 되는 일반승용차(경차를 제외한 모든 승용차라고 보면 됨)가 많고, 매입세액공제가 되는 차종이 상대적으로 경유를 주유하는 차종(다마스, 트럭, 9인승 승합차 및 운수업 사용 차종)이 많다 보니, 이런 오해를 가질 수 있다.

**영업용승용차도 매입세액공제는 안 된다.**

많이들 헷갈리는데, 업무용과 영업용은 엄연히 다르다. 즉, 부가가치세 매입세액공제가 되는 영업용과 흔히 회사업무를 하면서 사용하는 영업용 또는 업무용과는 엄연히 다른 의미로 사용된다.

"회사에서 차량을 운행하면 모두 영업용차량 아닌가요? 따라서 영업용차량이므로 공제받을 수 있는 거 아닌가요?" 라고 물어보는 경우가 있는데, 회사에서 운영하는 차량은 세법상 말하는 영업용이 아닌 업무용이다.

부가가치세법에서 말하는 영업용차량이란 운수업(택시, 버스), 자동차판매업, 자동차임대업, 운전학원업, 경비업법 등 노란색 번호판, 장례식장 및 장의 관련업을 영위하는 법인차량과 운구용 승용차를 영업에 직접적으로 이용하는 것을 의미하므로 업무용과는 다르다.

따라서 도소매업, 제조업 등 일반 법인이나 개인사업자의 경우 영업용차량에 해당하지 않아 매입세액공제를 받을 수 없다.

그리고 관련 비용도 차와 묶어서 동일한 규정이 적용되는데, 관련 비용은 수리비, 주차비, 주유비, 리스비, 렌트비 등 명칭과 관계없이 일체의 승용차 관련 비용을 포함한다.

| 구 분 | 매입세액공제 여부 |
|---|---|
| 직원 식대 | 공제 가능 |
| 거래처와 식사대 | 공제 불가 |
| 개인사업자 대표 식대 | 공제 불가 |
| 법인사업자 대표 식대 | 공제 가능 |

# 업무용승용차 세금관리

업무용 차량 비용을 인정받으려면 다음 요건을 모두 갖춰야 한다.

| 법인사업자 | 개인사업자(복식부기의무자) |
|---|---|
| ❶ 법인 명의 차량이고<br>❷ 임직원 전용 자동차보험에 가입했으며<br>❸ 차량운행일지를 작성해야 한다. | ❶ 본인 명의 차량이고(배우자 명의 안 됨)<br>❷ 차량운행일지를 작성해야 한다.<br>모든 복식부기의무자는 차량이 2대 이상일 때 업무용 승용차 전용 보험에도 가입해야 한다. |

차량과 관련해서는 다음 증빙을 사진 찍거나 복사, 스캔해서 회사에 보관하고, 세무대리인에게 보내준다.

⊙ 자동차 등록증

⊙ 자동차세 납부 영수증

⊙ 자동차 보험증권

⊙ 리스 계약서(렌트 계약서)

⊙ 현금으로 결제한 주차비, 통행료, 유류비 등

직원 개인 명의 자동차를 업무용으로 이용하는 경우 주차비, 통행료, 유류비는 차량운행일지 등으로 업무용 사용이 확인되는 경우 비용인정이 가능하나, 업무 관련 확인이 어려운 자동차세, 보험료, 소모품, 부품 교환 등의 비용처리는 인정되지 않는다.

##  업무용승용차 규제 대상 차량은?

업무용 승용차란 사업용으로 사용하는 배기량 1,000cc를 초과하는 정원 8인 이하 승용차를 의미한다. 이에 따라 부가가치세 매입세액 공제가 가능한 차량(경차 및 9인승 이상 승합차, 화물차, 영업용차량)을 제외한 개별소비세가 과세되는 차량을 비용처리 하려면 법인세 및 소득세 신고 시 '업무용승용차관련비용명세서'를 제출해야 한다. 여기에서 관련 비용이란 업무용 승용차를 취득하거나 임차에 발생하는 감가상각비 · 임차료 · 유류비 · 보험료 · 수선비 · 리스비 등 업무용 승용차의 취득 · 유지비용을 말한다.

### ≫ 개별소비세 부과 대상 승용차

배기량이 2천cc를 초과하는 승용자동차와 캠핑용 자동차, 배기량이 2천cc 이하인 승용자동차(배기량이 1천cc 이하인 경차 제외), 전기 승용자동차, 수소 승용자동차

## ≫ 대상에서 제외되는 차량

❶ 운수업, 자동차판매업, 자동차임대업, 운전학원업, 무인경비업 등에 해당하는 업종 또는 시설대여업에서 사업상 수익을 얻기 위해서 직접 사용하는 승용자동차는 업무용 승용차 규제 대상에서 제외

❷ 한국표준산업분류에 따른 장례식장 및 장의 관련 서비스업을 영위하는 사업자가 소유하거나 임차한 운구용 승용차도 규제대상 제외

| 구 분 | 법 인 | 개 인 |
|---|---|---|
| 적용대상 | ≫ 영리 내국법인<br>≫ 수익사업이 있는 비영리 내국법인<br>≫ 외국 법인 국내사업장 | 복식부기의무자 |

 **업무용승용차 비용인정 요건은?**

## ≫ 업무전용자동차보험에 가입

법인이 법인차량 관련 비용을 회사경비로 처리하려면 먼저 업무전용 자동차보험에 가입해야 한다(복식부기의무자인 개인은 2대 이상). 이 경우 운전자의 범위는 법인의 임직원으로 한정된다(당해 법인과 계약관계에 있는 업체의 임직원도 포함되지만, 임직원의 가족·친족 은 반드시 제외해야 한다).

법인차량 중 업무 전용 자동차보험에 가입해야 하는 자동차는 승용 차다. 택시나 화물차 등은 사적 용도로 사용할 개연성이 낮아 동 보험에 가입하지 않더라도 세법상 비용으로 인정된다. 렌터카 회사에

서 차량을 빌려 사용한다면 렌터카 회사에서 영업용 자동차보험에 가입해야 한다.

## ≫ 차량운행일지의 작성·비치

회사는 차량운행일지를 작성·비치한 경우에만 비용으로 인정받을 수 있다. 업무 외 목적으로 사용한 금액은 경비로 인정받지 못한다. 원칙적으로 운행기록을 작성해 업무사용비율을 계산하고 모든 경비를 그 비율만큼만 인정한다. 업무사용비율이란 총 주행거리에서 업무용 사용거리가 차지하는 비율을 의미한다.

업무 전용 자동차보험에 가입은 했지만, 운행기록을 작성하지 않으면 연간 1,500만 원까지만 비용으로 인정된다. 단, 해당 사업연도의 업무용 승용차 관련 비용이 대당 1,500만 원 이하인 경우는 운행기록을 작성, 비치하지 않아도 업무사용비율을 100%로 인정한다. 하지만 운행기록을 작성, 제출하지 않을 경우 가산세를 부담한다.

| 구 분 | 법 인 | 개 인 |
|---|---|---|
| 임직원전용보험 | 의무가입, 미 가입시 전액 손금불산입 | 2대 이상 가입 의무 |
| 운행기록일지 | 의무 작성 | 의무 작성 |
| | ≫ 운행기록을 작성하지 않으면 연간 1,500만 원까지만 비용으로 인정<br>≫ 1,500만 원 이하인 경우는 운행기록을 작성, 비치하지 않아도 업무 사용 비율을 100%로 인정 | |
| 업무사용 제외 금액 소득처분 | 상여 등 귀속자에 따라 처분 | 인출금으로 처분 |

개인사업자의 경우 간편장부대상자는 운행일지 작성 의무대상이 아니다. 개인사업자는 관련 규정에 임직원 전용 자동차보험 가입 규정이 없었으나 2021년부터 2대 이상은 법인과 같이 가입해야 한다.

전용 보험 가입 의무가 있는 개인사업자가 보험에 들지 않으면 해당 차량 비용의 50%(2024년부터는 성실신고 대상자는 100% 비용 불인정)만 필요비용으로 인정된다.

마지막으로 업무용 승용차가 여러 대라면 감가상각비·임차료·유류비·수선비 등을 차량별로 분류해 두는 게 필요하다. 보험에 가입했을 때 임직원이 아닌 가족 등이 사적으로 사용하다 사고가 난 경우 보상을 받을 수 없으므로 임직원의 가족이 회사의 업무용 승용차를 운전해서는 안 된다.

렌터 차량은 해당 사업연도에 속한 임차기간 전체가 임직원 전용 자동차보험에 가입된 경우에만 비용 혜택을 받을 수 있으므로 렌터카 회사가 보험에 가입했는지 반드시 확인해 불이익을 받지 않도록 주의할 필요가 있다.

##  업무용승용차의 감가상각비 처리 방법

업무 사용금액 중 감가상각비 한도는 대당 연간 800만 원까지만 인정되고, 이를 초과하는 금액은 이월해 비용으로 공제한다.

특히 2016년 1월 1일 이후에 개시하는 사업연도에 취득한 업무용 승용차는 반드시 정액법으로 5년간 감가상각해야 한다.

따라서 구입 금액이 4,000만원을 초과하는 승용차의 경우 감가상각 기간이 5년을 초과하게 된다. 상각 한도를 초과하는 감가상각비는 다시 업무용으로 사용하는 경우는 유보처리 되지만, 업무용 이외 사용분은 해당자에 대한 상여로 처리된다.

업무 사용 제외금액으로 손금불산입한 상여처분 금액은 해당 사용자의 귀속 근로소득을 구성하게 되므로 연말정산 대상 근로소득에 포함해 연말정산하고, 관련 소득세를 납부해야 한다. 리스 또는 렌터차량의 경우 감가상각비 한도 초과액은 기타 사외유출로 처리하면 된다.

| 구 분 | 법 인 | 개 인 |
|---|---|---|
| 감가상각비 | ≫ 2015년 이전 취득 분 : 감가상각방법은 종전과 동일<br>≫ 2016년 이후 취득 분 : 5년 정액법, 강제상각 | ≫ 2015년 성실신고확인 대상자(그 외의 복식부기의무자)<br>≫ 2015(6)년 이전 취득 분 : 감가상각방법은 종전과 동일<br>≫ 2016(7)년 이후 취득 분 : 5년 정액법, 강제상각 |
| 감가상각비 한도초과액 소득처분 | 법인소유 차량 : 유보<br>리스 또는 렌터 차량 : 기타사외유출 | 법인과 동일 |

 **업무용승용차 처분 시 발생하는 손해의 처리방법**

업무용승용차를 처분해 발생하는 손실도 연간 800만 원으로 제한된다. 초과분은 차기 연도로 이월해 한도 내에서 경비 인정을 받을 수 있다. 아울러 부동산임대업을 영위하는 법인으로서 일정 요건에 해당하는 경우 감가상각비 및 처분손실 한도는 400만 원으로 축소된다.

또한, 법인의 경우 해당 사업연도가 1년 미만일 땐 연간 한도 800만 원 또는 400만 원을 실제 사업연도의 월수에 비례해서 축소한다.

차량처분손실은 이월해 800만 원 한도 내에서 손금산입(필요경비산입)한다.

임차차량의 경우 임차종료 시에도 800만 원 한도 내에서 손금산입(필요경비산입)하며, 10년 이후에도 800만 원 한도 내에서 손금산입(필요경비산입)한다.

# 04

# 법인카드사용 시
# 꼭 주의해야 할 사항

법인카드는 신용카드, 체크카드, 법인 개별카드로 구분되며, 이를 모두 법인카드라고 한다.

법인의 창업 초기에는 신용카드 한도가 부족하므로 체크카드를 사용하거나 대표이사의 신용이 반영된 법인 개별카드를 사용하는 것이 좋다.

그리고 법인세 신고를 한 해의 7월부터 법인세 신고 사후 검증이 세무서에서 진행되는데, 이때 법인카드를 중점적으로 검토하므로 주의해야 한다.

특히 골프장 사용내역, 룸살롱 등 유흥주점 사용내역, 업무 무관 업소의 사용내역, 가사 관련 비용의 사용은 특히 주의를 필요로 한다.

## 사업과 무관한 법인카드 사용 시 불이익?

법인의 손금으로 인정되지 않아 법인세의 부담이 증가하고, 사용한 사람이 대표이사의 경우 상여로 처분되어 근로소득세를 추가로 납부하게 된다. 반면, 주주의 경우 배당으로 처분되어 배당 소득세를 추가로 납부해야 한다.

 ## 공휴일, 주말 사용 시 불이익

실제로 주중에 회사에서 사용할 커피나 음료수 등 업무용이라면 특별한 불이익은 없다.

그러나 가정용 반찬이나 음식물을 구입하고, 이를 법인카드로 결제한 경우 문제가 발생한다. 결과적으로 사용 장소와는 상관없고, 가장 중요한 것은 법인 업무용인지? 여부가 중요하다.

국세청은 납세자들의 사소한 부분까지 들여다볼 수 있을 정도로 발달한 국세전산시스템을 보유하고 있다. 특히, 신용카드는 대금을 결제하면 자료가 국세청으로 바로 전송된다. 국세청은 법인카드의 사용 시에 사적이냐? 업무용이냐? 의 구분을 평일, 공휴일 사용으로 나누기도 하고, 대표이사의 주소지 주변 사용 빈도도 고려 대상이 된다. 또한, 마트 등 사업과 무관한 장소(생활용품, 의류 등)에서 사용한 금액은 일차적으로 사업과 관련이 없다고 본다. 물론 사업과 관련이 없는 경비사용에 대해서 법인은 비용인정을 받지 못하고 카드 사용자에 대해서는 급여를 받은 것(상여 처분)으로 본다. 또한, 실제 사업과 관련이 있다면 소명하면 된다.

**법인카드 사용 시 주의할 점**

구체적으로 어떻게 사용했을 때 국세청에서 의심스러운 눈초리로 바라보는지 살펴보면 다음과 같다.

❶ 백화점·병의원·웨딩홀·장례식장·카지노·면세점 등에서 사용하는 경우는 사용처별로 국세청에서 전산 체크하여 사적 경비로 보아 전액 비용에서 부인될 수 있다.

❷ 과다한 상품권 구입이다.

이 경우 대표이사의 사적 사용으로 보아 비용 자체가 부인되고 대표이사에게 상여로 처분될 수 있으며, 거래처에게 접대한 경우라도 받은 사람이 밝혀지는 경우 수령자에 대해 기타소득으로 과세될 수 있다. 만일 수령자에게 기타소득으로 과세되는 경우는 법인의 영업상 타격으로 이어질 수 있을 뿐만 아니라 부정 청탁 및 금품 등 수수의 금지에 관한 법률(일명 김영란법) 저촉 대상의 경우 법적 처벌까지 이어질 수 있다. 국세청에서는 법인카드로 결제한 상품권 구입에 대해 매년 전산 분석하여 철저하게 사후관리하고 있음을 꼭 알아야 한다.

따라서 경영상 부득이하게 상품권을 구입할 때는 회사 내부적으로 문제가 없도록 지출결의서 등에 사용내역을 명시해야 하고, 만약 내역을 뚜렷하게 밝힐 수 없는 경우에는 법인자금으로 구입하는 것을 삼가야 한다.

❸ 주말·공휴일 사용은 피해야 한다.

국세청 전산시스템은 법인카드 사용액 중 주말·공휴일 사용분에 대해서는 별도 체크가 가능하며, 특히 회사 근처가 아닌 사업과 무관한 장소에서 마트, 생활용품, 의류 등을 구입한 것은 일차적으로 사업과 무관한 것으로 분류한다. 또한 대표이사 집 근처 주말 사용분은 사적 경비로 보아 비용에서 부인될 수 있다.

따라서 주말에 법인카드를 사용하는 경우는 반드시 지출결의서에 신용카드 매출전표를 첨부하여 사용내역을 구체적으로 기재하여 관리해야 한다.

❹ 대표이사나 임원 카드 사용분에 대해서도 지출결의서를 작성하고 사용내역을 반드시 기재해야 한다.

통상 법인의 경우 법인카드의 직원 사용분은 지출결의서를 작성하거나 사적으로 사용할 수 없으므로 업무 관련 비용으로 인정받는데, 있어서 큰 문제가 없다.

그러나 대표이사나 임원의 경우는 지출결의서를 작성하지 않고 법인카드 사용내역서로만 경비 처리하는 것이 통상적인 관례인데, 최근 세무조사 시 이러한 비용들에 대해 법인이 업무 관련성을 입증하지 못하는 경우 비용을 부인하여 세금을 추징하는 사례가 늘고 있다.

따라서 임원의 법인카드 사용분도 신용카드 매출전표를 반드시 수취하고, 지출결의서에 사용내역을 메모해야 세무조사 시 부인되는 금액을 최소화할 수 있으므로 반드시 신용카드 매출전표에 사용내역을 메모해 두는 것이 중요하다.

❺ 신변잡화 및 가정용품 구입이나 개인적 치료비용, 피부미용실, 성형외과에서 사용은 개인적 용도 사용으로 의심받을 가능성이 크므로 사용을 자제한다. 또한, 골프비용을 법인카드로 결제한 경우 개인적 지출로 의심받을 가능성이 크므로 사용 목적과 사용처 등 사용내역을 지출결의서에 메모해 두는 것이 중요하다.

법인인 법인카드가 아닌 임직원 개인 신용카드로 비용을 지출한 경우 다음의 경우에는 비용으로 인정받을 수 있다. 물론 기업업무추진비(= 접대비)를 제외한 비용은 매입세액공제도 가능하다.

❶ 업무 관련 지출이어야 한다.

❷ 일반비용은 금액과 관계없이 증빙으로 인정이 되나, 기업업무추진비(= 접대비)는 3만 원까지만 증빙으로 인정이 된다.

그러나 여기서 주의할 점은 개인 신용카드 사용분에 대해 비용으로 인정받으면, 개인은 연말정산 시 소득공제를 받으면 안 된다는 점이다.

반면, 개인사업자는 법인카드 자체가 없으므로 가사 관련 비용 등을 제외한 업무 관련성만 입증되면 모든 비용지출액에 대해서 법정지출증빙으로 인정된다. 단, 사업용 신용카드를 사용하고 결제계좌를 사업용 계좌와 연결해야 한다.

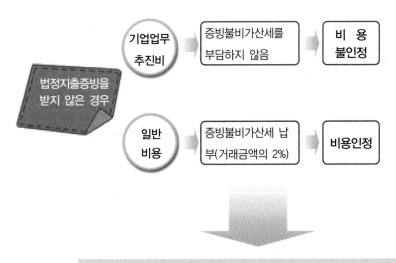

기업업무추진비(= 접대비) 10만 원을 지출하고 법정지출증빙을 받지 못한 경우 3만 원은 비용인정, 7만 원은 비용불인정이 아니라 10만 원 전체가 비용불인정 되는 것이다.

# 기업업무추진비(= 접대비) 지출 시 꼭 챙겨야 할 법정지출증빙

 **일반 기업업무추진비의 법정지출증빙**

| 구분 | 법정지출증빙 |
|---|---|
| 3만원 까지 (~30,000) | 신용카드, 직불카드, 세금계산서, 계산서, 기명식 선불카드, 현금영수증, 간이영수증 등 수취 보관 |
| 3만원 초과 (30,001~) | 신용카드, 직불카드, 세금계산서, 계산서, 기명식 선불카드, 현금영수증 등 수취 보관(간이영수증은 증빙이 안 된다.) |

 **상품권을 접대용으로 구입한 경우 법정지출증빙**

| 구분 | 법정지출증빙 |
|---|---|
| 구입 시 | 세금계산서 등 법정지출증빙을 받지 않아도 된다. 관련 소명자료로 영수증 정도면 충분하다. |

| 구분 | 법정지출증빙 |
|---|---|
| 제공 시 | 세금계산서 등 법정지출증빙을 받아야 한다.<br>그러나 상품권을 선물하면서 상대방에게 증빙을 달라고 할 수 없는 것이 현실이다. 따라서 구입 시 신용카드 결제 후 신용카드매출전표를 법정지출증빙으로 사용해야 한다. |

## 경조사 기업업무추진비의 법정지출증빙

| 구분 | | 법정지출증빙 |
|---|---|---|
| 거래처 | 20만 원이하(20만원까지) | 영수증이나 청첩장 등 지출 사실 증명서류 |
| | 20만 원 초과<br>(20만 1원부터) | 세금계산서나 신용카드매출전표(반드시 법인카드) 등 법정지출증빙 |
| 임직원 | 20만 원 이하(20만원까지) | 영수증이나 청첩장 등 지출 사실 증명서류 |
| | 20만 원 초과<br>(20만 1원부터) | 급여로 보아 근로소득 원천징수 후 원천징수영수증 첨부 |
| | 회사 임직원들의 경조사에 지출하는 비용의 경우도 20만 원까지는 사규 및 관련 증빙(청첩장 등)을 구비하면 되며, 20만 원을 초과하는 경우는 원칙적으로 당사자의 급여로 처리한다. 다만, 법인의 지급 능력, 임직원의 직위·연봉 등을 고려한 사규 등에 의해 20만 원을 초과하더라도 사회통념상 타당한 범위 내의 금액이라면 복리후생비로 처리할 수 있다. | |

## 회사방문 손님에 대한 음료수, 주차비의 증빙관리

회사에 손님이 방문하는 경우 음료수나 담배, 주차비도 기업업무추진비(= 접대비)로 처리해야 하는지 아니면 복리후생비로 처리해도 되는지, 애매한 사항이다.

## ≫ 음료수 제공 비용

일반적으로 회사가 직원을 위해 사내에서 제공하는 커피, 차, 음료수 등의 구입비용은 복리후생비로 처리하는 것이며, 또한 회사를 방문한 고객이나 거래처와의 상담 및 협의 등을 위해 제공되는 커피 및 음료수, 차 등도 복리후생비 계정으로 처리하는 것이다. 따라서 3만 원을 기준으로 법정지출증빙의 수취여부를 결정하면 된다.

### 거래처 손님에게 제공하는 음료수비용 증빙

사내에서 고객과 상담 및 협의 시 통상적으로 제공하는 차와 음료 및 담배구입 비용은 기업업무추진비에 해당하지 아니하는 것이다(법인 22601-1518, 1989.4.25.).

## ≫ 방문고객 주차료

방문고객 등을 위해 회사에서 주차권을 구입해서 지급 시, 세금계산서를 받으면 불특정다수인을 대상으로 한 지출로서 접대성이 없는 비용으로 보아 매입세액공제가 가능하다. 다만, 특정인을 위한 접대성 또는 업무와 상관없이 사용되거나 비영업용소형승용차를 위해 사용되는 경우는 매입세액이 불공제된다.

### 거래처 손님에게 제공하는 주차 비용의 증빙

사업자가 자기의 고객을 위해서 임차해서 사용하는 주차장의 임차료에 관련된 매입세액은 매출세액에서 공제된다. 다만, 사업자가 회사업무용으로 사용하는 비영업용소형승용차의 주차료에 대한 매입세액은 매출세액에서 공제하지 아니하는 것임(서면 3팀-2219, 2006.09.21).

# 거래처 손님의 대리운전 비용의 증빙처리

영업사원들이 거래처 접대를 하면서 대리운전을 이용하는 경우가 종종 발생한다. 이 경우 처리방법을 살펴보면 다음과 같다.

## ≫ 영업사원의 대리운전비용

일반적으로 회사 직원이 업무상 차량을 이용하면서 발생하는 교통비, 즉 이동 거리에 따른 유류비와 통행료 등은 관련 증빙을 회사에 제출함으로써 실비로 정산을 받게 된다. 이러한 실비변상적인 급여는 근로소득세가 비과세되고 회사도 비용으로 인정을 받는다. 반면, 실비정산 대신 자가운전보조금을 받는 경우 비과세 20만 원 한도 규정에 따라 20만 원 한도 내에 대리운전비용이 포함이 되면 비과세되고, 넘는 경우는 해당 직원에게서 근로소득세를 원천징수해야 한다. 단, 시외의 경우에는 자가운전보조금 20만 원 한도 규정이 적용되지 않는다. 반면 자가운전보조금을 지급받지 않는 경우는 대리운전비용 영수증을 통해서 비용으로 인정받으면 된다.

| 구 분 | | 처리방법 |
|---|---|---|
| 자가운전보조금 20만 원을 받은 경우 | 시내 | 실비정산 금액을 자가운전보조금 비과세 한도인 20만 원에 포함해서 비과세 판단 |
| | 시외 | 자가운전보조금 비과세 한도인 20만 원은 비과세되고, 시외비용은 법정지출증빙 첨부 후 비용인정 |
| 자가운전보조금을 받지 않는 경우 | | 세금계산서 등 법정지출증빙 첨부 후 회사 비용 처리 |

## ≫ 거래처 대리운전비용

영업상 상대거래처 임직원 접대 후 귀가 시에 대리운전을 이용한 것은 사적비용에 해당해서 비용으로 인정되지 않고, 당해 영업사원에 대해서 급여로 본다. 따라서 이 경우에는 비용인정이 안 되고 해당 직원은 근로소득세를 부담하는 등 이중으로 불이익을 받을 수 있으므로 처음부터 해당 직원의 급여로 처리 후 근로소득세만 추가납부하는 것이 유리하다. 또한, 이 경우에는 법정지출증빙을 수취할 필요가 없으며, 만일 세금계산서 등 법정지출증빙을 수취해도 업무무관지출로 인해서 부가가치세 매입세액공제는 받을 수 없는 것이다. 반면 영업상 상대 거래처 직원 접대 후 대리운전비용을 부담한 경우는 원칙적으로 기업업무추진비로 처리한다. 그리고 이에 대해서는 3만 원까지는 영수증을 3만 1원부터는 세금계산서나 법인카드명세서를 첨부해야 한다. 그렇지 않은 경우 비용으로 인정받을 수 없다.

그러나 현실적으로 이것이 어려운 경우 편법적이지만 대리운전비용이 소액이므로 공영수증을 구해서 적절히 비용처리를 하거나 직원의 대리운전비용으로 해서 복리후생비 처리 후 동 금액에 대해서 근로소득세를 원천징수해서 문제를 해결하는 방법이 있을 수 있다. 참고로 접대목적의 대리운전비용도 세금계산서 등 법정지출증빙을 받아도 매입세액공제를 받을 수 없다.

| 구 분 | 업무처리 | 매입세액공제 |
|---|---|---|
| 접대 후 본인의 대리운전비용 | 급여 또는 복리후생비 처리 | 매입세액공제 |
| 접대 후 거래처의 대리운전비용 | 기업업무추진비처리 후 세금계산서 등 법정지출증빙 수취 및 비용처리 | 매입세액불공제 |

# 여비교통비(출장비) 지출 시
# 꼭 챙겨야 할 법정지출증빙

출장 중에 사용하는 여비교통비는 식대, 숙박료, 차량주유비, 통행료, 간식대 등으로 나누어볼 수 있다.

이는 통합해서 여비교통비로 처리해도 되고 세분화하여 식대, 숙박비, 간식비는 복리후생비, 통행료, 유류대는 차량유지비 등으로 나눠서 할 수도 있다.

그러나 여기서 큰 원칙은 두 방법 중 한 가지 방법을 선택했다면 계속성의 원칙에 따라 동일한 건에 대해서는 이전과 같이 처리해야 한다는 것이다. 즉, 여비교통비로 통합해서 처리했으면 통합해서 처리하는 방법을 계속해서 사용하고, 개별적으로 처리했으면 계속 개별적으로 처리하는 것이 좋다는 것이다.

계정과목도 때마다 달리하지 말고 일관되게 하나의 계정과목을 사용하면 문제가 없다.

## 시내출장 여비교통비의 법정지출증빙

목적지와 업무 내용이 기재된 지출결의서로 하면 된다. 버스, 택시, 지하철 등은 법인카드나 교통카드를 사용하고 해당 영수증을 첨부해 두는 것이 좋다. 다만, 20만 원 이내의 자가운전보조금을 지급하고 별도의 비용을 지급하지 않는 경우는 해당 직원은 급여에서 비과세 되고, 회사는 별도의 법정지출증빙 없이 비용인정이 된다.

그러나 자가운전보조금을 지급하는 직원에게 시내 출장에 든 실제 여비를 별도로 지급하면 자가운전보조금은 비과세가 아닌 과세 급여 가 되어 개인의 근로소득으로 보아 소득세를 원천징수 해야 한다.

---

**자가운전보조금의 비과세요건**

자가운전보조금이 비과세되기 위해서는 다음의 조건을 모두 만족해야 한다.

❶ 자가운전보조금을 지급받는 종업원이 시내출장비 등을 별도로 지급받아서는 안 된다. 단 시외출장비는 별도로 지급이 가능하다.

❷ 종업원 자기 소유(부부 공동명의 차량, 본인 명의로 빌린 차 인정) 차량이면 서 종업원이 직접 운전하여 사업주의 업무수행에 이용하는 것이어야 한다. 자기 명의의 임차차량도 포함한다.

❸ 당해 사업체가 미리 정한 지급 규정에 따라 지급하는 것이어야 한다.

❹ 월 20만원 이내만 비과세된다.

---

 ## 시외출장 여비교통비의 법정지출증빙

회사 출장여비지급규정에 따라 출장비용에 대한 출장품의서를 작성하고 항공료나 고속버스는 탑승권이나 승차권 영수증, 숙박비나 기업업무추진비(= 접대비)는 3만원 초과 시 법정지출증빙을 받아서 보관하면 된다.

3만 원을 초과해서 지출한 물품 또는 서비스를 제공받은 경우 법정지출증빙을 받지 않으면 증빙불비 가산세가 적용된다.

그리고 자가운전보조금을 받는 근로자에게도 업무와 관련된 비용이면 자가운전보조금과 별도로 지급해도 된다.

지출된 출장경비가 출장지 등을 고려하여 사회통념상 인정되는 범위를 초과하는 경우 그 초과 금액을 출장자의 급여로 본다.

참고로 법인의 임원 또는 사용인이 아닌 지배주주(그 특수관계자 포함)에게 지급한 여비는 비용으로 인정해주지 않는다.

| 구 분 | 업무처리 |
|---|---|
| 시내출장비 | ≫ 자가운전보조금만 지급 : 요건 충족 시 월 20만 원까지 법정지출증빙 없이 비과세처리<br>≫ 자가운전보조금 지급 없이 여비교통비 지출 : 3만원 초과 지출 시 법정지출증빙을 첨부해 비용 인정받음. 버스, 택시, 지하철 등은 법인 신용카드 결제나 교통카드 결제를 사용한다.<br>≫ 자가운전보조금 + 실제 경비 지급 : 실제 경비는 법정지출증빙에 의해 비용인정 되고, 자가운전보조금은 해당 직원의 급여로 보아 원천징수 신고·납부 |
| 시외출장비 | ≫ 3만 원 초과지출시 법정지출증빙을 첨부해 비용 인정받음<br>≫ 자가운전보조금 + 실제 경비 받는 경우 자가운전보조금은 요건 충족 시 비과세되고, 실제 경비는 3만원 초과 지출 시 법정지출증빙을 첨부한 경우 자가운전보조금과 별도로 비용인정 |

# 절세를 위해 꼭 챙겨야 하는 증빙과 편리한 증빙관리 방법

아래의 서류는 종합소득세 신고 시 반드시 준비해야 하는 서류로, 만일 직접 안 하고 신고 대행을 맡길 때는 홈택스 아이디와 비번을 가르쳐주면 된다.

📄 세금계산서, 계산서는 홈택스를 활용해 전자로 발행하고, 전자로 받는다.

📄 종이로 받은 세금계산서와 계산서는 반드시 회계프로그램이나 전자적 방법으로 저장해 둔다.

📄 신용카드는 법인의 경우 법인카드를 사용하고, 개인의 경우 사업용 신용카드를 사용한다(신고 대행 시에는 신용카드 거래내용을 엑셀로 내려받아 세무대리인에게 전달한다).

📄 현금영수증을 받을 때는 잊어버리지 말고 반드시 지출증빙용으로 발행받는다.

- 전기요금, 전화요금 등 지로영수증을 보관한다. 별도로 지로 영수증을 받지 않고 통장에서 자동이체를 하는 경우 이를 신용카드로 자동이체를 해놓는 것이 좋다.
- 세무대행 시에는 본인 명의 계좌 출금 명세를 엑셀로 내려받아 세무대리인에게 제출한다.
- 세무대행 시에는 연말정산 간소화 pdf 파일(홈택스)을 세무대리인에게 제출한다.
- 세무대행 시에는 비품목록(핸드폰, 컴퓨터, 책상 등)을 엑셀로 정리해서 세무대리인에게 제출한다. 이는 감가상각을 통해 비용인정을 받을 수 있다.
- 인테리어비용, 권리금 등에 대한 세금계산서를 못 받았을 때 계약서와 계좌이체 내역을 보관해 둔다. 세무대행 시에는 세무대리인에게 제출한다.
- 기부금 지출이 있는 경우 종교단체 등에서 기부금영수증을 발급받아 보관한다. 세무대행 시에는 세무대리인에게 제출한다. ➜ 해당 단체의 사업자등록번호와 단체종류가 확인되는 자료
- 자동차 보험료 등 납입내역서(리스의 경우 리스 상환 스케줄표)를 보관한다. 세무대행 시에는 자동차 등록증 사본과 함께 세무대리인에게 제출한다.➜ 본인 명의 차량만 가능
- 세무대행 시에는 주민등록등본, 가족관계증명서(가족 공제받을 사람에 대한 정보)를 세무대리인에게 제출한다. 제출 시 공제 안 받을 사람은 체크 후 제출한다. ➜ 증명서는 주민등록번호 뒷자리까지 주민등록번호 전체가 나오게 발급받아야 한다.

- 세무대행 시에는 화재보험이나 4대 보험 납부내역서를 세무대리 인에게 제출한다. → 저축성보험은 비용인정 안 됨. 단, 개인과 관련된 암보험, 실비보험은 개인사업자는 적용되지 않는다.
- 청첩장과 부고장을 보관한다. → 1장당 최대 20만 원까지 비용인 정
- 사업 관련 차입금의 이자비용 납입증명서 → 본인 주택 관련 대 출이자 비용은 비용인정이 안 됨
- 사무실 임차료에 대한 세금계산서를 받으면 문제가 없으나 건물 주가 발행을 안 해주는 경우 계약서와 계좌이체 내역을 보관해 둔다. 세무대행 시에는 세무대리인에게 제출한다. → 증빙불비가 산세를 부담하고 비용인정을 받는다.
- 노란우산공제 납입증명서를 세무대행 시에는 세무대리인에게 제 출한다.
- 연금저축/퇴직연금저축 납입증명서를 세무대행 시에는 세무대리인 에게 제출한다.
- 인건비 지급내역을 원천징수 신고내용과 상호 대사해 본다.

# 제7장

# 세무사도 필요 없는
# 급여세금 신고

# 일용근로자의 근로소득세 원천징수 방법

 **일용근로자 원천징수세액의 계산**

일용근로소득은 근로를 제공한 날 또는 시간에 따라 근로대가를 계산하거나, 근로를 제공한 날 또는 시간의 근로성과에 따라 급여를 계산하여 받는 소득으로 다음에 해당하는 소득이다.

❶ 건설공사 종사자. 근로계약에 따라 일정한 고용주에게 3월(또는 1년) 이상 계속하여 고용되어 있지 않고, 근로 단체를 통하여 여러 고용주의 사용인으로 취업하는 경우 이를 일용근로자로 본다. 다만 다음의 경우에는 상용근로자로 본다.

가. 동일한 고용주에게 계속하여 1년 이상 고용된 자

나. 아래의 업무에 종사하기 위하여 통상 동일한 고용주에게 계속하여 고용되는 자

㉮ 작업준비를 하고 노무자를 직접 지휘·감독하는 업무

㉯ 작업 현장에서 필요한 기술적인 업무, 사무·타자·취사·경비

등의 업무

㉱ 건설기계의 운전 또는 정비업무

❷ 하역(항만)작업 종사자(항만근로자 포함). 근로계약에 따라 일정한 고용주에게 3월 이상 계속하여 고용되어 있지 아니하고, 근로단체를 통하여 여러 고용주의 사용인으로 취업하는 경우는 이를 일용근로자로 본다. 다만, 다음의 경우에는 상용근로자로 본다.

가. 통상 근로를 제공한 날에 근로 대가를 받지 아니하고 정기적으로 근로 대가를 받는 자

나. 다음 업무에 종사하기 위하여 통상 동일한 고용주에게 계속하여 고용되는 자

㉮ 하역작업 준비를 하고 노무자를 직접 지휘·감독하는 업무

㉯ 주된 기계의 운전 또는 정비업무

❶ 또는 ❷ 외의 업무에 종사하는 자로서 근로계약에 따라 동일한 고용주에게 3월 이상 계속하여 고용되어 있지 아니한 자

| 구 분 | 공제방법 | 공제기준급여 | 부담액 |
|---|---|---|---|
| 근로소득세 | (일급여액 – 15만 원) × 2.7% × 근무일수 | 총급여 – 비과세 소득 | 근로자 전액 부담 |
| 지방소득세 | 근로소득세의 10% | 근로소득 | 근로자 전액 부담 |
| 과세최저한 | 건당 1,000원 미만은 납부할 세액이 없으므로, 일당 187,000원 [(187,000원 – 15만 원) × 2.7% = 999원]까지는 납부할 세액이 없다. | | |

**[일용근로자의 원천징수액]**

원천징수 세액 간편 계산 = (총지급액 – 15만 원) × 2.7%

## [일용근로자의 원천징수액]

- 총지급액 = 일용근로소득 − 비과세소득 <mark>주</mark>
- 근로소득금액 = 총지급액 − 근로소득공제(일 15만원)
- 산출세액 = 근로소득금액(과세표준) × 원천징수 세율(6%)
- 원천징수세액 = 산출세액 − 근로소득 세액공제(산출세액의 55%)

<mark>주</mark> 생산 및 그 관련직에 종사하는 경우 야간근로수당은 비과세

<mark>예시</mark> 일용근로자의 경우 일당 187,000원 이하를 받는 경우 원천징수 하는 금액은 없으며, 지급한 금액만 원천징수이행상황신고서의 일용근로란에 기입을 해서 제출하면 된다. 반면, 일당 20만 원을 받는 경우 (20만 원 − 15만원) × 2.7% = 1,350원을 원천징수 해서 신고 및 납부를 하면 된다. 증빙으로는 원천징수영수증으로 충분하나 일용근로자임금대장이나 근로계약서 등을 증빙으로 보관해두면 더욱 좋다.

일용근로자를 고용해서 7일 동안 일급 20만 원을 지급하고, 비과세 소득이 없는 경우 원천징수 세액을 계산하는 방법은 다음과 같다.

<mark>해설</mark>

Ⅰ. 총지급액은 1,400,000원(200,000원 × 7일 = 1,400,000원)이다.

Ⅱ. 소득세(9,450원)는 다음과 같이 산정한다.

(1) 근로소득금액 : 200,000원 − 150,000원 = 50,000원

일용근로자는 1일 15만 원을 근로소득공제 하며, 다른 공제사항은 없다.

(2) 산출세액 : 50,000원 × 6% = 3,000원(원천징수세율 6%를 적용한다)

(3) 세액공제 : 3,000원 × 55% = 1,650원(산출세액의 55%를 적용한다)

(4) 소득세 : 3,000원 − 1,650원 = 1,350원

※ 약식 계산 : (200,000원 − 150,000원) × 2.7% = 1,350원

(5) 원천징수할 소득세는 소득세의 7일 합계액 9,450원(1,350원 × 7일 = 9,450원)이다.

Ⅲ. 지방소득세는 940원(135원 × 7일)이다(소득세의 10%를 적용한다).

| 구 분 | 신고내용 | 제출서류 |
|---|---|---|
| 사유발생일의 다음 달 10일 | 원천징수 신고 및 납부 | 원천징수이행상황신고서 제출 |
| 사유발생일의 다음 달 15일 | 사업장에서 하루라도 근무하고 일당을 지급한 일용직근로내역이 있는 경우 근로복지공단에 제출 | 근로내용확인신고서 제출 |
| 다음 달 말일 | 매달 말일 | 일용근로소득 지급명세서 제출 |

## 일용근로자의 근로내용확인신고서 제출

사업장에서 하루라도 근무하고 일당을 지급한 일용직 근로내역이 있는 경우 다음 달 15일까지 근로복지공단에 근로내용확인신고서를 제출한다. 예를 들어 10월 일용근로 내역에 대해 11월 15일까지 근로복지공단에 제출하는 것이다. 이는 월별납부자든 반기 납부자든 동일하게 다음 달 15일까지 제출한다.

근로내용확인신고서를 제출한 근로자는 일용근로소득 지급명세서를 제출하지 않아도 된다.

## 일용근로소득지급명세서 작성 · 제출

일용근로자를 고용한 사업자(원천징수의무자)는 일용근로소득지급명세서를 제출기한(매달 말일) 이내에 제출해야 한다.

근로내용확인신고서를 제출하는 사업자의 경우 일용근로소득지급명세서 작성·제출을 안 할 수 있다.

❶ 매월 고용노동부에 근로내용확인신고서로 신고하여 국세청에 제출하는 일용근로소득 지급명세서의 제출을 생략하는 경우는 근로내용확인신고서에 일용근로소득 지급명세서 필수 기재 사항인 원천징수의무자의 사업자등록번호, 일용근로자의 주민등록번호(외국인등록번호), 총지급액(과세소득) 및 '일용근로소득신고(소득세 등)'란 등을 반드시 기재해야 한다.

❷ 근무기간이 1개월 이상인 일용근로자[일용근로자 분류 기준이 소득세법(3개월 미만 고용)과 고용보험법(1개월 미만 고용)이 다른 점], 외국인근로자[F-2(거주), F-5(영주), F-6(결혼이민)은 제외], 임의가입자(고용보험가입을 희망하지 않은 자)는 고용노동부에 신고한 경우에도 반드시 국세청에 일용근로소득 자료를 별도로 제출해야 한다.

**❓ Tip**   세법상 ·일용근로자와 4대 보험 ·일용근로자

### 1. 세법상 일용근로자

소득세법상 일용근로자는 근로제공 일수 또는 시간에 따라 근로대가를 계산하여 지급받는 사람으로, 동일한 고용주에게 3월 이상(건설은 1년) 계속해서 고용되어 있지 않은 자를 말한다.

예를 들어 3월, 4월, 6월, 격월로 3개월 이상 근무했을 경우 3, 4월 근무 후 근로계약이 종료된 상태에서 6월에 다시 재고용된 것이라면, 연달아 3개월 이상 고용된 것이 아니므로 일용근로자에 해당한다.

반면, 3월에 5일, 4월에 10일, 5월에 10일씩 매일 연속해서 3개월을 근무하지 않고, 필요에 따라 부정기적으로 시급 또는 일급을 지급하는 계약을 체결하여 근무한 경우는 중간에 일용관계가 중단되지 않고 계속되어 오고, 최초 근무일을 기준으로 민법상 역에 의하여 계산한 기간이 3개월 이상이라면 상용근로자로 보아야 한다.

## 2. 4대 보험 가입기준 일용근로자

| 구 분 | 일용근로자의 범위 |
|---|---|
| 국민연금 | 1달 동안 월 8일 이상 근무하거나 1달 동안 월 60시간 이상 근무한 사람 및 1개월 동안의 소득이 220만 원 이상인 경우는 가입대상이다. |
| 건강보험 | 1달 동안 월 8일 이상 근무하거나 1달 동안 월 60시간 이상 근무한 사람은 가입대상이다. |
| 고용보험 | 근로시간 근로일과 상관없이 의무가입 대상이며 단, 월 소정근로시간 60시간 미만(1주간 소정근로시간 15시간 미만 포함)인 사람과 65세 이후에 새로 고용된 사람은 제외된다. |
| 산재보험 | 근로시간 근로일과 상관없이 의무가입 대상이며, 근로자의 보수총액 신고 대상이다. |

## 3. 결론

세법과 4대 보험 적용상의 일용근로자 기준은 다르므로, 각각의 기준에 따라 일용근로자를 판단해서 서로 다르게 적용해야 한다. 즉, 세법은 세법이고 4대 보험은 4대 보험이다.

# 상용근로자의
# 근로소득세 원천징수 방법

## 근로소득세공제 절차도

❶ 월급여산정(총급여 - 비과세소득) ──── ❷ 부양가족수 산정

❸ 간이세액표
홈택스(https://www.hometax.go.kr) 〉 세금 신고 〉 원천세 신고 〉 근로소득
간이세액표 클릭

❹ 간이세액표상 급여와 부양가족수가 일치하는 지점의 근로소득세 및
　지방소득세 공제

❺ 원천징수이행상황신고서 작성 · 제출

❻ 납부서를 작성해서 근로소득세 및 지방소득세 납부

❼ 신고 · 납부내역 보관(소득자별 근로소득원천징수부, 원천징수 영수증)

❽ 간이지급명세서 및 근로소득 지급명세서 제출

# 근로소득세의 과세대상인 근로소득(급여)의 종류

매달 급여를 지급할 때는 간이세액표에 의해 근로소득세를 원천징수해서 신고·납부해야 한다. 여기서 근로소득세는 근로소득자가 거주자 또는 내국법인으로부터 받는 근로소득으로 미국군, 외국법인의 국내 지점 또는 국내영업소 등으로부터 받는 급여를 포함한다.

근로소득이란 근로계약에 의하여 근로를 제공하고 받은 대가로 급여·봉급·급료·세비·상여금 등을 말한다. 즉 기본급, 상여금, 직책수당, 식대보조금, 연장근로수당, 연차수당, 출산보육수당, 연구보조비 또는 연구활동비, 사용자부담 국민건강보험료 등, 잉여금 처분에 따른 상여, 인정상여, 주식매수선택권행사이익, 월정액 차량유지비, 성과상여금, 정근수당, 시간외근무수당, 가족수당, 명절휴가비, 직급보조비, 가계지원비, 특별보너스, 체력단련비, 학자금, 장학금, 연가보상비, 휴가비 등을 말한다.

| 구 분 | 근로소득 |
|---|---|
| 임직원 생일선물 | 임직원을 대상으로 생일, 결혼기념일, 출산 시 복리후생 개념으로 선물 지급 시 과세대상 근로소득에 해당하는 것이다(원천-296, 2009.4.9.). |
| 임직원 명절선물 | 임직원에게 지급하는 명절선물은 과세대상 근로소득에 해당하는 것이다. |
| 임직원 체력단련비 보조금 | 종업원에게 체력단련비 명목으로 직접 지급하는 금품의 가액은 근로소득에 해당하는 것이다(원천-555, 2011.09.05.). |
| 업무상 부상으로 인한 위자료 등 | 근로의 제공으로 인한 부상으로 근로자가 회사로부터 받는 배상, 보상 및 위자료는 비과세 소득이다(서면 1팀-1471, 2005.11.30.). |

## ≫ 근로소득으로 보지 않는 경우

❶ 근로자인 우리사주조합원이 우리사주조합을 통해 주식취득 시 소액주주 기준에 해당하는 경우 당해 주식의 취득가액

❷ 사용자가 지불하는 단체순수보장성보험료와 단체환급보장성보험료 중 연 70만 원 이하의 금액

❸ 사용자가 부담한 퇴직보험 또는 퇴직일시금신탁의 보험료 등

❹ 선원을 피보험자로 하는 재해보상보험료

❺ 사내근로복지기금으로부터 받는 장학금 등(= 비과세)

❻ 과세특례에 의한 주식매수선택권(스톡옵션) 행사이익

## ≫ 비과세 근로소득

❶ 식사·기타 음식물을 제공받지 아니하는 근로자가 받는 월 20만 원 이하 식사대

❷ 일직료·숙직료 또는 여비로서 실비변상정도의 금액

❸ 자가운전보조금액 중 월 20만원 이내의 금액

❹ 연구원 등이 받는 연구보조비 또는 연구활동비 중 월 20만 원 이내의 금액

❺ 생산 및 그 관련직에 종사하는 월정액급여 210만 원 이하로서 직전 과세기간의 총급여액이 3천만 원 이하인 근로자가 받는 연 240만 원 이내의 연장근로·야간근로·휴일근로수당(일용근로자 전액)

❻ 선원이 받는 월 20만 원 이내의 승선 수당과 광산근로자가 지급받는 입갱 수당 또는 발파수당

❼ 북한지역에서 근로를 제공하고 받은 급여 중 월 100만 원(원양어업선박 또는 국외 등을 항행하는 선박이나 항공기, 국외 건설 현장(감리업무 포함)에서 근로를 제공하고 받는 보수는 월 500만 원) 이내의 금액

❽ 근로자 또는 배우자의 출산, 6세 이하 자녀의 보육 관련하여 사용자로부터 지급받는 월 20만 원 이내 금액

❾ 벽지에 근무함으로써 인하여 받는 월 20만 원 이내의 벽지수당

❿ 국민건강보험법 등에 따라 국가·지방자치단체 또는 사용자가 부담하는 부담금

## 월 20만 원까지 비과세 되는 수당

다음의 항목들은 월 20만 원까지 비과세 근로소득에 포함되며, 월 20만 원 초과액은 과세대상 근로소득에 포함되어 세금을 납부해야 한다.

| 구 분 | 내 용 |
|---|---|
| 자가운전 보조금 | • 본인 소유 차량이어야 함<br>• 여비(출장비)를 지급받았다면 비과세소득 인정 안 됨 |
| 벽지, 승선수당 | • 승선 수당 : 선원법 규정에 의한 선원 대상<br>• 함정 근무수당 : 경찰 및 소방공무원 대상<br>• 항공 수당 : 경찰 및 소방공무원 대상<br>• 화재진화수당 : 소방공무원 대상<br>• 벽지수당 : 벽지(외진 곳)에 근무하는 자를 대상 |

| 구 분 | 내 용 |
|---|---|
| 취재수당 | • 방송, 뉴스, 신문 등의 언론기업에 종사하는 기자 대상<br>• 취재수당이 급여에 포함될 경우, 월 20만 원을 취재수당으로 봄 |
| 연구보조비 | • 교사, 연구원(국책연구기관, 중소, 벤처기업) 대상.<br>• 방과 후 수업은 연구보조비 아님, 교과지도비는 연구보조비 포함 |
| 지방이전수당 | • 수도권정비계획법 제2조 제1호에 따라 지방이전 한 공공기관 소속 공무원, 직원에게 한시적으로 월 20만 원의 이전지원금 지급 |
| 식대 | • 식대(돈)도 받고 식사도 제공받았을 경우는 식사는 비과세, 식대(돈)는 과세(식대만 지급받는 경우 20만 원 비과세) |
| 출산,<br>보육수당 | • 만 6세 이하 자녀(자녀 수와 상관없이 월 20만 원까지 비과세)<br>• 과세기간 개시일 기준 그해 말까지 적용(만 7세가 되는 해까지). |

## 조건에 따라 비과세 되는 수당

다음은 일정한 요건을 충족해야만 비과세 혜택을 누릴 수 있다.

| 구 분 | 내 용 |
|---|---|
| 국외근로수당 | • 일반 : 월 100만 원 한도<br>• 외항선원, 국외 건설(감리자 포함) : 월 500만 원 한도 |
| 직무발명보상금 | • 재직 중인 직원, 연 700만 원 한도 |
| 생산직근로자의 연장, 야간, 휴일수당 | • 생산직근로자 : 월급여 210만 원(연 3,000만 원) 이하인 자(일용직 포함) 중 아래 하나에 해당하는 자<br>❶ 공장, 광산근로자<br>❷ 어업 근로자로서, 선장을 제외한 자(항해사, 기관사, 통신 사, 의사 등은 포함) |

| 구 분 | 내 용 |
|---|---|
| | ❸ 운전원 및 관련 종사자 |
| | ❹ 배달, 수하물 운반종사자(집배원, 신문배달원 등) |
| | • 생산직 근로자 중 광산/일용직의 수당 : 전액 비과세 |
| | • 이외 : 연 240만 원 한도 |

 ## 매달 급여에서 원천징수하는 방법

### ≫ 간이세액표를 활용해 원천징수 하는 방법

원천징수의무자는 매월 급여 지급 시 원천징수 할 근로소득세를 근로소득 간이세액표(홈택스 > 세금신고 > 원천세 신고 > 근로소득 간이세액표를 클릭하면 자동 계산이 가능하며, 간이세액표도 무료로 다운받을 수 있다.)에 의해 계산한다.

| 구 분 | 공제방법 | 공제기준급여 | 부담액 |
|---|---|---|---|
| 근로소득세 | 간이세액표 | 총급여 – 비과세 소득 | 근로자 전액 부담 |
| 지방소득세 | 근로소득세의 10% | 근로소득세 | 근로자 전액 부담 |

❶ 월급여액은 급여 중 비과세소득 및 학자금을 제외한 금액이다.
❷ 공제대상 가족의 수 계산 방법 : 실제 공제대상가족의 수(본인 + 배우자 + 세법상 부양가족공제 대상)
공제 대상 가족의 수는 본인 및 배우자도 각각 1인으로 보아 계산한다.
❶과 ❷에 따른 간이세액표 금액에서 전체 공제대상 가족 중 8세 이상 20세 이하 자녀가 있는 경우 아래 금액을 차감한다. 다만, 공제한 금액이 음수인 경우의 세액은 0원으로 한다.

가. 8세 이상 20세 이하 자녀가 1명인 경우 : 12,500원

나. 8세 이상 20세 이하 자녀가 2명인 경우 : 29,160원

다. 8세 이상 20세 이하 자녀가 3명 이상인 경우 : 29,160원 + 2명 초과 자녀 1명당 25,000원

## ≫ 급여에서 차감하는 금액을 공제하는 방법사례

예를 들어 월 급여 350만(비과세 및 자녀 학자금 지원금액 제외)원 부양가족의 수 본인 포함 4명(8세 이상 20세 이하 자녀 2명 포함)인 경우 근로소득세와 근로자부담 4대 보험료를 계산해보면 다음과 같다.

### (1) 근로소득세 및 지방소득세 공제액 = 간이세액표 적용

350만 원의 공제대상가족의 수가 4명(20세 이하 자녀가 2명)인 경우에는 "4"의 세액을 적용한다.

원천징수 세액 = 49,340원 − 29,160원(8세 이상 20세 이하 자녀 2명) = 20,180원

| 월급여액(천원) [비과세 및 학자금 제외] | | 공제대상가족의수 | | | | | |
|---|---|---|---|---|---|---|---|
| 이상 | 미만 | 1 | 2 | 3 | 4 | 5 | 6 |
| 3,500 | 3,520 | 127,220 | 102,220 | 62,460 | 49,340 | 37,630 | 32,380 |

### (2) 국민연금 = (총급여 − 비과세급여) × 4.5%

350만 원 × 4.5% = 157,500원

### (3) 건강보험 = (총급여 − 비과세급여) × 3.545% + [(총급여 − 비과세급여) × 3.545%] × 12.95%

350만 원 × 3.545% + [350만 원 × 3.545% × 12.95%] = 140,130 원

**(4) 고용보험 = (총급여 - 비과세급여) × 0.9%**

350만 원 × 0.9% = 31,500원

| 구 분 | | 공제방법 | 기준급여 | 부담액 |
|---|---|---|---|---|
| 근로소득세 | | 간이세액표 | 총급여<br>- 비과세소득 | 근로자 전액 부담 |
| 지방소득세 | | 근로소득세의 10% | 근로소득세 | 근로자 전액 부담 |
| 국민<br>연금 | 사용자 부담분 | 기준급여 × 4.5% | 총급여<br>- 비과세소득 | 1/2 |
| | 사업주 부담분 | 기준급여 × 4.5% | | 1/2 |
| 고용<br>보험 | 사용자 부담분 | 고용보험요율 | 총급여<br>- 비과세소득 | 0.9% |
| | 사업주 부담분 | | | 규모에 따라 차이 |
| 건강<br>보험 | 사용자 부담분 | 기준급여 × 3.545% +<br>(기준급여 × 3.545%)<br>× 12.95% | 총급여<br>- 비과세소득 | 1/2 |
| | 사업주 부담분 | 기준급여 × 3.545% +<br>(기준급여 × 3.545%)<br>× 12.95% | | 1/2 |
| 산재<br>보험 | 사용자 부담분 | 없음 | | 없음 |
| | 사업주 부담분 | 산재보험요율 | | |

# 상여금이 있는 경우 원천징수 방법

## ≫ 상여금이 있는 경우 원천징수 방법

상여 등이 있는 경우 다음 중 어느 하나를 선택해서 원천징수하는 세액을 계산해서 납부하고, 잉여금 처분에 의한 상여 등을 지급하는 때에는 그 상여 등의 금액에 기본세율을 적용해서 계산한다.

| 구 분 | 계산방법 |
|---|---|
| 방법1 | (1) 지급대상기간이 있는 상여 지급 시 원천징수세액 = (❶ × ❷) − ❸<br><br>❶ = [(상여 등의 금액 + 지급대상기간의 상여 등외의 급여의 합계액) ÷ 지급대상기간의 월수]에 대한 간이세액표상의 해당 세액<br><br>❷ = 지급대상기간의 월수<br><br>❸ = 지급대상기간의 상여 등외의 급여에 대해 원천징수하여 납부한 세액 |
| | (2) 지급대상기간이 없는 상여 지급 시 원천징수세액<br>그 상여 등을 받는 연도의 1월 1일부터 그 상여 등의 지급일이 속하는 달까지를 지급대상기간으로 하여 (1)의 방법으로 계산한다.<br>🈁 그 연도에 2회 이상의 상여 등을 받는 경우 직전에 상여 등을 지급받는 날이 속하는 달의 다음 달부터 그 후에 상여 등을 지급받는 날이 속하는 달까지로 한다. |
| 방법2 | 상여 등의 금액과 그 지급대상기간이 사전에 정해진 경우에는 매월분의 급여에 상여 등의 금액을 그 지급대상기간으로 나눈 금액을 합한 금액에 대해 간이세액표에 의한 매월분의 세액을 징수한다.<br>🈁 금액과 지급대상기간이 사전에 정해진 상여 등을 지급대상기간의 중간에 지급하는 경우를 포함한다.<br>지급대상기간이 없는 상여 지급의 경우 방법1의 (2)에 의한 방법으로 원천징수 |

| 구 분 | 계산방법 |
|---|---|
| | **[지급대상기간의 계산]**<br>9월에 지급대상기간이 없는 상여 및 지급대상기간(7~9월)이 있는 상여를 지급하는 경우 지급대상기간 계산<br>• 지급대상기간이 없는 상여의 지급대상기간 : 9개월<br>• 지급대상기간이 있는 상여의 지급대상기간 : 3개월<br>• 9월 상여 전체의 지급대상기간의 월수 : (9 + 3) ÷ 2 = 6 |

## ≫ 상여금의 원천징수 계산사례

| 1. 지급대상기간 선택 | |
|---|---|
| 지급대상기간 | 4개월 |
| **2. 지급대상기간의 총급여** | |
| 월급여 합계액 | 20,000,000원 |
| 상여금 | 5,000,000원 |
| **3. 기 원천징수 된 세액** | |
| 소득세 | 1,006,410원 |
| 지방소득세 | 100,640원(소득세의 10%) |
| **4. 공제대상 부양가족** | |
| 부양가족 수(본인 포함) | 1인 |
| 근로자 신청률 | 100% |

해설

(단위 : 천원)

| 월급여액(천원) | | 공제대상가족의 수 | | | | |
|---|---|---|---|---|---|---|
| [비과세 및 학자금 제외] | | 1 | 2 | 3 | 4 | 5 |
| 5,000 | 5,020 | 350,470 | 321,710 | 252,850 | 234,100 | 215,350 |
| 5,020 | 5,040 | 353,270 | 324,500 | 255,430 | 236,680 | 217,930 |
| 6,240 | 6,260 | 605,340 | 557,840 | 442,400 | 423,650 | 404,900 |
| 6,260 | 6,280 | 609,870 | 562,350 | 446,060 | 426,290 | 407,540 |

| 1. 월평균 급여액 | | 6,250,000원 | 2,500만 원 ÷ 4 |
|---|---|---|---|
| 2. 간이세액표상<br>원천징수세액 | 소득세 | 560,340원 | 간이세액표 |
| | 지방소득세 | 56,030원 | 소득세 × 10% |
| 3. 원천징수할 세액 | 소득세 | 2,241,360원 | 560,340원 × 4 |
| | 지방소득세 | 224,130원 | 소득세 × 10% |
| 4. 기납부한 세액 | 소득세 | 1,006,410원 | |
| | 지방소득세 | 100,640원 | |
| 5. 차감<br>원천징수세액 | 소득세 | 1,234,950원 | 2,241,360원 −<br>1,006,410원 |
| | 지방소득세 | 123,490원 | 소득세 × 10% |

## ≫ 상여금(성과급)의 귀속시기

지급하는 성과급이 개량적 요소(매출액·영업이익률)에 따라 성과급을 지급하기로 한 경우인지, 비계량적 요소(영업실적, 인사고과)를 평가하여 그 결과에 따라 차등 지급하는 경우인지에 따라 근로소득의 귀속시기가 결정된다.

임직원의 성과급을 지급하는데, 있어 개량적 요소(매출액·영업이익률)에 따라 지급하기로 한 경우 동 성과급의 귀속시기는 계량적 요소가 확정되는 날이 속하는 연도가 된다.

법인이 임직원에 대한 성과상여금의 지급 여부 및 지급기준을 사업연도 종료일까지 결정하지 못하고, 사업연도 종료일 이후(결산 확정 전)에 결정함에 따라 지급하는 당해 성과상여금은 그 지급기준 및 지급의무가 결정된 날이 속하는 사업연도의 손금으로 하는 것임(법인, 서면 인터넷 방문상담 2팀-551, 2006.03.30.).

또한, 계량적, 비계량 요소(영업실적, 인사고과)를 평가하여 그 결과에 따라 차등 지급하는 경우라면 해당 성과급의 귀속시기는 직원들의 개인별 지급액이 확정되는 연도가 되는 것이다.

> 직원에 대한 성과급 상여를 지급함에 있어서 직원들에 대한 직전 연도의 계량적·비계량적 요소를 평가하여 그 결과에 따라 차등 지급하는 경우 당해 성과급 상여의 귀속시기는 당해 직원들의 개인별 지급액이 확정되는 연도가 되는 것임(소득, 소득세과-2614, 2008.07.30.).

 ## 근로소득세의 반기별 신고 · 납부

회사가 고용인원 20인 이하로 소규모 사업체를 운영하는 경우 경리직원은 1~2명으로 업무량이 많을 수 있다. 이 경우 원천징수 반기별 납부승인을 받아 6개월에 1번씩 원천징수를 신고 · 납부하는 것도 업무량을 줄이는 하나의 방법이다.

원천징수 세액은 원천징수한 달의 다음 달 10일까지 납부하는 것이 원칙이나, 직전 과세기간 1월부터 12월까지의 매월 말일 현재의 상시 고용인원이 평균 20명 이하인 원천징수의무자(금융 및 보험업을 경영하는 자는 제외)로서 관할 세무서장으로부터 원천징수 세액을 매 반기별로 납부할 수 있도록 승인을 받거나 국세청장이 정하는 바에 따라 지정을 받은 자는 일정한 원천징수 세액을 제외하고 그 징수일이 속하는 반기의 마지막 달의 다음 달 10일까지 납부할 수 있다.

직전 과세기간의 상시 고용인원 수는 직전 과세기간의 1월부터 12월까지의 매월 말일 현재의 상시 고용인원의 평균인원 수로 계산하며, 승인을 얻고자 하는 자는 원천징수 세액을 반기별로 납부하고자 하는 반기의 직전월 1일부터 말일까지 원천징수 관할 세무서장에게 신청해야 한다. 따라서 반기별 납부승인을 얻고자 하는 경우는 6월 또는 12월 중에 원천징수 관할 세무서장에게 원천징수 세액 반기별납부승인신청서(별지 제21호의2 서식)를 제출해야 하며, 신청받은 관할세무서장은 원천징수의무자의 원천징수 세액 신고·납부의 성실도 등을 참작하여 승인 여부를 결정한 후 7월 또는 1월 말일까지 이를 통지한다. 이 경우 원천징수의무자가 기한 내에 승인 여부를 통지받지 못한 경우에는 승인받은 것으로 본다.

반기별 납부승인신청은 홈택스(www.hometax.go.kr) 또는 서면을 통해 가능하며, 홈택스를 이용하는 경우 국세증명·사업자등록·세금관련 신청/신고 〉 원천세 관련 신청·신고 〉 원천징수세액 반기별 납부 승인 신청의 '신고·신청하기' 버튼을 눌러 신청하면 된다.

원천징수 세액 반기별 납부승인신청서를 제출한 원천징수의무자가 승인신청 요건을 갖추지 않은 경우는 승인을 거부하며, 직전 과세기간 중 3회 이상 체납한 사실이 있는 자, 신고서를 제출하지 않거나 늦게 제출하는 등 원천징수 의무의 이행상황이 매우 불성실하다고 인정되는 자, 소비성 서비스 업종, 국가·지방자치단체, 납세조합 등 특별히 원천징수 이행상황을 매월 관리할 필요가 있다고 인정되는 경우는 승인하지 않을 수 있다.

| 구 분 | 내 용 |
|---|---|
| **납부 대상자** | 직전 과세기간 상시 고용인원이 20인 이하인 사업자(국가 및 지방자치단체, 납세조합, 금융보험업 사업자는 제외 대상)로서 세무서장의 승인 또는 국세청장의 지정을 받은 자 |

| 구 분 | 내 용 |
|---|---|
| 신청기간 | • 상반기부터 반기별 납부를 하고자 하는 경우 : 직전연도 12월 1일~12월 31일<br>• 하반기부터 반기별 납부를 하고자 하는 경우 : 6월 1일~6월 30일 |
| 신고 · 납부<br>기한 | • 상반기 원천징수 세액 : 7월 10일까지 신고 · 납부<br>• 하반기 원천징수 세액 : 다음 해 1월 10일까지 신고 · 납부 |
| 반기 납부<br>취소 | 반기납부 취소는 언제든 가능하다.<br>예를 들어 하반기 반기납부를 진행하다가 9월 25일에 월납으로 변경을 요청하는 경우 7~9월 지급분에 대한 원천세 신고 · 납부 세액은 10월 10일까지 신고 · 납부 한다. |

 **근로소득세의 신고 · 납부 기간**

| 구 분 | 신고 · 납부 기한 | | |
|---|---|---|---|
| | 매월 지급분 | 연말정산 분 | 소득처분의 경우 |

• 원　　칙 : 매월 다음 달 10일까지 원천징수 세액을 원천징수이행상황신고서에 기록해서 관할세무서에 제출한 후 납부서를 작성해 신고 · 납부 한다.

　전자신고 : 홈택스 홈페이지(www.hometax.go.kr) ➡ 세금신고 ➡ 원천세 신고 ➡ 일반신고

• 예외 : 고용인원 20인 이하로 소규모 사업체를 운영하는 경우 신청에 의해서 7월 10일과 다음 달 1월 10일 6개월분을 원천징수이행상황신고서에 기록해서 관할 세무서에 제출한 후 납부서를 작성해 신고 · 납부 한다.

| 월별납부자 | 다음 달 10일 | 다음 해 3월 10일 | 매월 지급분과 동일 |
|---|---|---|---|
| 반기별<br>납부자 | • 1~6월 지급분<br>➡ 7월 10일<br>• 7~12월 지급분<br>➡ 다음 해 1월 10일 | 다음 해 7월 10일<br>(환급신청 시 ➡<br>다음 해 3월 10일) | 소득금액변동통지서를 받은 날 또는 법인세 신고기일의 다음 달 10일 |

근로소득세의 납세지

| 원천징수의무자 | | 소득세 납세지 | 법인세 납세지 |
|---|---|---|---|
| 거주자 | | 거주자의 주된 사업장 소재지(사업장이 없는 경우 거주자 주소지 또는 거소지). 다만, 주된 사업장 외의 사업장에서 원천징수 하는 경우 그 사업장의 소재지 | |
| 비거주자 | | 비거주자의 주된 국내사업장 소재지(국내사업장이 없는 경우 비거주자의 거주지 또는 체류지). | |
| 법인 | 일반 | ❶ 본점(주사무소) 소재지<br>❷ 지점 등 사업장 소재지 독립채산제에 따라 독립적으로 회계사무를 처리하는 경우 | ❶ 본점(주사무소) 소재지<br>• 법인으로 보는 단체는 사업장 소재지<br>• 외국 법인은 주된 국내사업장 소재지<br>❷ 지점 등 사업장 소재지 독립채산제에 따라 독립적으로 회계사무를 처리하는 경우 |
| | 본점일괄납부신청<br>사업자 단위로 등록한 경우 | 법인의 본점 또는 주사무소 소재지(법인의 지점·영업소 그 밖의 사업장이 독립채산제에 따라 독자적으로 회계사무를 처리하는 경우 본점일괄납부를 신청하여 승인) | |

[본점일괄납부 신청 및 신고·납부]

독립채산제 지점 등에서 지급하는 소득의 원천징수 세액을 본점 등에서 일괄 납부하고자 하는 때에는 일괄납부하려는 달의 말일부터 1개월 전까지 원천징수 세액 본점 일괄납부신고서를 본점 등의 관할 세무서장에게 제출한다.

본점 일괄납부 사업자는 본점 일괄납부 대상 사업장의 원천징수 내역을 한 장의 신고서에 작성, 신고·납부 한다.

원천징수 세액 본점 일괄납부 법인이 당해 원천징수 세액을 각 지점별로 납부하고자 하는 때는 『원천징수세액 본점 일괄납부 철회신청서』를 관할 세무서장에게 제출한다. 다만, 승인받은 날이 속하는 날부터 3년 이내에는 철회신청을 할 수 없다.

# 중소기업 취업 청년 소득세 감면

 **적용대상**

중소기업기본법 제2조에 따른 중소기업에 해당해야 한다(비영리기업도 가능).

① 근로계약 체결일 현재 만 15세 이상~만 34세 이하인 경우

② 중소기업에 취업하는 60세 이상의 근로자, 장애인, 경력단절 여성

③ 국내에 근무하는 외국인의 경우도 동일하게 적용

④ 단, 군 복무 등의 아래 사유에 해당하는 경우 최대 6년까지 그 기간을 제외한 나이로 계산

| 구분 | 감면기간 | 요건 |
|---|---|---|
| **청년** | 5년 | 근로계약 체결일 현재 15세~29세 이하인 자(2018년 이후 소득분부터 15세~34세 이하)<br>군 복무기간(최대 6년)은 나이를 계산할 때 빼고 계산함 |
| **고령자** | 3년 | 근로계약 체결일 현재 60세 이상인 자 |

| 구분 | 감면기간 | 요건 |
|------|---------|------|
| 장애인 | 3년 | ① 「장애인복지법」의 적용을 받는 장애인<br>② 「국가유공자 등 예우 및 지원에 관한 법률」에 따른 상이자 |
| 경력단절<br>여성 | 3년 | ① 해당 중소기업에서 1년 이상 근무하다가<br>② 임신·출산·육아 사유로 해당 기업에서 퇴직하고<br>③ 퇴직한 날부터 2년 이상 10년 미만 기간 이내 재취업<br>④ 해당 중소기업의 최대 주주(최대출자자, 대표자)나 그와 특수관계인이 아닐 것 |

 **감면 적용 제외대상**

다음의 자는 적용대상에서 제외된다.

① 임원, 최대 주주와 그 배우자의 직계존비속과 친족

② 일용근로자

③ 건강보험료(직장가입자) 납부 이력이 없는 자

④ 국가나 지방자치단체, 공공기관, 전문서비스업, 보건업, 기타 개인 서비스업 등의 일부 업종은 적용 불가

| 구 분 | 업 종 |
|-------|-------|
| 감면대상 | ① 농업, 임업 및 어업, 광업<br>② 제조업, 전기·가스·증기 및 수도사업<br>③ 하수·폐기물처리·원료재생 및 환경복원업<br>④ 건설업, 도매 및 소매업, 운수업 |

| 구 분 | 업 종 |
|---|---|
| 감면대상 | ⑤ 숙박 및 음식점업(주점 및 비알콜 음료점업 제외) |
| | ⑥ 출판·영상·방송통신 및 정보서비스업(비디오물 감상실 운영업 제외) |
| | ⑦ 부동산업 및 임대업 |
| | ⑧ 연구개발업, 광고업, 시장조사 및 여론조사업 |
| | ⑨ 건축 기술·엔지니어링 및 기타 과학기술서비스업 |
| | ⑩ 기타 전문·과학 및 기술서비스업 |
| | ⑪ 사업시설관리 및 사업지원 서비스업 |
| | ⑫ 기술 및 직업훈련 학원 |
| | ⑬ 사회복지 서비스업, 수리업 |
| | ⑭ 창작 및 예술 관련 서비스업, 도서관, 사적지 및 유사 여가 관련 서비스업, 스포츠 서비스업 |
| | ⑮ 컴퓨터학원 등 |
| 감면제외 (예시) | ① 전문·과학 및 기술서비스업종 중 전문서비스업(법무 관련, 회계·세무 관련 서비스업 등) |
| | ② 보건업(병원, 의원 등) |
| | ③ 금융 및 보험업 |
| | ④ 예술, 스포츠 및 여가 관련 서비스업 |
| | ⑤ 교육서비스업(기술 및 직업훈련 학원 제외) |
| | ⑥ 기타 개인 서비스업 |

 **나이 계산에서 기간을 제외하는 병역 사유**

① 현역병(상근예비역 및 경비교도, 전투경찰순경, 의무소방원 포함)

② 사회복무요원

③ 현역에 복무하는 장교, 준사관 및 부사관

**주** 병역법 제36조에 따른 전문연구요원, 산업기능요원은 병역을 이행한 자로 보지 않음(제외)

**주** 전문연구요원, 산업기능요원이 감면 대상 중소기업체에 취업하고,

**주** 중소기업 취업 감면을 적용받던 청년이 다른 중소기업체로 이직하는 경우는 그 이직 당시의 연령에 관계없이 소득세를 감면받은 최초 취업 일로부터 5년(3년)이 속하는 달까지 발생한 소득에 대하여 감면을 적용받을 수 있다(이직 시 연령요건 불필요).

 **Tip** 병역특례 산업기능요원의 중소기업 취업자에 대한 소득세 감면

산업기능요원 역시 조세특례제한법 제30조에 따른 중소기업 취업자에 대한 소득세 감면요건을 모두 충족하는 경우 중소기업 취업 청년 소득세 감면신청이 가능하다. 다만, 방위산업체 근무 등 산업기능요원의 경우에는 병역을 이행한 자로 보지 않아 중소기업 취업자에 대한 소득세 감면 적용 시 연령 계산에서 차감되는 군 복무기간으로 인정되지 않으므로 ⑥ 병역 근무기간, ⑦ 병역 근무기간 차감 후 연령란은 공란으로 남겨둔다.

## 감면 기간

소득세 감면 기간은 취업 일로부터 3년간이다(최초 취업일 이후 소득세 감면 혜택을 받지 않은 공백기간도 3년에 포함된다.). 단, 만 34세 이하의 청년만 취업 일로부터 5년간 감면 혜택을 받을 수 있다.

① 취업 일로부터 5년이 되는 날이 속하는 달까지. 단, 병역을 이행한 경우 그 기간은 제외(한도 6년)

② 이직하는 경우 이직하는 회사가 감면요건에 해당하는 중소기업이라면 계속하여 적용 가능

**Tip** 취업 후 이직하는 경우 감면기간은 어떻게 되나요?

**(이전 회사에 감면신청을 안 한 경우)**

취업 일로부터 3년(청년 5년)이 되는 날이 속하는 달까지 발생한 소득에 대해서 소득세를 감면하되, 감면기간은 근로자가 다른 중소기업체에 취업하거나 해당 중소기업체에 재취업 하는 경우와 관계없이 최초 감면신청 한 회사의 취업 일부터 계산한다. 따라서, 이직 후 재취업한 중소기업에 처음 감면신청서를 제출했다면 재취업한 회사의 취업 일부터 감면기 간을 적용을 받게 된다.

## 감면세액

① 소득세 70% 감면, 200만 원 한도. 단, 만 34세 이하 청년의 경우 소득세 90% 감면, 200만 원 한도
② 근로소득 세액공제는 감면 비율만큼 차감하고 적용된다.

## 감면신청 방법과 급여업무 처리

감면신청은 원천징수의무자인 회사가 관할세무서에 하는 것이다.

국세청 누리집 홈페이지 (www.nts.go.kr) → 국세정보 → 세무서식 → 검색(중소기업 취업자 소득세 감면신청서)하여 작성 → 취업 일

이 속하는 달의 다음 달 말일까지 원천징수의무자인 회사에 제출

⚠ 회사에서는 신청서를 받은 다음 달부터 매월 급여지급 시 감면을 적용하여 지급, 다음연도 2월 연말정산 시에 감면을 적용한 근로소득세 정산

⚠ 첨부 서류 : 주민등록등본 및 병역복무기간을 증명하는 서류 등

신청기한 이후에 신청하더라도 요건에만 해당한다면 과거 납부했던 세금을 경정청구하여 돌려받을 수 있다.

## ≫ 근로자

중소기업취업자 소득세 감면대상 신청서를 작성하여 각 회사 담당자에게 제출한다.

## ≫ 회사

### 1. 감면 대상 명세서 제출

감면신청을 받은 날이 속하는 달의 다음 달 10일까지 감면신청을 한 근로자의 명단을 중소기업 취업자 소득세 감면 대상 명세서(조특법 시행규칙 별지 제1호의2 서식)에 기재하여 원천징수 관할 세무서에 제출해야 한다.

⚠ 기존에 감면 혜택을 받고 있었다면 따로 신청하지 않아도 된다.

⚠ 감면 혜택을 받던 근로자가 이직했을 때, 이직한 곳이 중소기업의 경우 계속해서 혜택을 받을 수 있다. 다만, 이직한 새 사업장에서 다시 신청해야 한다.

⚠ 법 개정 전 이미 감면신청을 한 청년도 5년으로 개정(2018년 귀속분 적용)된 감면 대상 기간을 적용받으려면 중소기업 취업자 소득세 감면신청 절차를 새로 이행해야 한다.

## 2. 매월 원천징수 신고

원천징수의무자는 감면 대상 취업자로부터 감면신청서를 제출받은 달의 다음 달부터 근로소득 간이세액표상 소득세에 감면율 적용하여 징수하고, 원천징수이행상황신고서 상 "인원" 과 "총지급액"에는 감면 대상을 포함하여 신고한다.

## 3. 연말정산

감면 대상 근로자의 경우에 연말정산을 실시할 때 근로소득지급명세서상 감면세액을 반영한다.

[예시]

**9월 1일에 취업한 경우**

근로자 : 회사 10월 30일까지 감면신청서 제출

회　사 : 관할세무서 11월 10일까지 세무서에 감면 대상 명세서 제출

 **중소기업 취업자 소득세 감면 명세서 조회**

직원별 적용 가능 여부는 해당 직원 거주지의 관할 세무서 개인 납세과로 문의하거나 홈택스 개인 공인인증서 로그인을 통하여 확인할 수 있다.

홈택스 〉 세금신고 〉 원천세 신고 〉 중소기업취업자 소득세 감면명세서 조회(원천징수의무자용)

지급명세서·자료제출·공익법인 〉 과세자료 제출 〉 원천세 관련 자료 제출 〉 중소기업취업자에 대한 소득세 감면명세서 제출/내역조회

# (특별징수분) 지방소득세

| 구 분 | 업무처리 |
|---|---|
| 납세의무자 | 소득세, 법인세 납세의무자 |
| 과세표준과 세율 | 소득세 세율의 10% 수준 |
| 납부기한 | • 법인 지방소득세: 사업연도 종료일이 속하는 달의 말일부터 4개월 이내(연결법인은 5개월 이내)<br>• 개인 지방소득세: 소득세와 동시 신고 · 납부(종합소득세의 경우 다음연도 5월 1일 ~ 5월 31일)<br>• 특별징수(지방소득세): 특별징수세액 징수일이 속하는 달의 다음 달 10일까지 납부 |
| 신고 · 납부방법 | • 법인 지방소득세: 사업장별 해당 지자체에 신고 및 납부<br>• 개인 지방소득세: 관할세무서에 소득세와 동시 신고, 지자체에 지방소득세 납부 |

서울특별시 etax(https://etax.seoul.go.kr)에 접속해서 신고 · 납부 〉 특별징수분을 클릭하면 납부세액을 신고할 수 있고, 지방세 정보를 클릭해보면 각종 지방세도 미리 계산해 볼 수 있다.

# 외국인 근로자 근로소득세 원천징수

## 📋 국내 근무 외국인 임직원의 근로소득세 계산방법

근로소득이 많으면 단일세율을 적용받고, 소득이 매우 작으면 간이세액표를 적용받으면 유리하다.

### ≫ 간이세액표 적용방법

국내 상용근로자와 동일하게 간이세액표를 적용해서 계산한 세액을 말한다.

### ≫ 단일세율 적용방법

외국인 근로자가 국내에서 근무함으로써 지급받는 근로소득에 대해서는 일반적인 규정에도 불구하고 당해 근로소득에 19%를 곱한 금액을 그 세액으로 할 수 있다.

누진세율을 적용하지 않고 19%의 세율로 과세한다는 것 자체가 이미 특혜이므로, 해외 근무수당 등 30% 공제와 소득세법상에서 규정하고 있는 공제·감면·비과세 및 세액공제의 규정 등은 별도로 적용하지 않는다.

또한, 단일세율 19%를 적용할 경우 근로소득뿐 아니라 다른 소득이 있어 종합소득신고를 해야 하는 경우에도, 종합소득세 과세표준 계산에 있어 이를 합산하지 않으며, 동 과세특례를 적용받고자 하는 외국인 근로자는 관할 세무서장에게 외국인단일세율적용신청서를 첨부해서 제출해야 한다.

| 간이세액표를 적용하는 방법 | | 19% 단일세율 원천징수 적용 |
|---|---|---|

둘 중 선택 적용

| 원천징수이행상황신고서 | | | | | | | |
|---|---|---|---|---|---|---|---|
| 소득자 소득구분 | | 코드 | 원 천 징 수 명 세 | | | | |
| | | | 소득 지급(과세 미달, 일부 비과세 포함) | | 징수세액 | | |
| | | | ④인원 | ⑤총지급액 | ⑥소득세등 | ⑦농어촌특별세 | ⑧가산세 |
| 근로소득 | 간이세액 | A01 | 1명 | 5,000,000원 | 500,000원 | | |
| | 중도퇴사 | A02 | | | | | |
| | 일용근로 | A03 | | | | | |
| | 연말정산 | A04 | | | | | |
| | 가감계 | A10 | 1명 | 5,000,000원 | 500,000원 | | |

## 📋 외국인 근로자의 근로소득세 계산사례

외국인 근로자가 한 해 동안 총 1억 원의 근로소득을 얻었고 이중 1,000만원이 비과세소득인 경우

1. 간이세액표에 의해 계산한 금액

2. 근로소득에 단일세율 19% 세율을 적용하는 방법을 선택하는 경우 한해 총 1억원의 근로소득금액(비과세 1,000만원 포함)에 단일세율 19%를 적용하여 1,900만원의 근로소득세를 납부하면 종결된다.

3. 따라서 외국인 근로자는 위 1 또는 2의 방법 중 자신에게 유리한 방법을 선택할 수 있는 것이다.

## 📋 불법체류 중인 외국인 근로자 급여의 비용인정

불법체류 중인 외국인 근로자를 고용하여 근로를 제공받은 뒤 그 대가로 지급한 금액은 인건비로서 비용으로 인정받을 수 있다. 이 경우 사정에 따라 적법한 급여신고를 하지 못하였어도 비용처리가 가능하되 객관적인 증빙, 즉 여권 등 사본, 지급받는 자의 수령확인증 등을 구비해야 한다.

# 06

# 해외파견 근로자의 원천징수

## 거주자와 비거주자의 판단기준

해외파견 근로자의 경우 현행 소득세법은 내국법인의 국외 사업장에 파견된 임원 또는 직원이 생계를 같이하는 가족이나 재산상태로 보아 파견기간 종료 후 재입국할 것으로 인정되는 때에는 파견기간이나 외국의 국적 또는 영주권의 취득과는 관계없이 세법상 국내 거주자로 본다고 규정하고 있다. 여기서 거주자란 국적과 관계없이 국내에 주소를 두거나 1과세기간에 183일 이상의 거소(居所)를 둔 개인을 말하며, 비거주자란 거주자에 해당하지 않는 자를 말한다.

거주자의 경우 국내 및 국외에서 발생한 모든 소득에 대하여 과세하되, 외국에서 납부한 세액은 세금으로 납부할 총세액에서 공제받을 수 있다.

**국내 급여지급분에 대한 원천징수**

해외 지사 등에 파견된 임직원에게 지급하는 급여에 대해서 국내에서 지급하는 금액의 경우 국내 원천근로소득에 해당하는 것이므로, 매월 간이세액표에 의하여 원천징수를 해야 하며, 연말정산 및 지급명세서도 동일하게 처리한다.

파견 직원이 파견 후에도 내국법인에서 행하던 업무를 지속적으로 수행할 예정이면, 파견 직원에 대한 급여를 손금 처리하는 것 또한 큰 무리가 없다(서면 2팀 -1251, 2005.08.01.). 다만, 해외 파견 직원의 수행 업무 중 내국법인에서 수행하는 업무와 해외 현지법인에서 수행하는 업무를 겸임하는 경우 인건비를 안분해서 손금산입하도록 예규에서 밝히고 있으므로(법인 46012-1532, 1996.05.28.) 파견 직원과의 계약관계에 있어 한국에서 지급하는 대금의 경우 내국법인 업무의 근로에서 발생하는 소득임을 명시하는 것이 더욱 명확히 관계를 규정할 수 있을 것으로 판단된다.

## 》 급여를 외화로 지급받는 경우 환율

급여를 외화로 지급받는 경우 당해 급여를 지급받는 날 현재 외국환거래법에 의한 기준환율 또는 재정환율에 의하여 환산한 금액을 근로소득으로 한다.

이 경우 급여를 정기급여지급일 이후에 받은 때에는 정기 급여일 현재 외국환거래법에 의한 기준환율 또는 재정환율에 의해 환산한 금액을 당해 근로소득으로 본다.

## ≫ 국내 대금 지급분 중 비과세소득

국외 근로자에 대한 비과세급여를 열거하고 있으며, 일반적인 파견 근무의 경우 국외에서 근로를 제공하는 근로자에 해당하므로 월 100만 원(건설 노무 500만 원, 건설 현장 지원 100만 원)까지 비과세요건에 해당한다. 이에 따라 해외파견자에게 급여를 지급하면서 원천징수를 할 경우 매월 급여총액에서 100만 원을 비과세로 공제한 후 간이세액표에 의하여 원천징수를 한다.

추가로 고려해볼 사항은 해외파견자에게 제공하는 급여 중 실비변상적 급여에 해당하는 경우(체재비, 실비변상적 성질의 여비)일 경우 근로소득 세법상 비과세급여에 속할 수 있다. 이에 대해 근로자가 업무수행을 위하여 출장함으로 인하여 실지 드는 비용으로 받는 금액은 비과세 소득에 해당하는 것이나, 실지 소요된 비용과 관계없이 여비출장비 등의 명목으로 일정금액을 정기적으로 지급받는 금액은 근로소득에 해당한다(소득 46011-3478, 1997.12.30.).

## ≫ 국외 근로소득의 근로소득공제

국외 근로소득에 대해서도 국내 근로소득과 동일하게 근로소득공제를 적용한다.

### 해외급여 지급분에 대한 원천징수

해외파견자에게 현지법인이 세금을 부과하여 납부할 경우 해당 부분은 외국납부세액에 해당하므로 추후 종합소득세 산출세액 계산 시

외국납부세액으로 보아 공제가 가능하다.

외국납부세액공제는 거주자의 국외원천소득에 대해 외국 정부가 소득을 과세표준으로 해서 조세조약 및 자국 세법에 따라 적법하게 확정하여 납부한 경우 국외원천소득에 대한 이중과세를 조정하기 위해 세액공제를 적용한다. 단, 국외원천소득이 외국 정부에 신고·납부한 세액임을 외국 정부가 발행한 납세증명서로 입증해야 한다.

필요서류를 살펴보면 다음과 같다.

ⓢ 외국 정부가 발행한 납세사실증명원

ⓢ 외국 정부에 신고 된 원천징수영수증

ⓢ 납세영수증

ⓢ 용역계약서 및 송금 증빙

해외 현지법인의 장부상 회계처리 된 내역만을 가지고 회사에서 임의로 작성한 서류와 이체 내역만으로는 외국납부세액의 납부 사실이 입증될 수 없다.

관할 세무서장이 추가로 서류를 요청할 수도 있다.

예를 들면 근로자가 A 국내 법인에서 임원으로 근무하던 중에 A의 미국 자회사인 B 국외 법인으로 파견

B 국외 법인에서는 미국 법에 따라 원천징수 후 근로자에게 급여를 지급하고 있고, A 국내 법인에서도 급여를 지급하고 있는 경우

국외원천소득에 대한 이중과세를 조정하기 위해 위에 나열된 서류들을 종합소득세 신고 시 제출하면 국외에서 원천징수 당한 세액은 외국납부 세액공제를 받을 수 있다.

# 해외 근로소득이 있는 근로자는 종합소득세 신고

국내 근로소득과 해외 근로소득이 있는 경우, 5월에 소득세 신고를 해야 한다. 즉, 해외 근로소득은 국내 근로소득처럼 2월에 연말정산을 할 수 없다.

따라서 연말정산이 끝난 국내 근로소득에 국외 근로소득을 합친 금액을 작년에 총 벌어들인 근로소득으로 봐서 5월에 다시 종합소득세 신고를 해야 하는데, 이때 필요한 자료는 다음과 같다.

◇ 연말정산 한 원천징수영수증

◇ 주민등록등본(부양가족 중에서 소득이 있는 사람 별도로 구분), 가족관계증명서(비동거 부양가족), 장애인등록증

◇ 해외 근로소득 원천징수영수증(총급여, 총납부세액이 나와야 한다)

◇ 해당연도 월별 급여지급일에 지급된 외화 급여 + 해당연도 월별 급여지급일에 납부한 외화 원천세

◇ 연말정산 했을 때 제출했던 연말정산 간소화 자료 및 소득공제를 못 받은 증빙서류

외화로 지급받은 급여의 경우 원화 환산은 외화로 지급받은 날 기준 환율로 환산한 금액을 근로소득으로 본다.

해외에서 납부한 원천세는 국내처럼 기납부 세액공제를 받을 수 없고 외국납부세액공제를 받아야 하는데, 외국납부세액공제 계산을 위해서 월별로 납부한 외화 원천세와 지급일이 파악되어야 정확한 계산을 할 수가 있다.

보통 국외근로소득이 아주 작지 않으면, 신고서 작성 시 세액환급이 많이 일어난다.

**해외주재원의 4대 보험 처리**

| 구 분 | 건강보험 | 국민연금 | 고용보험 | 산재보험 |
|---|---|---|---|---|
| 국내급여 지급 시 | 근무처 변경신고 및 보험료 감면신청<br>• 피부양자 전원 이주 시 전액 감면<br>• 피부양자 국내 체류 시 50% 감면<br>• 국내 일시 귀국 시 재발급 가능 및 보험료 납부 | 국내에서 소득발생 시 국내사업장에 가입 및 보험료 납부 | 고용관계 유지 및 보험료 납부 | 해외파견자 산재보험 별도 신청 가입 |
| 현지에서 100% 급여지급 | | 사회보험협정에 따라 별도 처리 | 고용보험 자격 유지 및 보험료 납부예외 가능 | |
| 비고 | 급여지급 주체와 관계없이 국내에 피부양자가 있을 경우 보험료 반액을 납부함 (현지 지급 시 원천징수 문제) | • 중국 : 보험료 면제 협정<br>• 일본 : 보험료 면제 협정<br>• 미국 : 보험료 면제, 가입기간 합산(현지 지급 시 원천징수 문제) | 고용보험 관계 유지 | 급여 지급 주체와 관계없이 파견자에 대한 산재보험료는 별도 납부 |
| 보험료 산정기준 | 국내에서 소득 지급 시에는 국내 소득신고 금액으로 산정한다. 현지 지급 시에는 별도 신고 | 현지에서 지급 시에도 사업장 가입자격 유지를 위해서 보험료를 국내 납부 해야 한다. | 해외 파견자 고용보험 신청 시 보험료 납부예외 | 해외 파견자 산재보험 별도 신청 시 급여액 신고 |

# 세금 부담 계약을 한 경우 원천징수

## 근로소득세를 대신 부담하기로 한 경우

급여를 받을 때는 소득세를 떼게 된다. 예를 들면 200만 원이 소득이고 2만 원이 소득세라면 198만 원을 줘야 하는데, 소득세를 회사가 부담한다면 202만 원을 준 것처럼 해서 200만 원을 주는 것이다. 그리고 근로계약 시 소득세를 회사가 부담하기로 한 계약을 했다면 연말정산 추징세액이 나와도 회사가 부담해야 하고, 연말정산 환급금이 나와도 회사가 돌려받으면 된다.

## 소득세 원천징수 세액을 대신 부담하기로 한 경우

대가를 지급하는 자가 세금을 부담하기로 계약(이를 보통 네트 계약 _Net Income이라 한다.)을 한 경우 과세표준은 다음과 같이 역산해서 산출(계약서상 조세부담에 관한 언급이 없이 순액으로 지급하기로 약정한 경우라도 지급자 세금 부담 조건과 동일)한다.

$$과세표준 = 지급금액 \times \frac{1}{1 - 원천징수세율}$$

각종 소득의 순액 지급보장 계약 시 해당 세율을 뺀 비율로 총액화 역산해서 해당대가를 총액 반영하고 약정된 순액을 지급하며, 국내 원천세금은 지급회사가 자기 비용 원가로 회계에 반영한다(순지급액 10만 원인 경우로 가정).

❶ 해외기업으로 사용료 소득 지급 시 : 제한세율 10%를 뺀 0.9(=1−0.1)로 역산한다. : 100,000원 ÷ 0.9 = 111,110(총대가)원

❷ 강사료 등 국내에 지급하는 일시·우발적 기타소득으로서 법정 필요경비 60%가 있는 소득 지급 : 0.912(=1−0.088)로 역산함. : 100,000원 ÷ 0.912 = 109,650원

❸ 경품 지급 시 제세공과금도 지급자가 부담하는 경우 법정 필요경비 없는 소득 0.78(=1−0.22)로 역산한다. : 100,000원 ÷ 0.78 = 128,200원

❹ 국내 독립 자유직업 인에게 사업소득 지급 : 0.967(=1−0.033)로 역산 한다 : 100,000원 ÷ 0.967 = 103,410(총대가)원

원천징수 세율에는 소득세 또는 법인세의 원천징수 세율뿐만 아니라 지방소득세 세율도 포함한다.

간혹 근로소득세를 역산해달라고 하는 경우가 있는데, 근로소득세는 여러 가지 고려조건이 많아 사실상 수동으로 역산이 불가능하다.

근로소득세를 역산해달라고 하면 세법에 대해 모르는 것을 인정하는 것이 되니, 혹시 본인의 실력을 숨겨야 하는 실무자는 절대 역산이 가능한 것처럼 표현해서는 안 된다.

**대신 납부한 원천징수 세액의 손금산입**

원천징수의무자가 원천징수 세액을 징수하지 않고 대신 납부한 원천징수 세액은 각 사업연도의 소득금액 계산상 손금에 산입하지 않는 것이다.

예외적으로 국내사업장이 없는 비거주자 또는 외국법인에게 지급하는 사용료 소득에 대하여 원천징수 할 세액 상당액을 내국법인이 부담하는 조건으로 계약을 체결한 경우는 당해 계약에 따라 내국법인이 부담한 원천징수 세액 상당액을 지급 대가의 일부로 보아 손금인정을 하는 것이나, 비거주자 또는 외국법인에게 지급하는 사용료 소득이 아닌 국내의 불특정 다수에게 경품을 지급하면서 법인이 대신 부담한 원천징수 세액은 손금인정을 받을 수 없는 것이다.

| 구 분 | 업무처리 |
|---|---|
| 원천징수의무자가 원천징수 세액을 징수하지 않고 대신 납부한 원천징수 세액 | 각 사업연도의 소득금액 계산상 손금 인정되지 않는다(법인, 재정경제부 법인세제과-261, 2006.03.31.). |
| 국내사업장이 없는 비거주자 또는 외국법인에게 지급하는 사용료 소득에 대하여 원천징수할 세액 상당액을 내국법인이 부담하는 조건으로 계약을 체결한 경우 | 원천징수 세액 상당액을 지급대가의 일부로 보아 손금인정 한다. |

# 중도 퇴사자의 연말정산

근로자는 퇴직하는 달의 월급을 받을 때, 1월 1일부터 퇴직일이 속하는 달의 급여를 모두 합해서 미리 연말정산을 하게 되는데, 이를 중도 퇴사자 연말정산이라고 한다.

중도 퇴사 시에는 연말정산 간소화 서비스를 통해 간편하게 의료비, 교육비, 카드 사용내역, 주택자금공제 등의 자료를 수집할 수가 없으므로 관련 자료(영수증 등)를 직접 모아 회사에 제출해야 정확한 연말정산이 가능하다.

그러나 자료 수집의 어려움으로 인해 중도 퇴사하는 직장인들은 근로자이면 누구나 받을 수 있는 기본적인 공제 항목(근로소득공제, 부양가족공제, 표준세액공제 등)만 적용받아 약식으로 연말정산을 한 후 퇴사하는 경우가 대부분이다.

근로자가 퇴사하고, 같은 해에 다른 직장에 입사했다면 근로자는 이전 직장에서 받은 급여 확인을 위해 전 직장에서 근로소득 원천징수영수증을 발급받아 현재의 직장에 제출해야 한다.

반면, 현재의 회사에서 지난해 1년간 계속 다닌 경우 해당 근로자는 지난 1년간의 받은 급여를 전부 합산하여 연말정산을 한다.

그리고 지난해에 퇴사하고서 여러 사정으로 인해 같은 해에 다른 직장으로 이직하지 않고, 해를 넘긴 경우로서 추가로 공제받을 금액이 있는 경우 종합소득세 확정신고(5월)를 함으로써 추가로 환급금액이 발생할 수 있다.

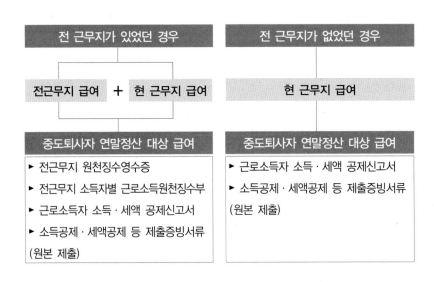

| 구 분 | 업무처리 |
|---|---|
| 전 직장이 있었던 경우 | 근로소득 원천징수 영수증을 발급받아 현재의 직장에 제출한 후 연말정산 |
| 현재의 직장만 있는 경우 | 1년간의 현 직장에서 받은 급여를 전부 합산해서 연말정산을 한다. |
| 연말정산 시 공제를 다 받지 못한 경우 | 종합소득세 확정신고(5월)를 함으로써 추가로 환급금액이 발생 |

# 09

# 원천징수 등 납부지연가산세

법인이든 개인사업자든 급여 등 각종 인건비를 지급할 때, 소위 근로소득세를 원천징수 해서 다음 달 10일까지 신고·납부해야 한다. 이를 소홀히 하여 납부하지 않거나 적게 납부한 경우 아래와 같은 가산세가 부과된다.

| 구 분 | 가산세 |
|---|---|
| 소득세 가산세 | (미납부 또는 과소납부 세액) × 3% + (미납부 또는 과소납부 세액 × 미납일수 × 2.2/10,000) ≤ 50%<br>(단, 법정납부기한의 다음 날부터 고지일까지의 기간에 해당하는 금액 ≤ 10%) |
| 지방소득세 가산세 | (미납세금 × 3%) + (미납세금 × 2.2/10,000 × 미납일수) |

원천징수 등 납부지연가산세 신고 방법은 소득세의 경우 홈택스를 지방세의 경우 위택스를 활용하면 된다.

## 소득세 원천징수 등 납부지연가산세 납부 방법

홈텍스 로그인 → 납부·고지·환급 → 세금납부 → 자진납부 → 결정 구분 : 4. 원천분자납 → 14. 근로소득세(갑) → 근로소득세(갑) 직접 입력(소득세 + 가산세)하여 납부하기 클릭

 ## 지방소득세 원천징수 등 납부지연가산세 납부방법

위택스 로그인 기존방법대로 지방소득세특별징수 신고 납부(기존에 신고한 내역 삭제하기 : 신고하기 → 지방소득세특별징수 → 일괄납부내역조회 → 하단신고내역 → 신고취소)

 **Tip** •연말정산 과다공제•에 따른 가산세

근로자가 단순한 착오 또는 세법에 대한 무지로 인하여 연말정산시 과다하게 공제받은 경우에도, 원천징수의무자는 원천징수 등 납부지연가산세를 납부해야 한다.

근로자가 직접 주소지 관할세무서에 수정신고하는 경우도 원천징수의무자는 원천징수 등 납부지연가산세를 부담하나, 원천징수의무자가 수정 신고하는 경우 해당 근로자에게는 일반과소신고가산세를 부담하지 않는다.

근로자가 허위기부금 영수증을 제출하는 등 부당하게 공제받은 경우, 원천징수의무자에게는 원천징수 등 납부지연가산세를 적용하는 것이며, 근로자에게는 부정과소신고가산세가 부과된다. 수정신고에 따른 과소신고가산세의 감면은 다음과 같다.

* 법정신고기한이 지난 후 1개월 이내 : 90% 감면
* 법정신고기한이 지난 후 3개월 이내 : 75% 감면
* 법정신고기한이 지난 후 3~6개월 이내 : 50% 감면
* 법정신고기한이 지난 후 6개월~1년 이내 : 30% 감면
* 법정신고기한이 지난 후 1년~1년 6개월 이내 : 20% 감면
* 법정신고기한이 지난 후 1년 6개월~2년 이내: 10% 감면

# 지급명세서 제출

지급명세서란 원천징수대상 소득에 대해 1년간 원천징수한 내역을 이자소득, 사업소득, 근로소득, 퇴직소득 등 소득별로 집계한 내역을 말한다.

## 지급명세서

| 구 분 | 지급 시기 | 제출기한 |
|---|---|---|
| 일용근로소득 | 1월~12월 | 다음 달 말일 |
| 이자 · 배당 · 연금 · 기타소득 | 1월~12월 | 다음 연도 2월 말일 |
| 근로 · 퇴직 · 사업 · 종교인소득 · 봉사료 | 1월~12월 | 다음 연도 3월 10일 |
| 이용 경로 | 홈택스 홈페이지 → 국세증명 · 사업자등록 · 세금 관련 신청/신고 | |

지급명세서는 전자 제출이 원칙이다. 이미 제출한 지급명세서에 근로소득에 대한 경정

청구·수정신고·인정상여 처분 등에 따라 수정상황이 발생한 경우는 지급명세서를 수정하여 원천징수 관할세무서에 제출한다.

## 간이지급명세서

간이지급명세서는 기존의 지급명세서 등과는 별도로 제출한다. 따라서, 기존 지급명세서는 종전과 동일하게 제출한다.

| 구 분 | 지급 시기 | 제출기한 |
|---|---|---|
| 사업소득, 인적용역 기타소득 | 1월~12월 | 다음 달 말일 |
| 근로소득 | 01월~06월 | 7월 말일 |
| | 07월~12월 | 다음 연도 1월 말일 |

2024년 12월분 근로소득을 2025년에 1월에 지급한 경우에는 2024년 12월에 지급한 것으로 보아 작성해야 한다. 예를 들어, 사업자가 근로자에게 2024년 12월분 근로소득 200만 원을 2025년 1월에 지급한 경우, 2024년 하반기 지급분 간이지급명세서(근로소득)의 지급월 12월에 200만 원을 기재해 2025년 1월 말일까지 제출하면 된다.

## 지급명세서 제출불성실가산세

지급명세서를 기한 내에 제출하지 않거나, 제출된 지급명세서가 불분명한 경우에 해당하고, 제출된 지급명세서에 기재된 지급금액이 사실과 다른 경우(사업자번호, 주민등록번호, 소득종류, 귀속연도, 지급액 등)에는 그 제출하지 않은 지급금액 또는 불분명한 지급금액의 1%에 상당하는 금액을 산출세액에 가산해서 징수한다. 다만,

제출기한 경과 후 3개월 이내에 제출하는 경우 지급금액의 0.5%에 상당하는 금액을 결정세액에 가산한다.

가산세 적용 대상에 해당하는 지급명세서가 불분명한 경우란 제출된 지급명세서에 지급자 또는 소득자의 주소·성명·납세번호(주민등록번호로 갈음하는 경우 주민등록번호)나 사업자등록번호·소득의 종류·소득의 귀속연도 또는 지급금액을 기재하지 않았거나 잘못 기재하여 지급사실을 확인할 수 없는 경우를 말한다.

**Tip** 일용근로자 지급명세서 가산세

일용근로소득 지급명세서 / 간이 지급명세서를 매월 말일까지 제출한다.

일용근로소득 지급명세서의 경우 미제출 시 0.25%, 1개월 이내 지연제출 시 0.125%로 가산세 부담이 있다.

미제출은 법정기한까지 제출하지 않은 경우를 말하며, 불분명 제출은 지급자 또는 소득자의 주소·성명·납세번호·고유번호(주민등록번호)·사업자등록번호, 소득의 종류·지급액 등을 적지 않았거나 잘못 적어 지급 사실을 확인할 수 없는 경우를 말한다.

지연제출은 제출기한이 경과된 후 1개월 이내 제출한 경우를 말한다.

**Tip** 당월에 2회 이상 급여를 지급하는 경우 원천세 신고 및 납부

당월에 2회 이상 급여를 지급하는 경우라도 지급 시마다 각각 신고·납부를 하는 것이 아니라 모아서 다음 달 10일까지 신고 및 납부를 하는 것이다.

예를 들어 급여를 4월 5일에 지급하고, 상여금을 4월 11일에 지급한 경우 5월 10일 한번 신고·납부 해야 하며, 급여 지급 시마다 귀속연월과 지급연월을 달리해서 신고·납부 하는 것이 아니다. 이는 신규사업자의 경우 신고오류의 대표적인 유형이다.

참고로 중도퇴사자에 대한 근로소득 지급명세서도 반드시 다음연도 3월 10일까지 계속 근로자분과 함께 제출해야 한다. 또한, 계약직 근로자에 대한 지급명세서도 반드시 정식 근로자와 함께 제출한다.

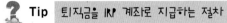

**Tip** 퇴직금을 IRP 계좌로 지급하는 절차

1. 퇴사자는 IRP 계좌를 만들어 회사에 제출한다.

2. 회사는 퇴직금 계산 후 퇴직소득원천징수영수증을 작성하고, 발생하는 퇴직소득세는 과세이연으로 체크한다.

3. 은행에 퇴직소득원천징수영수증을 제출하고, 세전 금액으로 IRP 계좌에 입금처리

4. 원천세 신고시 퇴직금만 기재하고, 퇴직소득세는 기재하지 않는다.

5. 세금은 나중에 은행에서 수령할 때, 은행에서 원천징수한다.

6. 다음 연도 3월 10일에 퇴직소득세 지급명세서를 제출한다.

# 제8장

## 누구나 쉽게 신고하는
## 부가가치세

# 사업자별 부가가치세 계산방법

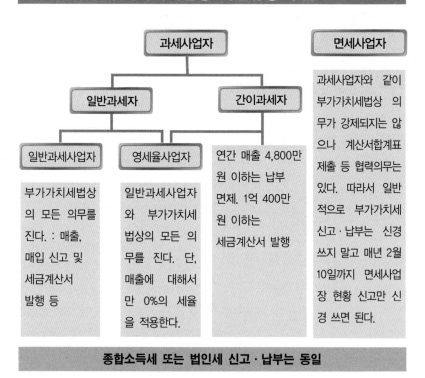

## 부가가치세법상 사업유형 구분

**과세사업자**

**면세사업자**

**일반과세자**

**간이과세자**

**일반과세사업자**

**영세율사업자**

연간 매출 4,800만원 이하는 납부 면제. 1억 400만원 이하는 세금계산서 발행

과세사업자와 같이 부가가치세법상 의무가 강제되지는 않으나 계산서합계표 제출 등 협력의무는 있다. 따라서 일반적으로 부가가치세 신고·납부는 신경 쓰지 말고 매년 2월 10일까지 면세사업장 현황 신고만 신경 쓰면 된다.

부가가치세법상의 모든 의무를 진다. : 매출, 매입 신고 및 세금계산서 발행 등

일반과세사업자와 부가가치세법상의 모든 의무를 진다. 단, 매출에 대해서만 0%의 세율을 적용한다.

**종합소득세 또는 법인세 신고·납부는 동일**

## 과세 사업자와 면세사업자

과세 사업자는 주로 과세물품이나 용역을 판매하는 사업자를 말하고, 면세사업자는 주로 면세 물품이나 용역을 판매하는 사업자를 말한다. 과세 사업자라고 무조건 세금계산서를 면세사업자라고 무조건 계산서를 발행하는 것은 아니다.

사업자 구분과 관계없이 파는 물품이 과세이면 세금계산서를, 면세이면 계산서를 발행하는 것이다.

과세물품과 면세 물품을 같이 파는 사업자는 과세 사업자로 사업자 등록을 한다. 따라서 면세사업자가 과세물품을 파는 경우 사업자등록 정정신고를 통해 과세 사업자등록증을 받아야 한다.

## 일반과세자와 간이과세자

간이과세자는 1년간 매출액이 1억 400만 원 미만인 사업자(세금계산서 발급 가능 사업자)를 말하고, 과세 사업자 중 간이과세자를 제외한 사업자를 일반과세자라고 한다.

일반과세자와 간이과세자의 가장 큰 차이는 부가가치세 세액계산방식의 차이다. 증빙 발행에 있어서도 일반과세자는 세금계산서를 발행할 수 있지만, 연 매출 4,800만 원 미만 간이과세자는 세금계산서를 발행할 수 없다.

참고로 일반과세자의 신용카드매출전표는 부가가치세가 별도 표기되지만, 연 매출 4,800만 원 미만 간이과세자의 신용카드매출전표에는 부가가치세가 별도로 표기되지 않는다.

### 1. 일반과세자의 세액계산

납부세액 = 매출세액(매출액의 10%) - 매입세액(매입액의 10%)

### 2. 간이과세자의 세액계산

납부세액 = (매출액 × 업종별 부가가치율 × 10%) - 공급대가(부가가치세 포함
금액) × 0.5%

| 업종　　　　　　　　　　　　　　　　　　　　　　　연도 | 업종별 부가가치율 |
|---|---|
| 소매업, 재생용 재료수집 및 판매업, 음식점업 | 15% |
| 제조업, 농업 · 임업 및 어업, 소화물 전문 운송업 | 20% |
| 숙박업 | 25% |
| 건설업, 운수 및 창고업(소화물 전문 운송업은 제외), 정보통신업 | 30% |
| 금융 및 보험 관련 서비스업, 전문 · 과학 및 기술서비스업(인물사진 및 행사용 영상촬영업은 제외), 사업시설관리 · 사업지원 및 임대서비스업, 부동산 관련 서비스업, 부동산임대업 | 40% |
| 그 밖의 서비스업 | 30% |

## 일반과세사업자(간이과세자)와 영세율사업자

일반과세사업자는 일반과세자를 말하는데, 영세율사업자와 구분하기
위해 붙인 명칭으로 영세율사업자도 과세사업자에 포함이 된다. 다
만, 특정 물품에 대해서만 0%의 세율이 적용된다는 점이다. 즉 영
세율사업자도 일반과세자로 사업자등록이 되며, 단지 수출 등 특정
목적을 위해 물품을 해외로 반출하는 경우 영의 세율이 적용된다는
것이다. 또한, 간이과세자라도 해당 거래가 영세율 적용 대상 거래
의 경우 영세율을 적용받는다.

# 과세사업자와 면세사업자

부가가치세법상 과세사업자와 면세사업자의 구분은 회사에서 주로 판매하고자 하는 상품이 과세물품인 경우는 과세사업자로 사업자등록이 되고, 면세물품인 경우는 면세사업자로 사업자등록이 된다.

그리고 과세물품과 면세 물품을 모두 파는 경우는 과세사업자로 사업자등록이 되며, 파는 사람이 과세물품과 면세 물품을 구분해서 처리해야 한다. 예를 들어 동네 슈퍼에서 과자와 채소를 사면 과자에는 부가가치세가 붙어있고 채소에는 부가가치세가 붙어있지 않은 것을 볼 수 있는데, 슈퍼는 과세 사업자지만, 파는 품목에 따라 과세와 면세를 구분해 과세물품에 대해서만 부가가치세를 받는 것이다.

부가가치세법상 과세물품에 대해서는 판매자가 상대방에게 부가가치세를 징수해서 대리납부를 해야 하며, 세금계산서를 증빙으로 발행해 주어야 한다. 반면, 면세 물품에 대해서는 부가가치세를 징수하지는 않지만, 증빙으로 계산서를 발행해주어야 한다. 즉, 일반과세자라고 해서 무조건 세금계산서를 면세사업자라고 해서 무조건 계산서를 발행하는 것이 아니라, 파는 물품이 과세물품의 경우 세금계산서를 면세 물품의 경우 계산서를 발행하는 것으로, 파는 물품의 성격에 따라 증빙이 결정되는 것이다.

참고로 면세사업자는 아예 세금계산서를 발행할 수 없으므로 면세 물품에 과세물품을 추가로 판매하고자 하는 경우는 과세 사업자로 사업자등록 정정 신고를 해야 한다.

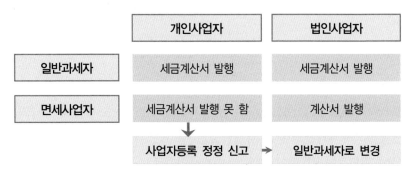

🈂️ 과세 사업자 중 연 매출 4,800만 원 미만 간이과세자는 세금계산서를 발행하지 못하므로 세금계산서 발행을 위해서는 일반과세자로 변경해야 한다. 다만, 연 매출 4,800만 원~1억 400만 원인 간이과세자는 세금계산서 발급이 가능하다.

🈂️ 세금계산서와 계산서의 발행 구분은 사업자의 성격(사업자등록증)에 따라 구분하는 것이 아니라 판매하는 물품이나 서비스의 성격에 따라 구분되는 것이다.

---

**[일반과세자와 면세사업자]**

▶ 과세물품 판매 : 일반과세자로 사업자등록 ⇨ 세금계산서, 신용카드매출전표, 현금영수증 발행 가능

▶ 면세물품 판매 : 면세사업자로 사업자등록 ⇨ 계산서, 신용카드매출전표, 현금영수증 발행 가능

▶ 과세물품 + 면세 물품 판매 : 일반과세자로 사업자등록 ⇨ 세금계산서, 계산서, 신용카드매출전표, 현금영수증 발행 가능

# 부가가치세 신고·납부는
# 언제 하는 건가?

 **부가가치세법상 과세 사업자와 면세사업자**

법률에서는 회사를 개인회사와 법인(주식회사, 유한회사 등)으로 나누어 법률을 적용하는 반면, 부가가치세법에서는 사업자는 일반과세자와 간이과세자로 나누어 적용한다.

그리고 소득세법상 면세사업자를 두어 별도로 관리 적용하고 있다.

|  | 개인사업자 |  | 법인사업자 |
|---|---|---|---|
| 부가가치세법 | 간이과세자 | 일반과세자 | 일반과세자 |
| 소득세법 | 면세사업자 |  |  |

면세사업자는 부가가치세 납세의무가 없으며, 세금계산서 제출 등 협력의무만 있다.

## 개인사업자 중 일반과세자의 부가가치세 신고는?

개인사업자는 1년에 총 2번 부가가치세 신고를 한다. 각각 상반기에 대한 부가가치세 신고기간은 7월, 하반기에 대한 부가가치세 신고기간은 1월이다.

7월에 하는 부가가치세 신고는 상반기에 대한 부가가치세 신고이므로 1기 부가세 확정신고기간이 된다. 7월 1일부터 7월 25일까지, 1월에 하는 부가가치세 신고는 하반기에 대한 부가가치세 신고이므로 2기 부가세 확정신고기간이 되며, 1월 1일부터 1월 25일까지 부가가치세 신고기간이다.

그리고 연 매출 4,800만 원 미만의 간이과세자는 납부의무가 면제된다. 즉, 부가가치세를 납부하지 않아도 된다.

또한 간이과세자의 기준이 연 매출 1억 400만 원으로 변경됨에 따라 기존에 일반과세자였던 사업자는 별도의 신고 없이 자동으로 간이과세자로 변경 통지된다. 또한 세금계산서의 발행과 수취 모두 가능하다.

 ## 법인사업자의 부가가치세 신고는 언제 하나?

법인사업자는 일반과세자이다. 개인사업자와 달리 법인사업자는 국세청에서 더욱 엄밀하게 관리를 하므로 더욱 철저히 부가가치세 신고와 납부를 성실하게 해야 한다.

법인사업자는 1년에 총 4번 부가가치세 신고를 한다. 1월, 4월, 7월, 10월이 부가가치세 신고기간에 해당한다. 1월과 7월은 부가가치세 확정신고기간이며, 4월과 10월은 부가가치세 예정신고기간이다.

마찬가지로 각 월별 1일부터 25일까지가 부가가치세 신고기간인 동시에 부가가치세 납부기한이다. 단, 직전 과세기간의 공급가액의 합계액이 1억 5천만 원 미만인 영세 법인은 7월에는 예정고지한다.

## 면세사업자의 부가가치세 신고는 언제 하나?

면세사업자는 말 그대로 부가가치세가 면세인 사업자이기 때문에 부가가치세 신고를 하지 않으므로 별도의 부가가치세 신고 기간이 존재하지 않는다.

하지만 그 대신 면세사업자 사업장현황신고라는 것을 한다. 수입금액과 사업장의 현황 등을 정리해서 신고하는 것으로, 매년 1회 신고한다. 1월 1일부터 2월 10일까지가 신고기간이다.

| 구분 | 유형별 | 신고대상 기간 | |
|------|--------|---------------|---|
| 법인 | 예정신고 | 4월 25일 신고·납부를 한다.<br>10월 25일 신고·납부를 한다. | 직전 과세기간의 공급가액의 합계액이 1억 5천만 원 미만인 영세 법인은 예정고지 |
| | 확정신고 | 7월 25일 신고·납부를 한다.<br>다음 해 1월 25일 신고·납부를 한다. | |
| 개인 | 예정신고 | 4월 25일 예정고지액을 납부만 한다.<br>10월 25일 예정고지액을 납부만 한다. | |
| | 확정신고 | 7월 25일 신고·납부를 한다.<br>다음 해 1월 25일 신고·납부를 한다. | |

면세사업자는 다음 연도 2월 10일까지 면세사업자 사업장현황신고를 해야 하며, 이때 매입·매출계산서합계표를 제출한다. 따라서 부가가치세 신고 시 별도로 제출할 필요는 없다. 다만, 과세 및 면세사업자의 경우 부가가치세 일반과세자에 해당하므로 부가가치세 신고·납부를 반드시 해야 한다. 이때 계산서합계표를 함께 제출하면 별도로 신고할 필요가 없다. 그리고 홈택스 등에서 전자계산서를 사용하는 경우 별도로 매입·매출계산서합계표를 작성할 필요가 없으며, 사업장현황신고 시 업로드하면 자동으로 작성된다.

주의할 점은 전자계산서로 표시되었다고 해도 국세청에 전송하지 않으면 전자계산서로 보지 않으므로 반드시 전송해야 한다. 또한, 업로드 후에는 계산서 발행매수와 금액을 확인해야 한다.

**? Tip** 부가세 신고 서식 작성 시 빠트리기 쉬운 주의사항

1. 매출액(전자세금계산서로 통제) : 비사업자의 현금매출, 계좌이체 금액 누락

2. 주로 소액인 현금영수증 실제 발행금액과 신고매출액 불일치 : 집계과정 누락

3. 영세율 매출의 경우 : 납부할 부가세가 0이므로, 필수 첨부 서류 반드시 점검

4. 과세사업과 면세사업의 겸업자는 과세가액을 면세가액에 잘못 기재하지 말 것

5. 매입세액불공제 부분

① 면세사업자, 간이과세자로부터 매입액은 공제가 불가능

② 사업과 관련 없거나, 기업업무추진비(= 접대비)인 신용카드 거래매입세액도 공제 안 됨

③ 비영업용 소형 승용차 구입 및 유지비용 매입세액

④ 토지취득·구입 관련 매입세액

⑤ 사실과 다른 매입 세금계산서 금액

6. 과세사업, 면세사업 겸업자(유통 도·소매, 편의점, 슈퍼마켓, 마트 등) : 공통매입세액을 매출액대로 안분 계산하여 면세 부분은 공제 안 됨

7. 농·축·수·임산물 등 면세농산물에 대한 의제매입세액 공제 한도에 유의한다.

요건 : 부가가치세 면세로 공급받은 면세농산물 등의 원재료나 소요 자재 구입액(면세농산물 공급받은 사실 증명서 제출)

# 부가가치세 신고를 하려면 미리 꼭 챙겨놔야 할 서류

⊙ 사업자등록증 사본

⊙ 대표자 신분증 사본

⊙ 홈택스 수임 동의 + 홈택스 아이디 및 패스워드(신고대행 시) :
  수임 동의 방법 : 세무대리·납세관리 〉 나의 세무대리 관리 〉
  나의 세무대리 수임동의 〉 동의 여부에 동의 체크

⊙ 매출, 매입 관련 세금계산서(전자세금계산서 포함)
  홈택스 수임동의가 이루어지면 전자세금계산서 및 전자계산서는
  조회가 가능하므로, 따로 준비하지 않아도 된다(신고대행 시).

⊙ 수입세금계산서

⊙ 신용카드매출전표/현금영수증(사업자 지출증빙용) 매출/매입 내
  역(전표, 사용내역서). (신용카드 단말기 대리점 문의 또는 국세
  청 홈택스 조회) : 여신금융협회, 신용카드 매출 자료 조회 사이
  트에 회원가입을 한 경우 아이디 패스워드를 알면, 조회가 가능
  하다.

◎ 기타 수수료 매출, 현금매출 등 순수현금 매출집계내역

현금영수증을 발행하지 않은 순수현금 매출집계내역을 알고 있어
야 한다.

◎ 신용카드 · 직불카드 · 체크카드 영수증

◎ 수출(영세율)이 있다면 관련 증빙서류

| 항목 | 증빙서류 |
|---|---|
| 직수출 | 수출신고필증, 소포수령증 |
| 대행수출 | 수출대행계약서 사본과 수출신고필증 |
| 중계무역, 위탁판매수출, 외국인도수출 | 수출계약서 사본 또는 외화입금증명서 |
| 내국신용장(구매확인서)에 의한 공급 | 세금계산서, 내국신용장(구매확인서) |
| 용역의 국외공급, 기타 외화획득 | 계약서, 외화입금증명서 |

◎ 매출 · 매입계산서(면세 관련 매출 · 매입, 전자세금계산서 포함)

◎ 무역업(수출입업) : 수출실적명세서 및 수출신고필증, 인보이스,
수출 · 입 계약서, 내국신용장, 소포수령증, 선하증권 등 영세율
관련 붙임 서류와 수입신고필증 등

◎ 부동산임대업 : 부동산 임대현황 및 임대인 변경 시 임대차계약
서 사본

◎ 전자상거래업 : 쇼핑몰 사이트 매출내역(PG사 매출내역, 오픈마
켓 매출내역, 쇼셜커머스 매출내역)

◎ 구매대행업 : 구매대행 수수료 산출내역

◎ 음식점업 : 면세 농 · 축 · 임산물 매입계산서

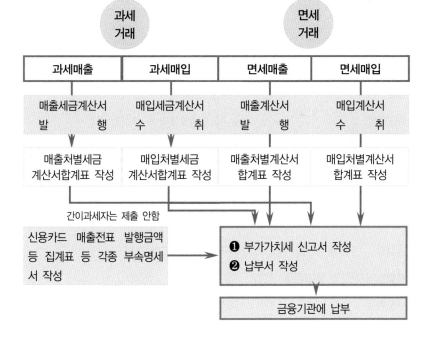

## 05
# 부가가치세 신고할 때
# 세무서에 제출할 서류

| 과세매출 | 과세매입 | 면세매출 | 면세매입 |
|---|---|---|---|
| 매출세금계산서 발 행 | 매입세금계산서 수 취 | 매출계산서 발 행 | 매입계산서 수 취 |
| 매출처별세금 계산서합계표 작성 | 매입처별세금 계산서합계표 작성 | 매출처별계산서 합계표 작성 | 매입처별계산서 합계표 작성 |

과세 거래

면세 거래

간이과세자는 제출 안함

신용카드 매출전표 발행금액 등 집계표 등 각종 부속명세서 작성

❶ 부가가치세 신고서 작성
❷ 납부서 작성

금융기관에 납부

부가가치세 신고 시에는 일반과세자(또는 간이과세자) 부가가치세 신고서, 매출처별 세금계산서 합계표, 매입처별 세금계산서 합계표를 기본으로 제출하고 나머지 서식은 해당 사항이 있는 경우 제출하면 된다.

 **일반과세자 제출서류**

| 항목 | 신고서류 |
|---|---|
| 일반과세자 기본서식 | 일반과세자 부가가치세 신고서, 매출처별세금계산서합계표, 매입처별세금계산서합계표, 매입자발행세금계산서합계표 |
| 카드매출 | 신용카드매출전표발행금액 집계표 |
| 부동산임대 매출 | 부동산임대공급가액명세서 |
| 면세매출 및 면세매입 | 매출처별계산서합계표, 매입처별계산서합계표 |
| 수출 | 수출실적명세서 |
| 카드매입 | 신용카드매출전표 등 수령명세서 |
| 고정자산 취득 | 건물등감가상각자산취득명세서 |
| 매입세액불공제 대상인 매입세금계산서 | 매입세액불공제분 계산 근거 |
| 음식점 | 사업장현황명세서 |
| 음식점 : 면세 농수산물 구입 | 의제매입세액 공제신고서 |
| 재활용폐자원 및 중고물품사업자 | 재활용폐자원 등 매입세액공제 신고서 |
| 부도어음 | 대손세액공제(변제) 신고서 |
| 전자화폐사용 | 전자화폐결제명세서 |

| 항목 | 신고서류 |
|---|---|
| 현금매출명세서(주민등록번호로 발행한 세금계산서 내역 분과 순수 현금매출 분(현금영수증미발행분)) | • 변호사업, 심판변로인업, 변리사업, 법무사업, 공인회계사업, 세무사업, 경영지도사업, 기술지도사업, 감정평가사업, 손해사정인업, 통관업, 기술사업, 건축사업, 도선사업, 측량사업, 공인노무사업, 의사업, 한의사업(약국 및 수의업은 제출대상에서 제외)<br>• 예식장업, 부동산중개업<br>• 병원, 의원(부가가치세 과세대상 즉, 성형 및 미용 목적의 시술인 경우) |
| 건물관리 | 건물관리명세서(주거용 건물관리의 경우는 제외) |

 ## 간이과세자 제출서류

| 항목 | 신고서류 |
|---|---|
| 간이과세자 기본서류 | 간이과세자 부가가치세 신고서, 매출처별세금계산서합계표, 매입처별세금계산서합계표, 매입자발행세금계산서합계표 |
| 카드매출 | 신용카드매출전표발행금액 집계표 |
| 부동산 임대매출 | 부동산임대공급가액명세서 |
| 면세매출 | 매출처별계산서합계표 |
| 수출 | 수출실적명세서 |
| 카드매입 | 신용카드매출전표 등 수령명세서 |
| 매입세액불공제 대상인 매입세금계산서 | 매입세액불공제분 계산 근거 |

| 항목 | 신고서류 |
|---|---|
| 고정자산 취득 | 건물등감가상각자산취득명세서 |
| 음식점 | 사업장현황명세서 |
| 면세매입 | 매입처별계산서합계표 |
| 재활용폐자원 및 중고물품사업자 | 재활용폐자원 등 매입세액공제 신고서 |
| 부도어음 | 대손세액공제(변제) 신고서 |

# 제9장

## 소득에 대한 세금
## 소득세와 법인세

# 01

# 소규모 개인 자영업자가 평상시 작성해야 할 장부

소규모 자영업자의 경우 장부를 적는 것조차 부담일 수 있다. 다만, 문제는 종합소득세 신고 시 원칙적으로 복식부기에 의해 작성한 장부를 근거로 신고 및 납부를 해야 한다는 점이다.

그러나 1인이 하는 소규모 회사의 경우 기장 능력이 없어 장부를 못적는 것이 현실이다. 따라서 국세청은 일정 규모 이하의 사업자들은 간편장부라는 것을 만들어 기장을 유도하고, 이를 기장한 것으로 인정해주고 있다.

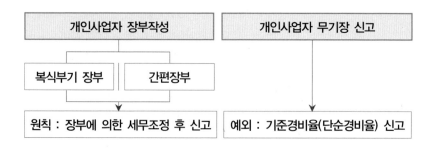

앞서 본 바와 같이 개인사업자는 간편장부와 복식부기에 의한 기장을 모두 장부로 인정해주고 있다. 다만, 규모에 따라 간편장부를 기장해도 장부로 인정을 안 해주는 경우가 있으므로 회사의 규모를 가지고 판단해보기를 바란다.

| 구 분 | 복식부기 의무자 | 간편장부 대상자 |
|---|---|---|
| 가. 농업·임업 및 어업, 광업, 도매 및 소매업(상품중개업을 제외한다), 부동산매매업, 아래에 해당하지 아니하는 사업 | 3억원 이상자 | 3억원 미만자 |
| 나. 제조업, 숙박 및 음식점업, 전기·가스·증기 및 공기조절 공급업, 수도·하수·폐기물처리·원료재생업, 건설업(비주거용 건물건설업은 제외), 부동산 개발 및 공급업(주거용 건물 개발 및 공급업에 한정), 운수업 및 창고업, 정보통신업, 금융 및 보험업, 상품중개업, 욕탕업 | 1.5억원 이상자 | 1.5억원 미만자 |
| 다. 부동산 임대업, 부동산업(부동산매매업 제외), 전문·과학 및 기술 서비스업, 사업시설관리·사업지원 및 임대서비스업, 교육 서비스업, 보건업 및 사회복지 서비스업, 예술·스포츠 및 여가관련 서비스업, 협회 및 단체, 수리 및 기타 개인 서비스업, 가구내 고용활동 | 7,500만 원 이상자 | 7,500만 원 미만자 |

[주] 욕탕업은 기장의무 판단시에만 '나' 군 적용, 경비율 기준은 '다' 군 적용
[주] 수리 및 기타 개인서비스업 중 「부가가치세법 시행령」 제42조 제1호에 따른 인적용역 사업자는 기장의무 판단 시에는 '다' 군 적용, 경비율 기준은 '나' 군 적용

위 표에서 금액은 직전연도 (올해 5월 신고기준 전전연도) 수입금액 기준이다.

예를 들어 도·소매업을 운영하는 갑의 직전연도 수입금액이 3억 원 이상이라고 하면, 간편장부로 기장한 경우 기장한 것으로 인정을 해주지 않는다. 반면, 복식부기로 기장을 했다면 기장을 한 것으로 인정해준다.

위의 표는 업종의 규모에 따라 간편장부를 작성할지, 복식부기로 기장을 할지 결정을 하면 되며, 도저히 장부를 적을 수 없는 경우에는 기준경비율에 의해 종합소득세를 신고 및 납부를 하면 된다.

무기장에 의한 신고는 수입금액을 추정치로 신고한다고 해서 추계에 의한 신고라고 부른다.

| 구 분 | 기준경비율 적용대상자 | 단순경비율 적용대상자 |
|---|---|---|
| 가. 농업·임업 및 어업, 광업, 도매 및 소매업(상품중개업을 제외한다), 부동산매매업, 아래에 해당하지 아니하는 사업 | 6천만원 이상자 | 6천만원 미만자 |
| 나. 제조업, 숙박 및 음식점업, 전기·가스·증기 및 공기조절 공급업, 수도·하수·폐기물처리·원료재생업, 건설업(비주거용 건물건설업은 제외), 부동산 개발 및 공급업(주거용 건물 개발 및 공급업에 한정), 운수업 및 창고업, 정보통신업, 금융 및 보험업, 상품중개업, 욕탕업 | 3천 6백만원 이상자 | 3천 6백만원 미만자 |
| 다. 부동산 임대업, 부동산업(부동산매매업 제외), 전문·과학 및 기술 서비스업, 사업시설관리·사업지원 및 임대 서비스업, 교육 서비스업, 보건업 및 사회복지 서비스업, 예술·스포츠 및 여가관련 서비스업, 협회 및 단체, 수리 및 기타 개인 서비스업, 가구내 고용활동 | 2천 4백만원 이상자 | 2천 4백만원 미만자 |

[주] 욕탕업은 기장의무 판단시에만 '나' 군 적용, 경비율 기준은 '다' 군 적용

[주] 수리 및 기타 개인서비스업 중 「부가가치세법 시행령」 제42조 제1호에 따른 인적 용역 사업자는 기장의무 판단 시에는 '다' 군 적용, 경비율 기준은 '나' 군 적용

예를 들어 도·소매업을 하는 경우 종합소득세 신고 시 다음의 기준 이 적용된다.

| 구 분 | | 기장 인정 범위 |
|---|---|---|
| 기장에 의한 신고 | 직전연도 수입금액이 3억 원 이상 | 복식부기 장부에 의해 기장 |
| | 직전연도 수입금액이 3억 원 미만 | 간편장부에 의해 기장 |
| 무기장 (추계)에 의한 신고 | 직전연도 수입금액이 6천만 원이상자 | 기준별경비율 적용 신고 |
| | 직전연도 수입금액이 6천만 원미만자 | 단순별경비율 적용 신고 |

# 종합소득세 신고의 2가지 방법

소득세는 개인의 소득에 대해서 납부하는 세금이다.

그러면 소득세에서 말하는 소득은 무엇일까?

소득세에서 말하는 소득이란 연간 총수입금액에서 수입을 얻기 위하여 소요된 모든 비용을 차감한 금액을 말한다. 비용은 종합소득세를 계산할 때 다른 말로 필요경비(법인세는 손금)라고 한다.

종합소득은 위의 소득으로 구성되고 부동산임대소득은 사업소득에 포함된다.

홈택스든 프로그램이든 종합소득세 신고가 복잡해 보이는 것은 소득마다 다른 방법으로 소득금액을 구하므로 인해, 소득금액을 구하는 방법 차이 때문이다.

일단 소득금액이 구해지면 모든 소득금액이 합산되어 종합소득금액이라는 하나의 소득이 되고 종합소득금액에 붙는 세금이 종합소득세가 된다고 생각하면 된다.

이중 개인사업자가 많아 종합소득세의 주는 사업소득이 되는 것이며, 사업소득 금액을 계산하는 방법은 기장에 의한 방법과 무기장시 추계에 의한 방법으로 나누어진다.

기장한 경우 기장내역에 따라 위 수입금액과 필요경비가 계산되지만, 기장을 안 한 경우는 장부에 의한 소명이 불가능하므로 수입금액과 필요경비를 추정해서 사업소득 금액을 구하게 되는데 이것이 경비율 제도(추계신고)이다.

결국 모든 종합소득금액에 합산되는 소득금액을 구하는 것이 종합소득세 신고·납부의 주를 이루며, 홈택스 등 모든 프로그램의 입력데이터는 각 소득의 소득금액을 구하기 위한 과정이라고 보면 된다.

예를 들어 근로소득과 사업소득이 있는 경우

근로소득은 비과세를 제외한 연봉에서 근로소득공제액을 차감하면 근로소득금액이 되고

사업소득은 1년간 총수입금액에서 필요경비를 차감하면 사업소득금액이 된다.

그리고 종합소득금액은 근로소득금액 + 사업소득금액이 된다.

이를 바탕으로 아래와 같이 종합소득세를 계산하는 것이다.

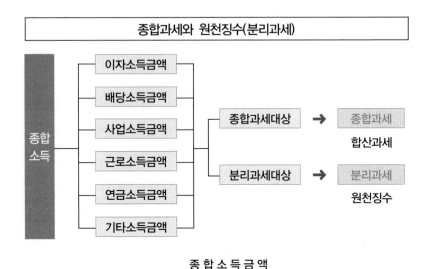

종 합 소 득 금 액
－ 종 합 소 득 공 제
............................................................
과 세 표 준
× 기 본 세 율
............................................................
산 출 세 율
－ 세액감면 · 공제
............................................................
결 정 세 액
＋ 가 산 세
............................................................
총 결 정 세 액
－ 기 납 부 세 액
............................................................
자 진 납 부 세 액

위의 표에서 원천징수 세액은 미리 낸 세금으로 종합소득세 계산시 기납부세액으로 차감을 해준다.

이같이 종합소득세는 복잡한 과정을 거침으로 인해 세법 지식이 없는 일반 근로자는 신고·납부가 어려울 수 있으므로 근로소득만 있는 근로자는 이를 대신 신고·납부를 해주라고 사업주에게 의무를 부과하는데 이것이 연말정산이 된다.

소득세 과세방법은 원천징수와 종합소득세 신고 두 가지 방법이 있다. 여기서 원천징수는 원천징수의무자가 대가를 지급할 때 일정한 세금을 미리 지급액에서 차감해서 대신 신고 및 납부를 해주는 방법을 말한다. 반면, 종합소득세는 원천징수로 모든 세금의무가 종결되는 것이 아니라 1년간의 소득을 모두 합산해서 세금을 신고 및 납부하는 방법을 말한다. 따라서 종합소득 대상에 해당하는 소득은 비록 원천징수로 세금을 납부했다고 하더라도 종합소득으로 납부해야 할 세금을 미리 납부한 것에 불과하며, 나중에 종합소득세에 합산해서 다시 세금을 정산해야 한다.

이같이 어차피 종합소득세로 신고 및 납부해야 할 세금을 미리 내는 것을 기납부세액이라고 하며, 원천징수(중간예납세액, 수시부과세액도 원천징수 세액과 함께 기납부세액에 해당한다)가 이에 해당한다.

종합과세란 앞서 표에서 보여준 바와 같이 이자소득, 배당소득, 사업소득, 근로소득, 연금소득, 기타소득 중 원천징수 되는 소득을 제외한 소득을 합해서 종합소득을 구하는 것이다.

# 사업소득세 신고의 2가지 방법

소득세는 고지되는 세금이 아니라 스스로 신고·납부 해야 하는 세금이므로 5월 1일에서 5월 31일 사이에 직접 신고·납부 한다.

| 특 징 | 내 용 |
|---|---|
| 신고납부제도 | 스스로 세금을 계산해서 신고 및 납부하는 것을 말한다. |
| 누진세율적용 | 소득이 증가할수록 세율이 점차적으로 올라가는 구조 |
| 과세단위 | 원칙은 개인별로 과세하며, 예외적으로 세대 단위 합산과세를 한다(조세 회피목적 공동사업 소득에 대한 공동사업 합산과세). |
| 인적공제 제도 | 인적 사정에 따른 부담세액을 고려한 인적공제 제도 채택 |

종합소득세 중 사업소득 신고와 관련해서는 장부를 작성한 후 장부에 따라 신고하는 기장에 의한 신고와 장부를 작성하지 않아 수입과 지출을 정확히 알 수 없어, 사업자의 소득과 비용을 추산해서 신고하는 추계에 의한 신고가 있다.

1. 장부 작성을 한 경우 장부에 의한 신고를 할지, 장부 작성을 안한 경우 무기장(추계)에 의한 신고를 할지 결정을 한다.

2. 장부에 의한 신고의 경우 매출 규모에 따라 복식부기의무자와 간편장부대상자로 구분된다.

3. 장부를 작성하지 않은 경우 매출 규모에 따라 기준경비율 대상자와 단순경비율 대상자로 구분된다.

| 사업소득세 신고 방법 | |
|---|---|
| 기장에 의한 신고 | 무기장(추계)에 의한 신고 |
| • 복식장부에 의한 사업소득금액<br>• 간편장부에 의한 사업소득금액 | • 기준경비율에 의한 사업소득금액<br>• 단순경비율에 의한 사업소득금액 |

경비율을 적용한다는 것은 장부 작성을 하지 않는 것이 전제된 조건이고, 소규모 과세자가 아닌 장부를 충분히 작성할 수 있는데 안 하고 신고하는 경우 장부 작성을 유도하기 위해 무기장가산세를 매기게 된다. 따라서 사업자는 무기장가산세의 부담까지도 충분히 감안하여 방법을 결정해야 한다. 또한 간편장부대상자가 복식부기에 의한 신고 시 10%의 세액공제 혜택을 주므로 이도 고려해서 신고방법을 결정한다.

| 기장에 의한 신고 방법(장부 작성) |
|---|

**복식부기의무 사업자**
아래 표와 같이 업종별로 직전연도 매출액이 일정 금액 이상인 사업자

**간편장부대상 사업자**
아래 표와 같이 업종별로 직전연도 매출액이 일정 금액 미만인 사업자
당해연도 사업을 개시한 신규사업자

| 구 분 | 복식부기<br>의무자 | 간편장부<br>대상자 |
|---|---|---|
| 가. 농업·임업 및 어업, 광업, 도매 및 소매업(상품중개업을 제외한다), 부동산매매업, 아래에 해당하지 아니하는 사업 | 3억원<br>이상자 | 3억원<br>미만자 |
| 나. 제조업, 숙박 및 음식점업, 전기·가스·증기 및 공기조절 공급업, 수도·하수·폐기물처리·원료재생업, 건설업(비주거용 건물건설업은 제외), 부동산 개발 및 공급업(주거용 건물 개발 및 공급업에 한정), 운수업 및 창고업, 정보통신업, 금융 및 보험업, 상품중개업, 욕탕업 | 1.5억원<br>이상자 | 1.5억원<br>미만자 |
| 다. 부동산임대업, 부동산업(부동산매매업 제외), 전문·과학 및 기술 서비스업, 사업시설관리·사업지원 및 임대서비스업, 교육 서비스업, 보건업 및 사회복지 서비스업, 예술·스포츠 및 여가 관련 서비스업, 협회 및 단체, 수리 및 기타 개인 서비스업, 가구 내 고용 활동 | 7,500만<br>원<br>이상자 | 7,500만<br>원<br>미만자 |

※ 위의 금액에 따라 복식부기의무자와 간편장부대상자를 구분하는데, 그 기준은 신고 하는 연도 5월 기준 전전연도 수입금액 기준이다. 예를 들어 2025년 종합소득세 신고의 경우 2023년 소득을 신고하는 것이며, 판단기준은 2023년 매출액을 기준 으로 한다.

[기장을 한 경우 사업소득세의 계산 흐름]

## 무기장(추계)에 의한 신고 방법(장부 미작성)

 **기준경비율 대상 사업자**

인건비, 매입액, 임차료만 증빙에 따라 공제하고, 나머지 필요경비는 기준경비율을 적용한다.

 **단순경비율 대상 사업자**

증빙에 의하지 않고 모든 필요경비를 단순경비율을 적용해 계산한다.

단순경비율이 적용되는 때는 장부를 갖출 필요도 증빙을 보관할 의무도 없다. 즉 단순경비율을 적용해서 신고하는 때는 기준경비율과 같이 별도로 매입비용이나 임차료, 인건비 등 비용을 인정해주지 않는다. 세법에서 알아서 단순경비율을 적용해서 세금을 계산하게 되어 있다.

그럼 단순경비율 대상자라고 무조건 단순경비율을 적용해 종합소득세 신고·납부를 해야 하는 것은 아니다. 종합소득세 단순경비율 대상자라 하더라도 단순경비율보다 더 많은 경비가 있는 경우 무기장–단순경비율 적용보다 기장–간편장부를 기장하여 종합소득세 신고를 하는 것이 유리한 경우도 있다.

또한 단순경비율 적용 시 소득금액이 500만 원이 초과하는 경우 건강보험 피부양자 자격이 박탈당하므로 이러한 경우는 장부를 작성하여 신고하는 것이 유리하다.

| 구 분 | 기준경비율<br>적용대상자 | 단순경비율<br>적용대상자 |
|---|---|---|
| 가. 농업 · 임업 및 어업, 광업, 도매 및 소매업(상품중개업을 제외한다), 부동산매매업, 아래에 해당하지 아니하는 사업 | 6천만원<br>이상자 | 6천만원<br>미만자 |
| 나. 제조업, 숙박 및 음식점업, 전기 · 가스 · 증기 및 공기조절 공급업, 수도 · 하수 · 폐기물처리 · 원료재생업, 건설업(비주거용 건물건설업은 제외), 부동산 개발 및 공급업(주거용 건물 개발 및 공급업에 한정), 운수업 및 창고업, 정보통신업, 금융 및 보험업, 상품중개업, 욕탕업 | 3천 6백만원<br>이상자 | 3천 6백만원<br>미만자 |

| 구 분 | 기준경비율 적용대상자 | 단순경비율 적용대상자 |
|---|---|---|
| 다. 부동산 임대업, 부동산업(부동산매매업 제외), 전문·과학 및 기술 서비스업, 사업시설관리·사업지원 및 임대서비스업, 교육 서비스업, 보건업 및 사회복지 서비스업, 예술·스포츠 및 여가관련 서비스업, 협회 및 단체, 수리 및 기타 개인 서비스업, 가구내 고용활동 | 2천 4백만원 이상자 | 2천 4백만원 미만자 |

[기장을 안 한 경우 사업소득세의 계산 흐름]

| 총 수 입 금 액 | − | 경비율 제도 주) | = | 소 득 금 액 |

| 소 득 금 액 | − | 소득공제 | = | 과 세 표 준 |

| 과 세 표 준 | × | 세  율 | = | 산 출 세 액 |

| 산 출 세 액 | − | 세액공제 및 감면세액 | + | 가산세 | = | 결 정 세 액 |

| 결 정 세 액 | − | 기납부세액 | = | 납부(환급)할 세    액 |

㈜ 일반율은 임대를 해서 운영하는 것을 말하며, 자가율은 본인의 집에서 하는 경우

❶ 수입금액 − 주요경비(매입비용 + 임차료 + 인건비) − 기타경비(수입금액 × 기준경비율(복식부기 의무자는 1/2))

❷ [수입금액 − (수입금액 × 단순경비율)] × 소득상한배율(2.8 복식부기의무자 3.4)

※ 간편장부대상자가 추계에 의한 방법으로 신고한 경우 무기장가산세가 부가될 수 있는데, 소규모사업자의 경우 가산세가 부과되지 않는다.

※ 소규모사업자란, 해당 과세기간에 신규로 사업을 개시한 사업자, 또는 직전 과세기간 수입금액이 4,800만 원 미만인 사업자를 말한다.

◘ 장부를 비치 · 기장하고 있는 사업자는 총수입금액에서 필요경비를 공제해서 계산한다.

사업소득 금액 = 총수입금액 − 필요경비

◘ 장부를 비치 · 기장하지 않은 사업자의 소득금액은 다음과 같이 계산한다.

1. 기준경비율 적용대상자(①, ② 중 적은 금액)

① 소득금액 = 수입금액 − 주요경비 − (수입금액 × 기준경비율*)

＊ 복식부기 의무자는 기준경비율의 $\frac{1}{2}$ 곱하여 계산

② 소득금액 = 수입금액 − (수입금액 × 단순경비율) × 배율

＊ 배율 : 간편장부대상자 2.8배, 복식부기 의무자 3.4배

2. 단순경비율 적용대상자

소득금액 = 수입금액 − (수입금액 × 단순경비율)

◘ 일반율과 자가율

• 일반율 − 사업장을 임차한 경우(타인 사업장)

• 자가율 − 사업장이 사업자 본인의 소유인 경우(자가 사업장)

국세청 고시에 나오는 기준경비율 및 단순경비율은 일반율 즉, 타가율이다. 자가사업자는 이 일반율에 일정률을 가감하여 자가율을 계산하게 된다.

기준경비율 또는 단순경비율 적용시 자가 사업자(자가율)에 일정률이 가산된다. 단, 농업 · 임업 및 어업, 광업, 전기 · 가스 · 증기 및 수도사업, 건설업, 도소매업(522099, 523132, 525200), 운수업, 금융 및 보험업, 부동산업 및 임대업, 전문 · 과학기술 및 기술 서비스업, 인적용역, 가구내 고용활동은 가산되지 않는다.

◘ 기본율과 초과율

인적용역 제공사업자(94****)의 단순경비율 기본율과 초과율 구분

인적용역 제공사업자에 대한 단순경비율은 수입금액이 4천만 원까지는 기본율을 적용하고 4천만 원을 초과하는 금액에 대해서는 초과율을 적용한다. 초과율은 고시가 되어 나온다.

* 인적용역 업종, 단순경비율에 한해 초과율이 고시된다. 타업종 및 기준경비율은 해당 없음.
예) 학습지방문판매업(940908)의 단순경비율 기본율은 75, 초과율은 65로 고시됨.
연간 수입금액이 45백만원인 학습지방문판매업자의 추계소득금액은?
{40백만원 − (40백만원 × 75%) + 5백만원 − (5백만원 × 65%)} = 11,750,000원

## 종합소득세 환급

 환급 사업자
미리 납부한 세금(원천징수 세액, 중간예납 세액)이 납부할 세금보다 많은 경우 환급신청이 되며, 1~2개월 후 환급이 된다.

개인사업자의 경우 중간예납으로 납부한 세액이나 각종 원천세를 기납부세액이라고 해서 최종 산출된 세액에서 차감한다. 차감하여 수취한 소득에 대하여 종합소득세 신고 진행 과정에서 최종적으로 산출된 세액이 미리 납부한 세액보다 작은 경우(마이너스가 나는 경우) 환급액이 발생한다.

환급액은 중간예납 및 각종 원천세 등 미리 납부한 세액을 한도로 발생하며, 온라인 환급신청 시 종합소득세 납부내역을 점검하고 신고서 보내기 버튼까지 완료해야 서류가 국세청으로 정확하게 전송된다.

종합소득세 환급은 신고 절차를 밟으면 자동으로 신청접수가 이루어지며 환급받을 계좌번호를 서류에 적은 주소지에 따라 신청한 후 1~2달 이내에 환급이 진행된다.

# 04

# 종합소득세 신고유형 점검과
# 신고유형별 신고 주요 서식

📋✓ **나의 신고유형 점검표**

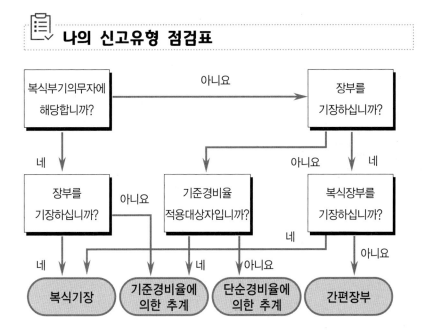

## 신고유형별 신고 주요 서식

| 신고유형 | 신고 방법 | 주요 서식 |
|---|---|---|
| 외부조정 (복식부기) | 세무대리인(세무사 또는 공인회계사)이 작성한 조정계산서를 첨부하여 신고 | 재무상태표, 손익계산서와 그 부속서류, 원가명세서, 합계잔액시산표, 외부 세무조정계산서 |
| 자기조정 (복식부기) | 납세자 스스로 세무조정을 하여 신고 | 재무상태표, 손익계산서와 그 부속서류, 원가명세서, 합계잔액시산표, 세무조정계산서 |
| 간편장부 | 간편장부 소득금액계산서를 작성하여 신고 | 간편장부 소득금액계산서, 총수입금액 및 필요경비명세서 |
| 기준경비율 | 기준경비율에 의한 신고 | 추계소득금액계산서, (주요경비 지출명세서) |
| 단순경비율 | 단순경비율에 의한 신고 | – |

 ## 종합소득세 신고 서식

| 서식 종류 | 작성 대상 |
|---|---|
| 별지 제40호 서식(1) | ▪ 기장사업자(간편장부 포함)<br>▪ 기준경비율 신고자<br>▪ 단순경비율 신고자 중<br>사업소득 이외의 종합소득이 있는 자<br>감면세액이 있는 자(중소기업 특별세액감면 이외의 감면)<br>▪ 근로, 기타, 연금소득이 있는 자로 종합소득세 신고대상자<br>▪ 금융 소득자 및 주택 등 매매업자 |

| 서식 종류 | 작성 대상 |
|---|---|
| **별지 제40호 서식(4)** | ▪ 단순경비율 적용 사업소득만 있는 자 또는 단순경비율 적용 사업소득과 연금 · 기타소득이 함께 있는 자로서 감면세액이 없는 자 또는 조특법상 감면 중 중소기업 특별세액감면만 있는 자(별지 제40호 서식(1)도 사용 가능) |
| **별지 제40호 서식(5)** | ▪ 종교인소득만 있는 자(별지 제40호 서식(1)도 사용 가능) |
| **별지 제40호 서식(6)** | ▪ 분리과세(주택임대)소득만 있는 자(별지 제40호 서식(1) 사용 불가) |

# 기장에 의한 종합소득세의 신고

| 총 수 입 금 액 | − | 필요경비 | = | 소 득 금 액 |

| 소 득 금 액 | − | 종합소득공제 | = | 과 세 표 준 |

| 과 세 표 준 | × | 세 율 | = | 산 출 세 액 |

| 산 출 세 액 | − | 종합세액공제 및 감면세액 | = | 결 정 세 액 |

| 결 정 세 액 | − | 기납부세액 | = | 납 부 할 세 액 |

예를 들어 음식업을 운영하는 홍길동의 전전연도 수입금액이 1억 5천만 원 이상이라고 하면, 간편장부로 기장한 경우 기장한 것으로 인정해주지 않는다. 반면, 복식부기로 기장을 했다면 기장한 걸로 인정해준다. 즉, 앞서 표상의 업종의 규모에 따라 간편장부대상인지, 복식부기의무자인지 판단한 후 기장방법을 결정하면 되며, 도저

히 장부를 적을 수 없는 경우에는 기준경비율에 의해 종합소득세를 신고 및 납부하면 된다. 무기장에 의한 신고는 수입금액을 추정치로 신고한다고 해서 추계에 의한 신고라고 부른다.

만일 복식부기 의무자가 간편장부가 편하다고 간편장부에 의해 신고하는 경우 무기장에 의한 신고로 본다. 반면 간편장부대상자가 복식부기에 의해 신고하는 경우는 아무 문제 없이 신고할 수 있다.

| 구 분 | 해 설 |
|---|---|
| 기장한 것으로 보는 경우 | ❶ 간편장부대상자가 간편장부 또는 복식장부를 작성해서 신고한 경우<br>❷ 복식부기 의무자가 복식부기에 의해 장부를 작성해서 신고한 경우 |
| 무기장으로 보는 경우 | ❶ 간편장부나 복식부기에 의한 장부를 작성하지 않고 신고한 경우<br>❷ 복식부기 의무자가 간편장부에 의해 신고한 경우 |

## 복식부기에 의한 신고

복식부기 의무자의 사업소득은 큰 틀에서는 부가가치세 매출금액에서 매입금액을 기본으로 총수입금액(필요경비불산입)산입과 총수입금액(필요경비산입) 불산입의 세무조정을 거치게 되지만, 이는 결국 부가가치세 신고 때 반영 안 된 택배비, 연구개발비, 금융권 대출이자, 직원 교육훈련비, 복사비, 사업 관련 보험료, 화재보험, 안전보험, 외주비, 자동차세, 면허세, 재산세, 기업업무추진비(= 접대비), 서적 구입비, 인쇄비, 교통비, 숙박료, 통행료, 문구류, 사무용품구입, 광고비, 차량유지비, 직원 식대, 통신비, 전력비, 관리비, 수도광열비, 판매용 포장비, 포장 재료비, 포장재료(박스 구입비용), 거래처 관련 경조사 비용도 서류가 있다면 각각 소득세 비용처리를 할 수 있다. 기업업무추진비(= 접대비)는 3만 원 초과는 증빙서류가 필수이며, 경조사 관련 비용은 20만 원까지 부고 문자, 청첩장 등 증빙서류만 있으면 된다.

또한 부가가치세 매입세액불공제 분 중 비용인정 가능 금액도 있다.

## ≫ 총수입금액 산입항목

사업소득의 총수입금액은 당해 연도에 수입하였거나 수입할 금액의 합계액이며, 총수입금액 산입항목은 다음과 같다.

⊚ 사업수입금액

⊚ 부동산을 임대하고 받은 선세금에 대한 총수입금액은 그 선세금을 계약기간의 월수로 나눈 금액의 각 과세기간의 합계액

$$\text{당해연도 수입금액} = \text{선세금} \times \frac{\text{계약기간의 월수}}{\text{당해연도 임대월수}}$$

⊚ 매출환입 및 매출에누리는 총수입금액에 산입하지 않고, 거래수량·거래금액에 따라 상대편에게 지급하는 장려금 기타 이와 유사한 성질의 금액과 대손금은 총수입금액에서 빼지 않는다.

⊚ 외상매출금 또는 미수금을 약정기일 전에 영수하는 경우 일정액을 할인하는 매출할인 금액은 거래상대방과의 약정에 의한 지급기일(지급기일이 정해져 있지 아니한 경우에는 지급일)이 속하는 연도의 총수입금액에서 차감한다.

- ◎ 관세환급금 등 필요경비로 지출된 세액이 환입되었거나 환입될 경우 그 금액
- ◎ 사업과 관련하여 당해 사업용 자산의 손실로 인하여 취득하는 보험차익
- ◎ 확정급여형 퇴직연금제도의 보험차익과 신탁계약의 이익, 분배금
- ◎ 외화자산·부채의 상환 차익
- ◎ 기타 사업과 관련된 수입금액으로서 당해 사업자에게 귀속되었거나 귀속될 금액
- ◎ 복식부기 의무자가 업무용 승용차를 매각하는 경우 그 매각가액을 매각일이 속하는 과세기간의 사업소득 금액을 계산할 때 총수입금액에 산입한다.
- ◎ 당해 사업과 관련하여 국가·지방자치단체로부터 지급받은 보조금 또는 장려금
- ◎ 당해 사업과 관련하여 동업자단체 또는 거래처로부터 지급받은 보조금 또는 장려금
- ◎ 부가가치세법 제46조 제1항에 따라 신용카드매출전표를 교부함으로써 공제받은 부가가치세액
- ◎ 복식부기 의무자의 사업용 유형고정자산 양도가액(간편장부대상자의 고정자산 매각액은 총수입금액 불산입)
- ◎ 손익계산서 매출금액 및 영업외수익 포함
- ◎ 정부 무상보조금(정부 지원자금, 고용노동부 지원금, 환경개선 지원금 등)
- ◎ 일자리안정자금
- ◎ 본사로부터 금전으로 지급받은 판매장려금(도, 소매업)

◎ 거래상대방으로부터 받는 장려금 기타 이와 유사한 성질의 금액

◎ 신용카드 매출전표 발행세액공제

◎ 전자(세금)계산서 발행세액공제

**[부가가치세법상 세액공제액의 총수입금액산입 여부]**

| 구 분 | 일반과세자 | | 간이과세자 | |
|---|---|---|---|---|
| | 기장신고 | 추계신고 | 기장신고 | 추계신고 |
| 전자신고세액공제 | 포함 | 포함 | 제외 | 포함 |
| 신용카드매출세액공제 | 포함 | 포함 | 제외 | 포함 |
| 매입세액공제 | 제외 | 제외 | 제외 | 포함 |
| 의제매입세액공제 | △주) | 포함 | 제외 | 포함 |
| 재활용폐자원매입세액공제 | △주) | 포함 | 해당 사항 없음 | |
| 전자세금계산서발급세액공제 | 포함 | 포함 | | |

주) 재고자산에서 차감하는 형태로 처리하므로 매출원가의 감소나 결과적으로 총 수입금액산입한 것과 동일한 결과가 된다.

◎ 부가가치세를 전자신고한 경우 공제받은 전자신고 세액공제(종합 소득세 전자신고세액공제는 총수입금액 불산입)

◎ 관세환급금 등 필요경비로 지출된 세액이 환입되었거나 환입될 경우 그 금액

◎ 사업과 관련하여 무상으로 받은 자산의 가액과 채무의 면제 또는 소멸로 인하여 발생하는 부채의 감소액(이월결손금의 보전에 충 당된 금액은 총수입금액 불산입)

ⓐ 거주자가 재고자산을 가사용으로 소비하거나 이를 종업원 또는 타인에게 지급한 때에는 이를 소비 또는 지급한 때의 가액에 상당하는 금액(개인적인 사용)

ⓐ 사업과 관련하여 당해 사업용 자산의 손실로 인하여 취득하는 보험차익

ⓐ 기타 사업과 관련된 수입금액으로서 당해 사업자에게 귀속되었거나 귀속될 금액

ⓐ 부동산임대업의 보증금에 대한 간주임대료 중 수입금액에 산입하여야 하는 금액

ⓐ 사업양수도시 재고자산의 시가 상당액

| 구 분 | 부가가치세법상 과세대상여부 | 소득세법상 총수입금액 포함 여부 |
|---|---|---|
| 사업포괄양수도시 재고자산 가액 | 과세제외 | 포함 |
| 사업폐업시 남아있는 재고자산 가액 | 과세대상 | 불포함 |

ⓐ 기업회계기준에 따른 영업외손익인 외화자산·부채에 대한 평가손익에 대하여도 간편장부상의 수입금액에 포함되는 것임(일부인용)(심사소득2007-0159, 2008.02.25)

ⓐ 사업장 이전에 따른 영업손실보상금은 사업장을 이전한 과세연도에 사업소득의 총수입금액에 산입하는 것임(법규소득2010-158, 2010.06.07.)

**[공장 등 수용시 보상금의 총수입금액 산입 여부]**

| 총수입금액 산입 대상 | 총수입금액 불산입 대상 |
| --- | --- |
| • 복식부기 의무자의 이전이 불가능한 사업용 고정자산의 보상금<br>• 영업손실보상금<br>• 이전 가능한 사업장 이전 보상금<br>• 기타보상금 | • 간편장부대상자의 이전이 불가능한 사업용 고정자산의 보상금<br>• 건물철거 보상금<br>• 사업용 자산이 아닌 가사용 자산 등에 대한 보상금 |

⊙ 운송사업자의 유류 보조금

⊙ 신규고용촉진장려금, 고용유지지원금, 장애인고용장려금, K-비대면 바우처 플랫폼지원금

⊙ 영업권 등 보상금

⊙ 캐쉬픽 및 마일리지

⊙ 바우처 사업 관련 보건복지부로부터 수령한 국고보조금

⊙ 사업과 관련하여 "어선원 및 어선재해보상보험법"에 따라 지원받은 '어선원 및 어선 재해보상보험 사업보조금'

⊙ 온누리상품권 환전금액

⊙ 확정급여형 퇴직연금 불입 이익금 등

⊙ 도축장 구조조정지원자금, 가축 살처분 보상금 등(축산업자가 받은 생계안정자금은 총수입금액 불산입, 가축 살처분에 대해서는 재해손실세액공제)

⊙ 건강생활 실천지원금제에 참여함에 따라 적립되는 지원금은 과세대상에서 제외

⊙ 긴급방제 명령에 따른 손실보상금은 과세대상에서 제외

⊙ 고용안정협약지원금은 과세대상에서 제외

⊙ 지역 고용 대응 등 특별지원사업에 따라 지원되는 금전은 과세대상에서 제외

⊙ 고용보험법에 따라 무급휴업·휴직자에게 국가가 직접 지원하는 고용유지지원금은 과세대상에서 제외(회사에 지급하는 유급휴가지원금은 과세 포함)

## ≫ 총수입금액 불산입 항목

⊙ 소득세 또는 개인지방소득세의 환급금

⊙ 자산수증이익, 채무면제이익 중 이월결손금 보전에 충당된 금액
여기서 이월결손금은 세무상 결손금으로 발생 연도의 제한이 없다.

⊙ 전년도의 소득으로 이미 과세된 소득을 다시 당해연도의 소득에 산입한 금액

⊙ 자기가 채굴·포획·양식·수확 또는 채취한 농산물·포획물·축산물·임산물·수산물·광산물·토사석이나 자기가 생산한 제품을 자기가 생산하는 다른 제품의 원재료 또는 제조용 연료로 사용한 때에는 그 사용된 부분에 상당하는 금액

⊙ 건설업자가 자기가 생산한 물품을 자기가 도급받은 건설공사의 자재로 사용한 때에는 그 사용된 부분에 상당하는 금액

⊙ 전기·가스 및 수도 사업자가 자기가 생산한 전력이나 가스 또는 수돗물을 자기가 경영하는 다른 업종의 동력·연료 또는 용수로 사용한 때에는 그 사용한 부분에 상당하는 금액

⊚ 개별소비세 및 주세의 납세의무자가 자기의 총수입금액으로서 수입한 또는 수입할 금액에 따라 납부했거나, 납부할 개별소비세 및 주세(다만, 원재료·연료 기타 물품을 매입·수입 또는 사용함에 따라 부담하는 세액은 제외)

⊚ 국세, 지방세 등의 과오납금의 환급금에 대한 이자(환급가산금)

⊚ 부가가치세 매출세액

⊚ 조세특례제한법에 따라 석유 판매업자가 환급받은 세액

## ≫ 필요경비 산입항목

필요경비란 총수입금액을 얻기 위해서 소요된 비용의 합계액을 말한다. 사업소득의 필요경비는 당해 연도의 총수입금액에 대응하는 비용으로서 일반적으로 용인되는 통상적인 것의 합계액으로 계산한다.

⊚ 판매한 상품 또는 제품에 대한 원료의 매입가격(매입에누리 및 매입할인금액을 제외한다)과 그 부대비용. 이 경우 사업용 외의 목적으로 매입한 것을 사업용으로 사용한 것에 대하여는 당해 사업자가 당초에 매입한 때의 매입가액과 그 부대비용으로 한다.

⊚ 판매한 상품 또는 제품의 보관료, 포장비, 운반비, 판매장려금 및 판매수당 등 판매와 관련한 부대비용(판매장려금 및 판매수당의 경우 사전약정 없이 지급하는 경우를 포함)

⊚ 부동산의 양도 당시의 장부가액(건물건설업과 부동산개발 및 공급업의 경우만 해당). 이 경우 사업용 외의 목적으로 취득한 부동산을 사업용으로 사용한 것에 대해서는, 해당 사업자가 당초에 취득한 때의 자산의 취득가액을 그 장부가액으로 한다.

⊙ 임업의 경비(종묘 및 비료의 매입비, 식림비, 관리비, 벌채비, 설비비, 개량비, 임목의 매도경비)

⊙ 양잠업의 경비(매입비, 사양비, 관리비, 설비비, 개량비, 매도경비)

⊙ 가축 및 가금비(종란비, 출산비, 사양비, 설비비, 개량비, 매도경비)

⊙ 종업원의 급여

⊙ 사업용 자산에 대한 비용(현상 유지를 위한 수선비, 관리비와 유지비, 임차료, 손해보험료)

⊙ 복식부기 의무자가 업무용승용차의 매각가액을 총수입금액에 산입한 경우 해당 업무용승용차의 매각 당시 장부가액(감가상각비 중 업무사용금액에 해당하지 않는 금액이 있는 경우에는 장부가액을 계산할 때 그 금액을 차감한 금액)

⊙ 사업과 관련 있는 제세공과금

⊙ 건설근로자 퇴직공제회에 납부한 공제부금과 근로자퇴직급여 보장법에 따라 사용자가 부담하는 부담금

⊙ 사용자 부담 건강보험료, 노인장기요양보험료와 고용보험료

⊙ 직장가입자로서 부담하는 사용자 본인의 건강보험료와 노인장기요양보험료

⊙ 지역가입자로서 부담하는 사용자 본인의 건강보험료와 노인장기요양보험료

⊙ 단체순수보장성보험 및 단체환급부 보장성보험의 보험료

⊙ 총수입금액을 얻기 위하여 직접 사용된 부채에 대한 지급이자

⊙ 사업용 고정자산의 감가상각비, 자산의 평가차손

⊙ 대손금
부가가치세 매출세액의 미수금으로서 회수할 수 없는 것 중 부가가

치세법 규정에 의한 대손세액공제를 받지 않은 것은 대손금의 범위에 포함된다.

◈ 거래수량·거래금액에 따라 상대방에게 지급하는 장려금 기타 이와 유사한 성질의 것

◈ 매입한 상품 · 제품 · 부동산 및 산림 중 재해로 인하여 멸실된 것의 원가를 그 재해가 발생한 과세기간의 소득금액을 계산할 때 필요경비에 산입한 경우의 그 원가

◈ 종업원을 위한 직장체육비·직장문화비·가족계획사업지원비·직원회식비 등

◈ 무료진료권에 의하여 행한 무료진료의 가액

◈ 업무와 관련 있는 해외 시찰·훈련비

◈ 근로청소년을 위한 특별학급 또는 산업체 부설 중고등학교의 운영비

◈ 영유아보육법에 의하여 설치된 직장어린이집의 운영비

◈ 광물의 탐광을 위한 지질조사·시추 또는 갱도의 굴진을 위하여 지출한 비용과 그 개발비

◈ 광고선전비[특정인에게 기증한 물품(개당 3만원 이하의 물품은 제외)의 경우에는 연 5만원 이내의 금액에 한정]

◈ 영업자가 조직한 단체로서 법인이거나 주무관청에 등록된 조합 또는 협회에 지급하는 회비

◈ 종업원의 사망 이후 유족에게 학자금 등 일시적으로 지급하는 금액으로서 기획재정부령으로 정하는 요건을 충족하는 것(2015년 지출 분부터 적용)

◈ 기부금으로 일정 한도 내의 금액

◈ 기업업무추진비(= 접대비)로서 일정 한도 내의 금액

⊙ 준비금과 충당금, 기타의 필요경비

⊙ 잉여 식품 활용사업자 또는 잉여 식품 활용사업자가 지정하는 자에게 무상으로 기증하는 경우 그 기증한 잉여 식품의 장부가액

## ≫ 필요경비 불산입 항목

⊙ 소득세와 개인지방소득세

⊙ 벌금, 과료(통고처분에 의한 벌금 또는 과료 상당액 포함)와 과태료

⊙ 국세징수법 기타 조세에 관한 법률에 의한 가산금과 체납처분비

⊙ 조세에 관한 법률에 의한 징수의무의 불이행으로 인하여 납부하였거나 납부할 세액(가산세액을 포함)

⊙ 가사와 관련하여 지출한 경비

사업용 자산의 합계액이 부채의 합계액에 미달하는 경우 그 미달하는 금액에 상당하는 부채의 지급이자는 가사 관련 경비로 본다.

초과인출금에 대한 지급이자 = 지급이자 × (당해 과세기간 중 초과인출금 적수 ÷ 당해 과세기간 중 차입금의 적수)

초과인출금 = 부채의 합계액 - 사업용 자산의 합계액

⊙ 감가상각비 한도 초과액

⊙ 고정자산 등에 대한 평가차손. 다만, 천재·지변, 화재, 법령에 의한 수용 등이나 채굴 불능으로 인한 폐광으로 인해 고정자산이 파손 또는 멸실(당해 고정자산이 그 고유의 목적에 사용할 수 없는 경우 포함)된 경우는 당해 고정자산의 정상가액과 장부가액과의 평가차손은 필요경비에 산입한다.

⊙ 반출하였으나 판매하지 않은 제품에 대한 개별소비세 또는 주세의 미납액. 다만, 제품가액에 그 세액 상당액을 더한 경우는 제외한다.

⊙ 부가가치세 매입세액. 다만, 매입세액불공제 되는 다음의 매입세액은 필요경비에 산입한다.

- 부가가치세가 면제되는 사업자가 부담하는 매입세액
- 영수증을 교부받은 거래분에 포함된 매입세액으로서 공제대상이 아닌 금액
- 비영업용소형승용차의 구입과 임차 및 유지에 관한 매입세액(자본적 지출에 해당하는 것을 제외)
- 기업업무추진비(= 접대비) 및 이와 유사한 비용의 지출에 관련된 매입세액
- 부동산임차인이 부담한 전세금 및 임차보증금에 대한 간주임대료의 매입세액

⊙ 차입금 중 대통령령이 정하는 건설자금에 충당한 금액의 이자
당해 사업용 고정자산의 매입, 제작, 건설에 소요된 차입금(고정자산의 건설에 소요되었는지? 의 여부가 분명하지 않은 차입금 제외)에 대한 지급이자 또는 이와 유사한 성질의 지출금

⊙ 채권자가 불분명한 차입금의 이자

⊙ 법령에 따라 의무적으로 납부하는 것이 아닌 공과금이나 법령에 따른 의무의 불이행 또는 금지·제한 등의 위반에 대한 제재로서 부과되는 공과금

⊙ 업무와 관련 없는 지출

- 업무와 관련 없는 자산을 취득·관리함으로써 발생하는 취득비·유지비·수선비와 이와 관련되는 필요경비

- 사업에 직접 사용하지 않고 타인(종업원을 제외)이 주로 사용하고 있는 토지 · 건물 등의 유지비 · 수선비 · 사용료와 이에 관련되는 지출금
- 사업자가 그 업무와 관련 없는 자산을 취득하기 위하여 차입한 금액에 대한 지급이자와 그 자금의 차입에 관련되는 비용
- 사업자가 사업과 관련 없이 지출한 기업업무추진비(= 접대비)
- 사업자가 공여한 형법에 따른 뇌물 또는 국제상거래에 있어서 외국공무원에 대한 뇌물방지법상 뇌물에 해당하는 금전과 금전 외의 자산 및 경제적 이익의 합계액

⊙ 선급비용
⊙ 업무에 관련하여 고의 또는 중대한 과실로 타인의 권리를 침해함으로써 지급되는 손해배상금(경과실로 인한 손해배상금만 필요경비산입)

**Tip  간이과세자 신용카드발행세액공제 장부기장시 수입금액 제외**

간이과세자의 경우 소득세 신고를 장부와 증빙에 의해 기장신고하는 경우에는 신용카드발행세액공제는 총수입금액에 산입하지 않는 것이나, 추계신고(기준경비율 또는 단순경비율)를 하는 경우는 총수입금액에 산입하는 것이다(소득 46011-1463, 1997.05.30.).

부가가치세 간이과세자가 신용카드매출전표를 발행하거나 다른 사업자로부터 교부받은 세금계산서 등을 제출함으로 인하여 부가가치세법 제26조 제3조의 2 제1항의 규정에 의하여 공제받은 부가가치세는 총수입금액에 산입하지 아니하는 것임.

다만, 소득세법 제80조 제3항 단서의 규정에 의하여 당해 사업자의 소득금액을 추계결정 · 경정하는 경우 부가가치세법 제32조의 2 제1항이 규정에 의하여 공제받은 부가가치세는 총수입금액에 산입하는 것임.

## ≫ 복식부기 의무자 신고 준비서류

### 필수자료

복식부기 대상인 개인사업자의 종합소득세 신고를 위해 반드시 제출이 필요한 필수자료

| 구 분 | 자 료 |
|---|---|
| 주민등록등본 사본 | 주민등록번호 뒷자리까지 모두 표기<br>부양가족이 있는 경우, 사본에 부양가족을 표기 |
| 각 소득별 지급명세서 | [홈택스]에서 조회 가능 |
| 신용카드 승인내역 | • 종합소득세 신고 귀속 연도 전체(전년도 1/1~12/31)<br>• 카드사 홈페이지에서 조회 → 엑셀 다운로드 → 사업용<br>목적의 사용분만 표기하여 전달<br>❶ 사용일시 ❷ 사용거래처명 ❸ 사용금액이 모두 확인<br>가능해야만 한다. |
| 사업용 계좌 내역 | 종합소득세 신고 귀속연도 전체(전년도 1/1~12/31)<br>은행사 홈페이지(인터넷뱅킹)에서 조회 → 엑셀 다운로드<br>※ 사업용으로 사용한 계좌에 한 해 |

### 추가자료(선택사항)

추가자료는 우리 회사에 해당하는 사항이 있는 경우에만 제출(해당하지 않을 시 생략해도 무관하지만, 해당하는 경우 증빙을 위해 꼭 제출)한다.

| 구 분 | 자 료 |
|---|---|
| 사업 관련 보험계약서 사본 | 자동차보험, 화재보험, 계약자가 회사인 직원에 대한 운전자보험 등 |
| 기부금 영수증 | |
| 임대차계약서 | 사무실 등 사업용도 공간에 대한 임대차계약서 |
| 사업용 차량 및 건물 구입내역 | 리스/렌트 차량의 경우 계약서 및 상환내역서 포함 |
| 지방세 납부내역 | 자동차세, 등록면허세 등 [위택스] 접속 → [납부결과확인]에서 조회 |
| 대출 관련 서류 | • 대출 약정서<br>• 대출이자 지급 내역<br>• 대출 잔액 현황 |
| 자산으로 계상하고자 하는 목록 | |
| 지원금, 보조금 내역 | |
| 기업인증 | • 벤처기업인증서<br>• 기업부설연구소 허가증<br>• 연구인력개발비 내역 |
| 수입 관련 증빙 | 수입통관내역서 / 인보이스 등 |
| 기타 사업 관련 지출한 비용 중 부가세 신고 시 미제시한 자료 | |

 **간편장부에 의한 신고**

## ≫ 간편장부를 기장한 경우 종합소득세 신고 절차

**❶ 간편장부 기장**

매일 매일의 수입과 비용을 간편장부 작성 요령에 따라 기록한다.

**❷ 총수입금액 및 필요경비명세서 작성(소득세법시행규칙 별지 제82호 서식 부표)**

간편장부상의 수입과 비용을 <총수입금액 및 필요경비명세서>의 "장부상 수입금액"과 "필요경비" 항목에 기재한다.

**❸ 간편장부 소득금액계산서 작성(소득세법시행규칙 별지 제82호 서식)**

<총수입금액 및 필요경비명세서>에 의해 계산된 수입금액과 필요경비를 세무 조정하여 당해연도 소득금액을 계산한다.

**❹ 종합소득세 신고서 작성(소득세법시행규칙 별지 제40-1호 서식)**

<간편장부 소득금액 계산서>에 의한 당해연도 소득금액을 종합소득세 신고서 ⑦ 부동산임대 사업소득과 부동산임대 외의 사업소득명세서의 해당 항목에 기재한다.

종합소득세 신고는 종합소득세·농어촌특별세·지방소득세 과세표준확정신고 및 납부계산서와 "❷"의 서식과 "❸"의 서식을 제출하는 것이다.

간편장부를 기장한 후 종합소득세 신고를 위한 「총수입금액 및 필요경비명세서」 및 「간편장부소득금액계산서」를 작성하는데 어려움이나 의문 사항이 있는 경우에는 가까운 세무대리인에게 소정의 수수료를 지급하고 작성을 의뢰할 수 있다.

## ≫ 간편장부대상자의 감가상각비

### 간편장부 작성

간편장부에는 계정과목란에 감가상각비로 기재한다.

| 구 분 | | 계정과목 |
| --- | --- | --- |
| 수입금액 | | 매출액, 기타수입금액 |
| 비용 | 매출원가 및 제조 비용 | 상품매입, 재료비매입, 제조노무비, 제조경비 |
| | 일반관리비 | 급료, 제세공과금, 임차료, 지급이자, 기업업무추진비(= 접대비), 기부금, 감가상각비, 차량유지비, 지급수수료, 소모품비, 복리후생비, 운반비, 광고선전비, 여비교통비, 기타비용 |
| 고정자산 | | 고정자산 매입, 고정자산 매도 |

간편장부대상자가 감가상각비 등을 설정하고 필요경비로 계상하고자 하는 경우는 그 해당 금액을 간편장부의 "비용"란에 표기하고, 그 조정명세서를 작성 비치 기장해야 하며, 종합소득세 신고 시에는 '감가상각비 조정명세서'를 1부 첨부해야 한다.

## ≫ 간편장부대상자의 감가상각비 신고

간편장부대상자도 감가상각비를 필요경비로 인정받고자 하는 경우는 감가상각시부인 계산을 하여 필요경비로 산입하면 된다.

소득금액계산서의 필요경비에 가산한 금액에 기재하는 것이 아니며, 필요경비명세서의 감가상각비에 기재하여야 하며, 감가상각비가 필요경비로 기재되는 경우는 감가상각비에 대한 조정명세서를 첨부해야 한다.

그리고 간편장부대상자는 업무용 차량에 대해 정률법, 정액법 모두 가능하나 복식부기 의무자로 변경 시 업무 편의를 위해 정액법을 사용할 것을 권한다.

또한, 사업자가 감가상각비를 계상하기 위해서는 감가상각의 내용연수, 상각방법 등을 소득세법에서 규정한 신고기한까지 신고하여야 한다. 만일, 신고하지 않는 경우 무신고로 보아 내용연수 및 감가상각방법을 적용하면 된다.

참고로 간편장부대상자가 기부금, 감가상각비, 대손충당금, 퇴직급여충당금, 특별수선충당금, 국고보조금, 보험차익 및 「조세특례제한법」상의 각종 준비금을 필요경비에 산입한 때에는 종합소득세 신고 시에 해당 계정에 대한 조정명세서를 첨부하여야 한다.

## ≫ 종합소득세 신고 장부와 관련된 궁금증

Q. 2개 이상 소득이 있는 경우 간편장부 작성은?

A. 부동산임대업에서 발생한 소득과 다른 사업소득 등 2개 이상 소득이 있는 경우에는 간편장부를 각각 작성해야 한다.

Q. 사업장이 2개 이상인 경우는?

A. 이러한 경우는 사업장별로 감면을 달리 적용받는 때에만 사업장별로 간편장부를 작성해야 한다.

Q. 간편장부대상자가 종합소득세 신고 시 제출하여야 할 서류는?

A.

❶ 종합소득세·농어촌특별세·지방소득세 과세표준확정신고 및 납부계산서

❷ 총수입금액 및 필요경비명세서

❸ 간편장부 소득금액계산서

❹ 기타 부속서류

## ≫ 간편장부대상자 신고 준비서류

### 필수자료

간편장부 대상인 개인사업자의 종합소득세 신고를 위해 반드시 제출이 필요한 필수자료

| 구 분 | 자 료 |
|---|---|
| 주민등록등본 사본 | 주민등록번호 뒷자리까지 모두 표기<br>부양가족이 있는 경우, 사본에 부양가족을 표기 |
| 각 소득별 지급명세서 | [홈택스]에서 조회 가능 |
| 신용카드 승인내역 | • 종합소득세 신고 귀속 연도 전체(전년도 1/1~12/31)<br>• 카드사 홈페이지에서 조회 → 엑셀 다운로드 → 사업용 목적의 사용분만 표기하여 전달<br>❶ 사용일시 ❷ 사용거래처명 ❸ 사용금액이 모두 확인 가능해야만 한다. |

### 추가자료(선택사항)

추가자료는 우리 회사에 해당하는 사항이 있는 경우에만 제출(해당하지 않을 시 생략해도 무관하지만, 해당하면 증빙을 위해 꼭 제출)한다.

| 구 분 | 자 료 |
|---|---|
| 사업 관련 보험계약서 사본 | 자동차보험, 화재보험, 계약자가 회사인 직원에 대한 운전자보험 등 |
| 기부금 영수증 | |

| 구 분 | 자 료 |
|---|---|
| 사업용 차량 및 건물 구입내역 | 리스/렌트 차량의 경우 계약서 및 상환내역서 포함 |
| 지방세 납부내역 | 자동차세, 등록면허세 등<br>[위택스] 접속 → [납부결과확인]에서 조회 |
| 대출 관련 서류 | • 대출 약정서<br>• 대출이자 지급내역<br>• 대출 잔액 현황 |
| 지원금, 보조금 내역 | |
| 기업인증 | • 벤처기업인증서<br>• 기업부설연구소 허가증<br>• 연구인력개발비 내역 |
| 수입 관련 증빙 | 수입통관내역서 / 인보이스 등 |
| 기타 사업 관련 지출한 비용 중 부가세 신고 시 미제시한 자료 | |

 **Tip** 지급명세서 조회 방법

1. 홈택스 가입 및 로그인(http://www.hometax.go.kr)
2. 개인명의의 인증서 로그인 : 개인사업자 명의 인증서가 아닌 개인명의 인증서로 로그인
3. 홈택스에서 지급명세서 조회
① My 홈택스 〉 연말정산/장려금/학자금 〉 지급명세서 등 제출내역
② 해당하는 귀속연도 확인 후, 지급명세서보기 〉 [보기] 클릭

## 06

# 기장을 안 한때 종합소득세의 신고

| | | | | |
|---|---|---|---|---|
| 총 수 입 금 액 | − | 경비율 제도 <sup>주)</sup> | = | 소 득 금 액 |
| 소 득 금 액 | − | 종합소득공제 | = | 과 세 표 준 |
| 과 세 표 준 | × | 세 율 | = | 산 출 세 액 |
| 산 출 세 액 | − | 종합세액공제 및 감면세액 + 가산세 | = | 결 정 세 액 |
| 결 정 세 액 | − | 기납부세액 | = | 납 부 할 세 액 |

기장을 안 해도 종합소득세는 경비율에 의해 신고할 수 있는데, 경비율에 의한 세금이 기장료보다 적으면 굳이 기장료를 내고 기장을 안 해도 된다. 단, 판단기준은 다음의 조건을 만족해야 한다.

🗋 개인사업자여야 한다. 법인은 해당 사항 없음

🗋 세무사가 기장을 해줬을 때 세금이 아닌 기장을 안 하고 경비율을 적용했을 때의 세금과 기장료를 비교해야 한다. 즉, 세금 납부 금액과 기장료 등 나가는 총액을 보고 판단해서 결정한다.

##  무기장 신고제도는 개인사업자만 있다.

무기장 신고가 개인사업자는 되고 법인은 안 되는 이유는 개인사업자는 기장을 안 했을 때 소득 추정액으로 신고할 수 있는 경비율 제도가 있다. 반면 법인의 경우 무조건 복식 장부에 의해 신고해야 한다. 특히 본인이 단순경비율 대상자면 뒤도 돌아보지 말고 본인이 조금만 공부해서 홈택스에서 신고한다.

##  기장을 안 했을 때를 기준으로 판단한다.

기존에 기장을 맡기고 있었던 경우 세무사가 빼먹지 않고 기장을 잘 해줘서 세금이 적게 나온 경우일 수도 있으니, 기장을 맡기지 않는 게 이익인지? 여부의 판단은 반드시 기장을 안 하고 경비율을 적용했을 때 세금을 기준으로 판단해야 한다.

예를 들어 세금은 매년 100만 원 납부했는데, 기장료는 120만 원 냈을 때 어차피 경비율로 신고해도 100만 원의 세금이 나오거나 100만 원 + 120만 원 = 220만 원보다 적게 나온다면 본인이 그냥 신고하는 게 유리할 수 있다. 즉, 본인의 기장료 포함 총지출은 220만 원인데, 직접 해도 220만 원보다 세금이 적게 나온다면 이익이기 때문이다. 반면, 매출은 종전과 비슷한데 본인이 기장을 안 하고 신고했더니 세금이 300만 원이다. 그럼 220만 원이 싸니 기장을 맡기는 게 좋다.

특히 주의할 점은 마이너스 나는 경우나 본인이 기장을 못 하면 맡기는 게 좋다. 사업을 하다 손해를 보면 세법에서는 다음에 이익이 낮을 때 일정 기간 마이너스 금액을 공제해주는 제도가 있는데 이는 반드시 기장해야 인정해주기 때문이다. 또한 본인이 이것저것 신경 쓰기 귀찮고 영업에만 전념하고 싶으면 맡기는 방법밖에는 없다.

## 단순경비율 대상과 기준경비율 대상(경비율 제도)

앞서 말한 바와 같이 장부를 기장하지 않은 경우 추계액 신고 즉 추정해서 신고하게 되는데, 전전연도 수입금액 기준에 따라 기준경비율 대상자와 단순경비율 대상자로 나눈다. 즉, 앞서 설명한 업종별 기준수입금액 이상자는 기준경비율을 적용해서 소득금액을 계산하고, 기준수입금액 미만자와 당해 연도 신규사업자는 단순경비율을 적용하여 소득금액을 계산한다. 다만, 의사, 변호사 등 전문직 사업자는 신규 여부, 수입금액과 관계없이 기준경비율을 적용하며, 현금영수증 미가맹사업자, 신용카드·현금영수증 상습 발급 거부자는 단순경비율 적용이 배제된다. 유의할 점은 추계에 의한 신고의 경우에는 무기장에 해당하므로 추계에 의한 산출세액의 20%를 가산세로 추가로 내야 하는 불이익이 있다.

위의 내용을 도소매업을 예로 들어 설명해보면 종합소득세 신고 시 다음의 기준이 적용된다.

| 구 분 | | 기장 인정 범위 |
| --- | --- | --- |
| 기장에 의한 신고를 하는 경우 | 직전연도 수입금액이 3억 원 이6상 | 복식부기장부에 의해 기장 |
| | 직전연도 수입금액이 3억 원 미만 | 간편장부에 의해 기장 |
| 무기장(추계)에 의한 신고를 하는 경우 | 직전연도 수입금액이 6천만 원 이상 | 기준별경비율 적용 신고 |
| | 직전연도 수입금액이 6천만 원 미만 | 단순별경비율 적용 신고 |

## ≫ 기준경비율에 의한 소득금액 계산 방법

기준경비율 제도는 장부를 기장하지 않은 사업자가 기장한 사업자의 경우와 같이 증빙서류에 의해 확인되는 주요경비와 총수입금액에 기준경비율을 곱한 기타경비를 합한 금액을 총수입금액에서 차감하는 방식으로 소득금액을 계산하는 제도이다.

수입금액
- 주요경비(매입비용 + 임차료 + 인건비)
- 기타경비(수입금액 × 기준경비율(복식부기 의무자는 1/2))
= 소득금액

기준경비율 적용대상자는 주요경비(매입비용, 인건비, 임차료를 말함)는 계산서, 세금계산서, 신용카드매출전표, 현금영수증 등 증빙서류를 받아야만 경비로 인정되고, 기타경비는 수입금액에 기준경비율을 곱한 금액을 비용으로 인정받게 된다.

따라서 주요경비에 대한 증빙서류를 수취하지 못한 경우 기준경비율에 의한 기타경비만 필요경비로 인정받게 되어 세 부담이 급격히 증가될 수 있다.

이와 같은 문제를 완화하기 위해 기준경비율에 의한 소득금액이 단순경비율에 의한 소득금액에 소득상한배율을 곱한 금액보다 클 경우 단순경비율에 의한 소득금액으로 신고할 수 있도록 하고 있다.

---

**소득금액 ❶과 ❷중 적은 금액으로 신고 가능**

❶ 기준경비율에 의한 소득금액 = 수입금액 − 주요경비(매입비용 + 임차료 + 인건비) − 기타경비(수입금액 × 기준경비율(복식부기 의무자는 1/2))

❷ 단순경비율에 의한 소득금액 = [수입금액 × 단순경비율] × 소득상한배율 (2.8배 복식부기의무자 3.4배)

### [추계신고할 때 알고 있어야 할 주요 용어]

▢ 일반율과 자가율

● 일반율 − 사업장을 임차한 경우(타인 사업장)

● 자가율 − 사업장이 사업자 본인의 소유인 경우(자가 사업장)

▢ 기본율과 초과율

인적용역 제공사업자(94****)의 단순경비율 기본율과 초과율 구분

인적용역 제공사업자에 대한 단순경비율은 수입금액이 4천만 원까지는 기본율을 적용하고 4천만 원을 초과하는 금액에 대해서는 초과율을 적용한다. 초과율은 고시가 되어 나온다.

* 인적용역 업종, 단순경비율에 한해 초과율이 고시된다. 타업종 및 기준경비율은 해당 없음.

▢ 소득상한배율(2.8배 복식부기의무자 3.4배)

---

**사례**

제조업(단일 업종)을 경영하는 사업자로 2022년도 수입금액이 4억 원, 2023년 수입금액이 1억 2천만 원일 때 추계소득금액은?(장애인이 아닌 임차사업장으로서 기준경비율 : 20%, 단순경비율 : 75%, 배율 3.4배)

○ 주요경비 합계액은 6천 8백만 원이며, 증명서류를 보관하고 있고 기초재고 및 기말재고가 없다.

○ 주요경비 내용 : 매입비용(4천 1백만원), 임차료(1천 2백만원), 인건비(1천 5백만 원)

**해설**

2024년 5월 2023년 귀속 종합소득세 신고기준 직전연도(2022년도) 수입금액이 제조업으로서 4억 원이므로 복식부기 의무자이며, 복식부기 의무자가 추계신고 시 기타경비에 대하여 기준경비율의 1/2을 적용하며, 배율은 3.4배를 적용한다.

○ **추계소득금액 (①, ② 중 적은 금액) : 4천만 원**

① 120,000,000원 − 68,000,000원 − (120,000,000원 × 20% × 1/2) = 4천만 원

② [120,000,000원 − (120,000,000원 × 75%)} × 3.4 = 1억 2백만 원

## 지출내용에 따른 주요경비의 범위

| 구 분 | 해당 경비 |
|---|---|
| 매입<br>비용 | 매입비용은 재화의 매입(사업용 고정자산의 매입을 제외)과 외주가공비 및 운송업의 운반비로 한다.<br>재화의 매입은 재산적 가치가 있는 유체물(상품·제품·원료·소모품 등 유형적 물건)과 동력·열 등 관리할 수 있는 자연력의 매입으로 한다. 즉 상품·제품·재료·소모품·전기료 등의 매입비용과 외주가공비 및 운송업의 운반비를 말한다.<br>❶ 음식 대금, 보험료, 수리비 등 용역(서비스)을 제공받고 지출한 금액은 매입비용에서 제외되어 주요경비에 포함되지 않으나,<br>❷ 운송업 및 운수 관련 서비스업을 영위하는 사업자가 타인의 운송 수단을 이용하고 그 대가로 지출한 금액은 매입비용에 포함한다. |

| 구 분 | 해당 경비 |
|---|---|
| 매입<br>비용 | ❸ 외주가공비는 사업자가 판매용 재화의 생산·건설·건축 또는 가공을 타인에게 위탁하거나 하도급하고 그 대가로 지출하였거나 지출할 금액으로 한다.<br><br>❹ 운송업의 운반비는 육상·해상·항공운송업 및 운수 관련 서비스업을 영위하는 사업자가 사업과 관련하여 타인의 운송 수단을 이용하고 그 대가로 지출하였거나 지출할 금액으로 한다.<br><br>❺ 외주가공비와 운송업의 운반비 이외의 용역을 제공받고 지출하였거나, 지출할 금액은 매입비용에 포함하지 않는다.<br>매입비용에 포함되지 않는 용역은 다음과 같다.<br>① 음식료 및 숙박료<br>② 창고료(보관료), 통신비<br>③ 보험료, 수수료, 광고선전비(광고선전용 재화의 매입은 매입비용으로 함)<br>④ 수선비(수선·수리용 재화의 매입은 매입비용으로 함)<br>⑤ 사업서비스, 교육 서비스, 개인 서비스, 보건 서비스 및 기타 서비스(용역)를 제공받고 지급하는 금액 등<br>⑥ 기부금 등 사업과 직접 관련 없는 지출금액 |
| 사업용<br>고정자<br>산<br>임차료 | 사업에 직접 사용하는 건축물 및 기계장치 등 고정자산을 타인에게서 임차하고 그 임차료로 지출하였거나 지출할 금액을 말한다.<br><br>❶ 리스료(금융리스, 운용리스)는 임차료에 포함하지 않는다.<br><br>❷ 매출액의 일정 비율에 해당하는 수수료를 지급하는 백화점 등에 입점한 업체가 매월 매출액의 일정액을 백화점 등에 임차료로 지급하는 것은 사업용 고정자산에 대한 임차료에 해당한다.<br><br>❸ 인터넷 쇼핑몰 판매자가 인터넷 오픈마켓에 입점하여 약정에 따라 판매대금의 일정 비율을 오픈마켓 운영사업자에게 지급하는 판매수수료는 사업용 고정자산에 대한 임차료의 범위에 포함되지 않는다. |

| 구 분 | 해당 경비 |
|---|---|
| 인건비 | 종업원의 급여·임금 및 일용근로자의 임금과 실지 지급한 퇴직금을 말한다.<br>❶ 인건비는 근로의 제공으로 인하여 지급하는 봉급·급료·보수·세비·임금·상여금·수당과 유사한 성질의 급여로 함(비과세 포함)<br>❷ 사용자로서 부담하는 고용보험료, 국민연금보험료, 산재보험료 등과 종업원에게 제공한 식사, 피복 등 복리후생비는 인건비에서 제외된다.<br>❸ 사업소득인 자동차 판매원에 대한 수당은 주요경비(인건비)에 포함되지 않는다. |

## 증빙자료에 따른 경비의 분류

주요경비에 대한 증빙서류가 없으면 비용으로 인정되지 않고, 기준경비율에 의한 기타경비만 필요경비로 인정되므로 그만큼 소득금액이 커지고 소득세 부담도 늘어나게 된다.

매입비용과 임차료는 세금계산서, 계산서, 신용카드매출전표, 현금영수증 등 법정지출증빙을 수취해야 하며, 간이세금계산서나 일반영수증을 수취한 금액은 「주요경비지출명세서」를 제출해야 한다.

농어민과 직접 거래 및 거래 1건당 3만 원 이하의 거래 등은 「주요경비지출명세서」 작성을 면제하므로 영수증만 수취·보관하면 된다.

인건비는 원천징수영수증인 지급명세서를 세무서에 제출하거나 지급관련 증빙서류를 비치·보관해야 한다.

| 구 분 | 작성 내용 |
|---|---|
| 정규증빙서류 수취금액 | 세금계산서, 계산서, 신용카드매출전표, 현금영수증 등을 수취한 금액 |

| 구 분 | 작성 내용 |
|---|---|
| 주요경비지출명세서 작성 금액 | 정규증빙서류 외의 증빙을 수취한 경우는 주요경비 지출명세서에 적은 금액 |
| 주요경비지출명세서 작성 제외금액 | 공급받은 재화의 거래 건당 금액이 3만 원 이하인 거래 등 정규증빙서류를 수취하지 않아도 되는 금액 |

기초재고자산에 포함된 주요경비와 기말재고자산에 포함된 주요경비는 기초와 기말재고자산에 포함된 주요경비를 따로 계산할 수 있는 경우에만 작성한다.

당기에 지출한 주요경비는 당기 주요경비 계산명세(소득구분별, 사업장별) 상의 란의 금액을 적는다.

## ≫ 단순경비율에 의한 소득금액 계산 방법

단순경비율 적용대상자는 당해 연도 귀속 종합소득세를 장부에 의해 계산한 소득금액으로 신고하지 않는 사업자로서, 직전년도 수입금액이 앞서 설명한 기준경비율 적용 대상 수입금액에 미달하는 사업자와 당해 연도 신규사업자를 말한다.

단순경비율 적용대상자는 장부나 증빙서류에 의하지 않고, 수입금액에 단순경비율을 곱한 금액을 필요경비로 인정받게 된다.

소득금액 = 수입금액 − (수입금액 × 단순경비율)

단순경비율이 적용되는 때는 장부를 갖출 필요도 증빙을 보관할 의무도 없다. 즉 단순경비율을 적용해서 신고하는 때는 기준경비율과 같이 별도로 매입비용이나 임차료, 인건비 등 비용을 인정해주지 않는다. 세법에서 알아서 단순경비율을 적용해서 세금을 계산하게 되어 있다.

그럼 단순경비율 대상자라고 무조건 단순경비율을 적용해 종합소득세 신고·납부를 해야 하는 것은 아니다. 종합소득세 단순경비율 대상자라 하더라도 단순경비율보다 더 많은 경비가 있는 경우 무기장–단순경비율 적용보다 기장–간편장부를 기장하여 종합소득세 신고를 하는 것이 유리한 경우도 있다.

또한 단순경비율 적용 시 소득금액이 500만 원이 초과되는 경우 건강보험 피부양자 자격이 박탈당하므로 이러한 경우는 장부를 작성하여 신고하는 것이 유리하다.

## ≫ 추계신고자 무기장가산세 납부

복식부기 의무자가 장부를 비치·기장하지 않고 기준경비율에 의해 추계신고(간편장부에 의한 신고 포함)를 하게 되면 기장에 의해 신고하지 않은 것으로 보아 무기장 가산세와 무신고가산세 중 큰 금액이 적용된다.

무신고가산세는 가산세 대상 금액(산출세액 – 무신고 또는 과소신고 소득금액의 대한 원천징수 세액)의 20%의 금액과 수입금액의 7/10,000중 큰 금액이 부과된다.

소규모사업자(직전년도 수입금액이 4,800만 원 미만자)를 제외한 간편장부대상자가 기준경비율 및 단순경비율에 의해 추계신고를 하면 산출세액의 20%의 금액을 무기장 가산세로 부과한다.

또한 외부조정계산서 첨부 대상자가 자기 조정계산서만 첨부하여 신고하게 되면 소득세법에 의한 적법한 신고로 보지 않기 때문에 무신고가산세가 산출세액의 20%, 수입금액의 7/10,000중 큰 금액이 가산된다.

| 구 분 | 해당 경비 |
|---|---|
| 간편장부<br>대 상 자 | 간편장부대상자가 단순경비율 또는 기준경비율로 추계신고할 수 있으나 무기장 가산세 20%가 적용되며, 장부를 작성하지 않았기 때문에 적자(결손)가 발생한 경우 그 사실을 인정받을 수 없다.<br>무기장 가산세 = 산출세액 x (무기장 소득금액/종합소득금액) x 20%<br>그러나 다음에 해당하는 "소규모사업자"는 무기장 가산세가 적용되지 않는다.<br>❶ 당해 연도 신규사업자<br>❷ 직전 과세기간의 총수입금액의 합계액이 4,800만 원 미만인 자<br>❸ 독립된 자격의 보험모집인, 방문판매원으로서 간편장부대상자가 받는 사업소득으로 원천징수의무자가 사업소득 연말정산을 한 경우 |
| 복식부기<br>의 무 자 | 복식부기 의무자는 복식부기로 장부를 작성해서 종합소득세를 신고하는 것이 원칙이며, 간편장부를 작성하여 신고한 경우 무기장 가산세 20%가 적용된다.<br>단순경비율 또는 기준경비율로 추계 신고할 때는 무기장 가산세와 무신고가산세 중 큰 금액이 적용된다. 또한 기준경비율 적용 시 기준경비율 전체가 아닌, 기준경비율의 1/2을 적용해 필요경비를 계산한다. |

**결론 : 한마디로 내가 세금 몇십만 원 내는데 120만 원 기장료 내고 맡기지 말고, 단순경비율 대상자는 홈택스에서 그냥 본인이 신고하라는 말이다.**

# 한 사장이 두 회사를 운영하는 경우 주의사항

동일 사장이 개인회사와 법인을 운영하는 경우 두 회사는 각각으로 보아 장부 정리를 해야 하며, 세금신고도 각각 해야 한다.

상당수의 회사가 대표자는 같으나 개인회사와 법인 또는 법인과 법인, 개인회사와 개인회사 등으로 두 개의 회사를 운영하면서 경리직원은 두 회사의 장부를 모두 기장하고 양사 간에 자금도 구분 없이 오고 가는 경우가 많다.

이 경우 상당수의 경리직원은 단순히 대표자가 같다는 이유로 같은 회사로 인식하고 무의식중에 같이 처리하는 것이다.

그러나 엄밀히 이는 각각의 회사가 되는 것이며, 같이 뒤섞어 처리하면 법률상 문제가 발생한다. 따라서 비록 사장은 같다고 해도 회사는 각각 서로 다른 회사라는 것을 먼저 실무담당자는 인식할 필요가 있다.

개인회사와 개인회사를 운영하는 경우 어차피 회사는 개인 사장 것이고 세금도 종합소득세로 두 회사 소득을 합산해서 납부를 하므로 세무상 문제가 적을 줄 모르나 개인회사와 법인, 법인과 법인을 운영하는 경우 세무상 심각한 문제가 발생할 수 있다. 즉, 법인은 그 자체를 법률적으로 하나의 사람과 같이 취급하므로 비록 소규모로, 전체지분을 사장 개인이 가지고 있다고 해서 법률상 사장 개인 것으로 취급하는 것이 아닌 법인 자체의 것으로 봐야 한다.

예를 들어 법인이 사장 개인회사의 부채를 대신 갚아주는 경우 이는 법인이 개인회사에 돈을 빌려준 것이 되며, 적정 이자를 받아야 법률상 문제가 발생하지 않는 것이다.

몇몇 사장은 법인도 다 내 것이고 개인회사도 내 것인데 내 것을 내가 마음대로 옮기고 붙이고 하겠다는데, 남이 무슨 간섭이냐고 하겠지만 법률상으로 개인과 법인은 분명히 구분되는 것이며, 법인은 반드시 법인통장을 이용하고 법인카드를 이용하는 것이 안전한 거래가 된다는 점을 인식해야 한다.

참고로 개인회사의 외상 대금을 법인이 대신 갚아 준 때 법인은 대여금/현금으로 처리를 해야 하며, 동시에 개인회사는 현금/차입금으로 각각 별개로 장부 처리를 해야 하며, 또한 돈을 빌려 간 개인회사는 법인에게 적정 이자를 지급해야 한다.

---

### 한 사장이 두 회사를 운영하는 경우 업무처리

❶ 장부기장 : 각각 회사별로 따로 기장해야 한다.

❷ 세무처리 : 회사별로 개인사업체는 소득세 + 부가가치세를 신고 · 납부하고, 법인사업체는 법인세 + 부가가치세를 신고 · 납부 한다.

❸ 종업원 : 두 회사의 업무를 한 직원이 모두 하더라도 해당 직원은 둘 중 한 회사의 직원으로 명확히 구분해 근로소득세 및 4대 보험료를 신고 · 납부 해야 한다.

# 매출을 숨겨도 걸리지 않겠지 라는 생각은 버려라

사업을 하다 보면 벌리는 돈은 없는데 꼬박꼬박 세금납부일이 다가온다. 이 경우 좀 어떻게 매출을 속이는 방법이 없을까 누구나 생각해보기 마련이며, 이를 실행에 옮기는 사람도 많다.

그러나 매출누락 등의 부정행위를 국세청에서 알지 못할 것이라는 생각은 잘못된 것이다. 요즘의 세무 행정은 전산화돼 있어서 사업자의 모든 신고상황 및 거래내역이 전산처리 돼 다양하게 분석되고 있다. 즉, 사업자별로 지금까지 신고추세, 신고한 소득에 대비한 부동산 등 재산 취득상황, 동업자 대비 부가가치율, 신용카드 비율 및 신고내용과 세금계산서합계표 내용의 일치 여부 등이 종합적으로 전산 분석되는 것이다.

또한, 세무서마다 「세원정보수집전담반」을 편성해 관내 어느 업소가 사업이 잘되고 있는지 등의 동향을 일일이 파악하고 있고, 모든 국세 공무원은 각자가 수집한 정보자료를 제출하고 있다. 따라서 납세자가 매 과세기간마다 제출한 신고서 및 수집된 과세자료 등에 대한 신고성실도 전산 분석 결과 불성실하게 신고한 혐의가 있는 사업자는 조사대상자로 선정해 세무조사를 실시한다. 이렇다 보니 매출 누락이 적발되는 것은 시간문제라 하겠다.

국세청은 사업자에 대한 과세정보를 누적 관리하고 있다가 세무조사를 할 때 한꺼번에 추징한다. 따라서 지금 당장 세무조사를 당하지 않는다고 해서 매출을 누락하는 등 신고를 게을리한다면, 크게 후회할 날이 올 것이다.

---

### 소득신고 시 누락해서는 안 되는 기본 거래 내용

❶ 세금계산서 및 계산서 발행거래

❷ 신용카드 발행거래

❸ 현금영수증 발행거래

위의 거래는 확실히 세무서에서 파악하고 있는 거래이니 누락할 경우 100% 적발이 된다는 점을 잊어서는 안 된다.

---

위와 같은 내용은 이제 누구나 상식이다 보니 오히려 위의 3가지를 이용해 없는 거래를 만들어 세금을 조절하는 사업자가 갈수록 늘어남에 따라 사업용 계좌 및 신용카드 등록 제도를 만들어 개인사업자의 가장 큰 거래내역인 매입·매출 거래 및 인건비, 임차료 지출에 대해 무조건 금융거래를 의무화시키고 있다. 즉 이제는 모든 거래는 금융거래로 하라는 것이다.

따라서 사업주는 매출 누락의 의심을 면하기 위해 다음의 원칙을 반드시 지키는 것이 좋다.

## 매출누락을 의심받지 않는 방법

❶ 증빙이 있는 거래를 한다.

❷ 웬만한 거래는 금융거래를 한다.

❸ 평소에 성실히 납세의무를 이행해 납세성실도를 높인다.

쫓는 자보다 쫓기는 자의 수단과 방법이 더욱 교묘해져 이제 금융거래까지 조작함에 따라 과세 당국은 금융거래보다도 납세성실도를 우선시한다.

# 사업분할 또는 소득분할을 통해 과세표준을 낮춰라

신용카드 제도와 현금영수증 제도로 인해 매출은 고스란히 들어나고 사업용 계좌를 통해서 재료 구입비, 인건비, 임대료를 지출하게 되었기 때문에 비용을 부풀리는 건 꿈도 꿀 수 없는 것이 요즘의 현실이다.

이와 같은 현실 속에서 자영업자가 할 수 있는 최소한의 절세원리는 사업의 분할이나 소득의 분할을 통해 개인별 과세표준을 낮추는 일이다.

종합소득세는 누진과세가 되므로 소득이 높으면 상대적으로 높은 세율을 적용받는다. 즉, 한사람이 많은 소득을 가짐으로 인해 최고세율을 적용받지만 이를 여러 사람에게 분산시킴으로써 최저세율을 적용받을 수도 있는 것이다. 이는 소득세가 개개인별로 과세하는 것을 원칙으로 하고 있기 때문이다.

예를 들어 자기 건물에서 식당을 운영하는 경우 장사가 잘되어 세금이 많다면 남편이 모든 재산을 소유한 상태에서 운영하는 것보다 배우자에게 건물을 증여하고, 성인이 된 자녀 이름으로 사업자등록증을 내서 자녀가 식자재를 공급하도록 하는 것이 좋다.

❶ 배우자에 대한 증여는 배우자에 대해서 10년 이내에 6억 원 이하의 증여를 한 경우에는 증여세가 없으므로 증여세를 신고한다.

이 경우 배우자 명의의 건물을 임대해서 사용함으로써 배우자에게 소득을 분산시킴으로 인해 세금을 줄일 수 있다.

❷ 자녀 명의로 사업자등록을 한다.

자녀 명의로 된 사업장으로부터 식자재를 공급받음으로써 자녀에게 소득을 분산시킬 수 있다.

그러나 위의 예에서 주의할 점은 이렇게 사업을 나눔으로 인해 남편이 줄어드는 세금과 부인이 건물임대에 따른 세금 + 아들의 식자재 공급에 따른 세금의 증가분을 계산해서 이익이 될 때 해야 한다.

---

### 사업 또는 소득 분산을 통해 얻을 수 있는 절세효과

❶ 남편의 사업 또는 소득 분산을 통한 세금 감소액 − 부인이 건물임대에 따른 세금 − 아들의 식자재 공급에 따른 세금의 증가분 = (+)실행, (−)미실행

❷ 소득 분산을 통해서 본인 명의로 된 재산을 배우자와 자녀 명의로 이전할 수 있으므로 소득세뿐만 아니라 장래에 상속세 과세표준까지 줄이는 효과를 얻을 수 있다.

❸ 사업 분산과 소득 분산을 통해서 자녀에게 매달 식자재 공급 마진만큼 증여하는 효과를 얻을 수 있다.

# 10

# 개인사업자는 가사비용과 사업용 비용을 명확히 구분

개인사업자의 경우 개인 비용과 사업상 비용을 구분하지 않고 모두 비용처리를 해버리는 것이 일반적이다. 즉, 일요일에 마트를 가서 장을 보고 받은 영수증을 비용처리 한다거나, 가사용으로 구입한 차량의 구입과 유지비용을 모두 비용처리 해버리는 경우가 대표적이라고 할 수 있다. 물론 법인도 법인카드를 이용해 똑같은 처리를 한다.

그러나 이에 대해서 당장은 가사용비용과 사업용 비용을 구분해서 처리하지 않는다고 걸리지는 않는다. 다만, 세무조사 등으로 적발될 때는 무거운 가산세를 부담할 수 있다.

예를 들어 개인병원을 운영하는 병원장이 환자를 본 점심시간에 주유한 기록이 있다거나 과도한 주유비를 처리하는 경우 근무시간에 움직일 수 없는 사람이 비용처리를 과도하게 함으로써 가사 관련 지출로 보아 국세청에서는 비용처리를 안 해준 사례가 있으니 참고하기를 바란다.

위의 예와 같이 업무 조건이나 형태 및 기타 제반 조건을 고려해 객관적으로 타당한 비용만 비용으로 인정해주므로 누가 봐도 의심스러운 비용은 애초부터 비용처리를 안 하는 것이 나중에 발생할지 모르는 가산세를 조금이라도 줄이는 방법이 될 수 있다.

| 구 분 | 업무처리 방법 |
|---|---|
| 사장의 급여 | 개인사업자의 사장 급여는 법인의 대표이사와 달리 인출금(본인 돈을 본인이 가져가는 것)에 해당하므로 필요경비(= 비용)로 인정받을 수 없다. |
| 사장의 대학원 등록금 | 개인사업자 본인의 대학원 등록금 등 학자금은 필요경비로 인정되지 않는다. 즉, 가사 관련 비용으로 보아 비용으로 인정을 안 해준다. |
| 특수관계자에 대한 자금대여 | 개인사업자의 경우 일반적으로 법인을 같이 운영하는 경우가 많은데, 개인사업자가 특수관계에 있는 법인에게 사업과 관련해서 무이자로 자금을 대여(선급금 등)하거나 대금결제를 연장하고 지연이자 등을 받지 않는 경우는 특수관계자 간 부당행위로 간주해서 실제이자 상당액을 개인사업자의 총수입금액에 산입한다. |
| 차량을 취득하거나 리스하는 경우 | 1. 개인사업자가 차량을 취득하는 경우 |

| 구 분 | 업무처리 방법 |
|---|---|
| 부 가 가치세 | 개인사업자가 개별소비세가 과세되는 차량인 소나타 등 승용차를 구입해서 자기의 사업에 사용하는 경우 당해 차량구입 및 유지비용에 관련된 매입세액은 부가가치세 신고 시 매입세액으로 공제하지 못한다. |
| 종 합 소득세 | 사업에 직접 사용하는 사업용 고정자산의 유지비 등에 대해서는 필요경비에 산입할 수 있으며, 할부 |

| 구 분 | 업무처리 방법 |
|-------|-------------|

| 구 분 | 업무처리 방법 |
|-------|-------------|

구입 시 할부금은 차량의 취득원가에 가산해서 장부 처리 후 감가상각을 통해서 비용 처리하면 법정한도 내(감가상각비 한도)에서 필요경비로 인정된다. 다만, 사업에 관련되는 것이 명백하지 않거나 주로 가사에 관련되는 것으로 인정되는 때에는 필요경비에 산입할 수 없다. 참고로 당해 자산이 사업용 자산에 해당하는 경우는 그 명의가 개인 사업주 명의로 돼 있어도 장부상 자산으로 계상할 수 있으며, 유지비용에 대해서도 필요경비처리가 가능하다.

## 2. 차량을 리스한 경우

차량을 요즘은 리스해서 사용하는 사업주들이 많다. 리스료에 대해서 비용인정을 받음으로 인해서 세금도 절세할 수 있고, 본인도 좋은 차를 굴릴 수 있다는 두 마리 토끼를 모두 잡을 수 있다는 장점 때문이다.

그러나 문제는 리스 차량을 업무용이 아닌 사적으로 사용하는 데서 발생한다.

일반적으로 차량을 실제로 가사용으로 사용하고 있는 경우에도 업무와의 관련성을 부인할 수 없어 경비를 인정해주고 있다.

그러나 세무조사 등으로 업무용이 아닌 사적인 운행이 발각되면 업무 관련성을 입증하라는 요구를 받게 되고, 업무 관련성을 입증할 수 없는 경우 경비로 인정받지 못하고 가산세까지 부담하게 된다. 하지만, 대부분 업종은 영업이 필요하다는 특성상 업무 관련성을 인정할 수밖에 없다.

참고로 개인병원장 등 영업이 필요 없이 하루 종일 환자만 받는 경우는 경비를 인정받지 못할 가능성이 크다. 단, 외래진찰기록 등으로 확인되는 경우는 인정이 된다.

| 구 분 | 업무처리방법 |
|---|---|
| | 운용리스나 금융리스뿐만 아니라 취득해서 회사의 자산으로 계상한 경우도 감가상각을 통해서 경비는 인정받는다. 또한, 차량취득 및 유지비용의 경우 부가가치세를 공제받을 수는 없지만, 종합소득세 계산시 필요경비로는 인정을 받는다. |
| 건물구입과 관련한 차입금이자 | 개인사업자가 사업과 관련해서 건물을 매입하고 건물매입과 관련된 차입금이 발생한 경우 차입금에 대한 지급이자는 사업소득 금액 계산에 있어 필요경비에 산입할 수 있다. 또한, 건물 구입과 관련해서 발생한 중개수수료, 법무 비용 등은 모두 건물에 대한 취득원가를 구성하는 것으로 감가상각을 통해 비용으로 인정받는 것이다. |

## 11

# 기업업무추진비(= 접대비)는 얼마까지 비용인정을 받을 수 있나?

기업업무추진비(= 접대비)는 교제비·사례금 기타 명목 여하에 불과하고, 이와 유사한 성질의 비용으로서 법인이 업무와 관련해 거래처에게 접대·향응·위안 등으로 지출하는 비용을 말한다.

광고선전 목적으로 제작된 견본품이라고 하더라도 특정 고객에게 지급하는 경우는 기업업무추진비(= 접대비)에 해당한다. 다만, 특정 고객이라 하더라도 1인당 연간 5만 원 한도 내에서는 판매부대비용으로 전액 손금인정 된다.

기업업무추진비의 손금귀속 시기는 발생주의에 따라 접대한 사업연도의 손금으로 처리하며, 현물로 지급한 경우에는 동 자산의 시가에 의한다. 참고로 기업업무추진비는 대외적으로는 감추고 싶은 항목이므로 실제는 접대비이면서도 판매촉진비, 업무추진비, 판공비, 복리후생비 등의 여러 계정과목으로 분산 회계처리 되어 있는 경우도 많고, 심지어는 여비교통비, 교육훈련비, 광고선전비, 기타 업무 필수 경비 항목에 숨어있는 경우도 많다. 따라서 사실 판단이 필요한데,

접대비로 분류되는 필수 성격은 지출하는 금액이 업무와 직접·간접으로 관련되어야 하며, 특정인이나 특정 법인을 위해 외견상 무상으로 제공되어야 한다.

| 구 분 | | | 처리방법 |
|---|---|---|---|
| 기밀비나 증빙이 없는 기업업무추진비(= 접대비) 등 | | | 손금불산입(비용불인정) |
| 3만 원 초과 기업업무추진비로서 법정지출증빙을 받지 않은 경우 | | | 손금불산입(비용불인정) |
| 일반 기업업무추진비 한도 계산 | 한도초과액 | | 손금불산입(비용불인정) |
| | 한도 내 금액 | 법정지출증빙 미수취액 | 손금불산입(비용불인정) |
| | | 법정지출증빙 수취액 | 손금인정(비용인정), 한도액 계산 |
| 비 고 | 기업업무추진비(= 접대비)로 인정을 받기 위한 비용지출은 다음의 세 가지로 볼 수 있다. ❶ 법정지출증빙을 사용한 기업업무추진비 (세금계산서, 계산서, 신용카드매출전표, 지출증빙용 현금영수증) ❷ 건당 3만 원 이하의 기업업무추진비로서 영수증 등을 받은 금액 ❸ 현물기업업무추진비(자사 제품을 거래처에 증정하는 경우 등) | | |

 **세법상 기업업무추진비**(= 접대비)**의 손금 인정 요건**

비록 회계에서 기업업무추진비(= 접대비)로 계정처리를 하였어도 세법상으로는 일정한 요건을 충족한 경우에만 손금(비용)으로 인정을 해주고 있는데, 그 요건은 다음과 같다.

## » 첫 번째 조건(반드시 법정지출증빙을 갖추어야 한다.)

세법상 기업업무추진비(= 접대비)는 일정 한도 내에서만 기업업무추진비를 인정하는 한도를 정하고 있는데, 한도 계산에 포함되는 기준 금액이 되기 위해서는 우선 건당 3만 원을 초과해서 지출 시 반드시 세금계산서, 계산서, 신용카드매출전표, 현금영수증 중 하나를 증빙으로 받아야 한다. 여기서 말하는 신용카드(직불카드와 외국에서 발행한 신용카드를 포함)는 해당 법인의 명의로 발급받은 신용카드를 말한다. 따라서 법인의 임원 또는 종업원의 개인신용카드로 결제한 금액은 그 금액이 건당 3만 원을 초과하는 경우 이는 전액 비용으로 인정받을 수 없다. 또한, 매출전표 등에 기재된 상호 및 사업 장소 재지가 물품 또는 서비스를 공급하는 신용카드 등의 가맹점 상호 및 사업장소재지와 다른 경우 당해 기업업무추진비 지출액은 신용카드 사용 기업업무추진비에 포함하지 않는다.

## » 두 번째 조건(기업업무추진비 한도 범위 내에서 비용인정)

위의 첫 번째 요건을 통과하였다고 해서 모두 비용으로 인정되는 것이 아니며, 세법에서 정한 일정한 한도 내에서만 비용으로 인정이 된다. 따라서 한도를 초과하는 경우는 모두 손금불산입 즉, 비용불인정 된다. 그러나 계정과목 상으로는 전액 기업업무추진비로 처리할 수 있다. 세무상 기업업무추진비는 다음의 금액을 한도로 해서 비용으로 인정된다.

기업업무추진비(= 접대비) 한도액 = ❶ + ❷[특수법인 (❶ + ❷) × 50%]

## 기업업무추진비 해당액

기업업무추진비 해당액은 총 기업업무추진비 중 기밀비, 건당 3만원을 초과하는 기업업무추진비로서 세금계산서 등 증빙을 갖추지 못한 경우의 기업업무추진비를 차감한 금액으로 한다. 즉, 기업업무추진비 비용인정한도액 계산 시 기업업무추진비 해당액은 증빙 요건을 충족해 이미 비용으로 인정 가능한 기업업무추진비를 말하며, 증빙을 갖추지 못해서 비용으로 인정되지 않는 기업업무추진비는 한도액 계산의 대상이 되지 못한다.

## 수입금액

### 일반적인 수입금액

수입금액이란 매출액에서 매출에누리와 환입 및 매출할인을 차감한 금액으로 그 성격이 영업적인 수입액으로 수익증권 판매 등 수수료, 투자신탁 운용수수료, 수입보증료 등도 포함한다. 따라서 임대업을 주업으로 하지 않는 법인이 임대수입이 생긴 경우 이것은 영업상의 수입에 해당하지 않고 영업외수입에 해당하므로 이를 수입금액에 포함하지 않는다. 즉, 일반적인 수입금액이란 법인의 순자산을 증가시키는 법인세법상 익금항목 중 기업회계관행상 영업수익 금액(이에 준하는 부수수익을 포함한다.)에 해당하는 익금만을 말한다. 특수관계자와의 거래의 수입금액 및 부동산업 등의 수입금액은 제외된다. 일반적으로 기업회계 개념에 따른 영업수익 금액이란 매출액 등 주영업 수입금액이다. 이는 법인이 표방하고 영위하는 업종에 따라 다르나, 일반적으로 상품·제품 등의 재고 재화 또는 주용역을 제공함으로써 받는 현금수입과 현금등가물 가액을 말한다.

**특정 수입금액**

특정 수입금액이란 특수관계자와의 거래에서 발생한 수입금액을 말한다.

| 수입 금액 | 일반수입금액 | 기타수입금액 |
|---|---|---|
| 100억원 이하 | 0.3% | 특수관계자와의 거래에서 발생한 수입금액에 대하여 그 수입금액에 적용률을 곱하여 산출한 금액의 10% |
| 100억원 초과 500억원 이하 | 3천만원 + (100억원 초과분의 0.2%) | |
| 500억원 초과 | 1억 1천만원 + (500억원 초과분의 0.03%) | |

 **기업업무추진비 손금불산입액의 처리 방법**

법인이 기업업무추진비로 계상한 금액 중 허위 또는 업무와 관련 없는 지출임이 확인되는 금액에 대해서 당해 지출금액을 손금불산입(기업업무추진비 시부인 대상 금액에서 제외)하고 귀속자에 대한 상여·배당 또는 기타소득 또는 대표이사에 대한 상여로 처분한다.

# 12

# 장부상 가지급금의
# 속 시원한 해결 방법

법인 가지급금은 법인에서 실제 지출은 했지만, 거래 내용이 불분명하거나 거래가 완전히 종결되지 않아 일시적인 채권으로 표시한 것이다. 즉, 회사에서 경비를 지출하고 그 내역을 알 수 없거나 대표이사 등이 가져가는 회삿돈을 흔히 가지급금으로 처리한다.

현금지출은 있지만, 그 사용 내역에 대한 확인이 불가능한 경우에 계상하는 금액이다.

가지급금을 발생시키지 않고 기업을 운영하는 것은 사실상 불가능하며, 언젠가는 대표가 법인에 갚아야 하는 차입금인 셈이라고 보면 이해가 빠를 것이다.

모든 기업에서 빈번하게 발생이 되는 가지급금은 불가피한 상황에서 다양한 이유로 생겨나지만, 그 대표적인 예로 대표가 소득세 신고 없이 개인적으로 법인의 자금을 사용했을 경우나, 긴 기간 개인사업을 한 관계로 개인과 기업자금을 혼동해서 발생하고 또는 거래관행에 따른 비용으로 영업목적상 불가피하게 지출되었지만, 증빙이 없어 회사 자금이 지급되는 경우에 발생하게 된다.

세금계산서, 계산서, 현금영수증, 신용카드매출전표 등 사용내역이 확인되면, 가지급금은 사라지게 되지만 사용내역이 불분명하게 되면 이를 세법에서는 업무무관가지급금이라고 표현한다. 업무무관가지급금의 출처를 밝히지 못하면 세법에서는 모두 법인 대표이사가 가져간 금액으로 판단해 세금을 부과한다.

이렇듯 법인 가지급금이 발생하면 가장 억울한 사람은 바로 법인 대표이사다.

이런저런 이유로 법인 대표이사는 가지급금에 대한 정리를 미루는 경우가 있는데, 과도한 가지급금은 기업 운영에 부정적인 영향을 미치기 때문에 세법에서도 엄격하게 규제하고 있다.

##  가지급금 과다로 인해 받을 수 있는 세금불이익

가지급금 계정을 과다 보유하고 있는 기업이 차후 당면하게 될 위기 중 하나로 법인세 신고를 할 때 실제로 가지급금에 대한 이자를 받지 않았지만, 이자를 받은 것으로 간주되어 회사의 이익이 점차 증가하게 되고, 이로 인해 회사 주식 가치가 상승하게 되어 승계나 사전증여 시 막대한 세금 부담을 하게 된다.

아울러 법인이 차입금이 있는 경우 정상적으로 지출된 이자 비용이 비용처리를 받지 못하기 때문에 법인세를 증가시키는 원인이 되기도 하고, 만약 이 인정이자를 상환하지 않을 경우, 대표이사에게는 상여금으로 간주되어 소득세 및 건강보험료가 올라가게 된다.

대손처리도 불가능하고, 금융기관과의 거래에 있어 기업 신용에 빨간 불이 들어와 자금조달에도 어렵게 되어 비용을 증가시키게 된다. 더욱이 국세청은 이를 예의주시하고 있어 세무조사의 위험성도 높아지게 된다.

| 인정이자 | 지급이자 손금불산입 |
|---|---|
| 업무무관가지급금에 대한 인정이자를 매년 법인에 입금 | 법인에서 대출금이 있는 경우 해당 비율만큼 이자를 비용으로 인정받지 못함 |

| 법인세 | 금융회사 신용평가 감점 |
|---|---|
| 법인에 입금된 인정이자 금액은 매년 익금산입되어 법인세 증가 | 가지급금으로 신용평가에 감점을 줄 수 있음 |

| 미상환 시 대손처리 불가능 | 인정이자 미납 시 상여금 처리 |
|---|---|
| 가지급금 미상환 시 법인 손실로 처리가 불가능하며, 대손처리 시 업무상 횡령 및 배임죄 성립 가능 | 매년 인정이자를 내지 않으면 대표이사 상여금으로 처리되어 소득세, 4대 보험료 증가 |

따라서 위와 같은 세무 불이익을 입지 않으려면 업무무관가지급금이 아니라는 사실을 증명하기 위해 빠짐없이 제대로 된 장부 증빙이 필요하다.

증빙이 하나라도 없으면 제대로 된 장부가 만들어지지 않을 것이고, 결국 또다시 가지급금으로 처리가 되는 비합리적인 상황이 되니 첩첩산중이다.

이런 상황이 발생하기 전에 미리미리 법인의 자금 내역에 대해서는 명확한 사용처 및 증빙을 남겨두는 것을 잊지 말아야 한다.

## 가지급금을 속 시원하게 해결하는 방법

| 개인 자산으로 상환 | 급여나 상여 배당으로 처리 |
|---|---|
| 개인 자산의 감소 | 추가적인 세 부담 증가 |
| 특허권 양수도 | 자기주식 취득 |
| 특허 기술 보유 시 활용 | 이익잉여금 하에서 주주동의하에 처리 가능 |
| 자본감소 | |

가지급금의 해결책으로 대부분 이용되고 있는 방법은 대표이사의 개인자산을 매각하거나, 급여 상여, 배당을 통한 상환이나, 자기주식 취득, 특허권 양수도, 자본감소 등 다양한 방법으로 처리할 수 있다. 하지만 이 과정에서 주의해야 할 점들이 있다. 급여나 상여의 경우 소득세와 간접세 상승을 동반하게 되고, 배당의 경우 종합소득세 증가는 물론 잉여금처분에 대해서 비용으로 인정을 받지 못할 수도 있다. 또한, 개인자산을 회사에 매각할 경우 특수관계자 간 거래로 인정되어 부당행위계산부인에 해당할 수도 있고, 대표 개인의 자산이 심각하게 줄어들어 은퇴 후의 삶에도 악영향을 주게 될 수 있다.

여러 가지 방법이 있지만 각 법인 상황과 실정에 따라서 어떤 방법이 유리할 것인지 진단을 먼저 받아 보는 것이 중요하겠다.

## ≫ 개인자산 매각

가지급금의 존재를 일찍 발견하여 아직 1억 원이 채 되지 않는 액수가 누적된 기업이 활용해볼 만한 방법이라고 생각하면 된다.

여기서 개인자산이란 현금 재산을 말하며, 다른 형태의(건물, 토지 등) 재산은 유형에 따라 세금이 발생하기 때문에 가지급금 해결에 유용한 방법은 아니다.

대표가 제3자에게 주식을 매각할 경우는 양도소득세, 회사에 매각하는 경우는 양도소득세와 배당소득세, 대표 개인의 부동산을 매각할 경우는 양도소득세와 부동산 시가평가가 필요, 타법인 보유주식을 매각할 경우는 주식의 양도소득세를 납부해야 하는 문제가 발생한다.

## ≫ 특허권 양수도

대표이사가 보유 중인 특허권을 법인에 넘기면서 법인은 이에 상응하는 보상금을 대표에게 제공하고, 이 보상금을 가지급금 상환에 활용하는 것이다.

## ≫ 급여 상여, 배당을 통한 상환

대표의 상여금과 급여는 유동적으로 조정이 가능하므로, 소득세가 소폭 오르는 것을 감당하여 여기서 발생하는 차액으로 가지급금 상환을 하는 것도 좋은 방법이다. 금액이 커질수록 대표 개인 세금 부담액이 많아지므로 급여를 너무 많이 올리는 것은 바람직한 방법이 아니다. 추가로 배당을 실행해주는 것도 좋다.

## ≫ 자기주식 취득

자사주 취득의 경우 낮은 세율로 인해 가지급금 해결에 굉장히 인기를 끌었던 방법의 하나였다. 또 자사주는 절차, 이후 처리가 매우 복잡하기로 잘 알려져 있다. 후속처리가 잘못되면 가지급금을 해결하려 매입한 자금이 오히려 가지급금으로 축적되는 불상사도 있으니, 각별한 주의가 필요하고 반드시 전문가의 도움을 받는 것이 좋다.

# 비영업대금은 세금 얼마나 내나?

서로 특수관계에 있는 두 법인 갑 법인이 을 법인에게 대여금을 대여했을 경우 세금 문제를 살펴보면 다음과 같다.

참고로 법인 간 자금 대여는 신중하게 결정해야 하며, 관련 서류를 잘 준비해 놓아야 한다. 대여금을 증여 성격으로 볼 수 있다면 수증 법인의 법인세뿐 아니라 그 주주에게 증여로 볼 수 있는 여지가 있기 때문이다.

## 대여금 및 차입금에 대해 세금에서 정한 이자율

갑 법인이 금융업 법인이 아니라면 대여금으로 보아, 을 법인은 이자를 지급해야 한다. 이때 이자율은 가중평균차입이자율 또는 당좌대출이자율로 정하는 것이 일반적이다. 하지만 갑 법인과 을 법인이 특수관계에 있다면 안전하게 가지급금 인정이자율로 정하는 것이 좋다.

## 비영업대금의 이자에 대한 원천징수

이자를 지급할 때는 이자소득의 25%를 비영업대금의 이자로 보아 원천징수 신고 및 납부를 해야 한다. 이때 법인 지방소득세도 과세 대상이 되므로 총 27.5%를 원천징수 신고해야 한다.

법인이 특수관계 법인으로부터의 자금 대여에 대한 이자는 비영업대금의 이자에 해당하는 것으로서, 법인과 법인 간에 자금 대여에 대한 약정이 있는 경우라면 해당 비영업대금의 이자에 대한 수입시기와 원천징수 시기는 "약정에 의한 이자지급일"이 되는 것이며, 비영업대금의 이자를 지급하는 법인이 약정에 의한 지급일에 비영업대금의 이익에 대한 소득세율 25%를 적용하여 원천징수하여 다음 달 10일까지 원천징수이행상황신고서를 작성하여 제출하고 원천징수한 이자소득세를 납부하며, 이자소득이 발생한 연도의 다음연도 2월 말일까지 지급명세서를 제출해야 한다.

| 구 분 | 원천징수 |
|---|---|
| 금융보험업(○○ 은행)을 종사하는 사업자는 이자에 대한 소득 | 14% 징수(15.4%) |
| 비영업대금(일반법인 및 개인)에 대한 이자에 대한 소득 | 25% 징수(27.5%) |

 ## 법인이 대표이사(개인)에게 돈을 빌려준 경우

법인이 상환기간, 이자율 등이 정해진 약정에 따라 자금을 대여하고 약정에 따른 이자를 지급받기로 한 경우에는 이자를 지급해야 하는 개인은 약정에 따른 이자지급일에 비영업대금의 이익으로 보아 25%(지방소득세 포함 27.5%)의 세율로 법인세를 원천징수하는 것이다.

이자소득을 지급하는 자인 개인이 원천징수의무자가 되어 개인의 주소지 관할 세무서에 이자를 지급하는 날이 속하는 달의 다음 달 10일까지 원천징수이행상황신고서를 작성해서 제출하고 원천징수한 법인세를 납부하는 것이며, 이자소득 지급명세서를 이자소득이 발생한 연도의 다음연도 2월 말일까지 제출해야 한다. 다만, 법인과 개인 간에 원천징수에 대한 위임 또는 대리 계약이 있는 경우에는 법인이 개인을 대신해서 이자소득에 대해서 원천세 신고 및 납부, 지급명세서 제출을 할 수 있다.

##  지인(개인)에게 돈을 빌린 경우 세무처리

지인으로부터 차입하는 경우 세금 문제는 이자를 적절하게 지급하고 있는지가 핵심이다. 이자를 지급하지 않는 조건으로 자금을 빌린 경우라면 적정이자 부분은 증여받은 것으로 보아 증여세가 과세될 수 있다. 또한, 이자를 지급하는 조건으로 금전소비대차 계약이 되어 있다면, 이자 부분에 대해서는 비용처리가 되어 절세효과가 있지만, 이자를 받는 사람은 비록 지급하는 이자비용이 발생한다고 하더라도 이는 경비로 인정이 되지 않으므로, 이자수익 전액을 종합소득 신고 시 합산신고를 해야 한다. 또한, 이자를 지급하는 사람은 비영업대금의 이익에 해당하는 27.5%의 이자소득세를 원천징수해서 세무서에 신고·납부해야 한다.

# 13
# 사장님이 마트 영수증을 가져와 비용처리 하래요

개인사업자의 경우 마트에서 본인의 집 즉, 가사와 관련한 물품이나 서비스를 구입하고 신용카드매출전표나 현금영수증을 지출증빙용으로 받아 비용처리를 하거나, 소액의 경우 간이영수증으로 회사 비용처리를 해버리는 경우가 다반사이다.

또한, 법인의 경우 대표이사나 임원 등 법인카드를 소지할 수 있는 권한을 가진 사람이 법인카드를 이용해 회사업무와 관련 없는 개인 골프비용 등 개인적 지출을 하고, 비용처리를 한다.

개인사업자는 사업에서 발생한 소득을 가사경비로 사용하면 원칙적으로 업무와 관련 없는 지출로 보아 회사 비용으로 인정을 못 받고, 개인이 사업을 위해 투자한 돈을 개인 본인이 다시 회수해 가는 것으로 본다.

따라서 회사가 원칙을 어기고 비용처리를 한 경우 당장은 걸리지 않을 수 있으나, 세무조사 등으로 적발 시 추가 세금 납부를 해야 할 뿐만 아니라 무거운 가산세도 별도로 부담해야 한다.

반면, 법인의 경우 법인의 소득을 얻기 위해 지출한 업무와 관련한 비용이 아니므로 비용으로 인정을 받지 못할 뿐만 아니라 이와 관련해 받은 세금계산서도 매입세액공제를 받지 못한다.

만약 기업주가 개인적으로 쓴 비용을 법인 비용으로 변칙처리를 한 경우 법인이 기업주에게 부당하게 지원한 것으로 보아 법인의 비용으로 인정하지 않는다. 따라서 회사는 법인세가 과세(징벌적 가산세 40%) 되며, 기업주는 상여금 또는 배당금을 받은 것으로 보아 소득세를 추가로 부담하게 되어 변칙처리 금액보다 더 많은 세금을 부담하게 된다. 또한, 기업자금의 횡령으로 처벌을 받을 수도 있다.

| 구분 | 개인적 지출 비용 | 매입세액공제 |
|---|---|---|
| 개인사업자 | 비용불인정(본인 돈을 가져간 것으로 봄) | 매입세액불공제 |
| 법인 | 비용불인정 + 상여 또는 배당으로 보아 근로소득세 또는 배당소득세 과세 | 매입세액불공제 |

회삿돈을 개인적으로 지출하고 증빙을 첨부하더라도 다음과 같이 처리해야 한다.

❶ 법인 대표이사의 회삿돈 개인적인 사용액은 대표이사에 대한 급여로 처리 후 원천징수를 한다. 물론 개인적인 회삿돈 사용액을 나중에 돌려주는 경우 회사가 대표이사에게 빌려준 것으로 보아 원금뿐만 아니라 적정 이자도 함께 받아야 하는 것이 원칙이다. 만일 실질적으로 받는 이자가 가중평균이자율과 당좌대월이자율 중 법인이 선택한 방법보다 작은 경우에는 동 차액에 대해서 손금불산입으로 법인세를 추가 부담하게 될 뿐만 아니라 대표이사 개인적인 급여로

보아 소득세도 추가 부담하게 된다.

❷ 대표이사 개인적인 법인카드 사용액은 회사의 비용으로 인정받을 수 없을 뿐만 아니라 부가가치세 신고 시 매입세액도 공제받을 수 없다. 우선 들키지 않을 것이라고 비용으로 처리를 하는 경우 발각 시 세금을 추징당하고 가산세의 부담도 생긴다.

❸ 개인회사 사장님이 임의로 가지고 가는 회삿돈은 인출금 계정으로 처리하며, 법인과는 달리 커다란 제재는 없다.

# 15

# 임원상여금과 임원 퇴직금의 한도

## 임원 급여 · 상여 등의 비용인정 조건

❶ 정관의 규정 또는 주주총회 · 사원총회 등에 의해서 결의된 지급한도액의 범위 내의 금액은 모두 비용 인정된다. 따라서 이를 초과하는 금액은 비용으로 인정받지 못한다.

예를 들어 주주총회의 결의에서 임원의 보수액은 연액 1천만 원 이내에 함이라고 정했다면 이 금액을 초과하는 금액은 비용으로 인정되지 않는다.

❷ ❶의 한도 내의 금액이라도 임원 개개인의 지급액이 그 임원의 직무의 내용, 그 법인의 수익 및 그 사용인에 대한 급여 지급상황, 동종업종 및 유사 규모 회사의 상황 등을 종합적으로 고려해 과도한 경우 비용인정이 안 된다.

가. 직무의 내용(예 : 사장, 전무, 상무, 이사 등)

나. 직무에 종사하는 정도(상근 또는 비상근)

다. 경과연수

라. 그 법인의 업종·규모·소재지·수익의 상황 및 사용인에 대한 급여의 지급상황

마. 그 법인과 사업 규모, 수익 상황 등이 유사한 동종 사업을 영위하는 법인의 임원에 대한 보수지급상황 등

따라서 실무적으로는 임원의 보수 규정 등을 만들어 임원의 급여와 상여금(합계) 기준으로 총한도를 넉넉히 규정해놓는 것이 유리하다.

## 지배주주인 임원의 급여·상여 등의 비용인정 조건

법인세법시행령을 보면 지배주주인 임원에게는 동일직위에 있는 일반 임원에게 지급하는 총액을 한도로 보수를 지급할 수 있도록, 급여 + 상여금의 총액한도를 규정하고 있다. 다만, 정당한 사유가 있으면, 동일직위에 있는 일반 임원보다 초과하여 받을 수 있다는 규정이 있다. 여기서 정당한 사유가 무엇인지는 회사마다 사정이 다를 수 있으므로, 그 사유를 획일적으로 판단할 수는 없다.

예를 들어보면 근속기간의 차이, 공헌도의 차이(특별한 노력), 직무 내용의 차이, 직급의 차이 등이 있을 수 있겠다.

> 법인이 지배주주 등(특수관계에 있는 자를 포함한다.)인 임원 또는 사용인에게 정당한 사유 없이 동일직위에 있는 지배주주 등 외의 임원 또는 사용인에게 지급하는 금액을 초과하여 보수를 지급한 경우 그 초과 금액은 이를 손금에 산입하지 아니한다(법령 제34조 3항).

| 대 상 | 회사 입장에서 처리 | 임직원 입장에서 처리 |
|---|---|---|
| 출자임원<br>(주주, 임원) | ❶ 정관, 주주총회, 사원총회, 이사회결의로 결정된 급여 지급기준 범위 내의 급여와 상여금(손금산입)<br>❷ 지급기준 초과 금액(손금불산입)<br>❸ 이익처분 상의 상여금(손금불산입) | 일정액은 근로소득, 초과액은 손금불산입하고, 배당소득으로 과세한다. |

 ## 임원 퇴직금 비용인정 조건

먼저 정관에 규정이 없거나 적법하지 않은 퇴직금의 한도 초과액은 법인세법상 부당경비로 보아 비용으로 인정받지 못하고, 받은 임원에게 상여 처분이 되어 근로소득세를 납부해야 한다.

반면, 정관에 규정이 있는 적법한 퇴직금은 손금으로 인정하되 한도를 초과하는 금액은 근로소득으로 보아 근로소득세를 납부하게 된다.

반드시 퇴직금 규정을 정관 규정에 주주총회의 적법한 절차에 의해 작성한 후, 한도 계산을 하는 것이 유리하다.

---

임원 퇴직금의 한도 =
[(최근 3년 동안 지급한 총급여의 연평균 환산액 ÷ 10) + (2012년 1월 1일 이후 근속 개월 수 ÷ 12) × 3 + (2020년 1월 1일 이후 근속 개월 수 ÷ 12) × 2]
반면 2011년까지 근무한 기간에 대한 퇴직급여는 한도를 적용하지 않고 무조건 퇴직소득으로 인정한다.

---

# 16

# 골프 관련 비용의 세무 처리

 **회사의 골프회원권 · 골프채 구입비용**

## ≫ 골프회원권의 매입세액공제

사업과 직접 관련이 없는 지출에 대한 매입세액은 매출세액에서 공제받지 못한다. 즉, 사업과 직접 관련이 있는 골프회원권은 매입세액공제가 가능하고, 사업과 관련이 없는 골프회원권의 구입은 매입세액공제가 불가능하다. 여기서 사업과 직접 관련이 있는지? 여부는 동 회원권의 실제 사용실태 등 관련 사실을 고려해서 판단해야 할 사항이다.

## ≫ 골프채 구입비용

회사에서 임직원의 건강을 위한 운동용품 또는 거래처 직원과의 접대 · 연습용으로 공동 사용하기 위해서 골프채를 사는 경우는 거래상대방에게 접대 향응목적으로 직접 지급되어 소모되는 것이 아니므로 기업업무추진비가 아닌 비품 등으로 잡고 감가상각해서 판매와관리비 계정으로 반영하면 된다. 20~30만 원의 소액이면 소모품비로 처리할 수 있다. 다만, 임원 등 개인적으로 사용하기 위해 구입한 골프채를 회사가 비용 지급한 경우에는 임원 개인의 급여에 포함시켜 근로소득세를 신고·납부 해야 한다.

 **사장이나 임원의 골프비용을 회사가 낸 경우**

## ≫ 회사 골프회원권을 대표이사 개인만 이용 시

법인이 구입한 골프회원권을 복리후생 차원에서 직원 누구나 사용하면 괜찮지만, 특정 임원인 대표이사만 사용하는 경우는 업무무관자산으로 분류돼 회원권 취득·관리 시 드는 제 비용은 비용불인정(손금불산입) 되고, 해당 임원(대표이사)의 상여로 처분되어 근로소득세를 신고·납부 해야 한다.

그러나 대표이사 개인이 주로 접대목적으로 사용한다면 관련 비용은 기업업무추진비로 분류해서 기업업무추진비 한도 내의 금액은 비용인정이 되며, 한도초과 시 비용불인정(손금불산입) 된다.

## ≫ 대표이사가 개인적으로 골프장을 이용하고 법인카드로 결제한 경우

대표이사가 회사의 업무와 관련 없이 개인적인 목적으로 법인카드를 사용한 경우 해당 사용액은 복리후생비로 처리할 수 없고, 가지급금으로 우선 처리한 뒤 대표이사가 해당 사용액을 회사에 입금 시 가지급금과 상계처리하며, 회사에 입금하지 않으면 대표이사의 상여로 처분 후 근로소득세를 신고·납부해야 한다.

[1] 신용카드사용 시

(차) 가지급금　1,000　　(대) 미지급비용 1,000

[2-1] 대표이사 등이 카드사용액 입금하면

(차) 현 금　　1,000　　(대) 가지급금　1,000

[2-2] 카드사용액 입금하지 않으면

(차) 상여(급여) 1,000　　(대) 가지급금　1,000

## ≫ 임원이 사용한 골프장 이용료의 비용처리

법인이 임원 또는 사용인의 복리후생을 위해서 지출하는 비용은 손금으로 인정되는 것이나, 특정 임원들 간의 경영관리 회의와 단합 및 사기 증진을 위해 골프장 이용료로 지출한 비용은 건전한 사회통념과 상 관행에 비추어 정상적인 법인의 지출로 인정할 수 없으므로 법인의 손금에 산입할 수 없는 것(비용처리 불가)이며, 관련 지출비용은 해당 임원의 상여로 처분하는 것이다. 따라서 해당 임원의 급여로 보아 근로소득세를 신고·납부해야 한다.

 **골프장에서 임원 회의를 하는 경우**

법인이 정상적인 업무를 수행하기 위해서 지출하는 회의비로서 사회통념상 인정될 수 있는 범위 내의 금액인지? 여부는 구체적인 사실에 따라 판단하는 것인바, 사내 또는 통상 회의가 개최되는 장소가 아닌 골프장에서 간부회의 시 지출한 음식물대금과 골프장 사용료는 통상적인 회의비에 해당하지 않으므로 해당 회의참석자의 급여로 보아 근로소득세를 신고·납부해야 한다.

## 특정 거래처 초청 골프 행사는 기업업무추진비

특정 거래처의 임원들을 초청해서 골프 행사를 진행하고 상품과 경품을 지급한 경우 해당 비용은 기업업무추진비이며, 관련 증빙이 없는 경우는 손금불산입 되므로 법인이 비용을 인정받기 위해서는 개인의 기타소득으로 원천징수하면 된다.

## 골프회원권 사용내역 관리는 철저히 한다.

법인이 법인명의의 골프회원권을 영업상 고객 접대 및 직원복지 등의 목적으로 업무와 관련해서 사용하는 것이 입증되는 경우는 업무무관자산에 해당하지 않으나, 당해 자산이 이에 해당하는지는 이용실태 등을 파악해서 사실 판단할 사항이다. 따라서 실무자는 소명자료를 위해 별도의 양식을 만들어 회원권 이용 상황 및 신상 명세를 반드시 기록해 두어야 한다.

## 1. 멤버십 회원권 취득

콘도회원권 등을 취득시 일정기간 이용하고 이용기간이 끝나면 입회비(보증금) 등이 반환되는 경우는 부가가치세 과세대상이 아니므로 세금계산서를 발행하지 않는다.

## 2. 오너십 회원권 취득

반환되지 않는 회원권은 재화 및 용역의 공급으로 보아 부가가치세 과세대상으로 세금계산서를 발행해야 하며, 종업원의 복리후생을 목적으로 사용되는 경우는 업무 관련 자산으로 보아 매입세액공제를 받을 수 있다. 다만, 복리후생을 목적으로 하지 않고 거래상대방의 접대를 목적으로 사용되는 자산이라면 매입세액공제를 받을 수 없다.

> 부가가치세법 기본통칙 4-0-6 【골프장 입회금 등】
> ❶ 골프장·테니스장 경영자가 동 장소이용자로부터 받는 입회금으로서 일정기간 거치 후 반환하지 아니하는 입회금은 과세대상이 된다. 다만, 일정 기간 거치 후 반환하는 입회금은 그러하지 아니한다.
> ❷ 사업자가 골프장·테니스장 시설이용권을 양도하는 경우 부가가치세 과세표준은 골프장·테니스장시설이용권의 양도가액으로 한다.

## 3. 회원권의 양도

회원권을 중도에 타인에게 양도하는 경우는 부가가치세 과세거래로 과세표준은 해당 시설이용권의 양도가액으로 하는 것이므로, 양도차익의 유무에 상관없이 총거래액에 대해 세금계산서를 발행해야 한다.

# 경조사 지출액은 얼마까지
# 비용으로 인정되나?

17

회사에서 지출하는 경조사비는 임직원에게 지급하는 경우와 거래처에 지급할 수 있는데, 지급 성격에 따라 복리후생비, 근로소득 및 기업업무추진비 등으로 본다.

 **거래처에 지급하는 경조사비의 비용인정**

거래처의 경조사와 관련해서 지급하는 금품은 원칙적으로 기업업무추진비에 해당하므로 3만 원 초과 지출 시 세금계산서 등 법정지출증빙을 받아두어야 한다. 다만, 거래처에 대한 경조사비를 지출하는 경우는 지출액이 20만 원 이하의 경우 법정지출증빙을 구비하지 않더라도 청첩장·부고장·초대장 등만 갖춘다면 비용으로 인정받을 수 있다.

따라서 세법상 경조사비에 대한 명확한 규정은 없으나 법정지출증빙이 없더라도 월 20만 원 이하의 경조사비는 축의금·부의금 등을 지급한 사람이나 수취자가 상대방, 장소, 일시, 지급을 확인한 내역이 있는 확인증과 함께 지출결의를 해서 지출하는 경우는 기업업무추진비로 인정받을 수 있을 것이다.

 ## 근로자에게 지급하는 경조사비의 비용인정

법인의 근로자에게 지급하는 경조사비는 복리후생적 차원에서 지급되는 것이므로 법인의 사규 등의 지급 규정에 따라 지급하는 경조사비는 비용으로 인정된다. 다만, 사회통념을 벗어나 과도한 경조사비는 지급목적이 복리후생비라도 해당 근로자의 근로소득으로 보아 급여에 포함하여 과세한다.

임직원을 대상으로 생일, 결혼기념일, 출산 시 복리후생 개념으로 2~3만원 상당의 선물 지급 시 선물은 과세대상 근로소득에 해당하는 것이다.

 ## 손금에 산입할 수 없는 경조사비의 처리방법

20만 원 이하의 경조사비는 법정지출증빙을 받지 않고 청첩장 등으로 기업업무추진비로 인정받을 수 있으나, 20만 원을 초과하는 경조사비는 법정지출증빙을 받아야 기업업무추진비로 인정된다. 법정지출증빙을 받지 못한 20만 원 초과 경조사비는 초과액만 손금으로 인정되지 않는 것이 아니라, 지급한 경조사비 전체금액에 대해서 비용으로 인정받지 못한다. 즉, 20만 원을 초과하는 경조사비는 사회통념을 넘는 금액으로 보아 일반 기업업무추진비와 같이 법정지출증빙을 받지 못하면 비용으로 인정해주지 않는다.

그리고 20만 원 한도에는 부의금 또는 조의금에 화환 금액을 합산한 금액이다.

따라서 부의금 20만 원과 화환 10만 원(계산서 받음)을 지출한 경우 한도인 20만 원을 초과하게 되며, 세금계산서 등 법정지출증빙을 받지 않은 경우 화환 구입 시 받은 증빙만 증빙으로 인정돼, 결국 10만 원만 비용처리가 가능하다.

또한 한도를 피하고자 여러 명이 나누어 경조사비를 지출하는 경우에도 동일한 한 건으로 봐 20만 원 한도 규정을 적용한다.

| 구분 | 업무처리 |
|---|---|
| 거래처에 대한 경조사비 | 20만 원 이하 지출시 법정지출증빙을 받지 않더라도 청첩장·부고장·초대장 등만 갖춘다면 비용으로 인정된다.<br>만약 20만 원을 초과해서 지출한 경조사비의 경우 20만 원을 초과하는 금액에 대해서만 비용으로 인정해주지 않는 것이 아니라 전액 금액에 대해서 비용으로 인정해주지 않는다.<br>예를 들어 경조사비로 30만 원을 지출한 경우 30만 원 전액을 비용으로 인정하지 않는다. |
| 근로자에 대한 경조사지 | 법인의 사규 등의 지급 규정에 따라 지급하는 경조사비는 비용으로 인정된다. 다만, 사회통념을 벗어난 과도한 경조사비는 지급목적이 복리후생비라도 해당 근로자의 근로소득으로 보아 급여에 포함하여 과세한다. |

# 18

# 비용인정 되는 공과금과
# 안 되는 공과금

## 비용으로 인정되는 세금과 안 되는 세금

| 구분 | 종 류 |
|------|-------|
| 비용인정 | 관세, 취득세, 인지세, 증권거래세, 종합부동산세, 등록면허세, 주민세(균등 분, 재산분), 재산세, 자동차세, 지방소득세 종업원분, 지역자원시설세 |
| 비용불인정 | • 법인세 및 그에 관한 지방소득세·농어촌특별세<br>• 부가가치세 매입세액(단, 면세사업 관련분 등 제외)<br>• 반출했으나 판매하지 않은 제품에 대한 개별소비세·교통·에너지·환경세, 주세의 미납액. 다만, 제품가격에 그 세액을 가산한 경우는 제외<br>• 증자 관련 등록면허세(신주발행비 등)<br>• 가산금·체납처분비·가산세·각 세법상 의무불이행으로 인한 세액 |

부가세 : 농어촌특별세, 교육세, 지방교육세는 본세와 동일하게 처리

🔁 취득단계의 세금(취득세) : 즉시 비용으로 인정되지 않고 자산의 취득원가에 가산한 후 감가상각이나 처분과정을 거치며 비용처리 된다.

🔁 보유단계의 세금(재산세·자동차세·종합부동산세) : 손금으로 인정하는 것이 원칙이나 업무와 관련 없는 자산에 대한 것은 업무무관비용에 해당하므로 비용불인정 된다.

 비용인정 되는 공과금과 안 되는 공과금

| 비용인정 되는 공과금 | 비용인정 안 되는 공과금 |
|---|---|
| • 상공회의소 회비, 적십자사 회비<br>• 영업자가 조직한 단체로서 법인 또는 주무관청에 등록된 조합·협회비<br>• 교통유발부담금, 폐기물부담금, 국민연금 사용자 부담금, 개발부담금 등 | • 법령에 따라서 의무적으로 납부하는 것이 아닌 공과금<br>• 법령에 의한 의무의 불이행 또는 금지·제한 등의 위반에 대한 제재로서 부과되는 공과금 |

🔁 토지에 대한 개발부담금은 즉시 손금으로 인정하지 않고 토지의 취득원가를 구성한 후 처분과정을 거치며 손금에 산입한다.

 비용인정 되는 벌과금과 안 되는 벌과금

벌금, 과료(통고처분에 의한 벌금 또는 과료에 상당하는 금액을 포함), 과태료(과료와 과태금을 포함)는 부과 징수권자가 국가 또는 지방자치단체이어야 하며, 법률이나 명령 위반에 관해서 법령에 근거해서 부과된 것인 경우는 비용으로 인정되지 않으나 개인과 개인 또는 개인과 회사, 회사와 회사 등 사계약의 위반으로 인해 부과되는 벌과금이나 손해배상금, 피해보상 합의금 등은 비용으로 인정된다. 그 내용을 살펴보면 다음과 같다.

| 비용인정 되는 벌과금 | 비용인정 안 되는 벌과금 |
|---|---|
| • 사계약상의 의무불이행으로 인해서 부과하는 지체상금(정부와 납품 계약으로 인한 지체상금은 포함하며, 구상권 행사가 가능한 지체상금은 제외함)<br>• 보세구역에 장치되어 있는 수출용 원자재가 관세법상의 장치기간 경과로 국고 귀속이 확정된 자산의 가액<br>• 연체이자 등<br>가. 철도화차사용료의 미납액에 대해 가산되는 연체이자<br>나. 산업재해보상보험법의 규정에 의한 산업재해보상보험료의 연체료<br>다. 국유지 사용료의 납부 지연으로 인한 연체료<br>라. 전기요금의 납부 지연으로 인한 연체가산금 | • 법인의 임원 또는 종업원이 관세법을 위반하고 지급한 벌과금<br>• 업무와 관련해서 발생한 교통사고 벌과금<br>• 산업재해보상법의 규정에 의해 징수하는 산업재해보상보험료의 가산금<br>• 금융기관의 최저예금지불준비금 부족에 대해서 한국은행법의 규정에 의해 금융기관이 한국은행에 납부하는 과태료<br>• 국민건강보험법의 규정에 의해 징수하는 가산금<br>• 외국의 법률에 의해 국외에서 납부하는 벌금 |

 ## 조합비 · 협회비

| 구 분 | 업무처리 |
|---|---|
| 법정단체에 대한 회비 : 영업자가 조직한 단체로서 법인이거나 주무관청에 등록된 조합·협회에 지급한 회비 | 일반 회비 : 전액 비용<br>특별 회비 : 일반기부금<br>(한도 내 비용) |
| 임의단체에 대한 회비 : 임의로 조직한 조합·협회에 지급한 회비 | 모든 회비 : 일반기부금<br>(한도 내 비용) |

현행 법인세법에서는 법인이 납부 또는 대납한 벌과금을 비용불인정 하고 있다. 이 경우 법인대납 한 벌과금이 법인의 업무수행과 관련이 있는 경우에는 사용인에게 부과되었더라도 법인에게 귀속된 금액으로 보아 비용불인정하고 기타사외유출로 소득처분 해야 한다. 참고로 법인의 업무수행과 관련이 없는 경우 및 법인의 업무수행과 관련이 있더라도 회사의 내부규정에 의해서 원인유발자에게 변상 조치하기로 되어 있는 경우에는 비용불인정하고, 당해 원인유발자에 대한 상여로 소득처분(근로소득세 납부) 해야 한다.

| 구 분 | 업무처리 |
|---|---|
| 대납한 벌과금이 법인의 업무수행과 관련이 있는 경우 | 법인에게 귀속된 금액으로 보아 비용불인정하고, 기타사외유출로 소득처분 |
| 대납한 벌과금이 업무수행과 관련이 없는 경우 및 법인의 업무수행과 관련이 있더라도 회사의 내부규정에 의해서 원인유발자에게 변상 조치하기로 되어있는 경우 | 회사는 비용불인정하고 당해 원인유발자에 대한 상여로 소득처분 후, 상여에 대한 근로소득세를 원천징수·납부한다. |

**Tip** 4대 보험의 가산금 및 연체료 등의 세무처리방법

**1. 사회보험금의 의무불이행에 따른 과태료 등**

국민연금, 고용보험, 산재보험 및 건강보험 등 사회보험료에 대해서 신고를 하지 않거나 거짓으로 신고한 경우, 통지하지 않은 경우 등의 사유로 관련 법령에 따라 과태료 등이 부과되어 납부한 금액은 손금에 산입하지 않는다.

**2. 사회보험금의 연체금 및 사계약 상 지체상금 등**

국민연금법 제80조의 규정에 의하여 납부한 연체료와 「고용보험 및 산업재해보상보험의 보험료 징수 등에 관한 법률」 제25조에 따른 산업재해보상보험료의 연체금은 손금산입

되며, 그 외 사계약 상의 의무불이행으로 인하여 부담하는 지체상금, 보세구역에 보관되어 있는 수출용 원자재가 관세법상의 보관기간 경과로 국고에 귀속이 확정된 자산의 가액, 전기요금의 납부지연으로 인한 연체가산금 등 지연에 따른 연체료 등은 손금에 산입할 수 있다.

**？ Tip** 회사 대출한도 초과로 대표이사 명의로 은행에서 대출을 받은 경우

회사 대출한도 초과로 인해서 회사 명의로 대출을 받지 못하고 대표이사가 대표이사 명의로 대출을 받아 회사의 운영자금으로 사용하면서 이자는, 회삿돈으로 무는 경우 두 가지 경우를 생각해 볼 수 있으며, 국세청 등의 답변 내용을 참조해도 두 가지로 의견이 나누어지는 것을 볼 수 있다.

첫째, 회사의 차입거래는 회사와 은행간의 거래가 아닌, 회사와 대표이사 간의 거래로 보는 경우이다. 회사에서 직접 은행에 이자를 납부하지 않고, 회사가 대표이사에게 대표이사가 은행에 각각 이자를 납부하는 것으로 본다.

법인은 대표이사에게 가중평균이자율 또는 당좌대출이자율 이상을 지급하면 안 되며, 이자 지급 시 법인이 이자소득세를 원천징수해서 신고 · 납부 한다.

둘째, 비록 대표이사의 명의를 빌려 자금을 차입한 경우라도 실질적으로는 회사 자금 운영을 위해서 회사가 은행에서 빌린 거와 같다고 보아, 이자비용을 회사 비용으로 처리해도 세무상 문제가 없는 경우

위의 두 가지 경우 정상적인 거래에서는 두 번째 처리 방법이 타당하리라고 본다.

그러나 두 번째 방법이 인정받기 위해서는 은행에서 회사통장으로 자금이 입금되고 이자비용을 은행에 직접 입금하는 등 객관적인 증빙자료를 갖춰두어야 할 것으로 보인다.

반면, 국세청에 의해서 탈세가 조금이라도 의심되는 경우, 첫째 방법으로 처리될 가능성이 크므로, 실질적으로 회사 자금운영을 목적으로 대표이사 명의로 빌린 경우에는 투명성 있는 회계처리가 꼭 필요하다.

# 19

# 차량을 현금으로 구입할까?
# 리스로 구입할까?

자동차는 개인이나 법인에게 꼭 필요한 자산 중 하나가 됐다.

법인이 업무용 차량이 필요할 때 구입 등의 소유권을 취득하는 형태로 구입할지, 아니면 리스형태로 구입할 지에 대한 의사결정 문제가 발생할 수 있다. 즉, 법인차량의 구입과 리스에 따라 세무적인 측면도 달라지므로 세무상 어떻게 달라지는지 살펴보면 다음과 같다.

##  법인차량의 소유권 취득에 의한 구입

법인이 차량을 구입할 때 법인 명의로 소유권이전등록을 하는 경우 장부상 차량운반구로 자산처리 한 후, 내용연수 동안 감가상각을 통해 비용처리를 할 수 있다.

차량을 구입할 때는 현금구입과 할부구입 두 가지 조건으로 구입할 수 있는데, 현금구입의 경우 초기 구입비용이 많이 소요되나 이자비용이 없다는 장점이 있지만, 할부구입의 경우엔 초기 구입자금이 적게 드나 할부에 따른 이자 부담이 있다는 점을 유의해야 한다.

## 법인차량의 리스에 의한 구입

차량을 법인 명의로 소유권 이전 등록을 하지 않고 리스로 취득할 수도 있는데, 리스는 리스회사로부터 차량 사용권을 이전받아 차량을 사용하고 사용료를 지급하는 계약이다. 이는 리스이용자 입장에서는 초기 거액의 돈이 들어가지 않고, 매달 소정의 사용료 지급만으로 필요로 하는 차량을 이용할 수 있다는 장점이 있다.

리스의 방식에는 금융리스 방식과 운용리스 방식이 있다. 여기서 금융리스는 만료시점에 법인의 자산이 되는 것으로, 리스이용자는 리스자산을 자산으로 계상해서 감가상각 할 수 있다.

리스료는 원금상환 부분과 이자비용 부분으로 구분해서 부채상환과 이자비용으로 비용처리 할 수 있다. 금융리스의 경우 자산과 부채가 계상되고, 재무제표의 부채비율 등에 영향을 준다. 반면, 운용리스는 소유권 이전은 하지 않고 렌탈처럼 사용만 하는 것으로, 법인의 자산 계상 없이 리스료 전액에 대해서 비용처리 할 수 있다. 즉, 별도로 자산과 부채로 계상되지 않고 비용만 발생하게 된다.

## 차량의 구입형태에 따른 절세방법

법인은 현금구입과 할부구입 및 운용리스구입과 금융리스구입 등 여러 형태를 놓고 각각 총소요 비용(원금, 이자비용, 리스료 등)을 계산하고 그에 따른 법인세 효과를 확인해야 한다. 이렇게 비교·확인해서 총소요 비용이 적게 들고 법인세 절감 효과가 높은 형태를 선택해야 한다. 다만, 비용이 많아지면 소득에서 차감되므로 법인세의 절감 효과는 있지만, 비용이 많으므로 그만큼 회사의 수익은 적어지게 된다.

따라서 법인의 이익이 큰 경우 비용증가를 통한 법인세 절감 효과가 중요한지, 법인세를 줄이는 효과보다 법인의 총소요 비용을 줄이고, 수익을 늘리는 효과가 더 필요한지 등 법인의 상황에 맞춰 선택해야 한다.

##  법인차량 취득 및 보유 등에 따른 세금

법인의 차량을 취득하는 경우 취·등록세 및 개별소비세가 부과되며, 보유 시 자동차세와 유류세(제품별로 교통·에너지·환경세, 개별소비세, 교육세, 주행세, 부가가치세, 석유 부과금 등) 등이 부과된다. 또한, 비영업용소형승용차의 구입과 유지에 관한 매입세액은 공제받을 수 없으므로 주의해야 한다. 즉, 차량운수업, 자동차렌터업 등 자동차를 이용해서 용역을 제공하는 사업 및 자동차판매업 등 자동차를 제공하는 사업을 영위하는 자가 그 자동차를 직접 영업에 사용하는 것을 제외한 모든 승용자동차는 공제되지 않으며, 리스에 따른 리스료 등도 매입세액공제를 받을 수 없다. 다만, 비영업용이라도 경차(1,000cc 이하) 또는 9인승 이상의 승합차 등의 경우에는 예외적으로 매입세액이 공제되므로 매입세액공제 대상 여부의 확인이 필요하다.

| 구 분 | 현금구매 | 자동차 리스 | 렌터카 |
|---|---|---|---|
| 명의 | 이용자 | 리스사 | 렌터카업체 |
| 초기비용 | 차량가격, 등록면허세, 취득세, 개별소비세, 공채매입, 연보험료 | 보증금 | 없음 |
| 유지비용 | 자동차세, 소모품비, 정비비, 검사비 | 월이용료 | 이용료 (일 또는 월) |
| 비용손비처리 | 감가상각비(정률법, 정액법) | 리스료 전액 | 렌터 비용 전액 |
| 유지관리 | 이용자 | 리스사 | 렌터카업체 |
| 번호판 | 자가용 | 자가용 | '허' 넘버 |
| 사고정비 시 | 대차 시 별도비용 | 대차 무료제공 | 대차 시 별도 비용(본인 과실 사유 시) |
| 정비 | 이용자 직접처리 | 도어 to 도어 서비스 | 정비지원 서비스 |

# 사업소득과 기타소득의 원천징수

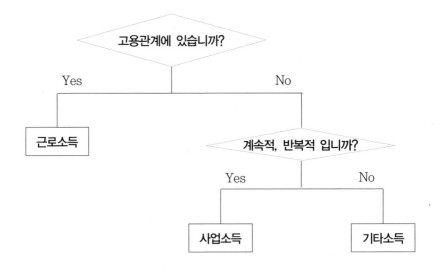

회사에서 일하기 위해 사람 즉, 용역을 사용하는 경우 상대방이 사업자로써 받은 대가에 대한 세금계산서를 발행해주면 문제가 없으나, 원천징수를 해야 하는 경우가 있다.

이 경우 근로소득으로 해야 할지, 아니면 기타소득 또는 사업소득으로 원천징수를 해야 할지를 판단해야 하는데, 그 기준을 살펴보고자 한다.

## 사업소득의 원천징수

대가 지급액의 3.3%를 원천징수 후 신고·납부를 하면 된다.
사업자등록이 되어 있지 않은 자로써 계속적, 반복적으로 대가를 지급하는 경우뿐만 아니라, 사업자로서 세금계산서 발행 대신 원천징수를 원하는 상대방도 3.3%를 원천징수 후 신고·납부를 하면 된다.

원천징수 할 세액 = 지급액 × 3.3%

## 기타소득의 원천징수

기타소득은 사업소득과 달리 일시적·비반복적인 대가를 지급할 때 원천징수 후 지급액의 8.8%를 원천징수 해서 신고·납부를 하면 된다.
◎ 일시적 인적용역(강연료, 방송 해설료, 심사료 등)
◎ 다수가 순위 경쟁하는 대회에서 입상자가 받는 상금·부상
◎ 창작품에 대한 원작자로서 받은 원고료, 인세 등
◎ 상표권, 영업권, 산업상 비밀 등의 자산이나 권리의 대여금액

원천징수 할 세액 = (지급액 - 필요경비(지급액의 60%)) × 20%

그런데 기타소득과 관련해서 세금 계산 시 유의할 사항은 과세최저한이라고 해서 기타소득 금액이 건당 5만 원 이하인 경우는 세금납부를 면제해 주고 있다는 점이다. 그 금액은 대가로 건당 125,000원 이하를 지급하는 경우가 해당한다.

강연료 125,000원 지급 시 필요경비는 지급금액의 60%에 해당하는 것으로 가정
기타소득 금액 5만원 = 125,000원 - 125,000원 × 60%(과세 최저한)

반면, 기타소득은 소득금액이 연 300만 원 미만이라면 본인 의사에 따라 종합과세나 분리과세(원천징수) 중 유리한 것을 선택하도록 하고 있다. 즉, 연 300만 원 이상이면 무조건 종합과세를 해야 하나 연 300만 원 미만이라면 분리과세(원천징수)로 모든 세금의무를 끝낼 수 있게 해주고 있다. 따라서 세율이 20% 이상을 적용받는 자는 분리과세(원천징수)로 모든 세금의무를 끝내는 것이 유리할 수 있다. 그리고 그 판단기준 금액은 연간 대가로 750만 원 이하이다.

• 종합소득 기본세율 24% 적용부터 : 분리과세가 유리
• 종합소득 기본세율 24% 이하 적용 : 종합과세가 유리

| 구 분 | 필 요 경비율 | 과세최저한 (원천징수 안함) | 기 타 소득세 | 분리과세 한 도 |
|---|---|---|---|---|
| 2018년 4월 이전 | 80% | 250,000원 | 4.4% | 1,500만원 |
| 2018년 4월~12월 | 70% | 166,666원 | 6.6% | 1,000만원 |
| 2019년 이후 | 60% | 125,000원 | 8.8% | 750만원 |

# 세무조사에 선정되기 쉬운 경우

21

 **조사 대상에 선정되기 쉬운 경우**

조사 대상 선정은 일률적으로 정해진 것은 아니며, 그때의 상황에 따라 변한다. 예전에는 소득이나 신장률이 업종별 평균율에 미달하는 업체를 주로 대상에 선정하였으나 근래에는 소득에 비해 자산취득이나 소비가 많은 음성 불로소득자와 탈세를 조장하는 자료상 혐의자, 상대적으로 세무관리가 취약한 업종, 자산소득이나 현금수입업종 등 타업종보다 상대적으로 실소득대비 신고소득률이 저조한 업종에 중점을 두는 경향이 있다.

또한, 통설에 3년 이내에는 조사가 안 나온 다거나 5년에 한 번은 반드시 세무조사를 받아야 한다는 것은 현재의 조사기준으로 보면 낭설에 불과하다.

아래 유형은 지금까지의 조사유형을 경험으로 분류한 것이며, 중복

유형이 많을수록 조사 가능성이 클 것으로 예상된다.

❶ 소득에 비해 지출이 과다한 업체(결손 및 소득률 저조자)

❷ 호황 업종(특히 고가 소비재)

❸ 호화사치 생활자(세금 신고소득에 비해 사업 무관 해외여행이 빈번하거나 고급 승용차, 고급주택, 별장, 콘도, 골프 회원권 등 취득자)

❹ 세금계산서 거래 질서 문란 품목 해당 업체

❺ 자료상 거래자

❻ 무신고자

❼ 사회 지탄 대상자로서 탈세 혐의자

❽ 정기 미조사 업체

##  조사 대상에 제외되기 쉬운 경우

세무조사 대상 선정 및 제외는 그때마다 지침이 바뀌고 사회 경제 여건에 따라 매번 변화되므로 고정된 것은 아니지만 다음과 같은 경우는 제외 또는 조사 유예되는 빈도가 높았다. 하지만 "반드시"라는 보장이 없으므로 유념해야 한다.

❶ 중소제조업체

❷ 수출업체

❸ 벤처기업

❹ 신용카드 발행 비율 및 매출 증가비율, 소득 증가율이 높은 업체

❺ 동종업종 업체에 비교하여 평균 신장률, 평균 부가율, 평균소득률이 좋은 업체

# 22

# 금융거래 세무조사 대처 포인트

예금에 대한 세무조사는 주로 예금 잔액과 예금잔액증명서 상의 대조를 통해서 예금의 적정성, 이자수익의 적정성 및 당좌계정 및 보통예금 계정의 수불내역을 검토하는 방식으로 이루어지므로 이에 대해서 기업이 주의해야 할 체크 사항을 살펴보면 다음과 같다.

##  예금 잔액과 예금잔액증명서상의 일치여부 확인

⊙ 실제 통장 상의 잔액과 예금잔액증명서 상의 잔액이 일치하는지? 여부를 확인하고 불일치 시에는 그 원인을 파악해 두어야 한다.

조사담당관은 실무자가 장부상의 잔액과 은행예금잔액증명서를 대조해서 작성한 잔액조정표에 의해서 검토를 하며, 이것이 이상이 있는 경우 조사담당자가 직접 작성해서 검토하게 되므로 이상 원인에 대해서 회사 관리자가 충분한 답변을 할 수 있도록 준비를 해두어야 한다.

ⓢ 회사계좌와 대표자 개인 계좌를 분명히 구분해 두어야 한다. 즉, 불분명한 계좌관리에 주의를 필요로 한다.

소규모 법인과 개인회사의 경우에는 회사통장과 대표자 또는 사장의 개인 통장을 혼용해서 사용하는 경우가 많은데, 이 경우 회사 자금을 개인이 유용한 것으로 오해를 살 수 있으므로 양 통장을 구분해 두어야 한다.

ⓢ 특수관계자 및 그 가족의 예금계좌에 주의를 요한다.

회사 자금의 이상이 발생 시 대표자 개인뿐만 아니라 특수관계자에 대한 금융거래를 파악할 수 있으므로 사전에 특수관계자와 회사의 거래를 명확히 해두어야 한다.

 ## 예금이자 관리

예금의 장부상 잔액과 실제 잔액과의 차이를 검토하는 것이 1차적 조사라면 2차적으로 회사의 금융거래를 통해서 발생하는 이자수익을 조사하는 것이므로 담당자는 회사의 금융거래뿐만 아니라 특수관계자와의 거래에 있어서 적정 이자를 수취하고 이를 적절히 기록하는 데 유의해야 한다.

예를 들어 특수관계자와의 거래 시 편법으로 적은 이율을 적용해서 실질적으로 혜택을 주는 경우 동 내역이 적발되면 부당행위계산으로 세금을 추징당하게 되므로 특히 주의해야 한다.

우선 세무조사 시 이자수익에 대해서는

ⓢ 부외자산의 유무 확인

⊚ 이자 계산서 및 통지서 내용 검토를 통한 이익률로 볼 때 별도예
금의 존재 여부
⊚ 이자수익과 제 예금의 감소액을 대조해서 적부 여부 검토
⊚ 이자수익 기록상의 오류 여부 등을 주요 점검 사항으로 하고 있
다는 점을 참조하기를 바란다.

 ## 예금거래 기록

예금거래의 기록과 관련해서는 기업이 가공매입을 통한 외상대금을
지급하는 형식으로 비자금 조성을 많이 하므로 불분명한 입출금 기
록이나 송금오류로 인한 정정, 중복거래의 기록에 주의를 필요로 한
다.
예금거래기록에 대한 세무조사는 주로 불분명한 입·출금 유무, 대
체거래, 중복·정정 거래, 거래상대처와 거래유무에 초점이 맞추어
지므로 이 점에 유의해야 한다.

# 23

# 회사 제품을 임직원에게
# 저가 판매 시 세무 처리

## 📋 임직원에 대한 저가 판매도 회계상 매출로 반영함

임직원에게 소비자가격보다 할인된 가격으로 판매하는 경우는 실제 가격보다 할인하여 판매하는 것에 불과하므로 계정과목은 매출로 처리해야 한다.

그러나 회계처리 과정에서는 매출가액을 원래 판매가격인 소비자가격으로 해야 하는지 아니면 할인이 적용된 금액으로 반영해야 하는지와 원래 판매가격인 소비자가격으로 반영했을 경우 소비자가격과 할인가격과의 차액은 어떻게 회계처리 해야 하는지만 결정하면 된다.

현행 기업회계기준은 수익 인식과 측정에 있어서 매출에누리 및 매출할인이나 환입은 수익에서 차감하도록 규정하고 있는데, 매출에누리란 판매시점부터 물품의 가액을 감액하여 주는 것을 의미하므로 임직원에 대한 할인판매의 경우도 매출에누리로 보아 매출에누리만큼을 수익에서 차감하는 회계처리를 하면 되는 것이다.

즉, 판매한 제품이나 상품의 소비자가(시가)가 아닌 실제로 판매한 가액인 할인된 가액을 매출로 반영하는 회계처리를 하면 된다.

예를 들어 시가 100,000원의 물건을 40% 할인하여 임직원에게 판매한 경우 다음과 같이 회계처리 하면 된다.

| 자산의 증가 | | 수익의 발생 | |
|---|---|---|---|
| 현금 | 60,000 | / 매출 | 60,000 |

 ## 회사 제품을 임직원에게 저가 판매 시 세무 처리

기업회계뿐만 아니라 법인세법도 매출에누리 및 매출할인 금액을 수익에서 제외하도록 규정하고 있으므로 임직원에 대한 할인판매의 세무상 처리방법도 특별한 사항은 없다. 다만, 법인세법은 법인세의 탈루 문제 때문에 법인과 특수관계자와의 거래에 대해서는 원칙적으로 시가를 적용하도록 규정하고 있으며, 시가보다 너무 낮거나 높은 금액으로 거래하여 법인의 이익이 훼손되는 경우는 부당행위계산 부인 규정을 적용하도록 하고 있다. 따라서 회사의 제품이나 상품을 임직원에게 저가로 판매하는 경우는 부당행위계산 부인 규정만 고려하면 된다.

법인세법 통칙 52-88…3은 사용인에게 자신의 상품이나 제품의 할인 판매하는 경우로서 할인 판매가격이 법인의 취득가액 이상이고 일반소비자에게 판매하는 가액에 비해 현저하게 낮은 가액이 아니며, 판매 수량이 임직원이 통상 자기의 가사를 위해 소비하는 정도의 수량인 경우는 부당행위에 적용되지 않는다고 규정하고 있다.

따라서 임직원에게 할인하여 판매하는 경우는 할인되는 가격이 해당 상품이나 제품의 취득가액 보다는 높게 하고, 할인율도 너무 높지 않도록 조정하며, 임직원 개개인이 구매한 상품을 다른 사업 용도로 사용하지 못하도록 판매수량을 제한하면 부당행위 문제도 해결된다.

| 임직원에게 저가 판매 시 부당행위계산을 피하는 법 |
| --- |
| 할인되는 가격이 해당 상품이나 제품의 취득가액보다는 높게 한다. |
| 할인율이 너무 높지 않아야 한다. |
| 판매 수량이 임직원이 통상 자기의 가사를 위해 소비하는 정도의 수량 |

# 경리회계에서 노무 · 급여 · 세금 · 4대 보험까지

지은이 : 손원준

펴낸이 : 김희경

펴낸곳 : 지식만들기

인쇄 : 해외정판 (02)2267~0363

신고번호 : 제251002003000015호

제1판 1쇄 인쇄 2019년 03월 11일

제1판 2쇄 발행 2019년 07월 10일

제2판 3쇄 발행 2020년 08월 03일

제3판 1쇄 발행 2021년 01월 20일

전면 개정판 제4판 1쇄 발행 2022년 11월 14일

전면 개정판 제5판 3쇄 발행 2023년 02월 20일

전면 개정판 제6판 1쇄 발행 2024년 01월 22일

일부 개정판 제6판 2쇄 발행 2024년 10월 10일

값 : 26,000원

ISBN 979-11-90819-35-0 13320

비즈니스 포털 동시 이용

이지경리(www.ezkyungli.com)

경리쉼터(cafe.naver.com/aclove)

**구매 후 구매 영수증을 팩스 02-6442-0760으로 넘어주세요.**

K.G.B

지식만들기

이론과 실무가 만나 새로운 지식을 창조하는 곳

서울 성동구 금호동 3가 839 Tel : 02)2234~0760 (대표) Fax : 02)2234~0805